大学入試頻出の最新トピックで覚える英単語

ロゴポート 編
LOGOPORT

Gakken

はじめに

異常気象、戦争、パンデミック、生成 AI、宇宙開発、社会の分断、オーバーツーリズム……私たちは今、激動の時代を生きています。これからの時代を切り拓いていく読者の皆さんは、こうした問題について知り、考え、そしてそれを乗り越えていく必要があります。

そして**大学入試**の英文も、こうした時代の流れの影響を受けずにはいられません。

本書『**ERA**』は、大学入試に頻出の約 30 の**最新トピック**を扱った、長文で語句を学ぶ新時代の単語集です。

皆さんは国語の読解問題で知っている話題が出題されて「ラッキー!」と思ったことはありませんか? 知っている話題に関する文章なら、理解するハードルは大きく下がりますよね? それが英語の文章なら尚更です。その話題に関連する単語や熟語を知っているだけでも、理解の大きな助けになります。

例えば、皆さんは**「垂直農法」(vertical farming)**という言葉を聞いたことがあるでしょうか。これは、高層建築物の中で食物を栽培する農法のことです。生産地と消費地が近く流通コストが削減できる、天候の変化に影響を受けない、農薬の量を減らせる……などのメリットから近年注目されている農法なのですが、大学入試でも、筑波大、琉球大、立教大、学習院大、立命館大など、この **8 年で 10 以上の大学**で取り上げられている要注意トピックです。(本書では権利関係の問題でオリジナルの英文を作成しています。)

本書は、こうしたさまざまな分野の最新トピックに関する長文を読み、そこに登場する語句について学ぶ構成になっています。ですので、本書を学習するだけで、**注目トピックに関する知識**、**読解力**、そして**語彙力**を同時に身につけることができます。

それだけではありません。本書では、英文で取り上げきれなかった要注意**キーワード**の解説や英語の語句、さらに**語源**の知識で語彙力を増強するコーナーも設けました。見出し語句約 1,700 に加え、類義語や反意語、派生語、コラムで取り上げた語句なども含めると 3,200 強の語句が収録されています。

era は**「時代」**という意味の単語です。本書が新時代を切り拓いていく皆さんの一助となれば、これに過ぎる喜びはありません。

編者

目次

はじめに …… 002
本書の構成と使い方 …… 006
音声の使い方 …… 010

Chapter 1 環境

01 人新世(1) …… 014
02 人新世(2) …… 020
03 人新世(3) …… 028
04 水不足(1) …… 034
05 水不足(2) …… 042
06 再生可能エネルギー(1) …… 048
07 再生可能エネルギー(2) …… 054
08 海洋プラスチック …… 060
プラスαボキャブラリー …… 066

Chapter 2 宇宙

09 火星探査 …… 070
10 宇宙ごみ(1) …… 076
11 宇宙ごみ(2) …… 082
12 宇宙旅行(1) …… 090
13 宇宙旅行(2) …… 096
14 宇宙旅行(3) …… 102
プラスαボキャブラリー …… 106

Chapter 3 テクノロジー

15 生体認証技術(1) …… 110
16 生体認証技術(2) …… 118
17 生体認証技術(3) …… 124
18 生成 AI(1) …… 128
19 生成 AI(2) …… 134
20 ヒューマノイド(1) …… 140
21 ヒューマノイド(2) …… 146
22 ヒューマノイド(3) …… 152
23 都市型農業(1) …… 156
24 都市型農業(2) …… 164
プラスαボキャブラリー …… 168

Chapter 4 医療

25 デジタルヘルスケア(1) …… 172
26 デジタルヘルスケア(2) …… 178
27 認知症(1) …… 184
28 認知症(2) …… 190
29 尊厳死(1) …… 194
30 尊厳死(2) …… 200
プラスαボキャブラリー …… 206

Chapter 5 国際

31 貧富格差(1) …… 210
32 貧富格差(2) …… 216
33 貧富格差(3) …… 222
34 サードカルチャーキッズ(1) …… 228
35 サードカルチャーキッズ(2) 232
36 国境なき医師団(1) …… 236
37 国境なき医師団(2) …… 242
プラスαボキャブラリー …… 248

Chapter 6 ビジネス

38 ベーシックインカム(1) …… 252
39 ベーシックインカム(2) …… 256
40 ベーシックインカム(3) …… 262
41 シェアリングエコノミー(1) …… 266
42 シェアリングエコノミー(2) …… 272
43 デジタルノマド(1) …… 278
44 デジタルノマド(2) …… 284
プラスαボキャブラリー …… 290

Chapter7 社会

45 キャッシュレス社会(1) …… 294
46 キャッシュレス社会(2) …… 300
47 メディアと社会の分断(1) …… 304
48 メディアと社会の分断(2) …… 310
49 メディアと社会の分断(3) …… 316
50 インクルーシブデザイン(1) …… 322
51 インクルーシブデザイン(2) …… 326
52 インクルーシブデザイン(3) …… 330
プラスαボキャブラリー …… 334

Chapter 8 生活

53 オーバーツーリズム(1) …… 338
54 オーバーツーリズム(2) …… 342
55 オーバーツーリズム(3) …… 348
56 オーバーツーリズム(4) …… 352
57 培養肉(1) …… 356
58 培養肉(2) …… 360
59 フェアトレード(1) …… 364
60 フェアトレード(2) …… 370
プラスαボキャブラリー …… 374

Chapter 9 教育

61 メディアリテラシー(1) ……… 378
62 メディアリテラシー(2) ……… 382
63 メディアリテラシー(3) ……… 386
64 オンライン教育(1) ……… 390
65 オンライン教育(2) ……… 394
66 スマホ依存(1) ……… 398
67 スマホ依存(2) ……… 402
68 スマホ依存(3) ……… 408
プラスαボキャブラリー ……… 412

語源コラム ……… 027 / 041 / 059 / 065 / 089 / 095 / 101 / 117 / 145 / 151 / 163 / 205 / 215 / 227 / 261 / 283 / 289 / 299 / 309 / 315 / 321 / 369 / 389 / 407 / 411

索引 ……… 413

本書の構成と使い方

『ERA』は、大学入試に出題される最新トピックに特化した単語集です。大きく6つのセクションで構成されています。

1 パッセージ

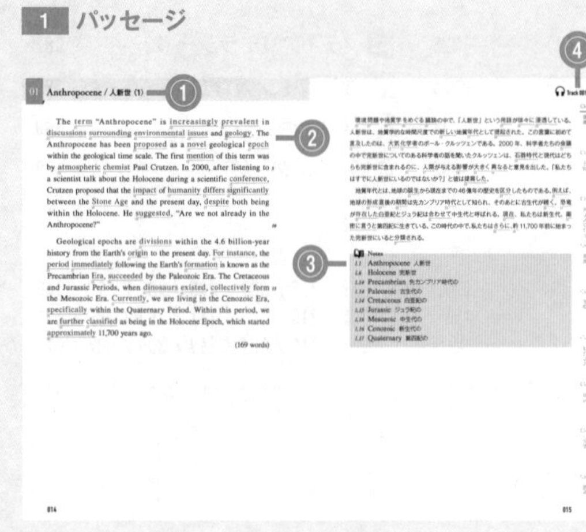
01 Anthropocene / 人新世 (1) ①

Track 001 ④

The term "Anthropocene" is increasingly prevalent in discussions surrounding environmental issues and geology. The Anthropocene has been proposed as a novel geological epoch within the geological time scale. The first mention of this term was by atmospheric chemist Paul Crutzen. In 2000, after listening to a scientist talk about the Holocene during a scientific conference, Crutzen proposed that the impact of humanity differs significantly between the Stone Age and the present day, despite both being within the Holocene. He suggested, "Are we not already in the Anthropocene?" ②

Geological epochs are divisions within the 4.6 billion-year history from the Earth's origin to the present day. For instance, the period immediately following the Earth's formation is known as the Precambrian Era, succeeded by the Paleozoic Era. The Cretaceous and Jurassic Periods, when dinosaurs existed, collectively form the Mesozoic Era. Currently, we are living in the Cenozoic Era, specifically within the Quaternary Period. Within this period, we are further classified as being in the Holocene Epoch, which started approximately 11,700 years ago.

(169 words)

環境問題や地質学をめぐる議論の中で、「人新世」という用語が徐々に浸透している。人新世は、地質学的な時間尺度での新しい地質年代として提起された。この言葉に初めて言及したのは、大気化学者のポール・クルッツェンである。2000年、科学者たちの会議の中で完新世についてのある科学者の話を聞いたクルッツェンは、石器時代と現代はどちらも完新世に含まれるのに、人類が与える影響が大きく異なると意見を出した。「私たちはすでに人新世にいるのではないか?」と彼は提案した。

地質年代とは、地球の誕生から現在までの46億年の歴史を区分したものである。例えば、地球の形成直後の期間は先カンブリア時代として知られ、そのあとに古生代が続く。恐竜が存在した白亜紀とジュラ紀は合わせて中生代と呼ばれる。現在、私たちは新生代、厳密に言うと第四紀に生きている。この時代の中で、私たちはさらに、約11,700年前に始まった完新世にいると分類される。

Notes ③
- l.1 Anthropocene 人新世
- l.6 Holocene 完新世
- l.14 Precambrian 先カンブリア時代の
- l.14 Paleozoic 古生代の
- l.14 Cretaceous 白亜紀の
- l.15 Jurassic ジュラ紀の
- l.16 Mesozoic 中生代の
- l.16 Cenozoic 新生代の
- l.17 Quaternary 第四紀の

014 015

① トピック
パッセージで取り上げるトピックです。

② パッセージ
左ページに英文、右ページに和文を掲載しています。赤字は語彙集で見出し語句として取り上げる語句です。

③ 語注
パッセージに登場する専門語や高難度語です。

④ 音声トラック番号
音声の使い方については p.010 をご覧ください。

2 語彙集

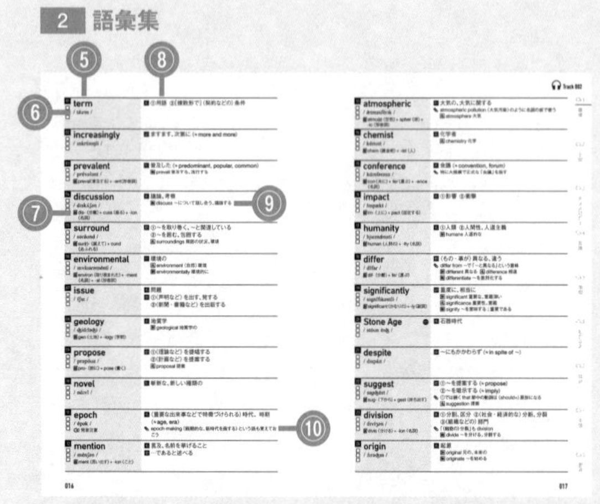

term	①用語 ②[複数形で](契約などの)条件
increasingly	ますます、次第に (≒more and more)
prevalent	普及した (≒predominant, popular, common)
discussion	議論、考察 / discuss ~について話し合う、議論する
surround	①~を取り巻く、~と関連している ②~を囲む、包囲する / surroundings 周囲の状況、環境
environmental	環境の / environment (自然)環境 / environmentally 環境的に
issue	問題 / ①(声明など)を出す、発する ②(新聞・書籍など)を出版する
geology	地質学 / geological 地質学の
propose	①(理論など)を提唱する ②(計画など)を提案する / proposal 提案
novel	斬新な、新しい種類の
epoch	(重要な出来事などで特徴づけられる)時代、時期 (≒age, era) / epoch-making (画期的な、新時代を画する)という語も覚えておこう
mention	言及、名前を挙げること / …であると述べる
atmospheric	大気の、大気に関する / atmosphere 大気
chemist	化学者 / chemistry 化学
conference	会議 (≒convention, forum)
impact	①影響 ②衝撃
humanity	①人類 ②人間性、人道主義 / humane 人道的な
differ	(もの・事が)異なる、違う / different 異なる / difference 相違 / differentiate ~を差別化する
significantly	重度に、相当に / significant 重要な、意義深い / significance 重要性、意義
Stone Age	石器時代
despite	~にもかかわらず (≒in spite of ~)
suggest	①~を提案する (≒propose) ②~を暗示する (≒imply) / suggestion 提案
division	①分割、区分 ②(社会・経済的な)分断、分裂 ③(組織などの)部門 / divide ~を分ける、分割する
origin	起源 / original 元の、本来の / originate ~を始める

016 017

⑤ 見出し項目
パッセージに登場した重要語句です。

⑥ 発音記号
米音を採用しています。

⑦ 語源情報
語の後ろに語源情報を掲載しています。

⑧ 訳語
パッセージ内での意味や、入試用に必要と思われるものを取り上げています。類義語・反意語の情報も載せました。

⑨ 派生語情報
見出し語と派生関係にある単語を取り上げています。

⑩ 注記
✎の後ろに語法や関連語句などを紹介しています。

■ **アイコンの見方**

〈 〉… 他動詞の目的語、自動詞・形容詞の主語にあたる訳語であることを表します。
( ) … 訳語の補足説明／省略可能であることを表します。
[ ] … 訳語の注記／言い換え可能であることを表します。
名 … この色のアイコンは見出し項目の品詞を表します。
動 … この色のアイコンは派生語の品詞を表します。
≒ … 類義語を表します。
⇔ … 反意語を表します。
🌐 … その分野に特有の語を表します。
♛ … 難関大で出題される高難度語を表します。

3 構文チェック

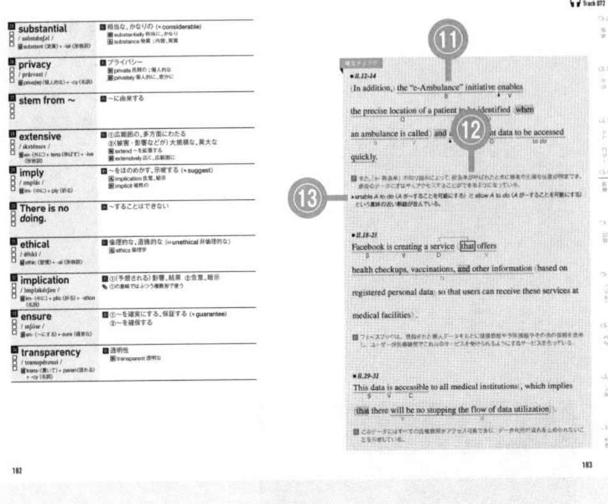

⑪ **構文チェック**
パッセージに登場した英文の中で、構造がとらえにくい文を選び、分析しました。*ll.* は登場する行数を示しています。英文読解の参考にしてください。特に、文の主語と動詞がどれかを意識して読むようにしてください。

⑫ **訳**
英文の訳を再掲しています。

⑬ **注記**
▲がついている箇所は、訳の下で補足説明しています。

■ **アイコンの見方**

S … 主語
S' … 形式主語
V … 動詞
O … 目的語
O' … 形式目的語
C … 補語
to *do* … to 不定詞
（網掛け・薄）… 従属接続詞
（網掛け・濃）… 等位接続詞
（実線の枠）… 関係詞／同格の that
（点線の枠）… 関係代名詞の省略
( ) …句
〔 〕…形容詞［副詞］節
[ ] …名詞節
↑___| … 後置修飾を表します。
┌──┐ … 関係詞と先行詞、あるいは同格を表します。

＊S、V、O、C などの記号は赤字の場合は主節の、青字の場合は従属節のものであることを表します。
＊allow *A* to *do* などを使った文をどの文型に分類するかは諸説あるため、SVOC だけで表さず、SVO to *do* の文型としました。
＊本書では理解しやすさを優先し、助動詞や助動詞の働きをする語句（need to *do* など）も動詞の一部として扱っています。

4 今を読むキーワード

今を読むキーワード

環境

⑭ SDGs (Sustainable Development Goals) ⑮

再生可能エネルギー (renewable energy)

海洋汚染 (marine pollution)

生物多様性 (biodiversity)

012

バーチャルウォーター (virtual water)

食品ロス (food waste)

サーキュラーエコノミー (circular economy)

■直線型経済から循環型経済へ

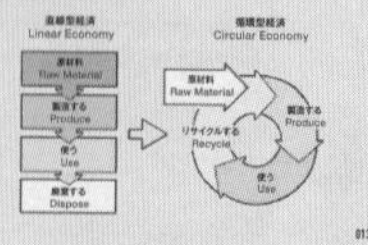

013

⑭ **キーワード**
その分野で押さえておきたいキーワードを取り上げました。後ろのパッセージで取り上げられなかったものも含まれています。

⑮ **テクニカルターム**
英語まで知っておきたいテクニカルタームは太字にし、英語も添えました。

5 プラスαボキャブラリー

プラスαボキャブラリー

□ microorganism	名 微生物
□ mammal	名 哺乳動物
□ reptile	名 爬虫類
□ breed	動 ～を繁殖させる、飼育する 名 品種 ✎ breed-bred-bred と活用
□ migration	名 (人・動物などの) 移動、移住 動 migrate 移住する 名 migrant 移住者
□ vegetation	名 (ある地域に生育する) 植物、植生
□ ecosystem	名 生態系
□ erosion	名 浸食
□ mineral	名 鉱物；(栄養素の) ミネラル
□ irrigation	名 水を引くこと、灌漑 動 irrigate ～に水を引く
□ soil	名 土、土壌
□ glacier	名 氷河 形 glacial 氷河時代の
□ continent	名 大陸 形 continental 大陸の
□ indigenous	形 (ある土地に) 固有の、先住の (≒ native)
□ peninsula	名 半島
□ eruption	名 噴火
□ acid rain	名 酸性雨
□ permafrost	名 永久凍土層
□ landfill	名 (ごみ) 埋め立て地
□ deplete	動 (資源など) を枯渇させる ✎ 受け身で使われることが多い

066

⑯ **プラスαボキャブラリー**
パッセージに登場しなかったために見出し語句として取り上げられなかった、その分野での重要語句を掲載しています。この語彙までマスターすれば、その分野のパッセージに対する語彙力はさらにアップします。

6 語源コラム

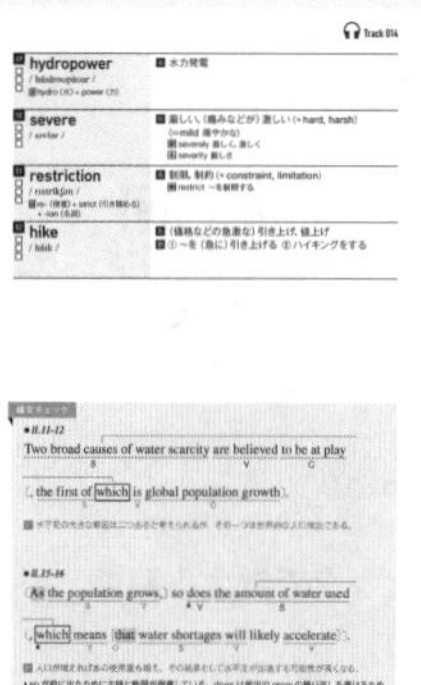

Track 014

hydropower

severe

restriction

hike

●ll.11-12

Two broad causes of water scarcity are believed to be at play (, the first of which is global population growth).

●ll.15-16

(As the population grows,) so does the amount of water used (, which means (that water shortages will likely accelerate)).

040

⑰

語源コラム 接頭辞と接尾辞

■ 接頭辞

■ con- ➡ 共に

□ cooperate □ collect □ correlation

■ dis- / di- / de- ➡ 分離

□ distinguish □ distract

□ divide □ detect

■ inter- ➡ 間に；相互に

□ intermediate □ interfere □ intervene

□ interact

■ pre- ➡ 前に

□ predict □ precaution

□ premature

■ re- ➡ 再び

□ renew □ revive

□ remind

■ 接尾辞

■ -able / -ible ➡ ～できる

□ noticeable □ reliable □ flexible

■ -ful ➡ ～に満ちた

□ useful □ successful □ stressful

□ harmful

■ -less ➡ ～がない

□ harmless □ countless

□ restless

041

⑰ 語源コラム

p.027でも説明するように、単語には接辞と語根でできている語が多数あります。語源コラムでは、代表的な接辞と語根を取り上げ、実例として、それらを含む重要語を多数紹介しました。

本文に登場していない語もたくさん含まれていますので、それらをマスターすればさらに語彙力を増強することができます。

音声の使い方

本書では，パッセージと語彙集の読み上げ音声を，次の 2 パターンで聴くことができます。

スマートフォン用 リスニングアプリ

① スマホやタブレット端末から右の二次元コードを読み取るか，下記の URL にアクセスして，音声再生アプリ「my-oto-mo（マイオトモ）」をダウンロードしてください。

https://gakken-ep.jp/extra/myotomo/

② アプリを立ち上げて『ERA 大学入試頻出の最新トピックで覚える英単語』を選択すると，音声のダウンロードが始まります。

※iPhone からのご利用には Apple ID，Android からのご利用には Google アカウントが必要です。
※アプリケーションは無料ですが，通信料は別途発生します。
※その他の注意事項はダウンロードサイトをご参照ください。

パソコン用 MP3 ダウンロード

① パソコンから下記の URL にアクセスしてください。

https://gakken-ep.jp/extra/myotomo/

② 「MP3 音声ファイルのダウンロードをされる方はこちら」▶【高校】▶『ERA 大学入試頻出の最新トピックで覚える英単語』を選択すると，MP3 形式の音声ファイルをダウンロードすることができます。

※ダウンロードできるのは，圧縮された MP3 形式の音声ファイルです。再生するには，ファイルを解凍するソフトと，iTunes や Windows Media Player などの再生ソフトが必要です。
※お客様のネット環境および携帯端末によりアプリを利用できない場合や，お客様のパソコン環境により音声をダウンロード・再生できない場合，当社は責任を負いかねます。ご理解，ご了承いただきますよう，お願いいたします。

Chapter 1

環境

Environment

今を読むキーワード

環境

SDGs (Sustainable Development Goals)

SDGs は Sustainable Development Goals（持続可能な開発目標）の略。2015 年に国連加盟国によって採択され、貧困・飢餓の撲滅、平等、気候変動対策、自然環境の保護、平和など、17 の**グローバル目標**（**global objectives**）と進捗状況を追跡するための 169 のターゲットを掲げています。そして 2030 年を目標として、より持続可能で経済と社会と環境のバランスのとれた公平な世界を実現するための**国際協力と行動の枠組み**（**framework for international cooperation and action**）を示しています。

再生可能エネルギー (renewable energy)

再生可能エネルギーとは、太陽光、風、水流、地熱など、枯渇することがないと考えられるエネルギー源によって生み出されるエネルギーを指します。これらは、社会の**脱炭素化**（**decarbonization**）、つまり**温室効果ガス**（**greenhouse gases**）排出の一因となる石炭、石油、天然ガスなどの炭素ベースの**化石燃料**（**fossil fuels**）への依存を減らす取り組みにおいて、極めて重要です。再生可能エネルギーに移行することで、二酸化炭素排出量を減らし、気候変動を緩和し、持続可能性を促進することができます。しかし近年では、供給の不安定性や**生態系**（**ecosystem**）への影響など、克服すべき問題も指摘されています。

海洋汚染 (marine pollution)

海洋汚染とは、プラスチック破片や流出した石油、化学物質、汚水など、さまざまな**汚染物質**（**pollutants**）による海洋とその生態系の汚染を指します。海洋汚染は、海洋生物とその**生息地**（**habitats**）、ひいては人間の健康に深刻な脅威をもたらします。汚染は世界中の海域に広まっており、魚、ウミガメ、海鳥、アザラシなどの哺乳類にも影響が及んでいます。

生物多様性 (biodiversity)

生物多様性とは、**種**（**species**）、遺伝子、生態系の多様性など、ある地域または地球上の生物の多様性を包括する概念です。1992 年に制定された**生物多様性に関する条約**（**Convention on Biological Diversity**）は生物多様性の保全だけでなく、生物資源の公正な利用も目的としています。まだ発見されていないものも含めて医薬品などに利用できる有用な資源に関して、その収集者とそれが存在する地域または国の両者が平等にその利益を享受できること、そして持続可能な形で利用することが重視されています。

バーチャルウォーター (virtual water)

バーチャルウォーター（仮想水）とは、商品やサービスの生産において消費される目に見えない水のことを指します。農産物と畜産物、特に牛肉の生産には多くの水を必要とするため、牛肉を輸入するということはその生産に必要な水も輸入していることになります。バーチャルウォーターという概念は、特に水不足の地域において、**ウォーターフットプリント** (water footprint)（人間活動により消費・汚染された水の量）の評価や水資源の持続可能な管理に役立ちます。

食品ロス (food waste)

食品ロスとは、食べられる食品が食べられずに捨てられてしまうことです。食品が消費期限内に使われなかったり、調理されすぎたり、店やレストランで廃棄されたりと、さまざまな段階で発生します。食品ロスは、食品の生産に使われる水やエネルギーなどの資源を浪費するだけでなく、温室効果ガスの排出などの環境問題や、世界的な飢餓問題の原因にもなっています。一方、収穫、輸送、保管、加工、販売、消費の過程で食用に適する食品の量が減少することを**フードロス** (food loss) といいます。

サーキュラーエコノミー (circular economy)

サーキュラーエコノミー（循環型経済）は、廃棄物を最小限に抑え、**資源の再利用、リサイクル、再生** (the reuse, recycling, and regeneration of resources) を最大化することを目的とした経済システムのことです。「取る、作る、捨てる」という従来の消費行動から、製品をできるだけ長く循環させ、環境への影響を減らし、持続可能な成長を促進することを目指しています。

■ 直線型経済から循環型経済へ

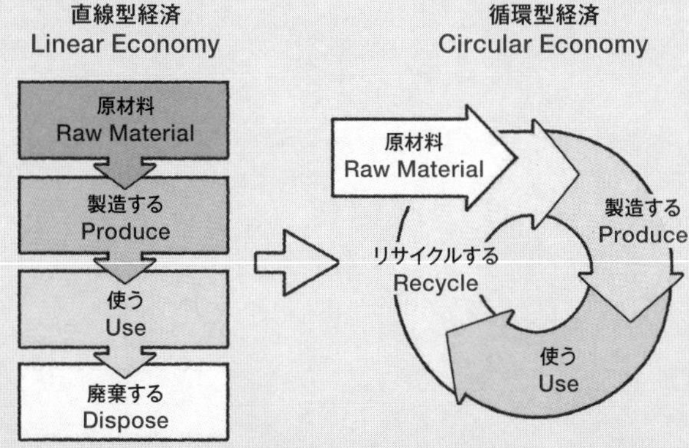

01 Anthropocene / 人新世 (1)

The term "Anthropocene" is increasingly prevalent in discussions surrounding environmental issues and geology. The Anthropocene has been proposed as a novel geological epoch within the geological time scale. The first mention of this term was by atmospheric chemist Paul Crutzen. In 2000, after listening to a scientist talk about the Holocene during a scientific conference, Crutzen proposed that the impact of humanity differs significantly between the Stone Age and the present day, despite both being within the Holocene. He suggested, "Are we not already in the Anthropocene?"

Geological epochs are divisions within the 4.6 billion-year history from the Earth's origin to the present day. For instance, the period immediately following the Earth's formation is known as the Precambrian Era, succeeded by the Paleozoic Era. The Cretaceous and Jurassic Periods, when dinosaurs existed, collectively form the Mesozoic Era. Currently, we are living in the Cenozoic Era, specifically within the Quaternary Period. Within this period, we are further classified as being in the Holocene Epoch, which started approximately 11,700 years ago.

(169 words)

環境問題や**地質学をめぐる議論**の中で、「人新世」という**用語**が**徐々に浸透して**いる。人新世は、地質学的な時間尺度での**新しい**地質**年代**として**提起さ**れた。この言葉に初めて**言及**したのは、**大気化学者**のポール・クルッツェンである。2000年、科学者たちの**会議**の中で完新世についてのある科学者の話を聞いたクルッツェンは、**石器時代**と現代はどちらも完新世に含まれる**のに**、**人類**が与える**影響**が**大きく異なる**と意見を出した。「私たちはすでに人新世にいるのではないか?」と彼は**提案した**。

地質年代とは、地球の**誕生**から現在までの46億年の歴史を**区分**したものである。**例えば**、地球の**形成直**後の**期間**は先カンブリア**時代**として知られ、そのあとに古生代が**続く**。**恐竜**が**存在した**白亜紀とジュラ紀は**合わせて**中生代と呼ばれる。**現在**、私たちは新生代、**厳密に言うと**第四紀に生きている。この時代の中で、私たちは**さらに**、**約**11,700年前に始まった完新世にいると**分類さ**れる。

Notes

l.1 Anthropocene 人新世
l.6 Holocene 完新世
l.14 Precambrian 先カンブリア時代の
l.14 Paleozoic 古生代の
l.14 Cretaceous 白亜紀の
l.15 Jurassic ジュラ紀の
l.16 Mesozoic 中生代の
l.16 Cenozoic 新生代の
l.17 Quaternary 第四紀の

01 **term**
/ tə́ːrm /
名 ①用語 ②[複数形で]（契約などの）条件

02 **increasingly**
/ ɪnkríːsɪŋli /
副 ますます、次第に（≒ more and more）

03 **prevalent**
/ prévələnt /
語 preval（普及する）+ -ent（形容詞）
形 普及した（≒ predominant, popular, common）
動 prevail 普及する、流行する

04 **discussion**
/ dɪskʌ́ʃən /
語 dis-（分離）+ cuss（振る）+ -ion（名詞）
名 議論、考察
動 discuss ～について話し合う、議論する

05 **surround**
/ səráʊnd /
語 sur(r)-（越えて）+ ound（あふれる）
動 ①～を取り巻く、～と関連している
②～を囲む、包囲する
名 surroundings 周囲の状況、環境

06 **environmental**
/ ɪnvàɪərnméntl /
語 environ（取り囲まれた）+ -ment（名詞）+ -al（形容詞）
形 環境の
名 environment（自然）環境
副 environmentally 環境的に

07 **issue**
/ íʃuː /
名 問題
動 ①〈声明など〉を出す、発する
②〈新聞・書籍など〉を出版する

08 **geology**
/ ʤiáːləʤi /
語 geo（土地）+ -logy（学問）
名 地質学
形 geological 地質学の

09 **propose**
/ prəpóʊz /
語 pro-（前に）+ pose（置く）
動 ①〈理論など〉を提唱する
②〈計画など〉を提案する
名 proposal 提案

10 **novel**
/ náːvl /
形 斬新な、新しい種類の

11 **epoch**
/ épək /
発音注意
名（重要な出来事などで特徴づけられる）時代、時期（≒ age, era）
epoch-making（画期的な、新時代を画する）という語も覚えておこう

12 **mention**
/ ménʃən /
語 ment（思い出す）+ -ion（こと）
名 言及、名前を挙げること
動 …であると述べる

13 **atmospheric**
/ æ̀tməsférɪk /
atmo(s)（空気）+ spher（球）+ -ic（形容詞）

形 大気の、大気に関する
atmospheric pollution（大気汚染）のように名詞の前で使う
名 atmosphere 大気

14 **chemist**
/ kémɪst /
chem（錬金術）+ -ist（人）

名 化学者
名 chemistry 化学

15 **conference**
/ kɑ́:nfərəns /
con（共に）+ fer（運ぶ）+ -ence（名詞）

名 会議（≒convention, forum）
特に大規模で正式な「会議」を指す

16 **impact**
/ ímpækt /
im-（上に）+ pact（固定する）

名 ①影響 ②衝撃

17 **humanity**
/ hju:mǽnəti /
human（人間の）+ -ity（名詞）

名 ①人類 ②人間性、人道主義
形 humane 人道的な

18 **differ**
/ dífər /
dif-（分離）+ fer（運ぶ）

動 〈もの・事が〉異なる、違う
differ from ～で「～と異なる」という意味
形 different 異なる 名 difference 相違
動 differentiate ～を差別化する

19 **significantly**
/ sɪɡnífɪkəntli /
significant（かなりの）+ -ly（副詞）

副 重度に、相当に
形 significant 重要な、意義深い
名 significance 重要性、意義
動 signify ～を意味する；重要である

20 **Stone Age**
/ stóʊn èɪdʒ /

名 石器時代

21 **despite**
/ dɪspáɪt /

前 ～にもかかわらず（≒in spite of ～）

22 **suggest**
/ səɡdʒést /
sug-（下から）+ gest（持ち出す）

動 ①～を提案する（≒propose）
②～を暗示する（≒imply）
①では続くthat節中の動詞は（should+）原形になる
名 suggestion 提案

23 **division**
/ dɪvíʒən /
divis（分ける）+ -ion（名詞）

名 ①分割、区分 ②（社会・経済的な）分断、分裂 ③（組織などの）部門
「（細胞の）分裂」もdivision
動 divide ～を分ける、分割する

24 **origin**
/ ɔ́:rədʒɪn /

名 起源
形 original 元の、本来の
動 originate ～を始める

25 **for instance**

熟 例えば

26 **period**
/ píəriəd /
語 peri（周りに）+ od（道）

名 期間、時期
✎ 終止符（ピリオド）もこの period
形 periodic 定期的な
名 periodical 定期刊行物

27 **immediately**
/ ɪmíːdiətli /
語 im-（否定）+ mediate（介在する）+ -ly（副詞）

副 すぐに、ただちに（≒ instantly）
形 immediate 即座の

28 **formation**
/ fɔːrméɪʃən /
語 form（形作る）+ -ation（名詞）

名 ①形成 ②（軍隊などの）隊形、編成、（スポーツの）フォーメーション
名動 form 形、形態；～を形成する

29 **era**
/ érə /

名 時代、時期；～時代

30 **succeed**
/ səksíːd /
語 suc-（後に）+ ceed（続く）

動 ①～の後に続く ②成功する
名 success 成功
形 successful 成功した
名 succession 継承、相続

31 **dinosaur**
/ dáɪnəsɔ̀ːr /
語 dinos（恐ろしい）+ saur（トカゲ）

名 恐竜

32 **exist**
/ ɪgzíst /
語 ex-（外に）+ ist（立たせる）

動 存在する
形 existing 現在の、現存する
名 existence 存在

33 **collectively**
/ kəléktɪvli /
語 collective（集合的な）+ -ly（副詞）

副 ひとまとめにして
動 collect ～を集める、収集する
名 collection 収集

34 **currently**
/ kə́ːrəntli /
語 current（現在の）+ -ly（副詞）

副 現在
形 current 現在の

35 **specifically**
/ spəsífɪkəli /
語 specific（特定の）+ -ally（副詞）

副 ①厳密に言うと、具体的に言うと ②特に、とりわけ
形 specific 特定の、一定の
動 specify ～を特定する

36 **further**
/ fə́ːrðər /

副 ①さらに、それ以上に ②さらに遠くに
形 それ以上の、さらなる
✎ far の比較級。②の意味ではアメリカ英語では farther のほうがふつう

37 **classify** / klǽsəfàɪ / 語 class (種類) + -ify (～にする)	動 ～を分類する 名 classification 分類 形 classfied 分類された；機密の
38 **approximately** / əprɑ́:ksəmətli / 語 ap- (～に) + proxim (近く) + -ate (形容詞) + -ly (副)	副 およそ、約 (≒ about, around) 形 approximate おおよその

構文チェック

■ *ll.5-9*

(In 2000,) (after ▲listening to a scientist talk about the Holocene during a scientific conference,) Crutzen (S) proposed (V) [that (O) the impact of humanity (S) differs (V) significantly between the Stone Age and the present day(, despite both being within the Holocene)].

訳 2000 年、科学者たちの会議の中で完新世についてのある科学者の話を聞いたクルッツェンは、石器時代と現代はどちらも完新世に含まれるのに、人類が与える影響が大きく異なると意見を出した。

▲listening to a scientist talk ... は〈知覚動詞＋目的語＋動詞の原形〉の形。「完新世について科学者が話すのを聞く」という意味で、目的語は後ろの動詞の意味上の主語。

■ *ll.12-14*

(For instance,) the period (S) (immediately following the Earth's formation) is known (V) as the Precambrian Era (, ▲succeeded by the Paleozoic Era).

訳 例えば、地球の形成直後の期間は先カンブリア時代として知られ、そのあとに古生代が続く。

▲分詞構文。and is succeeded ... と書き換えることができ、「そしてそのあとに古生代によって続かれる」と情報が付加されている。

02 Anthropocene / 人新世 (2)

These epochs are **categorized** by **fossils**, rocks, and **strata** that are **excavated** from **underground**. If future humans, tens of thousands of years from now, were to **conduct** excavations as we do today, what might they discover? They would **likely** **unearth** a **massive** **quantity** of concrete, asphalt, metals, **plastics**, and other **human-made** **artifacts**. **According to** a 2020 study, the total **weight** of these artifacts, which was less than 3% of all living things at the start of the 20th century, now **surpasses** 1 trillion tons — **exceeding** the total weight of all life. **Predictions** suggest that the weight of these artifacts may **double** within the next 20 years. If epochs are classified **based on** excavated **materials**, the present era — in which human activities have had **significant** impact on the earth — should be **distinguished** as a new geological epoch. This is the **central** idea of the "Anthropocene."

In March of 2024, after some **deliberation**, the International Union of Geological Sciences (IUGS) **rejected** the proposal to **recognize** the Anthropocene **as** a new geological epoch, a topic of **considerable** **debate**. The central question is: when did the Anthropocene begin? The most likely answer is the mid-20th century, a period known as the Great **Acceleration**, **characterized** by World War II, **population** growth, **globalization**, and **technological** **advancements**. Studies have **demonstrated** that the Great Acceleration **triggered** **drastic** changes, **including** **variations** in atmospheric **carbon dioxide** and **methane**, **increased** **frequency** of **major** **floods**, impacts of **nuclear** testing, and a **surge** in the use of plastics and cement. Since the Anthropocene was not **accepted** by IUGS, we **remain** in the Holocene epoch, which began at the end of the last **ice age**.

(274 words)

これらの時代は、**地下**[05]から**発掘さ**[04]れる**化石**[02]や岩石、**地層**[03]によって**分類さ**[01]れる。もし数万年後の未来の人類が、現在の私たちと同じように発掘調査を**行っ**[06]たとしたら、何を発見するだろうか。**おそらく**[07]、**大**[09]**量**[10]のコンクリート、アスファルト、金属、**プラスチック**[11]など、**人間が作り出した**[12]**人工物**[13]を**発掘する**[08]だろう。2020年の調査**によると**[14]、20世紀初頭には全生物の3%にも満たなかったこれらの人工物の総**重量**[15]は、今や1兆トンを**超え**[16]、全生物の総重量を**上回っ**[17]ている。これらの人工物の重量は今後20年以内に**倍増する**[19]可能性があると**予測**[18]されている。出土した**もの**[21]**をもとに**[20]時代を分類するならば、人類の活動が地球に**大きな**[22]影響を与えている現代は、新たな地質年代として**区別さ**[23]れるべきだ。これが「人新世」の**中心となる**[24]考え方である。

2024年3月、国際地質科学連合（IUGS）は**審議**[25]の末、人新世を新たな地質年代**と認める**[27]提案を**否決した**[26]が、この提案は**大きな**[28]**話題**[29]となった。中心的な問題は「人新世はいつ始まったのか」ということである。最も可能性の高い答えは20世紀半ばの、第二次世界大戦、**人口**[32]増加、**グローバル化**[33]、**技術の**[34]**進歩**[35]によって**特徴づけ**[31]られる「グレート・アクセラレーション（大**加速**[30]）」と呼ばれる時期である。グレート・アクセラレーションが、大気中の**二酸化炭素**[41]と**メタン**[42]の**変動**[40]、**大**[45]**洪水**[46]の**頻度**[44]の**増加**[43]、**核**[47]実験の影響、プラスチックとセメントの使用の**急増**[48]**を含む**[39]、**劇的な**[35]変化を**引き起こした**[37]ということは研究によって**実証さ**[36]れている。IUGSが人新世を**認め**[49]なかったため、私たちは最後の**氷河期**[51]末に始まる完新世に**留まる**[50]ことになった。

01 **categorize** / kǽtɪgəràɪz /
動 ～を分類する
名 category 分類、範疇
名 categorization 分類（すること）

02 **fossil** / fɑ́:sl /
名 化石
「化石燃料」は fossil fuel

03 **stratum** / stréɪtəm /
名 ①地層 ②層、階層
複数形は strata または stratums

04 **excavate** / ékskəvèɪt /
ex-（外に）+ cavate（うつろにする）
動 〈場所〉を発掘する；〈埋もれたもの〉を掘り出す
名 excavation 発掘

05 **underground** / ʌ́ndərgràʊnd /
under-（下に）+ ground（地面）
名 ①地下 ②地下鉄
形 地下の、地中の

06 **conduct** / 動 kəndʌ́kt 名 kɑ́:ndʌkt /
con-（共に）+ duct（導く）
動 〈実験・調査など〉を行う
名 行い、行為

07 **likely** / láɪkli /
形 ～しそうだ、あり得る（⇔unlikely ありそうにない）
名 likelihood 可能性

08 **unearth** / ʌnə́:rθ /
un-（否定）+ earth（埋める）
動 ①（偶然）～を見つける、発見する
②～を掘り出す、発掘する

09 **massive** / mǽsɪv /
mass（大きな塊）+ -ive（形容詞）
形 〈規模・量などが〉大きい、巨大な（≒huge）
名 mass 塊；量

10 **quantity** / kwɑ́:ntəti /
名 量（≒amount）
「質」は quality

11 **plastic** / plǽstɪk /
名 プラスチック、ビニール
形 プラスチック製の、ビニール製の
名詞はふつう複数形で使う。「レジ袋」は plastic bag

12 **human-made** / hjú:mənmèɪd /
形 人間が作った、人工の

13 **artifact**
□□□
/ ɑ́ːrtəfæ̀kt /
arti（技術）+ fact（作る）

名 ①人工品；人工遺物 ②工芸品

14 **according to ~**
□□□

熟 ~によれば

15 **weight**
□□□
/ wéɪt /
weigh（重さがある）+ -t（名詞）

名 ①重さ、重量、体重 ②重要性、重み
✎ gain [put on] weight で「体重が増える、太る」、lose weight で「体重が減る、やせる」という意味
動 weigh 重さがある

16 **surpass**
□□□
/ səːrpǽs /
sur-（越えて）＋ pass（通る）

動 ~を超える、~に勝る

17 **exceed**
□□□
/ ɪksíːd /
ex-（外に）+ ceed（行く）

動 ~を超える、~より多い
名 excess 超過、過剰
形 excessive 過度の、極端な

18 **prediction**
□□□
/ prɪdíkʃən /
pre-(前に) + dict(言う) + -ion(名詞)

名 予測
動 predict ~を予測する、予言する
形 predictable 予測可能な

19 **double**
□□□
/ dʌ́bl /

動 2 倍になる、倍増する
形 2 人用の、ダブルの
✎「3 倍になる」は triple

20 **based on ~**
□□□

熟 ~に基づいて

21 **material**
□□□
/ mətíəriəl /
materi（物質）+ -al（形容詞）

名 ①材料、物質 ②資料
形 物質的な
✎「原料」は raw material という

22 **significant**
□□□
/ sɪgnífɪkənt /
sign(i)（印）+ fic（~にする）+ -ant（形容詞）

形 ①かなりの
②重要な、意義深い（⇔insignificant 取るに足らない）
名 significance 重要性、意義
動 signify ~を意味する；重要である

23 **distinguish**
□□□
/ dɪstíŋgwɪʃ /
dis-（分離）+ sting（突き刺す）+ -ish（~にする）

動 ①~を区別する ②~を目立たせる、際立たせる
✎ distinguish *A* from *B* で「A を B と区別する」という意味
名 distinction 区別 形 distinct 異なる
形 distinctive 特徴的な

24 **central**
□□□
/ séntrəl /
centr（中心）+ -al（形容詞）

形 ①中心的な、主要な（≒major）
（⇔minor あまり重要でない）
②中心の、中央の
名 center 中心

25 **deliberation**
/ dɪlìbəréɪʃən /

動 ①審議、討議 ②熟考
動形 deliberate (〜を)熟考する;故意の
副 deliberately 故意に;慎重に

26 **reject**
/ rɪʤékt /
語 re-(元に)+ject(投げる)

動 〜を拒否する(⇔accept 〜を受け入れる)
名 rejection 拒否

27 **recognize *A* as *B***

熟 *A* を *B* として(公式に)認める

28 **considerable**
/ kənsídərəbl /

形 かなりの(≒substantial, significant)
(⇔unsubstantial, insignificant 取るに足らない)
動 consider 〜を考慮する
副 considerably かなり、大幅に

29 **debate**
/ dɪbéɪt /
語 de-(完全に)+bate(打つ)

名 討論会、議論
動 (〜を)議論する

30 **acceleration**
/ əksèləréɪʃən /
語 ac-(〜に)+celer(速い)+-ation(名詞)

名 加速、促進
動 accelerate 加速する;〜を加速させる

31 **characterize**
/ kǽrəktəràɪz /
語 character(特徴)+-ize(動詞)

動 〜を特徴づける

32 **population**
/ pɑ̀:pjəléɪʃən /
語 popul(人々)+-ation(名詞)

名 ①人口、(動物の)個体数 ②人々、住民

33 **globalization**
/ glòʊbələzéɪʃən /
語 global(世界的な)+-ization(名詞)

名 グローバル化、国際化
形 global 世界的な
副 globally 世界的に
動 globalize グローバル化する

34 **technological**
/ tèknəlɑ́:ʤɪkl /
語 techno(技術)+log(学)+-ical(形容詞)

形 科学技術の、工業上の
名 technology 科学技術
副 technologically 科学技術的に

35 **advancement**
/ ədvǽnsmənt /

名 ①進歩、前進 ②昇進
動 advance 進む;〜を前進させる
形 advanced 進歩した;上級の

36 **demonstrate**
/ démənstrèɪt /

動 ①〜を(明らかに)示す ②〜を実演する
③デモをする
名 demonstration 証明;実演;デモ

37 **trigger**
□□□
/ trígər /
語 trig(g)（引く）+ -er（もの）

動 ～の引き金になる、～を誘発する
名 引き金

38 **drastic**
□□□
/ drǽstɪk /
語 drast（行動）+ -ic（形容詞）

形 ①〈変化などが〉急激な
②〈手段などが〉抜本的な、思い切った
副 drastically 抜本的に

39 **including**
□□□
/ ɪnklúːdɪŋ /
語 in-（中に）+ clude（閉じる）

前 ～を含めて
動 include ～を含む
名 inclusion 包含

40 **variation**
□□□
/ vèəriéɪʃən /
語 vari（変化する）+ -ation（名詞）

名 変化、変動
動 vary 異なる、変化する

41 **carbon dioxide**
□□□
/ kɑ̀ːrbən daɪɑ́ːksaɪd /

名 二酸化炭素

42 **methane**
□□□
/ méθeɪn /

名 メタン

43 **increase**
□□□
/ 動 ɪnkríːs 名 ínkriːs /
語 in-（上に）+ crease（成長する）

動 ①〈数量・価値など〉を増やす（⇔decrease ～を減らす）
②〈数量・価値などが〉増える（⇔decrease 減る）
名 増加（⇔decrease 減少）
品詞によってアクセントの位置が変わる

44 **frequency**
□□□
/ fríːkwənsi /

名 ①頻度 ②周波数
形 frequent 頻繁な
副 frequently 頻繁に

45 **major**
□□□
/ méɪʤər /

形 ①（規模などが）大きい（⇔minor 小さい）
②主要な、重大な（⇔minor 重要でない）
名 専攻科目、専攻学生
名 majority 大多数；過半数

46 **flood**
□□□
/ flʌ́d /

名 洪水、氾濫
動 氾濫する；～を氾濫させる

47 **nuclear**
□□□
/ n(j)úːkliər /

形 核の、原子力の
名 nucleus 原子核

48 **surge**
□□□
/ sə́ːrʤ /

名 急な高まり、（波の）うねり
動 波のように押し寄せる

49	**accept** / əksépt / 語 ac- (～に) + cept (受ける)	動 ①〈考えなど〉を正しいと見なす ②～を受け入れる (⇔refuse ～を拒む) ③〈店などが〉〈カードなど〉を受けつける 形 acceptable 受け入れられる
50	**remain** / rɪméɪn / 語 re- (元に) + main (留まる)	動 ①(依然として) ～のままである ②残る (≒stay) 名 [複数形で] 残り、遺物
51	**ice age** / áɪs èɪʤ /	名 氷河期

構文チェック

■ *ll.2-4*

〔If future humans (, tens of thousands of years from now,) were to conduct excavations 〔as we do today〕,〕 what might they discover?

(S: future humans / ▲ V: were to conduct / O: excavations / S: we / V: do / O: what / V: might / S: they / V: discover)

訳 もし数万年後の未来の人類が、現在の私たちと同じように発掘調査を行ったとしたら、何を発見するだろうか。

▲ if *A* were to *do* は「仮に *A* が～することがあれば」。まったく実現の可能性のない仮定から、可能性のある仮定まで、いろいろな段階の仮定を表す。

■ *ll.6-9*

(According to a 2020 study,) the total weight of these artifacts 〔, which was less than 3% of all living things at the start of the 20th century,〕 (now) surpasses 1 trillion tons (— exceeding the total weight of all life).

(S: the total weight of these artifacts / V: was / C: less / V: surpasses / O: 1 trillion tons)

訳 2020 年の調査によると、20 世紀初頭には全生物の 3%にも満たなかったこれらの人工物の総重量は、今や 1 兆トンを超え、全生物の総重量を上回っている。

語源コラム　接辞と語根

入試用に覚えておくべき単語には、**接辞**（＝接頭辞と接尾辞）と**語根**で構成されているものがたくさんあります。接辞や語根は漢字の部首のような**「意味の単位」**で、知っていると単語を覚えるときに便利です。例えば、invisible（目に見えない）を例に考えてみましょう。

接頭辞	語根	接尾辞
in	**vis**	**ible**
「否定」	「見る」	「できる」

invisibleという語は否定を意味する接頭辞のin-、「見る」を意味する語根vis、「できる」という意味の接尾辞 -ibleで構成されています。この**成り立ちを知っていれば**、「目に見えない」という意味は**簡単に覚えられます**ね。本書では、半数以上の見出し語にこうした語源情報を載せていますが、「語源コラム」では、主な接辞と語根を取り上げ、その語根を含む代表的な単語の例をまとめましたので、**語源の感覚を養って**ください。

ところで、上に取り上げたvis（見る）という語根を持つ語には、他にprovide, advise, review, envyなどがあります。よく見ると、語根部分がvide、vise、view、vyと異なっていますね。なぜこのように多様な形をしているのでしょうか。それは、元になった語が文法的・歴史的要因によって形を変えて行くことのを反映しているためです。例えば、ラテン語の動詞video（見る）はprovideのもとになっていますが、advise は、videoの過去分詞visumに由来しています。reviewやenvyは、ラテン語がフランス語へと推移していく中で古フランス語となり、それが現代英語の前身である中英語に取り入れられ…といった歴史的過程で経た音変化を反映しています。また接頭辞も、上で取り上げた「否定のin-」はmの前ではim-となったり（例：immortal)、rの前ではir-になったり（例：irregular）と、隣接する音によって形が変化することがあります。

こうしたことを頭に入れたうえで、語源コラムを活用し、**語彙力を一気に高めて**いきましょう！

03 Anthropocene / 人新世 (3)

Interestingly[01], Crutzen himself did not see **significance**[02] in **revising**[03] geological epochs. **Rather**[04], his **intent**[05] in proposing the term was to **raise**[06] **awareness**[07] about the impact of human activities on Earth. "What I hope," he **stated**[08], "is that the term 'Anthropocene' will be a **warning**[09] to the world." **Indeed**[10], the term "Anthropocene" has **sparked**[11] a new wave of environmental **concern**[12]. **Various**[13] **initiatives**[14], such as the **development**[15] of **environmentally-friendly**[16] and **sustainable**[17] products, and the **creation**[18] of new technologies that **balance**[19] **economic**[20] activity **with**[19] **decarbonization**[21], are being **pursued**[22] under the **principles**[23] of the Sustainable Development Goals (SDGs). Some even suggest that **bold**[24] **reforms**[25] to **halt**[26] economic growth may be necessary to **fundamentally**[27] **protect**[28] the environment in the Anthropocene Epoch. Although the recognition of the Anthropocene as a new geologic epoch was rejected **for the time being**[29], **there is no doubt that**[30] this **concept**[31] has **altered**[32] the **discourse**[33] on environmental issues.

(147 words)

興味深いことに、クルツェン自身は地質年代を**改訂する**ことに**意義**を見出していなかった。**むしろ**、彼がこの言葉を提唱した**意図**は、人間の活動が地球に与える影響についての**認識**を**高める**ことにあった。「私が望むのは、『人新世』という言葉が世界への**警告**になることだ」と彼は**述べた**。**実際**、「人新世」という言葉は、環境**問題**への新たな波を**巻き起こした**。持続可能な開発目標（SDGs）の**理念**のもと、**環境に配慮した持続可能な**製品の**開発**や、**経済**活動と**脱炭素化**を**両立させる**新技術の**創出**など、**さまざまな取り組み**が**進め**られている。人新世において環境を**根本的に守る**ためには、経済成長を**止める大胆な改革**が必要ではないかとの指摘さえある。人新世を新たな地質年代と見なすことは**さしあたり**否定されが、この**概念**が環境問題に関する**言説**を**変えたことは間違いない**。

（オリジナル）

01 **interestingly**
/ íntərəstɪŋli /

副 興味深いことに
形 interesting 興味深い

02 **significance**
/ sɪɡnífɪkəns /
語 sign(i) (印) + fic (～にする) + -ance (名詞)

名 ①意味、意義 (≒meaning) ②重要性 (≒importance)
形 significant 重要な、意義深い
動 signify ～を意味する；重要である

03 **revise**
/ rɪváɪz /
語 re- (再び) + vise (見る)

動 ～を修正する、改訂する
名 revision 修正、改正

04 **rather**
/ rǽðər /

副 ①むしろ ②いくぶん、やや

05 **intent**
/ ɪntént /
語 in- (中に) + tent (伸ばす)

名 意思、意向
形 没頭した、集中した (⇔distracted 気が散った)
動 intend ～を意図する

06 **raise**
/ réɪz /

動 ①〈意識など〉を高める ②～を育てる、飼育する (≒bring up) ③〈問題など〉を提起する
「〈もの・体の一部〉を上げる」、「〈資金など〉を集める」という意味も重要

07 **awareness**
/ əwéərnəs /
語 a- (～に) + ware (用心して) + -ness (名詞)

名 意識、認知
形 aware 知っている、気づいている

08 **state**
/ stéɪt /

動 ～を (明確に) 述べる
名 ①状態 ②(アメリカなどの) 州
名 statement 発言

09 **warning**
/ wɔ́ːrnɪŋ /

名 警告、注意
動 warn …と警告する

10 **indeed**
/ ɪndíːd /
語 in- (上に) + deed (事実)

副 実のところ、実際

11 **spark**
/ spáːrk /

動 ～の火つけ役となる、～を刺激する
名 火花、きらめき

12 **concern**
/ kənsə́ːrn /
語 con- (完全に) + cern (ふるいにかける)

名 懸案事項、懸念
形 concerned 心配して
前 concerning ～について

13 **various**
/ véəriəs /

形 さまざまな
名 variety 種類、多様さ
動 vary 異なる、変化する

14 **initiative**
/ ɪníʃətɪv /
in-(中に) + it(i)(行く) + -ative(形容詞)

名 ①新提案；構想 ②自発性；主導権

15 **development**
/ dɪvéləpmənt /

名 ①開発 ②発達、発展
動 develop ～を開発する

16 **environmentally-friendly**
/ ɪnvaɪərnmèntəlifréndli /

形 環境にやさしい

17 **sustainable**
/ səstéɪnəbl /
sus- (下から) + tain (保つ) + -able (できる)

形 持続可能な、長続きする
動 sustain ～を維持する、持続させる
名 sustenance 維持；食物
名 sustainability 持続可能性

18 **creation**
/ kriéɪʃən /

名 創造
動 create ～を創造する
形 creative 創造的な

19 **balance *A* with *B***

熟 *A* と *B* を両立させる

20 **economic**
/ èkənɑ́:mɪk /

形 経済の、経済に関する
名 economy 経済
名 economics 経済学
形 economical 経済的な、無駄のない

21 **decarbonization**
/ di:kɑ̀:rbənaɪzéɪʃən /
de- (否定) + carbon (炭素) + -ization (名詞)

名 脱炭素化
動 decarbonize ～を脱炭素化する

22 **pursue**
/ pərs(j)ú: /
pur- (前に) + sue (追う)

動 ①～に従事する ②～を追跡する (≒ chase)
名 pursuit 追跡

23 **principle**
/ prínsəpl /
principal (主要な) と同音

名 ①主義、信条 ②原理、原則

24 **bold**
/ bóʊld /

形 大胆な、勇気のある (≒ daring, brave)
(⇔timid, cowardly 臆病な)

25 **reform**
/ rɪfɔ́ːrm /
re-（再び）+ form（形作る）

名（組織・制度などの）改革（≒change, action）
動 ～を改革する、改正する（≒revise）
「（建物を）リフォームする」は remodel や renovate という

26 **halt**
/ hɔ́ːlt /

動 ①～を停止する（≒stop） ②止まる、停止する
名 停止

27 **fundamentally**
/ fʌ̀ndəméntəli /
fundamental（基本的な）+ -ly（副詞）

副 根本的に、基本的に
形 fundamental 基本的な、根本的な

28 **protect**
/ prətékt /
pro-（前を）+ tect（覆う）

動 ～を保護する、守る
名 protection 保護
形 protective 保護の

29 **for the time being**

熟 さしあたり、当面

30 **There is no doubt that ...**

熟 …ということは間違いない、疑いない

31 **concept**
/ kɑ́ːnsept /
con-（共に）+ cept（取り入れられたもの）

名 概念、コンセプト
動 conceive ～を考え出す

32 **alter**
/ ɔ́ːltər /

動 ～を変える（≒modify, adjust）
名 alteration 変更

33 **discourse**
/ dískɔːrs /

名 ①言説 ②会話、会談（≒discussion）

構文チェック

■ *ll.6-10*

Various initiatives(, such as the development of environmentally-friendly and sustainable products, and the creation of new technologies〔that balance economic activity with decarbonization〕,) are being pursued (under the principles of the Sustainable Development Goals (SDGs)).

（S: Various initiatives / V: balance / O: economic activity / V: are being pursued）

訳 持続可能な開発目標（SDGs）の理念のもと、環境に配慮した持続可能な製品の開発や、経済活動と脱炭素化を両立させる新技術の創出など、さまざまな取り組みが進められている。

■ *ll.13-16*

〔Although the recognition of the Anthropocene as a new geologic epoch was rejected for the time being,〕▲there is no doubt [that this concept has altered the discourse on environmental issues].

（S: the recognition of the Anthropocene as a new geologic epoch / V: was rejected / V: is / S: no doubt / S: this concept / V: has altered / O: the discourse on environmental issues）

訳 人新世を新たな地質年代と見なすことはさしあたり否定されが、この概念が環境問題に関する言説を変えたことは間違いない。

▲there is no doubt that ... は、that 以下が doubt の同格で、直訳すると「…という疑いは存在しない」、つまり「…ということは間違いない」という意味。

04 Water Shortages / 水不足 (1)

The world is currently facing a water shortage crisis. According to the United Nations, approximately 2 billion of the world's population do not have access to "safely managed water" that is both available when needed and protected from external contamination, and approximately 4 billion people worldwide are affected by water shortages. By 2050, it is projected that more than half of the world's population, about 5 billion people, will be affected by water shortages. Accordingly, access to safe water for all is set as Goal 6 of the United Nations' Sustainable Development Goals (SDGs), but this will be difficult to achieve.

Two broad causes of water scarcity are believed to be at play, the first of which is global population growth. According to the United Nations, the world population exceeded 8 billion people in 2022, and it is projected to reach approximately 9.7 billion by 2050 and 10.4 billion by the 2080s. As the population grows, so does the amount of water used, which means that water shortages will likely accelerate.

A second cause of water scarcity is climate change, as available water is largely related to changes in precipitation. According to some projections, heavy rainfall in some areas will increase the risk of flooding and other disasters, while in other areas, such as arid subtropical regions, precipitation will decrease, limiting easy access to water. In recent years, water problems caused by climate change have become particularly frequent. In 2022, for example, many European countries experienced record droughts. Major waterways in Europe, such as the Po and the Rhine, reached record low water levels, reducing agricultural and urban water supplies. In France, some farmers were forced to reduce their harvests and leave some of their land uncultivated. Electricity prices also rose due to reduced hydropower generation. In Italy, severe drought reduced the amount of available water, causing water supply restrictions and food price hikes.

(314 words)

世界は今、水不足の危機に直面している。国連によれば、世界人口のうち約20億人は、必要に応じて利用可能で、外部からの汚染から守られた「安全に管理された水」にアクセスできる状況になく、世界で約40億人は水不足の影響を受けている。2050年までには、世界人口の半数を超える約50億人が水不足の影響を受けると予測されている。そのため、国連の持続可能な開発目標（SDGs）の目標6にすべての人が安全な水にアクセスできることが掲げられているが、その実現は難しいだろう。

水不足の大きな原因は二つあると考えられるが、その一つは世界的な人口増加である。国連によると、世界人口は2022年に80億人を超え、2050年には約97億人、2080年代には約104億人に達すると予測されている。人口が増えれば水の使用量も増え、その結果として水不足が加速する可能性が高くなる。

水不足のもう一つの原因は気候変動である。利用可能な水は降水量の変化に大きく関係しているからだ。いくつかの予測によれば、豪雨によって洪水やその他の災害リスクが高まる地域がある一方で、降水量が減少し、水への容易なアクセスが制限される乾燥した亜熱帯地域のような地域も出てくるらしい。近年、気候変動による水問題が特に頻繁になっている。例えば2022年には、多くのヨーロッパ諸国が記録的な干ばつに見舞われた。ポー川やライン川などヨーロッパの主要河川は記録的な低水位に達し、農業用水や都市用水の供給が減少した。フランスでは、収穫量を減らし、一部の土地を耕作しないまま放置せざるを得なかった農家もあった。水力発電の減少により電気料金も上昇した。イタリアでは、深刻な干ばつにより利用可能な水量が減少し、給水制限と食料価格の高騰が起きた。

l.28 uncultivated 耕作されていない

01 **shortage**
/ ʃɔ́ːrtɪʤ /
short（不足した）+ -age（名詞）

名 不足
形 short 不足した

02 **crisis**
/ kráɪsɪs /

名 危機
複数形は crises / kráɪsiːz /
形 critical 批判的な；危機的な

03 **United Nations**
/ ju(ː)nàɪtɪd néɪʃənz /

名 国際連合、国連
UN と略すこともある

04 **billion**
/ bíljən /

形 10 億の
名 10 億
trillion（1 兆（の））という語も覚えておこう

05 **access**
/ ǽkses /
ac-（～に）+ cess（行く）

名 ①利用する権利、入手できること
②（場所などへの）接近
動 〈情報など〉を入手する、～にアクセスする
形 accessible 利用できる、入手できる

06 **safely**
/ séɪfli /
safe（安全な）+ -ly（副詞）

副 安全に、無事に
形 safe 安全な
名 safety 安全

07 **manage**
/ mǽnɪʤ /
man（手）+ -age（行為）

動 ①～を処理する、扱う（≒ handle）
②〈組織・事業など〉を経営する（≒ run）
名 management 経営、管理
名 manager 経営者、管理者

08 **available**
/ əvéɪləbl /
avail（役に立つ）+ -able（できる）

形 ①〈ものが〉利用できる、空いている ②入手できる
③〈人が〉手が空いている、会える
動 avail ～に役立つ
名 availability 利用できること

09 **external**
/ ɪkstə́ːrnl /
extern（外側にある）+ -al（形容詞）

形 外部の、外的な（≒ exterior, outer）
（⇔internal, interior, inner 内部の）

10 **contamination**
/ kəntæ̀mənéɪʃən /
con-（共に）+ tamin（触る）+ -ation（名詞）

名 汚染
動 contaminate ～を汚染する

11 **affect**
/ əfékt /
af-（～に）+ fect（する）

動 ～に（直接）影響する
「（間接的な）影響」は influence という

12 **project**
/ prɑ́ːʤekt /
pro-（前方に）+ ject（投げる）

動 ①～を見積もる、…だと推測する ②～を投影する
名 ①計画、プロジェクト ②（学校の）学習課題
名 projection 予測、見積もり

13 **accordingly**
/ əkɔ́ːrdɪŋli /
語 ac- (〜に) + cord (心) + -ing (形容詞) + -ly (副詞)

副 ①それを受けて、その結果
②それに応じて (≒ correspondingly)

14 **achieve**
/ ətʃíːv /
語 a- (〜に) + chieve (頭、頂点)

動〈目的など〉を達成する、成し遂げる (≒ accomplish)
名 achievement 業績、偉業

15 **broad**
/ brɔ́ːd /

形 ①大まかな、広義の
②(幅が) 広い (≒ wide) (⇔narrow (幅が) 狭い)
動 broaden 〜を広げる

16 **cause**
/ kɔ́ːz /

名 ①原因 ②理念、信念
動 〜を引き起こす

17 **scarcity**
/ skéərsəti /

名 (食料・資源などの) 不足、欠乏 (≒ shortage)
形 scarce 乏しい、不十分な

18 **at play**

熟 効果を発揮して、機能して

19 **global**
/ glóʊbl /
語 glob(e) (地球) + -al (形容詞)

形 全世界の、世界的な
名 globe 地球、世界
副 globally 世界的に

20 **amount**
/ əmáʊnt /
語 a- (〜に) + mount (山)

名 ①量 (≒ volume) ②金額
✎ amount の「多い／少ない」は large/small で表す

21 **accelerate**
/ əksélərèɪt /
語 ac- (〜に) + celer (速い) + -ate (〜にする)

動 加速する；〜を加速させる
✎ カタカナ語の「アクセル」は accelerator から
名 acceleration 加速、促進

22 **climate**
/ kláɪmət /

名 気候
形 climatic 気候の

23 **be related to 〜**

熟 〜に関連している
✎ 〈relate *A* to *B*〉で「*A* を *B* に関連づける」という意味
名 relation 関係、関連
名 relationship 間柄

24 **largely**
/ lάːrdʒli /
語 large (大きい) + -ly (副詞)

副 主に (≒ mainly)

25 **precipitation** 🌐
/ prɪsìpɪtéɪʃən /
precipit（まっさかさまに）+ -ation（名詞）

名 降水（量）

26 **projection**
/ prədʒékʃən /
pro-（前方に）+ ject（投げる）+ -ion（名詞）

名 ①予測、見積もり（≒forecast） ②映写
動 project ～を見積もる

27 **rainfall** 🌐
/ réɪnfɔ̀ːl /

名 降雨；降雨量

28 **risk**
/ rísk /

名 危険（性）
動 ～を危険にさらす
形 risky 危険な

29 **disaster**
/ dɪzǽstər /
dis-（不吉な）+ aster（星）

名 ①災害 ②大失敗、大惨事
形 disastrous 悲惨な、災害を招く

30 **arid** 👑
/ érɪd /

形 〈土地・気候などが〉乾燥した（≒dry）（⇔wet 湿った）
名 aridity 乾燥

31 **subtropical** 👑
/ sʌ̀btrάːpɪkl /

形 亜熱帯（性）の

32 **region**
/ ríːdʒən /
reg（統治する）+ -ion（名詞）

名 地域、地方（≒zone）
area よりも広い地域を表す
形 regional 地域の

33 **decrease**
/ 動 dìːkríːs 名 díːkriːs /
de-（下に）+ crease（成長する）

動 ①〈数量・価値などが〉減る（⇔increase 増える）
②～を減らす（≒reduce）（⇔increase ～を増やす）
名 減少
品詞によってアクセントの位置が変わる

34 **limit**
/ límət /

動 ～を制限する
名 制限、限度
形 limited 限られた

35 **recent**
/ ríːsnt /
re-（強意）+ cent（若い、新しい）

形 最近の、近ごろの
副 recently 最近

36 **particularly**
/ pərtíkjələrli /
particular（特定の）+ -ly（副詞）

副 特に、とりわけ
形 particular 特定の

37 **frequent**
/ 形 fríːkwənt 動 friːkwént /

形 頻繁な
動 よく～を訪れる
品詞によってアクセントの位置が変わる
副 frequently 頻繁に 名 frequency 頻度

38 **experience**
/ ɪkspíəriəns /
ex-（強意）+ peri（試みる）+ -ence（名詞）

動 ～を経験する
名 経験
形 experienced 経験豊富な

39 **drought**
/ dráʊt /
発音注意

名 干ばつ

40 **waterway**
/ wɔ́ːtərwèɪ /
water（水）+ way（道）

名 水路、航路；運河（≒canal）

41 **reduce**
/ rɪd(j)úːs /
re-（元へ）+ duce（導く）

動 ～を減らす（≒decrease, lessen）
名 reduction 削減

42 **agricultural**
/ æ̀grɪkʌ́ltʃərəl /
agri（畑）+ cultur（耕す）+ -al（形容詞）

形 農業の
名 agriculture 農業

43 **urban**
/ ə́ːrbən /
urb（都会）+ -an（形容詞）

形 都市の、都会の（⇔rural 農村の）

44 **supply**
/ səpláɪ /
sup-（下に）+ ply（満たす）

名 ①供給（⇔demand 需要） ②［複数形で］生活必需品
動 ～を供給する
supply *A* to *B*=supply *B* with *A*（*B* に *A* を供給する）という言い換えが成り立つ

45 **be forced to *do***

熟 ～せざるを得ない

46 **harvest**
/ háːrvəst /

名 収穫
動 〈作物〉を収穫する（≒gather）

47 **electricity**
/ ɪlèktrísəti /

名 電気、電力
形 electric 電動の
形 electrical 電気の

48 **due to ～**

熟 ～のために

49 **hydropower** / háɪdroʊpàʊər / hydro (水) + power (力)	名 水力発電
50 **severe** / sɪvíər /	形 厳しい、〈痛みなどが〉激しい (≒ hard, harsh) (⇔ mild 穏やかな) 副 severely 厳しく、激しく 名 severity 厳しさ
51 **restriction** / rɪstríkʃən / re- (強意) + strict (引き締める) + -ion (名詞)	名 制限、制約 (≒ constraint, limitation) 動 restrict ～を制限する
52 **hike** / háɪk /	名 (価格などの急激な) 引き上げ、値上げ 動 ① ～を (急に) 引き上げる ② ハイキングをする

構文チェック

■ *ll.11-12*

Two broad causes of water scarcity (S) are believed (V) to be at play (C)

〔, the first of **which** (S) is (V) global population growth (C)〕.

訳 水不足の大きな原因は二つあると考えられるが、その一つは世界的な人口増加である。

■ *ll.15-16*

〔As the population (S) grows (V),〕 so does (▲V) the amount of water used (S)

〔, **which** (▲) means (V) [that (O) water shortages (S) will likely (V) accelerate (V)]〕.

訳 人口が増えれば水の使用量も増え、その結果として水不足が加速する可能性が高くなる。

▲ so が前に出たために主語と動詞が倒置している。does は前出の grow の繰り返しを避けるための代動詞。

▲ 関係代名詞の which は「水の使用量が増える」という、先行する節全体を受けている。

語源コラム　接頭辞と接尾辞

■ 接頭辞

■ con- ➡ 共に

context（前後関係）に含まれる con。text は「織られたもの」を意味し、context は「共に織られたもの」。後ろにくる子音によって co-、col-、cor- などの形に変化します。

□ **cooperate** 動 協力する　□ **collect** 動 ～を集める　□ **correlation** 名 相関関係

■ dis- / di- / de- ➡ 分離

discover（～を発見する）に含まれる dis。cover は「覆い」。「覆いをとる」ことが「発見する」ことなのです。

□ **distinguish** 動 ～を区別する　□ **distract** 動〈注意など〉をそらす
□ **divide** 動 ～を分ける　□ **detect** 動 ～を検知する

■ inter- ➡ 間に；相互に

interest（関心、利益）に含まれる inter。est は「存在する」。「間にいる」と利益が生まれる、ということから派生しました。

□ **intermediate** 形 中間の　□ **interfere** 動 干渉する　□ **intervene** 動 介入する
□ **interact** 動 相互作用する

■ pre- ➡ 前に

prelude（前奏曲）に含まれる pre。形の似た pro- は「（空間的に）前方に」という意味です。

□ **predict** 動 予言する　□ **precaution** 名 用心、予防措置
□ **premature** 形 時期尚早の

■ re- ➡ 再び

review（～を見直す；批評）に含まれる re。view は「見る」。「再び見る」から「見直す」という意味になります。

□ **renew** 動〈免許・契約など〉を更新する　□ **revive** 動 ～を生き返らせる
□ **remind** 動 ～を思い出させる

■ 接尾辞

■ -able / -ible ➡ ～できる

portable（持ち運びできる）のように、-able/-ibleで終わる形容詞は「～できる」という意味を表します。

□ **noticeable** 形 目立つ、顕著な　□ **reliable** 形 信頼できる　□ **flexible** 形 柔軟な

■ -ful ➡ ～に満ちた

ful は full の短くなった形。careful（注意深い）は「care（注意）に満ちた」という意味の語です。

□ **useful** 形 役に立つ　□ **successful** 形 成功した　□ **stressful** 形 ストレスの多い
□ **harmful** 形 有害な

■ -less ➡ ～がない

最近では driverless（自動運転の）、paperless（紙を使わない）といった語も出題されています。

□ **harmless** 形 無害の　□ **countless** 形 数えきれない、無数の
□ **restless** 形 落ち着かない

05 Water Shortages / 水不足 (2)

Water shortages around the world are leading to a number of conflicts revolving around issues such as the over-abstraction of water in upstream areas of rivers, pollutant emissions that prevent usable water from reaching downstream areas, and water ownership. For example, one major current issue is the Nile River dispute between Egypt, Sudan, and Ethiopia, which is a result of Ethiopia unilaterally building a dam on the Nile River near its border with Sudan in 2011. Not surprisingly this infuriated Egypt, which depends on the Nile for more than 90 percent of its water. Despite years of negotiations, Ethiopia has put the dam into operation, and tensions between the three countries have increased. Conflicts over water are even more serious in the eastern part of Africa, known as the Horn of Africa, where the dam is located, a region which has long been prone to droughts. It is said that the current situation is even more serious than the famine of 2011, during which hundreds of thousands of people lost their lives.

In response to these water scarcity issues, the first UN Water Conference in 46 years was held in the United States in March 2023. About 10,000 world leaders, businesspeople, scientists, and others gathered both online and in person to address the need for large-scale investments and innovative solutions to the current situation. It is estimated that from 182 billion USD to over 600 billion USD annually will be required to achieve Goal 6 of the SDGs. It is hoped that progress will be made toward a global solution regarding water scarcity, which is a serious problem around the world.

(271 words)

世界規模での水不足は、河川**上流**域での過剰取水、**使用に適した**水が下流域に届く**ことを妨げる汚染物質**の**排出**、水の**所有権**などの問題**をめぐる**多くの**紛争**の原因となっている。例えば、**目下**大きな問題となっているエジプト、スーダン、エチオピア間のナイル川**紛争**は、2011年にエチオピアがスーダンとの**国境**付近のナイル川に**一方的に**ダムを建設したことに**起因**している。**当然のことながら**、90%以上の水をナイル川に**依存している**エジプトは、これに**激怒した**。長年の**交渉**にもかかわらず、エチオピアはダムを**稼働させ**、3か国間の**緊張**は高まっている。アフリカの角として知られる、このダムの**ある**アフリカ東部は長年にわたって干ばつに**見舞われ**てきた地域だが、水をめぐる対立はさらに**深刻**になっている。現在の**状況**は、数十万人が命を落とした2011年の**飢饉**以上に深刻だと言われている。

こうした水不足問題**を受け**、2023年3月に46年ぶりとなる国連水会議が米国で開催された。約10,000人の世界のリーダー、ビジネスマン、科学者などが大規模な**投資**と**革新的な解決策**の必要性に**対処する**ために、**オンライン**や**対面で集まった**。SDGsの目標6を達成するためには、**年間**1,820億米ドルから6,000億米ドル以上が**必要になる**と**試算**されている。世界中で深刻な問題となっている水不足**について**、世界的な解決に向けた**進展**が期待される。

（オリジナル）

Notes

l.2 over-abstraction 過剰な取水
ll.17-18 the first ~ in ... years …年ぶりの～

01 **conflict**
/ 名 kɑ́:nflɪkt 動 kənflɪ́kt /
con- (共に) + flict (ぶつかる)

名 対立、衝突、紛争
動 対立する、矛盾する
品詞によってアクセントの位置が変わる

02 **revolve**
/ rɪvɑ́:lv /
re- (元に) + volve (回る)

動 ①〈議論などが〉話題とする、めぐる
②回転する
名 revolution 回転；革命

03 **upstream**
/ ʌ̀pstríːm /
up- (上の) + stream (流れ)

形 上流の (⇔downstream 下流の)

04 **pollutant**
/ pəlúːtənt /
pollut (汚染する) + -ant (もの)

名 汚染物質、汚染源 (≒contaminant)
動 pollute ～を汚染する
名 pollution 汚染

05 **emission**
/ ɪmíʃən /
e-(外に) + miss(送る) + -ion(名詞)

名 排出 (量)
動 emit ～を排出する

06 **prevent *A* from *doing***

熟 *A* が～するのを防ぐ、防止する
名 prevention 防止

07 **usable**
/ júːzəbl /
us(e) (使う) + -able (できる)

形 使える、使用に適した

08 **ownership**
/ óunərʃìp /
owner (所有者) + ship (身分)

名 所有権、所有者であること
名 owner 所有者

09 **current**
/ kə́ːrənt /
cur(r) (走る) + -ent (形容詞)

形 現在の (≒present)
名 流れ
副 currently 現在

10 **dispute**
/ dɪspjúːt /
dis- (分離) + pute (考える)

名 紛争、論争
動 ①～に異議を唱える (≒contest)
②～を議論する (≒argue)
形 disputed 係争中の

11 **result**
/ rɪzʌ́lt /
re- (元に) + sult (跳ね返る)

名 結果 (≒outcome)
動 結果として生じる

12 **unilaterally**
/ jùːnilǽtərəli /
uni (一つ) + -lateral (側面の) + -ly (副詞)

副 一方的に
形 unilateral 一方的な

13 **border** / bɔ́ːrdər /
名 国境、境

14 **not surprisingly**
熟 当然のことながら

15 **infuriate** / ɪnfjúərièɪt /
in-(強意) + furi(激怒) + -ate(~にする)
動 ~を激怒させる、憤激させる

16 **depend on ~**
熟 ①~に依存する、頼る(≒rely on ~)
②~次第だ、~に左右される

17 **negotiation** / nəgòuʃiéɪʃən /
名 交渉
動 negotiate 交渉する

18 **put *A* into operation**
熟 ①*A* を稼働させる ②*A* を実施する

19 **tension** / ténʃən /
tens(伸ばす) + -ion(名詞)
名 緊張(状態)
日本語の「テンション」とは意味が異なる
形 tense 緊迫した

20 **serious** / síəriəs /
形 ①〈問題・病気などが〉重大な、深刻な
(≒major, severe)(⇔minor 重大でない)
②まじめな、本気の(≒earnest)
副 seriously 深刻に、重く

21 **be located**
熟 位置している

22 **be prone to ~**
熟 ~の傾向がある

23 **situation** / sìtʃuéɪʃən /
situ(場所) + -ation(名詞)
名 状況(≒circumstance)

24 **famine** / fǽmɪn /
名 飢饉

25 □□□ **in response to ~**

熟 ~に応えて、対応して

26 □□□ **gather**
/ gǽðər /

動 ①集まる ②~を収集する（≒collect）

27 □□□ **online**
/ ὰ:nláɪn /

副 オンラインで
形 オンラインの

28 □□□ **in person**

熟 対面で

29 □□□ **address**
/ ədrés /
語 ad-（~に）+ dress（まっすぐに）

動 ①〈問題など〉に取り組む（≒deal with ~）
②~に向けて演説する
名 ①住所 ②あいさつ、演説

30 □□□ **investment**
/ ɪnvéstmənt /
語 in-（中に）+ vest（服を着せる）+ -ment（名詞）

名 投資
動 invest（~を）投資する
名 investor 投資家

31 □□□ **innovative**
/ ínəvèɪtɪv /
語 in-（~に）+ nov（新しい）+ -ative（形容詞）

形 革新的な、刷新的な
動 innovate ~を刷新する
名 innovation 刷新

32 □□□ **solution**
/ səlú:ʃən /
語 solu（溶かす）+ -tion（名詞）

名 ①解決策 ②解決（すること）
動 solve ~を解く、解決する

33 □□□ **estimate**
/ 動 éstəmèɪt 名 éstəmət /

動 ~と見積もる、概算する
名 見積もり、概算
名 estimation 評価；見積もり

34 □□□ **annually**
/ ǽnjuəli /
語 annual（年1回の）+ -ly（副詞）

副 毎年、年に1回
形 annual 毎年の、年に1回の

35 □□□ **require**
/ rɪkwáɪər /
語 re-（再び）+ quire（求める）

動 ①~を必要とする ②~を要求する
名 requirement 要求されるもの、必要条件

36 □□□ **progress**
/ prá:gres /
語 pro-（前に）+ gress（行く）

名 進歩、上達
形 progressive 進歩的な

37 □□□ **regarding**
/ rɪɡɑ́ːrdɪŋ /
語 re-（後ろに）+ gard（注意する）+ -ing（形容詞）

前 ～に関しての、～についての（≒ concerning）
動 regard ～を…と見なす

構文チェック

■ *ll.5-8*

(For example,) one major current issue is the Nile River dispute (between Egypt, Sudan, and Ethiopia) 〔, which is a result (of Ethiopia unilaterally building a dam on the Nile River near its border with Sudan in 2011)〕.

S: one major current issue / V: is / C: the Nile River dispute; V: is / C: a result

訳 例えば、目下大きな問題となっているエジプト、スーダン、エチオピア間のナイル川紛争は、2011 年にエチオピアがスーダンとの国境付近のナイル川に一方的にダムを建設したことに起因している。

▲ of の目的語は動名詞 building だが、ここではその意味上の主語である Ethiopia が前に置かれている。

■ *ll.14-16*

It is said [that the current situation is even more serious (than the famine of 2011) 〔, during which hundreds of thousands of people lost their lives〕].

S': It / V: is said / S: that ...; S: the current situation / V: is / C: even more serious; S: hundreds of thousands of people / V: lost / O: their lives

訳 現在の状況は、数十万人が命を落とした 2011 年の飢饉以上に深刻だと言われている。

06 Renewable Energy / 再生可能エネルギー (1)

As a countermeasure[01] against global warming[02], the movement toward decarbonization is accelerating around the world. As of[03] 2022, more than 150 countries and regions have pledged[04] to achieve carbon neutrality by 2050. While various renewable[05] sources[06] of energy such as solar[07], wind, hydro[08], and biomass[09] are being explored[10], hydrogen[11] energy, which emits[12] almost no carbon dioxide when converted[13] to heat and electricity, is attracting[14] attention[15] as the next generation[16] of clean energy.

Hydrogen can be liquefied[17] for storage[18] and transportation[19], so it can be used as needed[20]. Another great advantage[21] of hydrogen is that it can be made from a variety of resources[22]. Hydrogen is the name for two hydrogen atoms[23] bonded[24] together and is represented[25] by the chemical[26] formula[27] H_2. This hydrogen atom exists in combination with[28] various substances[29] on Earth. For example, water (H_2O) is composed[30] of hydrogen (H_2) and oxygen[31] (O_2). Hydrogen is also found in a variety of other resources, such as petroleum[32], natural gas, and waste plastics, so even countries with low energy self-sufficiency can procure[33] the resource domestically[34]. If hydrogen can be made from inexpensive[35] resources, costs[36] can also be kept down.

Currently, 95 percent of the world's hydrogen energy is produced[37] by burning coal[38] or natural gas. This is because it is inexpensive and can be produced on a large scale. However, this type of hydrogen (called "gray hydrogen") has the major problem of emitting large amounts of carbon dioxide during the production process[39].

(241 words)

地球温暖化対策として、脱炭素化への動きが世界中で加速している。2022 年**現在**、150 以上の国と地域が 2050 年までにカーボンニュートラルを達成することを**約束し**ている。**太陽光**、風力、**水力**、**バイオマス**などさまざまな**再生可能な**エネルギー**資源**が**模索さ**れる中、熱や電気に**変換し**ても二酸化炭素をほとんど**排出し**ない**水素**エネルギーは、次**世代**のクリーンエネルギーとして**注目**を**集め**ている。

水素は**液化し**て**貯蔵**や**輸送**ができるため、**必要に応じて**使うことができる。水素のもう一つの大きな**利点**は、さまざまな**資源**から作ることができることだ。水素は二つの水素**原子**が**結合し**たもので、**化学式** H_2 で**表さ**れる。この水素原子は、地球上のさまざまな**物質と結びついて**存在している。例えば、水 (H_2O) は水素 (H_2) と**酸素** (O_2) で**構成さ**れている。また、水素は**石油**や天然ガス、廃プラスチックなどさまざまな他の資源に含まれているため、エネルギー自給率の低い国でも**国内で**資源を**調達する**ことができる。**安価な**資源から水素を作ることができれば、**コスト**も抑えることができる。

現在、世界の水素エネルギーの 95%は**石炭**や天然ガスの燃焼によって**生産さ**れている。これは、安価で大規模な生産が可能だからである。しかし、(「グレー水素」と呼ばれる) この種の水素には、製造**過程**で大量の二酸化炭素を排出するという大きな問題がある。

Notes

l.4 carbon neutrality　カーボンニュートラル (二酸化炭素の排出量と吸収量が同じ状態) であること

l.17 self-sufficiency　自給

01 **countermeasure**
/ káuntərmèʒər /

名 [複数形で] 対 (抗) 策、対抗手段

02 **global warming**
/ glòubəl wɔ́ːrmɪŋ /

名 地球温暖化

03 **as of ~**

熟 ～の時点で、～現在で

04 **pledge**
/ pléʤ /

動 ～を誓う
名 誓約、公約
pledge to *do* で「～することを誓う」という意味

05 **renewable**
/ rɪn(j)úːəbl /
re- (再び) + new (新しい) + -able (できる)

形 再生可能な

06 **source**
/ sɔ́ːrs /

名 ①源 ②出典、情報源
動 〈製品・原材料など〉を入手する、仕入れる

07 **solar**
/ sóulər /
sol (太陽) + -ar (形容詞)

名 太陽光発電
形 太陽の
solar energy (太陽エネルギー)、solar power (太陽光発電)、solar system (太陽系) などの形で使われる

08 **hydro**
/ háɪdrou /

名 水力発電

09 **biomass**
/ báɪoumæ̀s /
bio (生物) + mass (質量)

名 バイオマス
化石燃料を除く、再生可能な生物由来の有機性資源

10 **explore**
/ ɪksplɔ́ːr /
ex- (外に) + plore (叫ぶ)

動 ①～を調査する、研究する
②～を探検する、探索する
名 exploration 探検
名 explorer 探検家

11 **hydrogen**
/ háɪdrəʤən /
hydro (水素) + gen (発生させるもの)

名 水素

12 **emit**
/ ɪmít /
e- (外に) + mit (送る)

動 〈光・エネルギーなど〉を発する (≒ radiate, give off)
LED は light-emitting diode の略。「光を発するダイオード」=「発光ダイオード」
名 emission 放出、排出

13 **convert**
/ kənvə́ːrt /
con-（共に）+ vert（回る）

動 ～を変える、変換する（≒ change）
✎ convert *A* into [to] *B* で「*A* を *B* に変換する」という意味
名 conversion 変換

14 **attract**
/ ətrǽkt /
at-（～に）+ tract（引く）

動 ～を引きつける
名 attraction 人を引きつけるもの；魅力
形 attractive 魅力的な

15 **attention**
/ əténʃən /
at-（～に）+ ten(d)（伸ばす）+ -tion（名詞）

名 注目、注意
✎ pay attention で「注意を払う」という意味

16 **generation**
/ ʤènəréɪʃən /
gener（生み出す）+ -ation（名詞）

名 ①世代、同世代の人々 ②（エネルギーの）生成、発生
動 generate ～を生み出す、発生させる
形 generative 生産力のある、生成する

17 **liquefy** ♛
/ líkwəfàɪ /
lique（液体）+ -fy（～にする）

動 〈気体・固体〉を液化する
名形 liquid 液体；液体の

18 **storage**
/ stɔ́ːrɪʤ /
stor（貯蔵する）+ -age（名詞）

名 保管、貯蔵；保管スペース
動 store ～を貯蔵する

19 **transportation**
/ trӕnspərtéɪʃən /
trans-（向こうへ）+ port（運ぶ）+ -ation（名詞）

名 ①輸送（手段） ②交通機関
動 transport ～を輸送する

20 **as needed**

熟 必要に応じて

21 **advantage**
/ ədvǽntɪʤ /
advant（前にある）+ -age（状態）

名 利点、メリット（≒ benefit）
（⇔ disadvantage デメリット）
形 advantageous 有利な

22 **resource**
/ ríːsɔːrs /
アクセント注意
re-（再び）+ source（湧き出る）

名 ①（天然）資源 ②資料、教材

23 **atom**
/ ǽtəm /

名 原子
形 atomic 原子の

24 **bond**
/ báːnd /

動 ～を結びつける、結合する
名 ①きずな、結びつき ②（化学）結合

25 **represent** 動 ①～を表す ②～を代表する ③～の代理をする
/ rèprɪzént /
語 re-（再び）+ present（示す、提出する）
名 representation 表現；代表
名形 representative 代表者；代表する

26 **chemical** 形 化学的な
/ kémɪkəl /
語 chem（錬金術）+ -ical（形容詞）
名 化学薬品、化学物質
副 chemically 化学的に
名 chemistry 化学

27 **formula** 名 式、公式
/ fɔ́ːrmjələ /

28 **in combination with ～** 熟 ～と組み合わせて、結合して

29 **substance** 名 ①物質 ②薬物、麻薬
/ sʌ́bstəns /
語 sub-（下に）+ stance（立つもの）

30 **compose** 動 ①～を構成する（≒make up） ②～を創作する、作曲する
/ kəmpóʊz /
語 com-（共に）+ pose（置く）
名 composition 作曲、作文；構成

31 **oxygen** 名 酸素
/ ɑ́ːksɪʤən /
語 oxy（酸）+ gen（発生させるもの）

32 **petroleum** 名 石油
/ pətróʊliəm /
語 petr（石）+ oleum（油）

33 **procure** 動 ～を調達する（≒acquire, attain）
/ prəkjʊ́ər /
語 pro-（～のために）+ cure（気を配る）
名 procurement 調達

34 **domestically** 副 ①国内で、国内的に ②家庭内で
/ dəméstɪkəli /
語 domest（家庭）+ -ically（副詞）
形 domestic 国内の；家庭の
動 domesticate ～を家畜化する

35 **inexpensive** 形 安い、安価な（≒cheap）（⇔expensive 高価な）
/ ìnɪkspénsɪv /
語 in-（否定）+ expensive（高価な）

36 **cost** 名 費用、経費
/ kɔ́(ː)st /
動 〈お金〉がかかる
cost-cost-cost と活用
形 costly 費用のかかる

37 □□□	**produce** / prəd(j)úːs / 語 pro-（前に）+ duce（導く）	動 ～を製造する、生産する（≒ manufacture） 名 production 製造、生産 名 product 製品
38 □□□	**coal** / kóul /	名 石炭
39 □□□	**process** / práːses / 語 pro-（前に）+ cess（行く）	名（一連の）手順、工程 動 ①〈情報など〉を処理する ②〈原料など〉を加工処理する 動 proceed ～を続ける；前進する

構文チェック

■ *ll.4-8*

〔While various renewable sources of energy (such as solar, wind, hydro, and biomass) are being explored,〕 hydrogen energy 〔, which emits almost no carbon dioxide (when converted to heat and electricity), 〕 is attracting attention (as the next generation of clean energy).

(S: various renewable sources of energy / V: are being explored / S: hydrogen energy / V: emits / O: almost no carbon dioxide / V: is attracting / O: attention)

訳 太陽光、風力、水力、バイオマスなどさまざまな再生可能なエネルギー資源が模索される中、熱や電気に変換しても二酸化炭素をほとんど排出しない水素エネルギーは、次世代のクリーンエネルギーとして注目を集めている。

■ *ll.15-18*

Hydrogen is also found (in a variety of other resources(, such as petroleum, natural gas, and waste plastics)), so even countries (with low energy self-sufficiency) can procure the resource domestically.

(S: Hydrogen / V: is / V: found / S: even countries / V: can procure / O: the resource)

訳 また、水素は石油や天然ガス、廃プラスチックなどさまざまな他の資源に含まれているため、エネルギー自給率の低い国でも国内で資源を調達することができる。

07 Renewable Energy / 再生可能エネルギー（2）

Blue hydrogen and green hydrogen are currently the focus[01] of attention. Blue hydrogen, like gray hydrogen, is produced by burning coal or natural gas, but by combining[02] technologies to store[03] the carbon dioxide emitted during the production process in the ground, carbon dioxide emissions are greatly[04] reduced. Green hydrogen is produced by electrolyzing water using electricity generated[05] from renewable energy sources such as solar, wind, and hydropower. In particular[06], hydrogen energy using green hydrogen is the most suitable[07] for realizing[08] a decarbonized society[09] because none of the processes, from the manufacturing[10] process to power generation, emit carbon dioxide.

Although there are various problems that need to be solved, such as the labor[11] and costs involved[12] in all processes, including production, storage, and transportation, countries around the world are currently moving toward the realization of a hydrogen society. The European Union plans to invest[13] about 48 trillion yen to install[14] water electrolysis equipment[15] that will produce 90 GW to 100 GW worth of[16] green hydrogen by 2030. The U.S. state of Utah is planning a large power generation project with the goal of having all automobiles[17] operate[18] solely[19] on green hydrogen by 2045. Many other countries, including France, Germany, India, Japan, and China, are pursuing policies[20] to commercialize[21] green hydrogen and achieve a decarbonized society.

(214 words)

現在、ブルー水素とグリーン水素が注目の**的**[01]になっている。ブルー水素は、グレー水素と同じく石炭や天然ガスを燃焼させて製造するが、製造過程で排出される二酸化炭素を地中に**貯留する**[03]技術を**組み合わせる**[02]ことで、二酸化炭素の排出量を**大幅に**[04]削減する。グリーン水素は、太陽光や風力、水力などの再生可能エネルギーで**発電した**[05]電力を使って水を電気分解して製造する。**特に**[06]、グリーン水素を利用した水素エネルギーは、**製造**[10]工程から発電まで、どの工程でも二酸化炭素を排出しないため、脱炭素**社会**[09]の**実現**[08]に最も**適して**[07]いる。

製造、貯蔵、輸送を含むすべての工程に**かかる**[12] **手間**[11]やコストなど、解決すべき問題はさまざまあるが、現在、世界各国が水素社会の実現に向けて動き出している。欧州連合（EU）は約48兆円を**投資し**[13]て水電解**設備**[15]を**導入し**[14]、2030年までに90～100ギガワット**相当の**[16]グリーン水素を製造する計画だ。アメリカのユタ州は、2045年までにすべての**自動車**[17]をグリーン水素**のみ**[19]で**走行さ**[18]せることを目標に、大規模な発電プロジェクトを計画している。フランス、ドイツ、インド、日本、中国を含む他の多くの国々が、グリーン水素を**商業化し**[21]、脱炭素社会を実現するための**政策**[20]を推進している。

（オリジナル）

Notes

l.6 electrolyze　～を電気分解する
l.16 electrolysis　電気分解（法）

01 **focus**
/ fóukəs /

名 焦点、的
動 集中する
✎ 複数形は focuses または foci / fóusaɪ /。focus on ～ で「～に集中する」という意味

02 **combine**
/ kəmbáɪn /
語 com-（共に）+ bine（二つのもの）

動 ①～を組み合わせる、結合させる ②結びつく
名 combination 組み合わせ、結合

03 **store**
/ stɔ́ːr /

動 ～を蓄える、貯蔵する
名 storage 貯蔵

04 **greatly**
/ gréɪtli /

副 非常に、大幅に
形 great 大きい；素晴らしい

05 **generate**
/ ʤénərèɪt /
語 gener（生み出す）+ -ate（～にする）

動 ～を生み出す、発生させる（≒ produce）
名 generation 生成；世代
形 generative 生産力のある、生成する

06 **in particular**

熟 特に、とりわけ

07 **suitable**
/ súːtəbl /
語 suit（適する）+ -able（できる）

形 適した、ふさわしい（≒ appropriate）
動 suit ～に適合する

08 **realize**
/ ríːəlàɪz /
語 real（現実）+ -ize（動詞）

動 ①～を実現する ②～に気づく（≒ notice）
形 real 本当の
名 realization 認識；実現

09 **society**
/ səsáɪəti /
語 socie（仲間）+ -ty（名詞）

名 社会
形 social 社会の

10 **manufacturing**
/ mæ̀njəfǽktʃərɪŋ /
語 manu（手）+ fact（作る）+ -ur(e)（動詞）+ -ing（名詞）

名 製造、生産
動 manufacture ～を製造する
名 manufacturer 製造業者、メーカー

11 **labor**
/ léɪbər /

名 労働、作業
形 laborious 手間のかかる

12 **involve**
/ ɪnvɑ́ːlv /
語 in-（中に）+ volve（巻き込む）

動 ～を含む、伴う
名 involvement 関わり、関与

13	**invest** / ɪnvést / 語 in-（中に）+ vest（服を着せる）	動（〜を）投資する 名 investment 投資 名 investor 投資家
14	**install** / ɪnstɔ́:l / 語 in-（中に）+ stall（置く）	動 ①〜を取りつける ②〈ソフトウェア〉をインストールする 名 installation 取りつけ、インストール
15	**equipment** / ɪkwípmənt /	名 ①装置、機器 ②備品 動 equip 〜を備えつける
16	***A* worth of *B***	熟 *A* の価値がある *B*
17	**automobile** / ɔ́:təmoubì:l / 語 auto（自ら）+ mobile（動く）	名 自動車（≒car）
18	**operate** / ɑ́:pərèɪt / 語 opera（仕事）+ -(a)te（動詞）	動 ①作動する、動く（≒run） ②〜を操作する 名 operation 操作；作動
19	**solely** / sóulli / 語 sole（唯一の）+ -ly（副詞）	副 ①もっぱら、〜のみ ②単独で、一人で 形 sole 唯一の
20	**policy** / pɑ́:ləsi /	名 方針、政策 名 politics 政治学 形 political 政治の 名 politician 政治家
21	**commercialize** / kəmə́:rʃəlàɪz / 語 com-（共に）+ merc（商う）+ -ial（形容詞）+ -ize（動詞）	動 〜を商業化する、営利化する 形 commercial 商業的な 名 commerce 商取引

構文チェック

■ *ll.2-5*

Blue hydrogen(, like gray hydrogen,) is produced (by burning coal or natural gas), but (by combining technologies to store the carbon dioxide (emitted during the production process) in the ground,) carbon dioxide emissions are greatly reduced.

訳 ブルー水素は、グレー水素と同じく石炭や天然ガスを燃焼させて製造するが、製造過程で排出される二酸化炭素を地中に貯留する技術を組み合わせることで、二酸化炭素の排出量を大幅に削減する。

■ *ll.12-15*

〔Although there are various problems 〔that need to be solved〕 (, such as the labor and costs (involved in all processes(, including production, storage, and transportation))),〕 countries around the world are currently moving toward the realization of a hydrogen society.

訳 製造、貯蔵、輸送を含むすべての工程にかかる手間やコストなど、解決すべき問題はさまざまあるが、現在、世界各国が水素社会の実現に向けて動き出している。

語源コラム　動詞の語根①

■ audi / ed / ey ➡ 聞く

カタカナ語にもなっている audio（音響機器）はラテン語 audio（聞く）に由来する語です。

□ **audience**（名 聴衆）	**audi**（聞く）+-ence（名詞）
□ **audible**（形 聞こえる、聞き取れる）	**audi**（聞く）+-ble（できる）
□ **audition**（名 オーディション、試演）	**audit**（聞く）+-ion（名詞）
□ **auditorium**（名 講堂、ホール）	**audit**（聞く）+-orium（場所）
□ **obedient**（形 従順な、素直な）	ob-（～に）+**edi**（聞く）+-ent（形容詞）
□ **obey**（動 ～に従う）	ob-（～に）+**ey**（聞く）

■ cap / cip / cep(t) / ceive ➡ 受ける、つかむ

catch も同じ語源のラテン語 captio（捕らえる）が音変化を経たものです。

□ **capacity**（名 収容能力、容量）	**cap**（つかむ）+-aci（傾向）+-ty（名詞）
□ **capture**（動 ～を捕まえる、捕獲する）	**capt**（つかむ）+-ure（行為）
□ **accept**（動 ～を受け入れる）	ac-（～に）+**cept**（受ける）
□ **conceive**（動 ～を思いつく、考え出す）	con-（共に）+**ceive**（つかむ）
□ **concept**（名 概念、コンセプト）	con-（共に）+**cept**（取り入れられたもの）
□ **deceive**（動 〈人〉をだます、欺く）	de-（～から）+**ceive**（ものを取る）
□ **exception**（名 例外）	ex-（外に）+**cept**（取り出された）+ -ion（名詞）
□ **participate**（動 参加する）	part(i)（部分）+**cip**（取る）+-ate（動詞）
□ **perceive**（動 ～に気づく、～を知覚する）	per-（完全に）+**ceive**（取る）
□ **receive**（動 ～を受け取る）	re-（後ろで）+**ceive**（つかむ）

■ cas / cid / cay ➡ 落ちる、起こる

日本語にも「降ってわいた」という言い方がありますが、英語にも「偶然」「出来事」は落ちてくるイメージがあるようです。

□ **occasion**（名 出来事、行事）	oc-（～に）+**cas**（落ちる）+-ion（名詞）
□ **accident**（名 事故）	ac-（～に）+**cid**（落ちる）+-ent（名詞）
□ **incident**（名 出来事）	in-（上に）+**cid**（落ちる）+-ent（名詞）
□ **coincidence**（名（偶然の）同時発生）	co-（共に）+in-（上に）+**cid**（起こる）+ -ence（名詞）
□ **decay**（動 腐る、朽ちる）	de-（下に）+**cay**（落ちる）

Very small pieces of plastic, called microfibers[01], are polluting[02] rivers and oceans[03]. The source of these microfibers may surprise you: your clothes[04].

Clothes worn for outdoor[05] activities and exercise are often made of synthetic[06] material, like polyester or nylon. In cold weather, many people wear soft fleece clothing[07] to keep warm.

They contain[08] very small plastic fibers[09]. They may also be harming[10] the environment[11] when you wash them. When people wash these clothes, very small pieces go down the drain[12] with the wash water. These microfibers cannot be seen without a microscope[13].

Pollution caused by plastic is not new, but recent studies have shown the effect[14] of microfibers in the environment.

Studies show very small microfibers are ending up in[15] our waters. A 2015 study found them in fish from California. They have even been found in table salt in China.

For three years, the Montana-based group Adventure Scientists has been researching[16] microfibers and microplastics[17] by collecting water samples[18] from around the world.

Katie Holsinger is Adventure Scientists' microplastics manager. She says seventy-five percent of the water samples contained microplastics, but there has been a surprise: "In our samples, ninety percent of the plastics we are finding are microfibers... Those are often times originating[19] from textiles[20] or other fibrous synthetic products."

The group has "adventure athletes" collect water samples while they are enjoying the outdoors, and most likely wearing this kind of clothing. So far[21], they have collected almost 2,300 one-liter bottles of water from oceans and fresh waters all over the planet, even remote[22] places.

"What we know right now is that microplastic contamination is pervasive[23] and it exists in places we would expect[24], which may be downstream from some wastewater treatment[25] facilities[26], and in places that maybe at first we wouldn't expect — in some really remote areas of this world."

(303 words)

マイクロファイバー[01]と呼ばれる非常に小さなプラスチック片が、川や**海**[03]を**汚染し**[02]ている。このマイクロファイバーの出所は、驚くかもしれないが、**衣服**[04]である。

野外[05]活動や運動用の衣服は、ポリエステルやナイロンなどの**合成**[06]素材でできていることが多い。寒い季節には、多くの人が保温のために柔らかいフリースの**服**[07]を着る。

そのような衣服には非常に小さなプラスチック**繊維**[09]が**含ま**[08]れている。また、それらの衣服を洗濯する際にも**環境**[11]に**害を与え**[10]ている可能性がある。これらの衣服を洗濯すると、非常に小さな破片が洗濯水と一緒に**排水溝**[12]に流れ込む。これらのマイクロファイバーは**顕微鏡**[13]を使わないと見ることができない。

プラスチックによる汚染は今に始まったことではないが、最近の研究で環境におけるマイクロファイバーの**影響**[14]が明らかになってきている。

研究によれば、非常に小さなマイクロファイバーは、**最終的に**[15]私たちの海域に**入ってき**ている。2015年の研究では、カリフォルニアの魚の体内で見つかった。中国では食卓塩にも検出された。

モンタナ州を拠点とするグループ、アドベンチャー・サイエンティストは、3年前から世界中の水の**サンプル**[18]を収集し、マイクロファイバーと**マイクロプラスチック**[17]の**研究を行っ**[16]ている。

ケイティ・ホルシンガーは、アドベンチャー・サイエンティストのマイクロプラスチック担当者である。彼女によれば、水のサンプルの75%にマイクロプラスチックが含まれていたが、驚くことがわかった。「サンプル中、検出しているプラスチックの90%がマイクロファイバーで…。マイクロファイバーは、**布地**[20]やその他の合成繊維製品に**由来する**[19]ことが多いのです。」

このグループは、「アドベンチャーアスリート」たちにアウトドアを楽しみつつ水のサンプルを採取してもらっているが、おそらくアスリートたちはこの種の衣服を着ているだろう。**これまでのところ**[21]、彼らは、**人里離れた**[22]場所を含む世界中の海水や淡水から1リットル入りのボトル約2,300本の水を採取している。

「現在わかっていることは、そのマイクロプラスチック汚染が**広範囲に及んで**[23]おり、廃水**処理**[25]**施設**[26]の下流のような**予想**[24]どおりの場所にも、この世界の本当に辺ぴな地域のような最初は予想もしなかったような場所にも、存在しているということです」。　（関西外国語大学）

Notes

l.5 polyester ポリエステル
l.5 nylon ナイロン
l.6 fleece フリース
l.32 wastewater 廃水

01 **microfiber**
/ máɪkroʊfàɪbər /
micro-（微小の）+ fiber（繊維）

名 マイクロファイバー、超極細繊維

02 **pollute**
/ pəlúːt /
pol-（～を通して）+ lute（泥）

動 ～を汚染する
名 pollution 汚染
名 pollutant 汚染物質

03 **ocean**
/ óʊʃən /

名 海、大洋

04 **clothes**
/ klóʊz /
close と同じ発音

名 服、衣服
不可算名詞で複数扱い

05 **outdoor**
/ áʊtdɔ̀ːr /

形 屋外の（⇔indoor 屋内の）
副 outdoors 屋外に［で］

06 **synthetic**
/ sɪnθétɪk /

形 合成の（≒artificial, man-made, unnatural）（⇔natural 天然の）
動 synthesize ～を合成する

07 **clothing**
/ klóʊðɪŋ /

名［集合的に］衣類
不可算名詞で単数扱い

08 **contain**
/ kəntéɪn /
con-（共に）+ tain（保つ）

動 ～を含む（≒include）
名 content 内容、中身
名 container 容器

09 **fiber**
/ fáɪbər /

名 繊維
形 fibrous 繊維の、繊維でできた

10 **harm**
/ hɑ́ːrm /

動 ～を傷つける、害する（≒hurt, damage）
名 害、損害
形 harmful 有害な

11 **environment**
/ ɪnváɪərənmənt /
environ（取り囲まれた）+ -ment（名詞）

名（自然）環境
形 environmental 環境の、環境的な
副 environmentally 環境的に

12 **drain**
/ dréɪn /

名 ①排水管［口］、排水設備 ②（人材・資本などの）流出
動 ～の排水をする
名 drainage 排水；排水設備

13 **microscope**
□□□
/ máɪkrəskòʊp /
📄micro-（微小の）+ scope（見る機械）

名 顕微鏡

14 **effect**
□□□
/ ɪfékt /
📄ef-（外に）+ fect（作る）

名 ①影響 ②効果
📎 effect on ～で「～に与える影響」という意味
形 effective 効果的な
副 effectively 効果的に

15 **end up in ～**
□□□

熟 最後には～に行きつく

16 **research**
□□□
/ ríːsəːrtʃ /
📄re-（再び）+ search（探す）

動 ～を調査する、調べる
名 研究、調査（≒study）
名 researcher 研究者

17 **microplastic**
□□□
/ máɪkrəplæ̀stɪk /
📄micro-（微小の）+ plastic（プラスチック）

名 マイクロプラスチック
📎 ふつう複数形で使う

18 **sample**
□□□
/ sǽmpl /

名 ①見本、サンプル ②試供品

19 **originate**
□□□
/ ərídʒənèɪt /

動 起こる、生じる
形 original 元の、本来の
名 origin 起源
名 originator 創始者、元祖

20 **textile**
□□□
/ tékstàɪl /

名 織物、布地（≒cloth）
📎 text は「織られたもの」が原義で、texture（手触り）も同語源語

21 **so far**
□□□

熟 今までのところ

22 **remote**
□□□
/ rɪmóʊt /

形 ①人里離れた、辺ぴな ②遠い（≒distant, faraway）③遠隔操作の
📎 remote control（リモコン）や remote working（在宅勤務）はこの語から

23 **pervasive**
□□□
/ pərvéɪsɪv /
📄per-（通って）+ vade（行く）

形 行き渡った、充満した（≒prevalent）
動 pervade 普及する、行き渡る

24 **expect**
□□□
/ ɪkspékt /
📄ex-（外を）+ (s)pect（見る）

動 ①～を予期する、予想する ②～を期待する
名 expectation 予想；期待

25 □□□ **treatment** / tríːtmənt / 語 treat (処理する) + -ment (名詞)	名 ①処理 ②治療 動 treat ～を扱う
26 □□□ **facility** / fəsíləti / 語 facil (容易な) + -ity (名詞)	名 設備、施設

構文チェック

■ *ll.4-5*

Clothes (worn for outdoor activities and exercise) are often made of synthetic material, like polyester or nylon.

訳 野外活動や運動用の衣服は、ポリエステルやナイロンなどの合成素材でできていることが多い。

■ *ll.30-34*

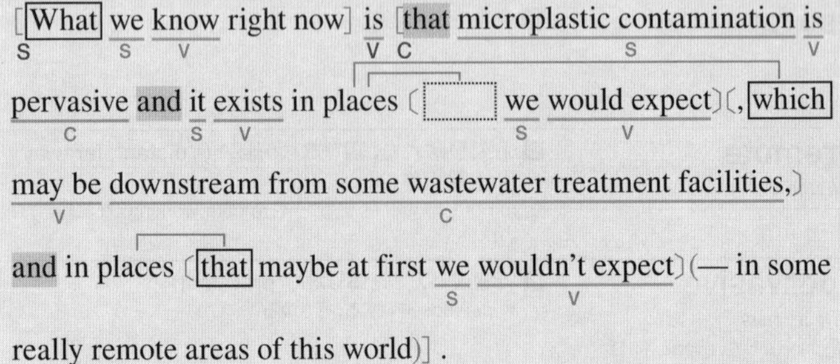

[What we know right now] is [that microplastic contamination is pervasive and it exists in places 〔 we would expect〕〔, which may be downstream from some wastewater treatment facilities,〕 and in places 〔that maybe at first we wouldn't expect〕(— in some really remote areas of this world)].

訳 現在わかっていることは、そのマイクロプラスチック汚染が広範囲に及んでおり、廃水処理施設の下流のような予想どおりの場所にも、この世界の本当に辺びな地域のような最初は予想もしなかったような場所にも、存在しているということです。

語源コラム　動詞の語根②

■ ceed / ced / ces(s) ➡ 行く

カタカナ語になっている process（進行、過程）は、pro-（前方に）に cess（行く）がついてできた語です。

- □ **access**（名 利用する権利、入手できること）　ac-（～に）+**cess**（行く）
- □ **exceed**（動 ～を超える、～より多い）　ex-（外に）+**ceed**（行く）
- □ **proceed**（動 前進する、進む）　pro-（前に）+**ceed**（行く）
- □ **procedure**（名 手続き、方法）　pro-（前に）+**ced**（行く）+-ure（名詞）
- □ **succeed**（動 成功する）　suc-（下に）+**ceed**（行く）
- □ **recession**（名（一時的な）不景気、不況）　re-（元に）+**cess**（行く）+-ion（名詞）
- □ **unprecedented**（形 前例のない）　un-（否定）+pre-（前に）+**ced**（行く）+ -ented（形容詞）
- □ **ancestor**（名 祖先、先祖）　an-（先に）+**ces**（行く）+-tor（人）

■ cid / cis ➡ 切る、殺す

sciss も同じ意味の語根。scissors（はさみ）は〈sciss（切る）+-or（もの）〉という構成の語です。

- □ **decide**（動（～を）決める）　de-（分離）+**cide**（切る）
- □ **concise**（形〈文章・説明などが〉簡潔な）　con-（強意）+**cise**（切る）
- □ **precise**（形 正確な）　pre-（前に）+**cise**（切る）
- □ **pesticide**（名 殺虫剤）　pesti（害虫）+**cide**（殺す）
- □ **suicide**（名 自殺）　sui（自分）+**cide**（殺す）

■ claim ➡ 大声で叫ぶ

claim（～を要求する、求める）はラテン語 clamo（大声で叫ぶ）に由来する語です。

- □ **exclaim**（動 突然大声で言う、叫ぶ）　ex-（外に）+**claim**（叫ぶ）
- □ **proclaim**（動 ～を宣言する、公布する）　pro-（公に）+**claim**（叫ぶ）
- □ **reclaim**（動 ～を取り戻す）　re-（元に）+**claim**（叫ぶ）

■ clud / clus / clos ➡ 閉じる

代表的なものはご存じ close（～を閉める）です。

- □ **include**（動 ～を含む）　in-（中に）+**clude**（閉じる）
- □ **conclusion**（名 結論）　con-（完全に）+**clus**（閉じる）+-ion（名詞）
- □ **exclude**（動 ～を除外する）　ex-（外に）+**clude**（閉じる）
- □ **enclose**（動 ～を同封する）　en-（中に）+**close**（閉じる）
- □ **disclose**（動〈秘密・情報など〉を明らかにする、公表する）　dis-（否定）+**close**（閉じる）

プラス α ボキャブラリー

□ **microorganism** /màɪkrouɔ́ːgənìzm/
名 微生物

□ **mammal** /mǽml/
名 哺乳動物

□ **reptile** /réptl/
名 爬虫類

□ **breed** /bríːd/
動 ～を繁殖させる、飼育する 名 品種
✎ breed-bred-bred と活用

□ **migration** /maɪgréɪʃən/
名 (人・動物などの) 移動、移住
動 migrate 移住する 名 migrant 移住者

□ **vegetation** /vèʤətéɪʃən/
名 (ある地域に生育する) 植物、植生

□ **ecosystem** /ékousìstəm/
名 生態系

□ **erosion** /ɪróuʒən/
名 浸食

□ **mineral** /mínərəl/
名 鉱物 ; (栄養素の) ミネラル

□ **irrigation** /ìrəgéɪʃən/
名 水を引くこと、灌漑
動 irrigate ～に水を引く

□ **soil** /sɔ́ɪl/
名 土、土壌

□ **glacier** /gléɪʃər/
名 氷河
形 glacial 氷河時代の

□ **continent** /kɑ́ːntənənt/
名 大陸
形 continental 大陸の

□ **indigenous** /ɪndíʤənəs/
形 (ある土地に) 固有の、先住の (≒ native)

□ **peninsula** /pənínsələ/
名 半島

□ **eruption** /ɪrʌ́pʃən/
名 噴火

□ **acid rain** /ǽsɪd réɪn/
名 酸性雨

□ **permafrost** /pə́ːrməfrɔ̀(ː)st/
名 永久凍土層

□ **landfill** /lǽndfìl/
名 (ごみ) 埋め立て地

□ **deplete** /dɪplíːt/
動 〈資源など〉を枯渇させる
✎ 受け身で使われることが多い

Chapter 2

宇宙

Universe

今を読むキーワード

宇宙

ブラックホール (black holes)

ブラックホールとは、**重力** (gravitational forces) が非常に強く、光さえもその引力から逃れることができない宇宙空間の領域のことです。ブラックホールは、巨大な星が自らの重力で崩壊するときに形成されます。ブラックホールの大きさはさまざまで、恒星質量のブラックホールから**銀河** (galaxies) の中心にある超巨大ブラックホールまであります。

暗黒物質 (dark matter)

暗黒物質は、天文学的現象を説明するために考え出された、正体不明の物質です。宇宙の**質量エネルギー** (mass-energy) 量の約 27%を占めるとされています。私たちが見たり相互作用したりできる物質と異なり、暗黒物質は光を放出したり吸収したり反射したりしないため、通常の手段では観測することができません。暗黒物質が推定されるようになったきっかけは、銀河や**銀河団** (galaxy clusters) に影響を及ぼす重力の存在です。科学者たちは暗黒物質を直接観測すること、そしてその性質と役割の解明を目指しています。

太陽系外惑星 (exoplanets)

太陽系外惑星は、**太陽系** (solar system) の外にある恒星を**周回する** (orbit) 惑星です。太陽系外惑星は太陽系の惑星と性質がかなり異なっていることがわかっており、その研究は太陽系の形成を考察するうえで有益であると考えられます。また、生命が存在する可能性も視野に入れています。

宇宙生物学 (astrobiology)

宇宙生物学は、宇宙における生命について、天文学、生物学、化学、地質学、その他の分野の知見を集めて探求する**学際的な** (interdisciplinary) 研究です。地球上の**極限環境微生物** (extremophiles) の研究や太陽系内外の居住可能な環境の探索なども含まれます。

火星探査 (Mars exploration)

火星探査とは、ロボット探査、着陸船、周回船、そして最近では有人探査を通して行われる、火星の科学的研究・探査のことです。その目的は、火星の地質、気候、過去または現在の生命の可能性を探ることです。NASA の火星**探査機** (rover) Perseverance やスペース X 社の有人探査計画などもこれに含まれます。

スペースデブリ (space debris)

スペースデブリは、地球を周回する軌道上で役目を終えた人工物のことです。スペースデブリには、使用済みのロケット部品、役目を終えた**人工衛星** (satellites)、衝突や爆発による**破片** (fragments) などが含まれます。スペースデブリは、運用中の宇宙船や人工衛星にとってリスクとなるため、宇宙活動の安全性と持続可能性を確保するために、監視、軽減、除去に向けた取り組みが行われています。

宇宙ツーリズム (space tourism)

宇宙ツーリズムとは、レクリエーション、レジャー、教育などの目的で、大気圏外への旅行体験を、個人向けに、商業的に提供することです。**無重力** (weightlessness) を体験したり、宇宙から地球を眺めたり、宇宙ステーションやその他の目的地を訪れる機会を民間人に提供することを目的としています。SpaceX、Blue Origin、Virgin Galactic のような企業がこの分野を開拓しています。将来的には一般の人々にとって**宇宙旅行** (space travel) がより身近で手頃なものになることを目指しています。

月探索 (moon exploration)

月探査とは、地球の衛星である月に**宇宙船** (spacecraft) や**宇宙飛行士** (astronauts) を送り込み、調査することです。1959 年にソ連が初めて探査機を到達させ、1969 年にアメリカのアポロ計画により人間が初めて月面を歩きました。現在、アメリカ、中国、インドなど数か国が積極的に月探査を行っています。NASA のアルテミス計画は、民間企業と協力して宇宙飛行士を再び月面に着陸させることを目標としています。中国の嫦娥(じょうが)計画は 2024 年に月面の裏側を史上初めて探査し、インドのチャンドラヤーン計画は鉱物資源の**マッピング** (mapping) に重点を置いています。

■ **太陽系 (solar system)**

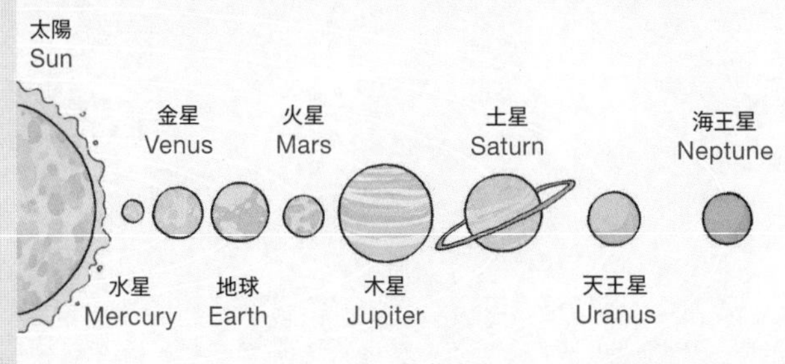

09 Mars Exploration / 火星探査

Would you like to travel to a resort where there are no crowds, summer lasts twice as long, and no matter how much you eat, you're sure to lose weight? Enough people have answered yes to this question that several governments and private companies have started planning trips to a place where all of this is possible: Mars. Plans to establish a long-term colony on the "Red Planet," however, face many difficulties. Even if a suitable manned spacecraft could be constructed, the obstacles yet to be overcome include securing adequate supplies of water and oxygen in an atmosphere so thin as to make sustaining life impossible. In addition, while a gravitational force of only 38% of Earth's may enable easy weight loss, low gravity also poses many long-term risks to human health. Finally, dangerous cosmic radiation might mean human visitors would have to live underground. The Mars rover "Odyssey" did, in fact, discover some natural tunnels near a volcano in the equatorial regions that some believe could serve this purpose. It would not be without irony, however, if the human species were to evolve technologically so far as to be capable of interplanetary travel, only to revert immediately to cave dwelling.

(201words)

人混みがなくて、夏が2倍長く続き[02]、いくら[03]食べても確実に痩せる、そんなリゾート地[01]に旅行したいと思いますか。この質問に十分多くの人が「はい」と答えたため、いくつかの政府や民間[04]企業が、これらすべてが可能な[05]場所、つまり火星[06]への旅行を計画し始めた。しかし、「赤い惑星[10]」に長期滞在型の[08]コロニー[09]を建設する[07]計画は、多くの困難に直面している[11]。たとえ適当な有人[12]宇宙船[13]が建造[14]できたとしても、生命維持[21]が不可能なほど薄い大気[20]の中で十分な量の[19]水と酸素を確保すること[18]など[17]、まだ克服[16]されていない障害[15]がある。さらに[22]、地球の38%しかない重[23]力[24]のおかげで体重は簡単に減らせる[25]かもしれないが、低重力は人間の健康に多くの長期的なリスクをもたらす[26]。最後に、危険な宇宙[27]放射線[28]のせいで、訪れた人類は地下で生活しなければならなくなるかもしれない。実際、火星探査機「オデッセイ」が赤道[30]地域の火山[29]付近に自然のトンネルを発見しており、トンネルがその目的[32]に使える[31]と考える人もいる。しかし、もし人類[34]が技術的に進化して[36]惑星間[38]旅行ができる[37]ようになったとしても[35]、すぐに洞窟[41]生活[42]に逆戻りする[40]ことになる[39]のであれば、皮肉[33]としか言いようがない。

（東海大学）

Notes

l.14 rover 惑星探査機

01 **resort**
/ rɪzɔ́ːrt /
re-（何度も）+ sort（出かける）

名 リゾート地
動 （手段に）頼る、訴える
resort to ～で「（手段）に頼る、訴える」という意味

02 **last**
/ lǽst /

動 続く、長持ちする
形 最後の

03 **no matter how ～**

熟 どんなに～でも

04 **private**
/ práɪvət /

形 ①民間の ②私的な、個人的な（⇔official, public 公的な） ③内密の（≒secret）
副 privately 個人的に、密かに
名 privacy プライバシー

05 **possible**
/ pɑ́ːsəbl /
poss（能力がある）+ -ible（できる）

形 ①可能な（⇔impossible 不可能な）
②起こり得る、あり得る（⇔impossible あり得ない）
〈人＋ be 動詞＋ possible〉の形にはならない
副 possibly もしかしたら 名 possibility 可能性

06 **Mars**
/ mɑ́ːrz /

名 火星

07 **establish**
/ ɪstǽblɪʃ /

動 〈組織・事業など〉を設立する、創立する（≒set up）
名 establishment 設立

08 **long-term**
/ lɔ́(ː)ŋtə́ːrm /

形 長期の（⇔short-term 短期の）

09 **colony**
/ kɑ́ːləni /

名 植民地
形 colonial 植民地の
動 colonize ～を植民地化する

10 **planet**
/ plǽnət /

名 ①惑星 ②地球（全体）
形 planetary 惑星の

11 **face**
/ féɪs /

動 〈困難など〉に直面する（≒confront）
名 顔
形 facial 顔の

12 **manned**
/ mǽnd /

形 有人の（⇔unmanned 無人の）
man（船などに要員を配置する）の過去分詞形からできた語

13 **spacecraft** 🌐
/ spéɪskræ̀ft /
space（宇宙）+ craft（乗り物）

名 宇宙船

14 **construct**
/ kənstrʌ́kt /
con-（共に）+ struct（建てる）

動 ①～を建設する、建造する（⇔destroy ～を破壊する）
②〈理論など〉を構成する
名 construction 建設

15 **obstacle**
/ ɑ́:bstəkl /
ob-（遮るように）+ sta（立つ）+ -cle（指小辞）

名 障害（物）、支障（≒barrier, obstruction）

16 **overcome**
/ òuvərkʌ́m /
over-（越えて）+ come（来る）

動 〈困難など〉を乗り越える、克服する
（≒conquer, get over ～）
overcome-overcame-overcome と活用

17 **include**
/ ɪnklú:d /
in-（中に）+ clude（閉じる）

動 ～を含む（≒contain）（⇔exclude ～を除外する）
名 inclusion 包含
前 including ～を含めて

18 **secure**
/ sɪkjúər /
se-（離れて）+ cure（心配）

動 ①～を確保する、手に入れる（≒obtain）
②～を固定する
形 安全な（⇔unsafe 安全でない）
名 security 安全 形 secured 保護された、担保つきの

19 **adequate**
/ ǽdɪkwət /
ad-（～に）+ equ（等しい）+ -ate（形容詞）

形 十分な、満足な（≒sufficient）
（⇔inadequate 不十分な）
副 adequately 十分に

20 **atmosphere** 🌐
/ ǽtməsfɪ̀ər /
atmo(s)（空気）+ sphere（球）

名 ①大気 ②雰囲気
形 atmospheric 大気の

21 **sustain**
/ səstéɪn /
sus-（下から）+ tain（保つ）

動 ～を維持する、持続させる
名 sustenance 維持；食物
形 sustainable 持続可能な
名 sustainability 持続可能性

22 **in addition**

熟 さらに、その上

23 **gravitational** 🌐
/ græ̀vətéɪʃənl /

形 引力の、重力の
名 gravity 重力

24 **force**
/ fɔ́:rs /

名 ①（物理的な）力 ②[通例複数形で] 軍隊
動 〈人〉に強制する
force *A* to *do* で「*A* に無理に～させる」という意味
形 forceful 強力な

25 **enable**
/ ɪnéɪbl /
en-（〜にする）+ -able（できる）

動 ①〜を可能にする ②〜に（…）できるようにする
（≒ allow）（⇔prevent 〜を阻止する）
enable *A* to *do* で「*A* が〜できるようにする」という意味

26 **pose**
/ póʊz /

動 ①〈問題・脅威など〉を引き起こす
②〈疑問・要求など〉を提起する

27 **cosmic**
/ kɑ́:zmɪk /
cosmos と異なり s の音が濁る

形 宇宙の；宇宙旅行の
名 cosmos 宇宙

28 **radiation**
/ rèɪdiéɪʃən /

名 放射線、放射能（≒ radioactivity）
動 radiate 放射する、放射状に広がる

29 **volcano**
/ vɑ:lkéɪnoʊ /

名 火山
形 volcanic 火山（性）の

30 **equatorial**
/ ì:kwətɔ́:riəl /

形 赤道の；赤道直下［付近］の
名 equator 赤道

31 **serve**
/ sə́:rv /

動 ①〈機能など〉を果たす；役立つ
②〈人〉に仕える、〈組織〉のために働く
③〈食べ物など〉を出す
名 service 接客、サービス；（鉄道・バスなどの）便

32 **purpose**
/ pə́:rpəs /
pur-（前に）+ pose（置く）

名 目的（≒ aim, goal）

33 **irony**
/ áɪrəni /

名 ①皮肉な状況 ②皮肉、あてこすり
形 ironic 皮肉な
副 ironically 皮肉なことに

34 **species**
/ spí:ʃi:z /
発音注意

名（生物の）種
単数形も複数形も species

35 **be to *do***

熟 ①仮に〜することがあれば ②〜する予定である
③〜すべきである

36 **evolve**
/ ɪvɑ́:lv /
e-（外に）+ volve（回転する）

動 進化する
名 evolution 進化
形 evolutionary 進化（論）の

37 **be capable of ~** □□□
熟 ～ができる

38 **interplanetary** ♛ □□□
/ ìntərplǽnəteri /
inter-（間に）+ planet（惑星）+ -ary（形容詞）
形 惑星間の

39 **only to *do*** □□□
熟 結局～することになる

40 **revert** □□□
/ rɪvə́ːrt /
re-（後ろに）+ vert（回る）
動 戻る（≒ go back）

41 **cave** □□□
/ kéɪv /
名 洞窟

42 **dwell** □□□
/ dwél /
動 住む、居住する（≒ inhabit, reside）
名 dweller 居住者
名 dwelling 住居

構文チェック

■ *ll.3-5*

Enough people have answered yes (to this question)〔that several governments and private companies have started planning trips to a place〔where all of this is possible〕: Mars〕.

(Enough people = S, have answered = V, yes = O; several governments and private companies = S, have started = V, planning trips to a place = O; all of this = S, is = V, possible = C)

訳 この質問に十分多くの人が「はい」と答えたため、いくつかの政府や民間企業が、これらすべてが可能な場所、つまり火星への旅行を計画し始めた。

▲enough ～ that ... で「…するのに十分な～」という相関接続詞的に働いている。

10 Space Debris / 宇宙ごみ (1)

In recent years, while the environmental issues facing our planet have been extensively discussed, the problems associated with the space around our planet have also been intensifying. A considerable amount of debris exists in Earth's orbit in outer space. This debris includes discarded satellites, remnants from launched rockets, fragments produced by their explosions and collisions, and tools accidentally left behind by astronauts in space. This trash is referred to as "space debris."

Space debris is considered a significant threat to human space activities. According to 2021 data from the European Space Agency, there are approximately 36,000 pieces of space debris larger than 10 centimeters and around 1 million pieces between 1 and 10 centimeters in size. They orbit at a speed of about 7 to 8 kilometers per second (the speed of a rifle bullet is 1 kilometer per second), and the impact velocity when objects collide is thought to be about 10 to 15 kilometers per second. Even a small object, a few millimeters in diameter, has the power to destroy a satellite. In fact, in 1996, a French satellite was damaged by colliding with rocket debris, and in 2009, an American satellite was destroyed in a collision with a decommissioned Russian satellite. Several other accidents believed to have been caused by collisions with small debris have also occurred.

Due to satellites being concentrated in certain orbits, there is a significant number of satellites and pieces of space debris currently in a state akin to traffic congestion, resulting in an increased likelihood of collisions. If this situation persists, the frequency of such accidents could increase, leading to an exponential growth in the quantity of space debris.

(277 words)

近年、地球が直面する環境問題が**盛んに**[01]**議論さ**[02]れる一方で、地球周辺の宇宙空間**に関する**[03]問題も**深刻化し**[04]ている。**宇宙空間**[07]の地球**軌道**[06]上には、かなりの量の**ごみ**[05]が存在している。このごみには、**廃棄された**[08]**人工衛星**[09]、**打ち上げられた**[11]ロケットの**残骸**[10]、ロケットの**爆発**[13]や**衝突**[14]によって生じた**破片**[12]、**宇宙飛行士**[16]が**誤って**[15]宇宙空間に残した道具などが含まれる。これらの**ごみ**[17]は「スペースデブリ」**と呼ばれている**[18]。

スペースデブリは人類の宇宙活動にとって深刻な**脅威**[20]と**考え**[19]られている。欧州宇宙**機関**[21]の 2021 年のデータによれば、10 センチメートル以上の大きさのスペースデブリは約 3 万 6,000 個、1 ～ 10 センチメートルの大きさのものは約 100 万個あるという。それらは秒速約 7 ～ 8 キロメートル（ライフル銃の**弾丸**[22]の速度は秒速 1 キロメートル）で周回し、物体が衝突するときの衝突**速度**[23]は秒速約 10 ～ 15 キロメートルと考えられる。**直径**[25]数ミリメートルの小さな**物体**[24]でも、人工衛星を破壊する力がある。実際、1996 年にはフランスの人工衛星がロケットの破片と衝突して損傷、2009 年にはアメリカの人工衛星が**運用を終了した**[27]ロシアの人工衛星と衝突して**損壊**[26]した。他にも、小さなごみとの衝突が原因と思われる事故もいくつか**起き**[28]ている。

人工衛星が特定の軌道に**集中し**[29]ているため、現在、かなりの数の人工衛星とスペースデブリが**交通**[31]**渋滞**[32]**のような**[30]状態にあり、衝突の**可能性**[33]が高まっている。このような状況が**続け**[34]ば、前述のような事故の頻度は高まり、スペースデブリの量は**指数関数的に**[35]増加することになる。

01 **extensively**
□□□
/ ɪksténsɪvli /
extensive(広範囲の) + -ly(副詞)

副 広く、広範囲に（わたって）
動 extend ～を拡張する
形 extensive 広範囲の

02 **discuss**
□□□
/ dɪskʌ́s /
dis-（分離）+ cuss（振る）

動 ～について話し合う、議論する
discuss about ～とは言わない
名 discussion 議論、考察

03 **associated with ～**
□□□

熟 ～に関連する

04 **intensify**
□□□
/ ɪnténsəfàɪ /
in-（中に）+ tens（伸ばす）+ -ify（～にする）

動 ①激化する、増大する ②～を強める、激しくする
形 intense 強烈な
名 intensity 強烈さ
形 intensive 激しい；集中的な

05 **debris**
□□□
/ dəbríː /
語末の s は発音しない

名 ①ごみ、がらくた
②がれき、残骸（≒ rubble, detritus）

06 **orbit**
□□□
/ ɔ́ːrbət /

名 軌道
動 ～の軌道を回る
形 orbital 軌道の

07 **outer space**
□□□
/ áʊtər spéɪs /

名 宇宙（空間）、大気圏外

08 **discard**
□□□
/ dɪskɑ́ːrd /
dis-（分離）+ card（カード）

動 〈不用品など〉を捨てる、処分する（≒ throw away）

09 **satellite**
□□□
/ sǽtəlàɪt /

名 ①人工衛星 ②（天体の）衛星

10 **remnant**
□□□
/ rémnənt /
re-（後ろに）+ mn（留まる）+ -ant（名詞）

名 ①残り、残余（≒ remains, leftover） ②名残、面影

11 **launch**
□□□
/ lɔ́ːntʃ /

動 ①〈ロケットなど〉を打ち上げる
②〈新製品など〉を売り出す
③〈組織的な活動など〉を開始する

12 **fragment**
□□□
/ frǽgmənt /
frag（壊す）+ -ment（名詞）

名 破片、断片（≒ piece）
動 砕ける
形 fragmentary 断片的な
名 fragmentation 破砕

13 **explosion**
/ ɪksplóʊʒən /

名 爆発
動 explode 爆発する

14 **collision**
/ kəlíʒən /

名 衝突（≒crash, conflict）
動 collide 衝突する

15 **accidentally**
/ æ̀ksədéntəli /
ac-（～に）+ cid（起こる）+ -ental（形容詞）+ -ly（副詞）

副 ①誤って（≒mistakenly） ②偶然（≒by accident）
名 accident 事故；思いがけない出来事
形 accidental 偶然の、思いがけない

16 **astronaut**
/ ǽstrənɔ̀:t /
astro（星）+ naut（水夫）

名 宇宙飛行士

17 **trash**
/ trǽʃ /

名 ごみ、くず（≒garbage, rubbish）

18 **be referred to as ～**

熟 ～と呼ばれている

19 **consider**
/ kənsídər /

動 ①～だと見なす ②～をよく考える、検討する
「～することを検討する」の意味では後ろに動詞の ing 形がくる
名 consideration 熟考
形 considerable かなりの

20 **threat**
/ θrét /

名 ①脅威 ②脅迫、おどし
動 threaten ～を脅かす；～を脅迫する

21 **agency**
/ éɪdʒənsi /

名 ①（政府の）機関、局 ②代理店
名 agent 代理業者、代理人

22 **bullet**
/ búlət /
bull（球）+ -et（指小字）

名 弾丸

23 **velocity**
/ vəlá:səti /
veloc（速い）+ -ity（名詞）

名 速度
speed と異なり、「（方向性を持つ）速度」

24 **object**
/ 名 á:bdʒɪkt 動 əbdʒékt /
ob-（～に対して）+ ject（投げる）

名 ①物、物体 ②対象
動 反対する
名 objection 反対

25 **diameter**
/ daɪǽmətər /
語源 dia-（横切って）+ meter（測定）

名 直径

26 **destroy**
/ dɪstrɔ́ɪ /
語源 de-（否定）+ stroy（建てる）

動 ～を破壊する（⇔construct ～を建設する）
名 destruction 破壊

27 **decommission** 👑
/ dìːkəmíʃən /

動 ①〈飛行機・船など〉の使用をやめる
②〈原子炉など〉を解体する

28 **occur**
/ əkə́ːr /
語源 oc-（～に）+ cur（走る）

動 ①（偶然に）起こる、生じる（≒happen） ②思い浮かぶ
✎ occur to ～ で「～の頭に思い浮かぶ」という意味
名 occurrence 出来事

29 **concentrate**
/ kɑ́ːnsəntrèɪt /
語源 con-（共に）+ centr（中心）+ -ate（～にする）

動 集中する
✎ concentrate on ～ で「～に集中する」という意味
名 concentration 集中

30 **akin to ～**

熟 ～に類似して、近い

31 **traffic**
/ trǽfɪk /

名 交通、交通量

32 **congestion**
/ kəndʒéstʃən /
語源 con-（共に）+ gest（運ぶ）+ -ion（名詞）

名（交通・場所などの）混雑
形 congested 混雑した

33 **likelihood**
/ láɪklihʊ̀d /
語源 likeli（可能性のある）+ -hood（状態）

名 可能性（≒probability）
形 likely 可能性のある

34 **persist**
/ pərsíst /
語源 per-（通して）+ sist（立つ）

動 ①〈現象などが〉持続する、（いつまでも）続く
②固執する（≒persevere, insist）
形 persistent 粘り強い
名 persistence 粘り強さ

35 **exponential** 👑
/ èkspounénʃəl /

形 急激な、指数関数的な
副 exponentially 急激に

構文チェック

■ *ll.4-7*

This debris includes discarded satellites, remnants from launched rockets, fragments (produced by their explosions and collisions), and tools (accidentally left behind by astronauts in space).

S: This debris / V: includes / O: discarded satellites / O: remnants from launched rockets / O: fragments ↑ (produced by ...) / O: tools ↑ (accidentally left ...)

訳 このごみには、廃棄された人工衛星、打ち上げられたロケットの残骸、ロケットの爆発や衝突によって生じた破片、宇宙飛行士が誤って宇宙空間に残した道具などが含まれる。

▲目的語が *A*, *B*, *C* and *D* の形で４つ並んでいる。

■ *ll.20-22*

Several other accidents (believed to ▲have been caused by collisions with small debris) have also occurred.

S: Several other accidents ↑ (believed ...) / V: have / V: occurred

訳 他にも、小さなごみとの衝突が原因と思われる事故もいくつか起きている。

▲believed（考えられる）よりも be caused by collisions（衝突によって引き起こされる）のほうが前の出来事なので、have been caused の完了形の形になっている。

■ *ll.23-26*

(Due to satellites ▲being concentrated in certain orbits,) there is a significant number of satellites and pieces of space debris (currently) (in a state akin to traffic congestion)(, ▲resulting in an increased likelihood of collisions).

V: is / S: a significant number of satellites and pieces of space debris

訳 人工衛星が特定の軌道に集中しているため、現在、かなりの数の人工衛星とスペースデブリが交通渋滞のような状態にあり、衝突の可能性が高まっている。

▲群前置詞 due to ～（～のために）の後ろに動名詞の being が続いている。ここでは動名詞の意味上の主語 satellites が前に置かれている。

▲resulting 以下は結果を表す分詞構文。前から訳すとよい。

11 Space Debris / 宇宙ごみ (2)

In an effort to address this situation, the United Nations Committee on the Peaceful Uses of Outer Space proposed its “Space Debris Mitigation Guidelines” in 2007, urging nations to voluntarily strive to minimize the generation of space debris. Consequently, research and development of technologies to reduce the damage caused by space debris are ongoing. For instance, the U.S. Space Surveillance Network and similar organizations worldwide are conducting surveillance and observations to accurately assess the status of debris in orbit. Additionally, steps are being taken to minimize damage by installing protective materials on the outer walls of the International Space Station to defend against debris less than 1 centimeter in diameter.

However, these measures alone are insufficient. According to a NASA researcher, even if all future satellite and rocket launches worldwide were canceled, the debris currently in orbit alone would continue to collide and fragment, increasing the amount of debris annually. Therefore, activities to remove existing debris in orbit are essential. But this is not an easy problem to solve. Space debris is not under anyone’s control, so its movement is unpredictable, and it is often rotating rapidly, which means that coming into close proximity with it can lead to entanglement and subsequent destruction. Various strategies, including the use of robotic arms, harpoons, and nets, are currently under consideration.

The space industry is projected to grow into a 100 trillion yen per year market by 2040. Awareness of and countermeasures against space debris, which could pose a significant threat to this industry, are gradually spreading. Currently, national agencies and numerous venture companies worldwide are initiating debris removal projects, and the Japan Aerospace Exploration Agency (JAXA) plans to launch a full-scale space debris removal project in 2023.

(285 words)

このような状況に対処するため、国連宇宙空間平和利用委員会は2007年に「スペースデブリ**低減** **ガイドライン**」を提唱し、**各国**が**自主的に**スペースデブリの発生を**最小限に抑える** **努力をする**よう**促している**。**その結果**、スペースデブリによる被害を軽減する技術の研究と開発が**進められている**。例えば、軌道上にあるデブリの**状況**を**正確に** **評価する**ため、米国の宇宙監視ネットワークをはじめ、世界中の**同様の** **機関**によって**監視**、**観測**が行われている。**さらに**、国際宇宙ステーションの外壁に**保護**材を設置し、直径1センチメートル以下のデブリから**守る**ことによって、被害を最小限に食い止める**ための対策が取ら**れている。

しかし、これらの**対策**だけでは**不十分**である。NASAの研究者によれば、たとえ今後世界中の衛星やロケットの打ち上げがすべて**中止さ**れたとしても、現在軌道上にあるデブリだけでも衝突と破片化は続き、その量は年々増加していくという。**したがって**、軌道上にある**既存の**デブリを**除去する**活動は**不可欠**である。しかし、これは簡単に解決できる問題ではない。スペースデブリは人が制御しているわけではないので、その動きは**予測不可能**であり、**高速で** **回転し**ていることが多いため、**接近**すると**絡まり**、**そのまま**破壊されてしまう可能性がある。ロボットアームやもり、ネットの使用などさまざまな**戦略**が現在**検討されている**。

宇宙**産業**は、2040年には年間100兆円市場に成長すると予測されている。この産業にとって大きな脅威となり得るスペースデブリに対する認識と対策は**徐々に** **広まり**つつある。現在、世界中の**国家**機関、**多くの** **ベンチャー**企業がデブリ除去プロジェクトに**着手し**ており、宇宙航空研究開発機構（JAXA）は2023年に**本格的な**デブリ除去プロジェクトを立ち上げる予定だ。

（オリジナル）

Notes

l.22 robotic〈機械が〉自分で動く
l.23 harpoon（捕鯨用の）もり

01 **mitigation** ♛
/ mìtəgéɪʃən /
mitig（柔らかい）+ -ation（名詞）

名 緩和、鎮静
動 mitigate ～を緩和する

02 **guideline**
/ gáɪdlàɪn /
guid(e)（案内する）+ line（線）

名 指針、基準
ふつう複数形で使う

03 **urge *A* to *do***

熟 *A* に～するように強く勧める

04 **nation**
/ néɪʃən /

名 国、国家
形 national 国家の
名 nationality 国籍

05 **voluntarily**
/ vɑ̀:ləntérəli /

副 自発的に、自主的に
形 voluntary 自発的な

06 **strive**
/ stráɪv /

動（懸命に）努力する（≒try）
strive-strove-striven と活用（アメリカでは規則活用も使う）

07 **minimize**
/ mínəmàɪz /
mini（小さい）+ -ize（～にする）

動 ～を最小限にする（⇔maximize ～を最大限にする）

08 **consequently**
/ kɑ́:nsəkwèntli /
con-（共に）+ sequ（ついていく）+ -ent（形容詞）+ -ly（副詞）

副 その結果、したがって（≒therefore, as a result）
名 consequence 結果、結末
形 consequent 結果として起こる

09 **ongoing**
/ ɑ́:ngòuɪŋ /

形 進行中の、継続している

10 **similar**
/ símələr /
simil（似た）+ -ar（形容詞）

形 同様の、似た
similar to ～ で「～に似た」という意味
副 similarly 同様に
名 similarity 類似（点）

11 **organization**
/ ɔ̀:rgənəzéɪʃən /
organ（組織）+ -ization（名詞）

名 組織、団体
動 organize 〈イベントなど〉を準備する、手配する
名 organizer 主催者

12 **surveillance**
/ sərvéɪləns /
sur-（上を）+ veill（見張る）+ -ance（名詞）

名 監視、見張り

13 **observation**
/ ɑ̀ːbzərvéɪʃən /
ob-（〜に対して）+ serv（目を向ける）+ -ation（名詞）

名 観察、観測
動 observe 〜を観察する

14 **accurately**
/ ǽkjərətli /
accurate（正確な）+ -ly（副詞）

副 正確に
形 accurate 正確な
名 accuracy 正確さ

15 **assess**
/ əsés /
as-（〜に）+ sess（座る）

動 〜を査定する、評価する
名 assessment 査定、評価

16 **status**
/ stǽtəs /
stat（立つ）+ -us（状態）

名 ①状況、状態 ②地位、立場

17 **additionally**
/ ədíʃənli /

副 さらに、その上
名 addition 追加
形 additional 追加の

18 **take steps to *do***

熟 〜するための措置を講じる

19 **protective**
/ prətéktɪv /
pro-（前を）+ tect（覆う）+ -ive（形容詞）

形 保護する、保護用の
動 protect 〜を保護する
名 protection 保護

20 **defend**
/ dɪfénd /
de-（分離）+ fend（打つ）

動 〜を守る、防御する（≒protect）
名 defense 防御
形 defensive 防御用の

21 **measure**
/ méʒər /

名 ［複数形で］対策、手段（≒means）
動 〜を測定する
名 measurement 測定

22 **insufficient**
/ ìnsəfíʃənt /
in-（否定）+ suf-（下に）+ fic（作る）+ ient（形容詞）

形 不十分な（≒inadequate）（⇔sufficient 十分な）

23 **cancel**
/ kǽnsl /

動 〜を取り消す、中止する
名 cancellation 取り消し、中止

24 **therefore**
/ ðéərfɔ̀ːr /

副 それゆえ、したがって

25 **remove**
□□□
/ rɪmúːv /
re（再び）+ move（動かす）

動 ～を取り除く、除去する
名 removal 除去

26 **existing**
□□□
/ ɪgzístɪŋ /
ex-（外に）+ ist（立たせる）+ -ing（形容詞）

形 既存の、現在の
動 exist 存在する

27 **essential**
□□□
/ ɪsénʃəl /
essent（本質）+ -ial（形容詞）

形 不可欠の、極めて重要な
（≒ critical, indispensable, vital）
名 essence 本質
副 essentially 本質的に

28 **unpredictable**
□□□
/ ʌ̀nprɪdíktəbl /
un-（否定）+ predict（予測する）+ -able（できる）

形 予測のつかない（⇔predictable 予測可能な）

29 **rotate**
□□□
/ róuteɪt /
rot（車輪）+ -ate（～にする）

動 ①回転する、循環する；～を回転させる
②（～を）輪番で交替する
名 rotation 回転、自転；交替

30 **rapidly**
□□□
/ rǽpɪdli /
rapid（急速な）+ -ly（副詞）

副 急速に、早く
形 rapid 急速な

31 **proximity** ♛
□□□
/ prɑːksíməti /
proxim（1番近い）+ -ity（名詞）

名 近いこと

32 **entanglement** ♛
□□□
/ ɪntǽŋglmənt /
en-（～にする）+ tangle（もつれ）+ -ment（名詞）

名 からむこと、もつれ
動 entangle ～をからませる、もつれさせる

33 **subsequent**
□□□
/ sʌ́bsɪkwənt /
sub-（下に）+ sequ（ついていく）+ -ent（形容詞）

形 そのあとの、それに続く
副 subsequently あとで

34 **strategy**
□□□
/ strǽtəʤi /

名 戦略、方策
✎「（個々の）戦術」は tactics
形 strategic 戦略上の、戦略的な

35 **under consideration**
□□□

熟 検討中で、考慮中で

36 **industry**
□□□
/ índəstri /

名 産業
形 industrial 産業の

37	**gradually** / grǽdʒuəli / 語 gradu（段階）+ -al（形容詞）+ -ly（副詞）	副 だんだん、徐々に 形 gradual 段階的な
38	**spread** / spréd /	動 ① 広まる、散らばる ② ～を広げる 名 広まり ✎ spread-spread-spread と活用
39	**national** / nǽʃənl / 語 nation（国）+ -al（形容詞）	形 ① 国家の ② 全国の ③ 国立の 名 nation 国；国民 名 nationality 国籍
40	**numerous** / n(j)úːmərəs / 語 numer（数）+ -ous（満ちた）	形 多数の、多くの 名 numeral 数字
41	**venture** / véntʃər /	名 ベンチャー（事業） ✎ adventure（冒険）の ad が消失してできた語
42	**initiate** / ɪníʃièɪt / 語 in-（中に）+ it（行く）+ iate（動詞）	動 ～を始める ✎ 目的語には重要な事柄がくることが多い 形 initial 最初の、当初の 副 initially 初めに、初めのうちは
43	**full-scale** / fúlskéɪl /	形 全面的な、本格的な

構文チェック

■ *ll.9-12*

(Additionally,) steps are being taken (to minimize damage by installing protective materials on the outer walls of the International Space Station (to defend against debris less than 1 centimeter in diameter)).

S: steps / V: are being taken

訳 さらに、国際宇宙ステーションの外壁に保護材を設置し、直径1センチメートル以下のデブリから守ることによって、被害を最小限に食い止めるための対策が取られている。

■ *ll.25-27*

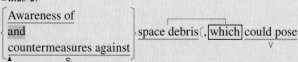

{Awareness of / and / countermeasures against} space debris〔, which could pose a significant threat to this industry,〕 are gradually spreading.

S: Awareness of and countermeasures against▲ space debris / V: could pose / O: a significant threat / V: are / V: spreading

訳 この産業にとって大きな脅威となり得るスペースデブリに対する認識と対策は徐々に広まりつつある。

▲awareness of と countermeasures against が and で結ばれている。この両者が主語であるため、動詞が are となっている。

語源コラム　動詞の語根③

■ cur(s) ➡ 走る

occur（起こる、生じる）は〈oc-（～に）+cur（走る）〉からできた語で、元々「会いに行く、出会う」という意味でした。

□ **currency**（名 通貨）	**cur(r)**（走る）+-ency（名詞）
□ **excursion**（名 遠足、小旅行）	ex-（外に）+**curs**（走る）+-ion（名詞）
□ **precursor**（名 先行するもの、先駆け）	pre-（前に）+**curs**（走る）+-or（人）
□ **incur**（動〈負債・損害など〉を負う、こうむる）	in-（中に）+**cur**（走る）
□ **recur**（動 繰り返し起こる、再発する）	re-（再び）+**cur**（走る）

■ dic / dit ➡ 言う、指し示す

dictionary（辞書）は「言われたもの（＝単語）を収納するもの」が原義です。

□ **dictate**（動 ～を命令する、指図する）	**dict**（言う）+-ate（動詞）
□ **indicate**（動 ～を示す）	in-（中に）+**dicate**（指し示す）
□ **contradict**（動 ～と矛盾する）	contra-（反対）+**dict**（言う）
□ **condition**（名 状態、コンディション）	con-（共に）+**dit**（言う）+-ion（名詞）
□ **dedicated**（形 献身的な、打ち込んでいる）	de-（～から）+**dicat**（言う）+-ed（形容詞）

■ don / der / dow / dot / dit ➡ 与える

臓器の donor（ドナー、提供者）は〈don（与える）+-or（人）〉が原義。

□ **donate**（動 ～を寄付する）	**don**（与える）+-ate（動詞）
□ **pardon**（動〈人〉を許す）	par-（十分に）+**don**（与える）
□ **render**（動 ～を（ある状態に）する）	ren-（元に）+**der**（与える）
□ **endow**（動 ～に（基金などを）寄付する）	en-（上に）+**dow**（与える）
□ **anecdote**（名 逸話、秘話）	an-（否定）+ec-（外に）+**dote**（与える）
□ **edit**（動 ～を編集する）	e-（外に）+**dit**（与える）

■ duce / duct ➡ 導く

introduce（～を紹介する、導入する）は〈intro-（中に）+duce（導く）〉で構成された語。日本語の「導入」とぴったり対応しています。

□ **conduct**（動〈実験・調査など〉を行う）	con-（共に）+**duct**（導く）
□ **induce**（動 ～を引き起こす、誘発する）	in-（中に）+**duce**（導く）
□ **produce**（動 ～を生産する、生み出す）	pro-（前に）+**duce**（導く）
□ **reduce**（動 ～を減らす）	re-（元に）+**duce**（導く）

12 Space Travel / 宇宙旅行 (1)

Humans have been looking up at the stars since ancient[01] times. In recent centuries, we have come to[02] understand space more and more. With the invention[03] of the telescope[04] in 1608, Galileo Galilei and many others were able to begin making astronomical[05] discoveries[06]. The world's first rocket was successfully[07] launched in the United States in 1926, and in 1947, a fly became the first living organism[08] to be launched into space. In the 1960s, the United States and the Soviet Union entered[09] into a space race. In 1961, the first manned spacecraft was launched with Yuri Gagarin on board[10], and finally, eight years later, man reached the moon. Astronauts remain in space to this day, as we continue to explore the universe[11]. Space has gone from a far-off[12] dream to a place within the reach of[13] mankind[14].

In 2001, American businessman Dennis Tito became the first private citizen[15] to fly into space, spending a week on the International Space Station. In 2021, Virgin founder[16] Richard Branson and Amazon founder Jeff Bezos were each able to experience space travel themselves as civilians[17], although briefly[18]. In that year, 19 astronauts went to space, but there were 29 civilian space travelers. The number of private citizens who have flown into space is now greater than the number of astronauts. The space business is also expanding[19] rapidly: according to one 2020 market forecast[20], the space business market will grow from $378 billion in 2020 to $1.053 trillion[21] by 2040.

(245 words)

人類は**古代**[01]よりずっと星を見上げてきた。ここ数世紀になって、私たちは宇宙をより深く理解する**ようになった**[02]。1608年の**望遠鏡**[04]の**発明**[03]により、ガリレオ・ガリレイをはじめとする多くの人々によって**天文学上の**[05]**発見**[06]がされるようになった。1926年にはアメリカで世界初のロケット打ち上げが**成功**[07]し、1947年にはハエが**生物**[08]として初めて宇宙に打ち上げられた。1960年代、米国とソ連は宇宙開発競争に**突入した**[09]。1961年にユーリ・ガガーリンを**乗せた**[10]初の有人宇宙船が打ち上げられ、その8年後、ついに人類は月に到達した。宇宙飛行士たちは今日も宇宙に留まり、私たちは**宇宙**[11]を探求し続けている。宇宙は、**遠い**[12]夢から**人類**[14]**の手の届く**[13]場所になったのだ。

2001年、アメリカの実業家デニス・チトーが民間**人**[15]として初めて宇宙に飛び立ち、国際宇宙ステーションで1週間を過ごした。2021年には、ヴァージンの**創業者**[16]リチャード・ブランソンとアマゾンの創業者ジェフ・ベゾスが、**短期間**[18]ではあるがそれぞれ**民間人**[17]として自ら宇宙旅行を体験することができた。その年、宇宙へ行った宇宙飛行士は19人だったが、民間人の宇宙旅行者は29人だった。宇宙に行った民間人の数は、今や宇宙飛行士の数を上回っている。宇宙ビジネスも急速に**拡大し**[19]ており、2020年のある市場**予測**[20]によれば、宇宙ビジネス市場は2020年の3,780億ドルから、2040年には1**兆**[21]530億ドルまで成長するという。

01 **ancient**
/ éɪnʃənt /
形 古代の（⇔modern, contemporary 現代的な）

02 **come to *do***
熟 ～するようになる

03 **invention**
/ ɪnvénʃən /
語 in-（上に）+ vent（出てくる）+ -ion（名詞）
名 発明、発明品
動 invent ～を発明する

04 **telescope**
/ téləskòʊp /
語 tele（遠く）+ scope（見る機械）
名 望遠鏡

05 **astronomical**
/ æstrənɑ́:mɪkəl /
語 astro（星）+ nom（法則）+ -ical（形容詞）
形 天文の、天文学（上）の
名 astronomy 天文学
名 astronomer 天文学者

06 **discovery**
/ dɪskʌ́vəri /
語 dis-（分離）+ cover（覆い）+ -y（名詞）
名 発見
動 discover ～を発見する

07 **successfully**
/ səksésfəli /
副 首尾よく、成功して

08 **organism**
/ ɔ́:rgənìzm /
語 organ（組織）+ -ism（結果）
名 有機体、生物
形 organic 有機の、有機栽培の

09 **enter**
/ éntər /
動 ①〈競技・活動など〉に参加する、加わる ②〈場所〉に入る（≒go into ～） ③～を入力する
名 entry（コンテストなどの）参加者、参加作品
名 entrance 入り口；入ること

10 **on board**
熟（船・飛行機などに）乗って

11 **universe**
/ jú:nəvə̀:rs /
語 uni（一つ）+ verse（回る）
名 宇宙

12 **far-off**
/ fɑ́:rɔ́(:)f /
形 遠く離れた、はるかかなたの

13 **within the reach of ～**

熟 ～の手の届く範囲に

14 **mankind**
/ mǽnkáɪnd /
man (人) + kind (種類)

名 人類 (≒ humankind)

15 **citizen**
/ sítəzn /

名 ①市民、住民 ②国民
名 citizenship 市民権

16 **founder**
/ fáundər /

名 創立者、創設者
動 found ～を設立する
名 foundation 設立

17 **civilian**
/ sɪvíljən /
civ(市民) + -il(形容詞) + -ian(名詞)

名 一般市民、民間人

18 **briefly**
/ bríːfli /

副 ①短時間 ②手短に、簡潔に
形 brief 短時間の；簡潔な
名 brevity 短さ；簡潔さ

19 **expand**
/ ɪkspǽnd /
ex- (外に) + pand (広げる)

動 (～を) 拡大する、拡張する
名 expansion 拡大、拡張
形 expansive 広範囲な
副 expansively 広範囲に

20 **forecast**
/ fɔ́ːrkæ̀st /
fore- (前もって) + cast (投げる)

名 予報、予測
動 ～を予測する
forecast-forecast(ed)-forecast(ed) と活用

21 **trillion**
/ tríljən /

形 1兆の
名 1兆

構文チェック

■ *ll.5-7*

The world's first rocket was successfully launched in the United States in 1926, and in 1947, a fly became the first living organism (to be launched into space).

(S: The world's first rocket / V: was ... launched / S: a fly / V: became / C: the first living organism)

訳 1926年にはアメリカで世界初のロケット打ち上げが成功し、1947年にはハエが生物として初めて宇宙に打ち上げられた。

■ *ll.15-17*

(In 2021,) Virgin founder Richard Branson and Amazon founder Jeff Bezos were each able to experience space travel themselves▲ as civilians(, although briefly).

(S: Virgin founder Richard Branson and Amazon founder Jeff Bezos / V: were ... able to experience / O: space travel)

訳 2021年には、ヴァージンの創業者リチャード・ブランソンとアマゾンの創業者ジェフ・ベゾスが、短期間ではあるがそれぞれ民間人として自ら宇宙旅行を体験することができた。

▲再帰代名詞の強調用法。「(他の誰でもなく) 自らが」という意味。

語源コラム　動詞の語根④

■ fer ➡ 運ぶ

transfer は〈trans-（超えて）+fer（運ぶ）〉の構成で、「～を運ぶ」→「～を転勤させる」と意味が派生しました。

□ **offer**（動 ～を提供する）　of-（～に）+**fer**（運ぶ）
□ **refer**（動 ～を参照する）　re-（元に）+**fer**（運ぶ）
□ **prefer**（動 ～のほうを好む）　pre-（前に）+**fer**（運ぶ）
□ **suffer**（動〈嫌なこと〉を経験する）　suf-（下で）+**fer**（運ぶ）
□ **infer**（動 ～を推量する、推察する）　in-（中に）+**fer**（運ぶ）

■ fac(t) / feat / fec / fic ➡ 作る、する

factory（工場）は、〈fact（作る）+-ory（場所）〉のこと。

□ **factor**（名 要因）　**fact**（作る）+-or（もの）
□ **feature**（名 特徴　動（雑誌・テレビなどで）～を特集する、取り上げる）　**feat**（作る）+-ure（名詞）
□ **manufacture**（動 ～を製造する）　manu（手）+**fact**（作る）+-ure（動詞）
□ **affect**（動 ～に（直接）影響する）　af-（～に）+**fect**（する）
□ **defective**（形 欠陥のある）　de-（分離）+**fect**（する）+-ive（形容詞）
□ **effect**（名 影響）　ef-（外に）+**fect**（作る）
□ **efficient**（形 効率のよい）　ef-（外に）+**fici**（作る）+-ent（形容詞）
□ **sufficient**（形 十分な、満足な）　suf-（下に）+**fici**（作る）+-ent（形容詞）
□ **artificial**（形 人工の、人工的な）　arti（技術）+**fici**（作る）+-al（形容詞）

■ flu / flux ➡ 流れる

flow（流れる）や flood（洪水）も同語源語です。

□ **fluent**（形（外国語などが）流ちょうな）　**flu**（流れる）+-ent（形容詞）
□ **fluid**（名 液体、流動体）　**flu**（流れる）+-id（状態）
□ **influence**（名 影響）　in-（中に）+**flu**（流れる）+-ence（名詞）
□ **affluent**（形 裕福な、（経済的に）豊かな）　af-（～に）+**flu**（流れる）+-ent（形容詞）

■ fract / frag ➡ 壊す

図形の fractal（フラクタル）も同じ語源です。

□ **fraction**（名 ごく一部）　**fract**（割られた）+-ion（名詞）
□ **fragile**（形 壊れやすい）　**frag**（壊す）+-ile（形容詞）
□ **fragment**（名 破片、断片）　**frag**（壊す）+-ment（名詞）

13 Space Travel / 宇宙旅行 (2)

As of 2023, there are four companies in the U.S. that offer space travel services, each offering different types of travel. Virgin Galactic, led by Richard Branson, is offering a 90-minute outer space experience, priced at $450,000 per person as of August 2023. Despite the high price, the company has received 600 reservations. SpaceX, led by Elon Musk, is offering a trip to stay in space for as long as eight days on the International Space Station, or 10 days if you include transportation. The price has not been disclosed, but NASA says it is likely to cost a staggering $55 million. Space Adventures' trip is even longer than that: 12 days in total. Blue Origin, led by Jeff Bezos, offers a shorter stay: an 11-minute rocket ride.

Although the space travel business is certainly becoming more accessible, there are still many challenges, and the number of private citizens who can actually make the trip is limited. First of all, as mentioned above, the trip costs from hundreds of thousands to tens of millions of dollars. Consequently, for the time being, it seems that commercial space travel will be limited to only the most wealthy of people. In addition, space travel is not guaranteed to be safe. As of 2020, 20 of the 1,144 people in the U.S. who had gone to space were killed or injured in major accidents. Furthermore, there are concerns about the effects of prolonged time in space on the human body. For example, because there is no gravity in space, muscle and bone mass are reduced. Also, there is an increased risk of illness in space due to exposure to higher amounts of radiation than on the ground.

(283 words)

2023年現在、アメリカには宇宙旅行サービスを**提供する**[01]会社が4社あり、それぞれ異なるタイプの旅行を提供している。リチャード・ブランソン率いるヴァージン・ギャラクティックは、90分間の宇宙体験を提供しており、2023年8月現在の価格は1人45万ドル。高額にもかかわらず、同社はすでに600件の**予約**[02]を受けている。イーロン・マスク率いるスペースXは、国際宇宙ステーションで8日間、輸送を含めると10日間**も**[03]宇宙に滞在する旅を提供している。価格は**明らかにさ**[04]れていないが、NASAによれば、5,500万ドルという**信じられないほどの**[06]費用がかかる**ようだ**[05]。スペース・アドベンチャーズの旅はそれよりもさらに長く、**合計**[07]12日間だ。ジェフ・ベゾスが率いるブルー・オリジンは、11分間のロケット搭乗という短めの滞在を提供している。

宇宙旅行ビジネスは確かに**身近な**[08]ものになりつつあるが、まだまだ**課題**[09]も多く、**実際に**[10]宇宙旅行を実現できる民間人の数は限られている。何よりもまず、**前述のとおり**[11]、旅行には数十万ドルから数千万ドルの費用がかかる。そのため、**商業**[12]宇宙旅行は当分の間、一部の最も**裕福な**[13]層だけに限られることになりそうだ。加えて、宇宙旅行の安全性は**保証さ**[14]れていない。2020年の時点で、米国で宇宙へ行った1,144人のうち20人が大事故により死亡あるいは**負傷し**[15]ている。**さらに**[16]、**長時間の**[17]宇宙滞在による人体への影響も懸念されている。例えば、宇宙には**重力**[18]がないため、筋肉や**骨**[19]の**量**[20]が減少する。また、地上よりも高い放射線量を**浴びる**[21]ため、宇宙では病気のリスクが高まる。

01 **offer**
/ 5(:)fər /
語 of- (〜に) + fer (運ぶ)

動 ①〜を提供する ②〜を申し出る
名 申し出
✎ offer to *do*で「〜しようと申し出る」という意味

02 **reservation**
/ rèzərvéɪʃən /
語 re- (後ろに) + serv (取っておく) + -ation (名詞)

名 (部屋・座席などの) 予約 (≒ booking)
動 reserve 〜をとっておく、予約する

03 **as long as**

熟 ①〜もの長い間 ②…する限り

04 **disclose**
/ dɪsklóʊz /
語 dis- (否定) + close (閉じる)

動 〈秘密・情報など〉を明らかにする、公表する (≒ reveal)
名 disclosure 発表、開示

05 **be likely to *do***

熟 〜しそうだ

06 **staggering** ♛
/ stǽgərɪŋ /
語 stag(g) (押す、ふらつかせる) + -er (反復) + -ing (形容詞)

形 ①驚くべき、途方もない (≒ astounding)
②よろめく、ふらつく
動 stagger 〜を愕然とさせる

07 **in total**

熟 合計で、全体で

08 **accessible**
/ æksésəbl /
語 ac- (〜に) + cess (行く) + -ible (できる)

形 ①利用できる、入手できる
(⇔inaccessible 利用 [入手] できない)
②(場所が) 到達できる、行ける
名動 access 利用する権利 ;〈情報など〉を入手する

09 **challenge**
/ tʃǽlɪndʒ /

名 難題、課題
✎ 日本語の「チャレンジ」とは意味合いが違う
形 challenging (困難だが) やりがいのある

10 **actually**
/ ǽktʃuəli /

副 ①実際に ②実は
形 actual 現実の、実在の

11 **as mentioned above**

熟 上述のように

12 **commercial**
/ kəmə́ːrʃəl /
語 com- (共に) + merc (商う) + -ial (形容詞)

形 営利的な、商用の
名 広告放送、コマーシャル
副 commercially 商業的に 名 commerce 商取引
動 commercialize 〜を商業化する

13 □□□ **wealthy**
/ wélθi /
語源 wealth（富）+ -y（形容詞）

形 裕福な（≒ affluent）
名 wealth 富、財産

14 □□□ **guarantee**
/ gèrəntíː /
アクセント注意

動 ～を保証する
名 保証；保証書（≒ warranty）

15 □□□ **injure**
/ índʒər /

動 ～にけがをさせる（≒ hurt）
名 injury けが

16 □□□ **furthermore**
/ fə́ːrðərmɔ̀ːr /

副 さらに、そのうえ（≒ besides, moreover, in addition）

17 □□□ **prolonged**
/ prəlɔ́ːŋd /
語源 pro-（前に）+ long（長くする）+ -ed（形容詞）

形 長期間の（≒ lengthy, protracted）
動 prolong ～を引き延ばす、長引かせる

18 □□□ **gravity**
/ grǽvəti /
語源 grav（重い）+ -ity（状態）

名 重力
形 gravitational 重力の

19 □□□ **bone**
/ bóʊn /

名 骨

20 □□□ **mass**
/ mǽs /

名 ①量、質量 ②塊
形 大衆の、集団の（≒ widespread）
形 massive 大きい

21 □□□ **exposure**
/ ɪkspóʊʒər /
語源 ex-(外に) + pos(置く) + -ure(名詞)

名 ①（日光・風雨・危険などに）さらされること
②（メディアへの）露出
動 expose ～をさらす

構文チェック

■ *ll.12-14*

〔Although the space travel business is certainly becoming more accessible,〕 there are still many challenges, and the number of private citizens 〔who can actually make the trip〕 is limited.

(S: the space travel business / V: is … becoming / C: more accessible / V: are / S: many challenges / S: the number of private citizens / V: can … make / O: the trip / V: is limited)

訳 宇宙旅行ビジネスは確かに身近なものになりつつあるが、まだまだ課題も多く、実際に宇宙旅行を実現できる民間人の数は限られている。

■ *ll.16-18*

(Consequently,) (for the time being,) it seems [that commercial space travel will be limited to only the most wealthy of people].

(S': it / V: seems / S: that … / S: commercial space travel / V: will be limited)

訳 そのため、商業宇宙旅行は当分の間、最も裕福な層だけに限られることになりそうだ。

語源コラム　動詞の語根⑤

■ gest / gist ➡ 運ぶ

gesture（ジェスチャー、身振り）は「意思を運ぶ＝伝える」が原義。

□ **digest**（動 ～を消化する）	di-（分離）+**gest**（運ぶ）
□ **suggest**（動 ～を提案する）	sug-（下から）+**gest**（持ち出す）
□ **congestion**（名（交通・場所などの）混雑）	con-（共に）+**gest**（運ぶ）+-ion（名詞）
□ **register**（動（～を）登録する）	re-（元に）+**gister**（運ぶ）

■ gn / know ➡ 知る

一見形は異なりますが、can（～できる）や cunning（ずる賢い）も gn と know と同語源語です。

□ **cognitive**（形 認識の、認識に関する）	co-（共に）+**gn**（知る）+-itive（形容詞）
□ **recognize**（動 ～を見分ける、識別する）	re-（再び）+co-（共に）+**gn**（知る）+-ize（動詞）
□ **diagnosis**（名 診断）	dia-（通して）+**gnosis**（知る）
□ **ignore**（動 ～を無視する）	i-（否定）+**gnore**（知る）
□ **acknowledge**（動 ～を認める）	ac-（～に）+**know**（知る）+-ledge（行為）

■ grad / gred / gree / gress ➡ 歩く、進む；一歩

「階級、等級」を意味する grade も同語源語です。歩みの「一歩」が元になっています。

□ **gradual**（形 徐々の、漸進的な）	**gradu**（段階）+-al（形容詞）
□ **ingredient**（名 材料、食材）	in-（中に）+**gredi**（進む）+-ent（名詞）
□ **degree**（名 程度）	de-（下に）+**gree**（一歩）
□ **progress**（名 進歩、上達）	pro-（前に）+**gress**（進む）
□ **congress**（名 会議、大会）	con-（共に）+**gress**（進む）
□ **aggressive**（形 攻撃的な）	ag-（～に）+**gress**（進む）+-ive（形容詞）

■ it / ish ➡ 行く、追いやる

visit（～を訪れる）は〈vis（見る）+it（行く）〉で「見に行く」が原義。

□ **initial**（形 最初の）	in-（中に）+**iti**（行く）+-al（形容詞）
□ **circuit**（名 回路）	circu（周りを）+**it**（行く）
□ **exit**（名 出口）	ex-（外に）+**it**（行く）
□ **transition**（名 移行、推移）	trans-（越えて）+**it**（行く）+-ion（名詞）
□ **perish**（動〈人・動物が〉（突然）死ぬ）	per-（完全に）+**ish**（行く）

14 Space Travel / 宇宙旅行 (3)

The space travel industry still faces many challenges, but the technology is advancing[01] rapidly. Various new businesses related to space travel are emerging[02], such as Space Perspective's service that allows[03] people to experience "simulated[04] space travel" in the stratosphere up to[05] 30 kilometers above the Earth, and the Gateway Foundation's plan to build a space hotel. Expectations[06] are growing that the time may soon come when ordinary[07] people will be able to enjoy space in some form[08] or another.

(79 words)

まだ多くの課題を抱えている宇宙旅行産業だが、その技術は急速に**進歩し**[01]ている。地上30キロメートル**までの**[05]成層圏で「**疑似**[04]宇宙旅行」を体験**できる**[03]スペース・パースペクティブ社のサービスや、ゲートウェイ財団の宇宙ホテル建設計画など、宇宙旅行に関するさまざまな新規事業が**登場し**[02]ている。**一般の**[07]人々が何らかの**形**[08]で宇宙を楽しめる時代が近いうちにやってくるかもしれないという**期待**[06]が高まっている。

（オリジナル）

Notes

l.5 stratosphere 成層圏

01 **advance** / ədvǽns /	動 ①進歩する ②前進する 名 ①進歩 ②前進 形 advanced 進歩した；上級の 名 advancement 進歩、前進
02 **emerge** / ɪmə́ːrʤ / 語 e- (外に) + merge (沈む)	動 出現する、姿を現す (≒ appear, come out) 名 emergence 出現
03 **allow *A* to *do***	熟 *A* が～することを可能にする、許可する
04 **simulated** / símjəlèɪtɪd / 語 simul (似た) + -ate (～にする) + -(e)d (形容詞)	形 シミュレーションした 動 simulate ～のシミュレーションをする 名 simulation シミュレーション
05 **up to ～**	熟 ①(最大［最高］で) ～まで ②～次第で
06 **expectation** / èkspektéɪʃən / 語 ex- (外を) + (s)pect (見る) + -ation (名詞)	名 ①期待 ②予想、予測 動 expect ～を予期する；～を期待する
07 **ordinary** / ɔ́ːrdənèri / 語 ordin (慣行) + -ary (形容詞)	形 普通の (≒ common, usual, normal) (⇔extraordinary 異常な) 副 ordinarily 普通に、通常
08 **form** / fɔ́ːrm /	名 ①形、形態 ②用紙 動 ～を形成する 名 formation 形成

構文チェック

■ *ll.2-6*

Various new businesses (related to space travel) are emerging(, such as Space Perspective's service〔that allows people to experience "simulated space travel" in the stratosphere up to 30 kilometers above the Earth〕, and the Gateway Foundation's plan (to build a space hotel)).

S / V / V / O / to *do*

訳 地上 30 キロメートルまでの成層圏で「疑似宇宙旅行」を体験できるスペース・パースペクティブ社のサービスや、ゲートウェイ財団の宇宙ホテル建設計画など、宇宙旅行に関するさまざまな新規事業が登場している。

■ *ll.6-8*

Expectations are growing〔that the time may soon come〔when ordinary people will be able to enjoy space in some form or another〕〕.

S / V / S / V / V / S / V / O

訳 一般の人々が何らかの形で宇宙を楽しめる時代が近いうちにやってくるかもしれないという期待が高まっている。

▲同格の that。Expectations の内容を that 節で説明している。

プラス α ボキャブラリー

□ **alien** /éɪliən/ 名 宇宙人

□ **constellation** /kɑ̀:nstəléɪʃən/ 名 星座

□ **eclipse** /ɪklíps/ 動（太陽・月の）食
形 ecliptic 食の

□ **galaxy** /gǽləksi/ 名 銀河

□ **interstellar** /ìntərstélər/ 形 恒星間の

□ **latitude** /lǽtət(j)ù:d/ 名 ①緯度 ②自由、裁量

□ **longitude** /lɑ́:nʤət(j)ù:d/ 名 経度

□ **observatory** /əbzə́:rvətɔ̀:ri/ 名 観測所、天文台

□ **solar system** /sóʊlər sìstəm/ 名 太陽系

□ **dwarf planet** /dwɔ̀:rf plǽnət/ 名 準惑星
dwarfは「小人」のこと

□ **asteroid** /ǽstərɔ̀ɪd/ アクセント注意 名 小惑星

□ **comet** /kɑ́:mɪt/ 名 彗星

□ **hemisphere** /hémәsfìər/ 名（地球の）半球

□ **celestial** /səléstʃəl/ 形 天体の

□ **axis** /ǽksɪs/ 名 軸
複数形は axes / ǽksi:z /

□ **meteor** /mí:tiər/ 名 流星

□ **meteorite** /mí:tiəràɪt/ 名 隕石

□ **zodiac** /zóʊdiæ̀k/ 名 黄道帯

□ **weightless** /wéɪtləs/ 形 無重力の

□ **extraterrestrial** /èkstrətəréstriəl/ 形 地球外の

Chapter 3

テクノロジー

Technology

今を読むキーワード

テクノロジー

生成 AI (generative AI)

生成 AI とは、ディープラーニング技術を使って、既存のデータからパターンを学習し、画像、テキスト、音楽などの新しいコンテンツを生成することのできる**人工知能システム** (artificial intelligence systems) です。生成 AI は、アート、エンターテインメント、コンテンツ制作などさまざまな分野で活用されていますが、誤解を招いたり有害なコンテンツを生成したりする可能性に関して、**倫理的な問題** (ethical questions) も提起されています。

生体認証技術 (biometric technology)

生体認証技術は、**指紋** (fingerprints)、**虹彩** (iris) のパターン、顔の特徴など、人それぞれで異なる身体的特徴によって個人を識別します。複製困難な生物学的特徴を分析することで、アクセス制御、勤怠管理、本人確認など、さまざまな用途に安全で便利な**認証** (authentication) を提供します。

自動運転車 (self-driving cars)

自動運転車は、**センサー** (sensors)、カメラ、人工知能を活用し、人間の介入なしに操縦操作を行います。リアルタイムで周囲の状況を分析し、判断を下し、**ステアリング** (steering)、**アクセル** (acceleration)、ブレーキを制御することで、交通の安全性、効率性、利便性を高めることを目指しています。

ブロックチェーン (blockchain)

ブロックチェーンは、コンピュータのネットワーク上の取引を記録する**分散型デジタル台帳技術** (decentralized digital ledger technology) です。チェーンの各ブロックには、前のブロックの**暗号化ハッシュ**(cryptographic hash)、**タイムスタンプ** (time-stamp)、**取引データ** (transaction data) が含まれ、中央サーバーを介さず安全で透明性の高い取引記録が作成されます。**暗号通貨** (cryptocurrency)、サプライチェーンの管理、投票システムなど、安全で確実なデータ保存のためにさまざまな分野で活用されています。

3D プリンター (3D printers)

3D プリンターは、デジタルモデルに基づき、プラスチック、金属、**樹脂** (resin) などの材料を連続的に積み重ねて 3 次元のものを作成する装置です。このプロセスにより、複雑な形状や構造の製造、個別のカスタマイズが可能になり、製造業、建築業だけでなく、医療の分野でも利用されています。

バーチャルリアリティー (virtual reality)

バーチャルリアリティー (仮想現実 ; VR) とは、ユーザーが VR ヘッドセットやコントローラーなどの専用ハードウェアを使って体験することのできる、**没入型の** (immersive) 3 次元環境のコンピュータ生成**シミュレーション** (simulation) です。VR 技術によって**臨場感** (sense of presence) が生まれ、ユーザーはあたかもその中に実際に存在しているかのように仮想世界を体験することができます。

メタバース (metaverse)

メタバースとは、仮想現実、**拡張現実** (augmented reality)、インターネットの融合によって生み出される、**仮想共有空間** (virtual shared space) のことです。永続的で没入感のあるデジタル宇宙として想定されており、ユーザー同士やデジタルオブジェクトとリアルタイムでやり取りすることができます。メタバースにはさまざまな仮想環境、体験、経済活動が含まれています。

■ 原子と分子

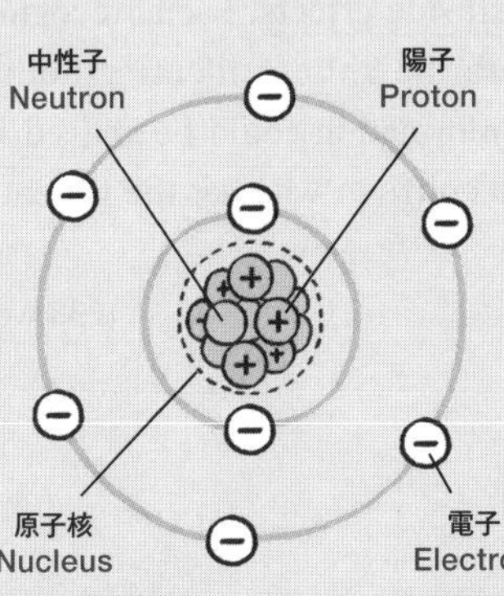

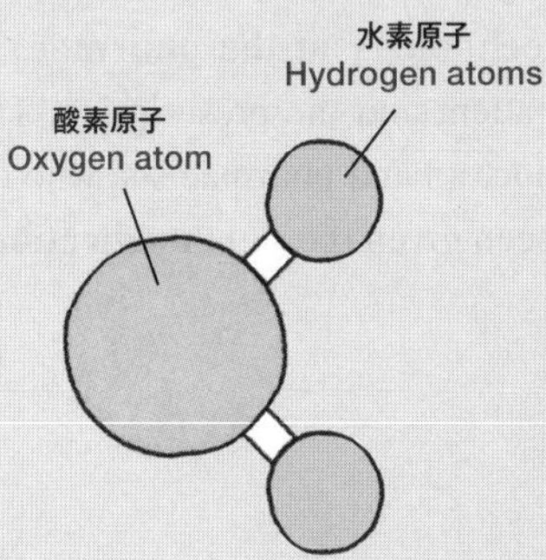

Biometric Technology / 生体認証技術 (1)

Facial recognition is a fast-growing biometric technology that identifies individuals by detecting some distinguishable features of their faces. At present, it is used in a variety of ways, from allowing the unlocking of smartphones, or smoothly passing through airport security, to purchasing products at stores. By some estimates, the facial recognition market by 2022 may be worth more than $9.6 billion.

Nowadays, people are overwhelmed with all kinds of data, and much of this, in particular photos and videos, constitutes the basic information required to enable facial recognition technology. Facial recognition systems utilize millions of images and videos created by high-quality surveillance cameras, smartphones, social media, and other online activity. Machine learning and artificial intelligence capabilities in the software analyze distinguishable facial features mathematically, search for patterns in the visual data, and compare new images with existing data stored in facial recognition databases in order to determine identity.

Facial recognition technology will add convenience to our lives. You will soon be able to pay at stores without using money or credit cards; instead, your face will be scanned. Such a system could be a lifesaver for people who have complicated drug prescriptions, where any mistake could cause detrimental side effects. Facial recognition technology at the pharmacy would be able to identify both the patient and the prescription. This information could be shared with doctors and pharmacists, who could confirm whether the patient has been given the right medication.

(238 words)

顔 **認識**は、顔の**識別可能な** **特徴**を**検出する**ことで**個人**を**識別する**、**急成長している**生体認証技術である。現在、スマートフォンの**ロック解除**や空港の**セキュリティ**チェックの**スムーズな**通過、店舗での商品購入など、さまざまな用途で利用されている。2022 年時点の顔認識の市場規模は 96 億ドル以上の**価値**になるとの予測もある。

現在、人々の生活はあらゆる種類のデータで**あふれかえっ**ており、これらの多く、特に写真や動画は、顔認識技術を実現するために必要な基本情報を**構成している**。顔認識システムは、**高品質の**監視カメラ、スマートフォン、**ソーシャルメディア**、その他のオンライン活動によって**作成され**た何百万もの画像や動画を**利用する**。**ソフトウェア**の機械学習や人工知能**能力**が識別可能な顔の特徴を**数学的に** **分析し**、**視覚**データのパターンを**探し**、新しい画像と顔認識**データベース**に保存された既存のデータを**比較する**ことで、**身元**を**特定する**。

顔認識技術は、私たちの生活に**利便性**を**もたらす**だろう。まもなく店舗でお金や**クレジットカード**を使わずに支払いを済ませることができるようになる。**代わりに**、顔を**スキャンする**のだ。薬の**処方箋**が**複雑**で、間違えると**有害な** **副作用**が出るような人々にとって、このようなシステムは**命の恩人**になり得る。**薬局**における顔認識技術によって、患者と処方箋の両方を識別することができるだろう。この情報を医師と薬剤師が**共有する**ことができ、患者が正しい**薬**を処方されたかどうかを**確認する**ことができる。

Notes

l.1 biometric 生体認証機能の
l.13 artificial intelligence 人工知能

01 □□□ **facial** / féɪʃəl /	形 顔の、顔面の 名動 face 顔；〈困難など〉に直面する
02 □□□ **recognition** / rèkəgníʃən / 語 re-（再び）+ cogni（知る）+ -tion（名詞）	名 ①識別、認識 ②認知、（事実・価値を）認識すること 動 recognize ～を認識する 形 recognizable 認識［識別］できる
03 □□□ **fast-growing** / fǽstgròuɪŋ /	形 急成長する
04 □□□ **identify** / aɪdéntəfàɪ / 語 ident（同じ）+ -ify（～にする）	動 ①～を特定する ②～を（…と）見なす ✎ identify *A* with *B* で「*A* を *B* と結びつけて考える、同一視する」という意味 名 identification 識別 形 identifiable 識別できる
05 □□□ **individual** / ìndəvídʒuəl / 語 in-（否定）+ dividu（分ける）+ -al（形容詞）	名 個人 形 ①個人の ②個々の 副 individually 個々に
06 □□□ **detect** / dɪtékt / 語 de-（分離）+ tect（覆う）	動 ～を検知［検出］する（≒ discover） 名 detection 探知、検知、発見 形 detectable 検出できる 名 detective 刑事；探偵
07 □□□ **distinguishable** / dɪstíŋgwɪʃəbl / 語 dis-（分離）+ sting（突き刺す）+ -ish（～にする）+ -able（できる）	形 区別できる、見分けられる 動 distinguish ～を区別する 名 distinction 区別
08 □□□ **feature** / fíːtʃər / 語 feat（作る）+ -ure（結果）	名 特徴 動（雑誌・テレビなどで）～を特集する、取り上げる
09 □□□ **unlock** / ʌnlάːk / 語 un-（否定）+ lock（かぎをかける）	動 ～のかぎを開ける（⇔lock ～にかぎをかける）
10 □□□ **smoothly** / smúːðli / 語 smooth（円滑な）+ -ly（副詞）	副 ①円滑に ②滑らかに 形 smooth 円滑な、滑らかな
11 □□□ **security** / sɪkjúərəti / 語 se-（離れて）+ cur（心配）+ -ity（名詞）	名 ①警備、セキュリティー ②安全、防犯 ✎ security camera は「防犯カメラ」のこと 形 secure 安全な
12 □□□ **worth** / wə́ːrθ /	前 ～に値する、～の価値がある ✎ 後ろに動詞がくるときは *doing* の形。形容詞と見なすこともある 形 worthy 価値のある

13 □□□ **nowadays**
/ náuədèɪz /

副 近ごろでは、今日
✎ ふつう現在形または現在進行形の文で使い、現在完了形では使わない

14 □□□ **overwhelm**
/ òuvərwélm /
語 over-（過度に）+ whelm（ひっくり返す）

動 ～を圧倒する、対処できなくする
形 overwhelming 圧倒的な

15 □□□ **constitute**
/ kɑ́:nstət(j)ù:t /
語 con-（共に）+ stit（置く）+ -ute（動詞）

動 ①～を構成する ②～と見なされる、～に等しい
名 constitution 構成；憲法

16 □□□ **utilize**
/ jú:təlàɪz /
語 util（役に立つ）+ -ize（動詞）

動 ～を利用する、役立たせる（≒make use of ～）
名 utilization 利用

17 □□□ **create**
/ kriéɪt /

動 ～を作る、生み出す
名 creation 創造
形 creative 創造的な

18 □□□ **high-quality**
/ háɪkwɑ́ləti /

形 高品質の、質のよい

19 □□□ **social media**
/ sóuʃəl mí:diə /

名 ソーシャルメディア、SNS

20 □□□ **capability**
/ kèɪpəbíləti /
語 cap（つかむ）+ -abil（できる）+ -ity（名詞）

名 能力、性能（≒ability）
形 capable 能力がある、有能な

21 □□□ **software**
/ sɔ́(:)ftwèər /

名 ソフトウェア（⇔hardware ハードウェア）
✎ プログラムやその作成技術などの総称

22 □□□ **analyze**
/ ǽnəlàɪz /
語 ana-（完全に）+ ly（解く）+ -ze（動詞）

動 ～を分析する
名 analysis 分析
形 analytical 分析の
名 analyst アナリスト

23 □□□ **mathematically**
/ mæ̀θəmǽtɪkli /

副 数学的に
名 mathematics 数学
形 mathematical 数学的な

24 □□□ **search for ～**

熟 ～を探す、探し求める

25 **visual**
/ víʒuəl /
語 vis(u)（見る）+ -al（形容詞）

形 視覚的な、視力の
名 vision 視力、視覚
副 visually 視覚的に

26 **compare *A* with *B***

熟 *A* を *B* と比較する、比べる
名 comparison 比較
形 comparative 比較による

27 **database**

/ déɪtəbèɪs /

名 データベース

28 **determine**
/ dɪtə́ːrmən /
語 de-（完全に）+ termine（境界を定める）

動 ①～を特定する ②～を決定する（≒ decide）③～を決意する（≒ decide）
名 determination 決定
形 determined 断固とした

29 **identity**
/ aɪdéntəti /
語 ident（同じ）+ -ity（名詞）

名 ①身元、正体 ②自己同一性
形 identical 同一の

30 **add**
/ ǽd /

動 ～を加える、足す
名 addition 追加 形 additional 追加の
副 additionally さらに、そのうえ

31 **convenience**
/ kənvíːnjəns /
語 con-（共に）+ veni（来る）+ -ence（名詞）

名 便利さ、利便性
形 convenient 便利な

32 **credit**
/ krédɪt /

名 ①信用取引、クレジット ②（功績に対する）評価、称賛

33 **instead**
/ ɪnstéd /

副 その代わりに

34 **scan**

/ skǽn /

動 ①〈人体など〉をスキャンする ②〈リスト・新聞など〉をざっと見る ③～を入念に調べる
名 スキャン
名 scanner スキャナー

35 **lifesaver**
/ láɪfsèɪvər /
語 life（命）+ saver（救い主）

名 ①命の恩人、救いの手 ②救命具

36 **complicated**
/ kɑ́ːmpləkèɪtɪd /
語 com-（共に）+ plicat（重ねる）+ -ate（～にする）+ -(e)d（形容詞）

形 複雑な（≒ complex）
動 complicate ～を複雑にする

37	**prescription** / prɪskrípʃən / 語 pre-（前もって）+ script（書く）+ -ion（名詞）	名 ①処方、処方箋 ②処方薬 動 prescribe ～を処方する
38	**detrimental** / dètrəméntl /	形 害を与える、不利益な（≒ adverse, destructive, harmful, damaging）（⇔beneficial 有益な） 名 detriment 損失
39	**side effect** / sáɪd ɪfèkt /	名 副作用
40	**pharmacy** / fɑ́ːrməsi / 語 pharmac（薬）+ -y（店）	名（調剤）薬局、薬店 名 pharmacist 薬剤師 形 pharmaceutical 製薬の；薬剤（師）の
41	**share** / ʃéər /	動 ①～を共有する、一緒に使う ②～を分け合う
42	**confirm** / kənfə́ːrm / 語 con-（共に）+ firm（固い）	動 ～を確認する、裏づける 名 confirmation 確認
43	**medication** / mèdəkéɪʃən / 語 medi(c)（いやす）+ -ation（名詞）	名 薬、薬物（治療）

構文チェック

■ *ll.13-17*

Machine learning and artificial intelligence capabilities (in the software) analyze distinguishable facial features mathematically, search for patterns in the visual data, and compare new images with existing data (stored in facial recognition databases) (in order to determine identity).

S ▲V O V V O

訳 ソフトウェアの機械学習や人工知能能力が識別可能な顔の特徴を数学的に分析し、視覚データのパターンを探し、新しい画像と顔認識データベースに保存された既存のデータを比較することで、身元を特定する。

▲analyze, search for, compare の 3 つの動詞が A, B, and C の形で並列されている。

■ *ll.20-22*

Such a system could be a lifesaver (for people 〔who have complicated drug prescriptions〔, where any mistake could cause detrimental side effects〕〕).

S V C V O ▲ S V O

訳 薬の処方箋が複雑で、間違えると有害な副作用が出るような人々にとって、このようなシステムは命の恩人になり得る。

▲関係副詞の where は「場所」のほか、「場合」も先行詞にとる。ここでは complicated drug prescriptions（複雑な薬の処方）が「場合」を表している。

語源コラム　動詞の語根⑥

■ ject ➡ 投げる

projector（投射機、映写機）は〈pro-（前方に）+ject（投げる）+-or（もの）〉の構成。「投射」にも「投」が含まれている点が興味深いですね。

□ **inject**（動〈薬など〉を注射する、注入する）　in-（中に）+**ject**（投げる）
□ **object**（名 物、物体）　ob-（～に対して）+**ject**（投げる）
□ **subject**（名 主題；主体）　sub-（下に）+**ject**（投げられたもの）
□ **reject**（動 ～を拒否する）　re-（元に）+**ject**（投げる）
□ **trajectory**（名 弾道、軌道）　tra-（越えて）+**ject**（投げる）+-ory（場所）

■ lect / leg ➡ 集める、選ぶ

「目で集める」から「読む」という意味も派生し、lecture（講義）、legend（伝説）などにも含まれています。

□ **collect**（動 ～を集める）　col-（共に）+**lect**（集める）
□ **election**（名 選挙）　e-（外に）+**lect**（選ぶ）+-ion（名詞）
□ **elegant**（形 上品な、優雅な）　e-（外に）+**leg**（選ぶ）+-ant（形容詞）
□ **select**（動 ～を選ぶ）　se-（離れて）+**lect**（選ぶ）
□ **neglect**（動 ～を怠る）　neg（否定）+**lect**（集める）

■ merc(h) ➡ 商う

ラテン語の mercari（買う）から来た語根です。market も同語源語。

□ **commercial**（形 営利的な、商用の）　com-（共に）+**merci**（商う）+-al（形容詞）
□ **merchant**（名 商人）　**merch**（商う）+-ant（人）
□ **merchandise**（名 商品）　**merchand**（商人）+-ise（名詞）

■ mis(s) / mess / mit ➡ 送る

message（伝言、メッセージ）は「送られたもの」が原義です。

□ **mission**（名 使命、任務）　**miss**（送る）+-ion（名詞）
□ **admit**（動 …だと認める、〈罪・事実など〉を認める）　ad-（～に）+**mit**（送り入れる）
□ **emit**（動〈光・エネルギーなど〉を発する）　e-（外に）+**mit**（送る）
□ **omit**（動〈人・もの・情報など〉を抜かす、省略する）　o-（反対に）+**mit**（送る）
□ **transmit**（動 ～を送る、伝送する）　trans-（越えて）+**mit**（送る）
□ **promise**（動 約束する 名 約束）　pro-（前に）+**mise**（送る）
□ **dismiss**（動〈人〉を解雇する）　dis-（分離）+**miss**（送る）

Another major advantage of facial recognition technology is in combatting crime. Police forces use the technology to uncover criminals or to find missing children. In New York, the police were able to locate a suspected rapist using facial recognition technology within 24 hours of an incident where he threatened a woman at knifepoint. In areas where the police do not have time to help fight minor crimes, they are now encouraging business owners to install facial recognition systems to watch and identify persons of interest when they come into their stores. Ultimately, such collaboration is crucial for fighting crime.

Critics argue that this technology represents a grave threat to our civil liberties. They argue that such information should not be given to authorities in the first place. However, nothing could be further from the truth. Face scans may confirm the innocence of people suspected of crime. For example, individuals suspected of committing a crime at a certain time and location might be able to prove they were actually at a different location, since their presence would have been recorded by cameras, even in the absence of human witnesses. Many who have been wrongly convicted might have benefited, had the technology been in place. Ultimately, scans favor law-abiding citizens and will allow them to establish their innocence.

(216 words)

顔認識技術のもう一つの大きな利点は、**犯罪**[02]との**戦い**[01]におけるものである。警察は、この技術を犯罪者の**摘発**[03]や**行方不明の**[04]子どもの捜索に利用している。ニューヨークでは、レイプ犯が女性をナイフで**脅した**[08]**事件**[07]から 24 時間以内に、顔認識技術を使って**容疑者**[06]の**居場所を突き止める**[05]ことができた。また、警察が**軽微な**[09]犯罪に対処する時間がない地域では現在、顔認識システムを導入し、容疑者が来店した時に監視・識別する**よう**[10]、企業経営者に呼びかけている。**結局のところ**[11]、このような**協力体制**[12]が犯罪撲滅には**不可欠**[13]なのである。

批判者[14]は、この技術は私たちの**市民的**[17]**自由**[18]に対する**重大な**[16]脅威であると**主張する**[15]。**そもそも**[20]、このような情報を**当局**[19]に提供すべきではないと彼らは主張する。しかし、これほど真実からかけ離れたものはない。フェイススキャンは、犯罪**の疑いがかけられた**[22]人の**無実**[21]を証明するかもしれない。例えば、ある時間、ある場所で罪を**犯した**[23]と疑われている人は、たとえ人間の**目撃者**[27]**がいなくて**[26]も、カメラによってその**存在**[25]が記録されているため、実際には別の場所にいたことを**証明する**[24]ことができるかもしれない。**不当に**[28]**有罪になった**[29]人の多くも、この技術が**導入されて**[31]いたら、**恩恵を受け**[30]たかもしれない。結局のところ、スキャンは法律を守る市民に**有益であり**[32]、彼らが無実を証明することを可能にする。

Notes

l.4 rapist 強姦犯
l.6 knifepoint ナイフの先、刃先
l.8 person of interest 容疑者
l.21 law-abiding 法律を守る、遵法の

01 **combat**
/ 動 kəmbǽt 名 kɑ́ːmbæt /
語源 com- (共に) + bat (打つ)

動 ～と闘う、戦う
名 戦闘
品詞によってアクセントの位置が変わる
形 combative 好戦的な

02 **crime**
/ kráɪm /

名 犯罪
形名 criminal 犯罪の；犯人

03 **uncover**
/ ʌnkʌ́vər /
語源 un- (否定) + cover (覆う)

動 ①～を発掘する、発見する
②～を暴露する、明らかにする (≒reveal)

04 **missing**
/ mísɪŋ /

形 ①行方不明の、紛失した (≒lost) ②欠けている
動 miss ～を恋しく思う；～を見逃す、聞き逃す

05 **locate**
/ lóʊkeɪt /
語源 loc (場所) + -ate (～にする)

動 ①～を見つける、探し出す
②〈建物など〉を置く、設置する
be located で「位置する、ある」という意味
名 location 場所、位置

06 **suspected**
/ səspéktɪd /
語源 su(s)- (下から) + spect (見る) + -ed (形容詞)

形 疑わしい、疑いのある
動 suspect ～を怪しいと思う

07 **incident**
/ ínsədənt /
語源 in-(上に) + cid(落ちる) + ent(名詞)

名 出来事、事件 (≒episode, occurrence)
形 incidental 偶発的な
名 incidence (病気などの) 発生

08 **threaten**
/ θrétn /
語源 threat (脅迫) + -en (～にする)

動 ①～を脅す、脅迫する ②～の脅威になる
threaten to *do* で「～すると脅す」という意味
名 threat 脅迫；脅威

09 **minor**
/ máɪnər /

形 ①あまり重大でない、深刻でない (⇔major 主要な)
②小さい方の、少ない方の (⇔major 大きい方の)
名 未成年者 (⇔adult 成人)
名 minority 少数者、少数民族

10 **encourage *A* to *do***

熟 *A* に～するよう勧める、促す

11 **ultimately**
/ ʌ́ltəmətli /
語源 ultim (最終の) + -ate (形容詞) + -ly (副詞)

副 ①究極的には、結局のところ (≒finally, eventually)
②結局、最終的に
形 ultimate 究極の

12 **collaboration**
/ kəlæ̀bəréɪʃən /
語源 col- (共に) + labor (働く) + -ation (名詞)

名 共同作業、協力
動 collaborate 協力する

13 **crucial**
/ krúːʃəl /
語源 cruc（十字架）+ -ial（形容詞）

形 非常に重大な、決定的な（≒critical, essential）

14 **critic**
/ krítɪk /
語源 crit（判断する）+ -ic（形容詞）

名 ①批判する人 ②評論家
動 criticize ～を批判する

15 **argue**
/ áːrgjuː /

動 ①～を主張する ②議論する
✎ argue (that) ... で「…だと主張する」という意味
名 argument 議論

16 **grave**
/ gréɪv /

形 重大な、ゆゆしい
✎ serious よりも深刻な状態を表す。同じつづりで「墓、墓穴」という意味の語もある

17 **civil**
/ sívəl /
語源 civ（市民）+ -il（形容詞）

形 ①市民の、国民の ②民事的な
形 civilian 一般市民の

18 **liberty**
/ líbərti /
語源 liber（自由な）+ -ty（名詞）

名 自由（≒freedom）
形 liberal 進歩的な；自由主義の

19 **authority**
/ əθɔ́ːrəti /
語源 author（作り出す）+ -ity（名詞）

名 ①［複数形で］官庁、当局 ②権威（者）、専門家 ③権限
動 authorize ～を認可する
名 authorization 許可、認可

20 **in the first place**

熟 ①そもそも ②まず第一に（≒firstly, first of all）

21 **innocence**
/ ínəsəns /
語源 in-（否定）+ noc（傷つける）+ -ence（名詞）

名 無罪
形 innocent 無罪の

22 **suspected of ～**

熟 ～の疑いをかけられた

23 **commit**
/ kəmít /
語源 com-（共に）+ mit（送る）

動 〈罪・過失など〉を犯す
名 commitment 約束

24 **prove**
/ prúːv /

動 ①～を証明する ②わかる、判明する（≒turn out）
名 proof 証拠

25 □□□
presence
/ prézns /
語 pre-（前に）+ sence（存在）

名 存在
形 present 存在して

26 □□□
in the absence of ～

熟 ～がいない場合

27 □□□
witness
/ wítnəs /
語 wit（知っている）+ -ness（名詞）

名 ①目撃者 ②証人
動 ①～を目撃する ②～を経験する

28 □□□
wrongly
/ rɔ́(ː)ŋli /
語 wrong（誤った）+ -ly（副詞）

副 間違って、不当に
形 wrong 誤った、不当な

29 □□□
convict
/ kənvíkt /
語 con-（強意）+ vict（征服された）

動 ～に有罪判決を下す
名 有罪判決を受けた者
名 conviction 有罪判決

30 □□□
benefit
/ bénəfɪt /
語 bene-（よく）+ fit（行い）

動 ①～のためになる、～に利益を与える（≒help, aid）②利益を得る
名 利益、利点（≒advantage）（⇔disadvantage 不利益）
形 beneficial 有益な

31 □□□
in place

熟 ①準備が整って ②正しい位置に

32 □□□
favor
/ féɪvər /

動 ①～に有利に働く ②～を好む、支持する（≒side with ～, prefer, support）（⇔dislike ～を嫌う）
名 親切な行為
形 favorable 好意的な 形 favorite お気に入りの

構文チェック

■ *ll.3-6*

(In New York,) the police were able to locate a suspected rapist (using facial recognition technology) (within 24 hours of an incident 〔where he threatened a woman at knifepoint〕).

S: the police / V: were able to locate / O: a suspected rapist / where節: he (S) threatened (V) a woman (O)

訳 ニューヨークでは、レイプ犯が女性をナイフで脅した事件から24時間以内に、顔認識技術を使って容疑者の居場所を突き止めることができた。

■ *ll.15-19*

(For example,) individuals (suspected of committing a crime at a certain time and location) might be able to prove [they were actually at a different location]〔, since their presence would have been recorded by cameras, even in the absence of human witnesses〕.

S: individuals / V: might be able to prove / O: [they (S) were (V) actually at a different location] / since節: their presence (S) would have been recorded (V)

訳 例えば、ある時間、ある場所で罪を犯したと疑われている人は、たとえ人間の目撃者がいなくても、カメラによってその存在が記録されているため、実際には別の場所にいたことを証明することができるかもしれない。

■ *ll.19-20*

Many 〔who have been wrongly convicted〕 might have benefited 〔, had the technology been in place〕.

S: Many / who節: have been (V) wrongly convicted (V) / V: might have benefited / ▲had (V) the technology (S) been (V) in place

訳 不当に有罪になった人の多くも、この技術が導入されていたら、恩恵を受けたかもしれない。

▲ if the technology had been in place の if が省略されて、主語と助動詞 had が倒置された形。

Facial recognition can also help to keep citizens secure. There are good reasons why airports are quickly adding facial recognition technology to security **checkpoints**[01]; the U.S. Department of Homeland Security **predicts**[02] that it will be used on 97 percent of travelers by 2023. **Clearly**[03], most **officials**[04] believe that the **mere**[05] **possibility**[06] that this technology is being used will **deter**[07] crime. **As is known**[08], when people suspect they are being watched, they are less likely to commit crimes. However, any technology which could recognize **potential**[09] mass-murderers, either from **previous**[10] activities or **via**[11] a **purchase**[12] history involving **weapons**[13], would reduce costs and significantly **aid**[14] law **enforcement**[15].

(104 words)

顔認識は、市民の安全確保にも役立つ。当然のことながら、空港は迅速に顔認識技術を保安**検査所**[01]に追加している。米国国土安全保障省は、2023年までに97%の旅行者に顔認識技術が使用されると**予測している**[02]。**明らかに**[03]、ほとんどの**当局者**[04]は、この技術が使われているという**可能性**[06]がある**だけ**[05]で、犯罪を**抑止する**[07]と考えている。**周知のように**[08]、人は監視されていると疑えば、罪を犯す可能性が低くなる。しかし、**過去の**[10]行動や**武器**[13]を含む**購入**[12]履歴**から**[11]**潜在的な**[09]大量殺人犯を認識することができる技術であればどんなものであれ、コストを削減し、法の**執行**[15]を大きく**助ける**[14]ことになるだろう。

（慶應義塾大学）

Notes

l.9 mass-murderer 大量殺人者

01 **checkpoint**
/ tʃékpɔ̀ɪnt /

名 検問所

02 **predict**
/ prɪdíkt /
pre-（前に）+ dict（言う）

動 ～を予測する、予言する（≒forecast）
名 prediction 予測
形 predictable 予測可能な

03 **clearly**
/ klíərli /

副 はっきりと
形 clear 澄んだ、きれいな

04 **official**
/ əfíʃəl /

名 公務員、役人；（政府機関などの）当局者
形 公式の、正式の（⇔unofficial 非公式の）
副 officially 公式に

05 **mere**
/ míər /

形 単なる、ほんの（≒only）
副 merely ただ、単に

06 **possibility**
/ pɑ̀ːsəbíləti /
poss（能力がある）+ -ibil（できる）+ -ity（名詞）

名 可能性
形 possible 可能な
副 possibly もしかしたら

07 **deter**
/ dɪtə́ːr /
de-（分離）+ ter（恐れさせる）

動 ～に思いとどまらせる、～を抑止する（≒dissuade）
名 deterrent 抑止するもの、抑止力
名 deterrence 抑止

08 **as is known**

熟 知られているように、周知のように

09 **potential**
/ pəténʃəl /
potent（能力）+ -ial（形容詞）

形（将来的に）可能性のある、見込みのある（≒possible）
名 ①可能性、見込み ②素質、才能
副 potentially 潜在的に

10 **previous**
/ príːviəs /
pre-（前に）+ vi（道）+ -ous（形容詞）

形 前の、以前の
副 previously 以前、前に

11 **via**
/ váɪə /

前 ①～によって、～を使用して（≒by means of ～）
②～を経由して（≒by way of ～）

12 **purchase**
/ pə́ːrtʃəs /
pur-（求めて）+ chase（追う）

名 ①購入 ②購入品
動 ～を購入する（≒buy）

13	**weapon** / wépən / 発音注意	名 武器、兵器
14	**aid** / éɪd /	動 ～を援助する、助ける（≒ assist） 名 援助、支援物資
15	**enforcement** / ɪnfɔ́ːrsmənt / en-（～にする）+ force（力）	名 実施、施行 名 enforce ～を実施する、施行する

構文チェック

■ *ll.5-6*

(Clearly,) most officials believe [that the mere possibility [that this technology is being used] will deter crime].

（most officials = S, believe = V, that ... = O, the mere possibility = S, this technology = S, is being used = V, will deter = V, crime = O）

訳 明らかに、ほとんどの当局者は、この技術が使われているという可能性があるだけで、犯罪を抑止すると考えている。

▲一つめの that は接続詞の that で believe の目的語、二つめの that は同格の that で possibility の内容を具体的に説明している。

■ *ll.8-11*

(However,) any technology (which could recognize potential mass-murderers, either from previous activities or via a purchase history (involving weapons),) would reduce costs and (significantly) aid law enforcement.

（any technology = S, could recognize = V, potential mass-murderers = O, would reduce = V, costs = O, aid = V, law enforcement = O）

訳 しかし、過去の行動や武器を含む購入履歴から潜在的な大量殺人犯を認識することができる技術であればどんなものであれ、コストを削減し、法の執行を大きく助けることになるだろう。

▲ either *A* or *B*（*A* または *B*）の *A* と *B* に from と via に導かれる句が入っている。

18 Generative AI / 生成 AI (1)

Artificial[01] intelligence[02] (AI) has steadily[03] evolved from its first boom[04] in the late 1950s to today, and is now firmly[05] established in our lives. For example, Apple's Siri is a voice assistant[06] installed in smartphones. You can get[07] it to instantly[08] retrieve[09] information that you want to know simply[10] by speaking to it. Softbank's Pepper, a humanoid robot with facial and emotion[11] recognition capabilities, is used in a variety of settings[12], including commercial facilities, educational[13] institutions[14], nursing homes[15], and private residences[16].

In recent years, however, AI has been further developed, and the era of "generative[17] AI" has arrived. Generative AI refers to[18] "AI that creates new things". Traditional AI is primarily[19] used to analyze data and make predictions, and it relies on[20] explicit[21] programming to perform[22] these tasks[23]. The capabilities of generative AI, on the other hand[24], are more broad. It is capable of creating entirely[25] new data that is not limited to a specific[26] field or format[27]. For example, the image generation AI "Stable Diffusion," released[28] in 2022, made a huge[29] impact on the world by being able to instantly generate images according to text input[30].

The year 2022 also featured the release of "ChatGPT," a text-generating AI created by the American non-profit organization[31] OpenAI. ChatGPT quickly responds[32] to prompts[33] entered by the user via text in a natural manner[34], just like a human being. It is capable of generating articles[35], literature[36], code[37], and just about anything that exists in a text-based format. According to one estimate, ChatGPT had 100 million monthly active[38] users as of January 2023, which made it the most popular text-based generative AI in the world.

(271 words)

人工[01]**知能**[02]（AI）は1950年代後半の最初の**ブーム**[04]から今日まで**着実に**[03]進化を遂げ、今や私たちの生活に**しっかりと**[05]根づいている。例えば、アップルのSiriはスマートフォンに搭載されている音声**アシスタント**[06]だ。話しかける**だけで**[10]知りたい情報を**瞬時に**[08]**取り出して**[09]**もらう**[07]ことができる。ソフトバンクのPepperは、顔認識や**感情**[11]認識機能を備えた人型ロボットで、商業施設、**教育**[13]**機関**[14]、**介護施設**[15]、個人**住宅**[16]など、さまざまな**場面**[12]で活用されている。

しかし近年、AIはさらに進化し、「**生成**[17] AI」の時代が到来した。生成AIとは、「新しいものを生み出すAI」を**指す**[18]。従来のAIは、**主に**[19]データの分析や予測に使われ、これらの**タスク**[23]を**実行する**[22]ために**明示的な**[21]プログラミングに**依存している**[20]。**一方**[24]、生成AIの機能はもっと幅広い。**特定の**[26]分野や**フォーマット**[27]に限定されない、**まったく**[25]新しいデータを作り出すことができる。例えば、2022年に**リリースされた**[28]画像生成AI「Stable Diffusion」は、テキスト**入力**[30]に応じて瞬時に画像を生成することができ、世界に**非常に大きな**[29]インパクトを与えた。

2022年には、アメリカの**非営利組織**[31] OpenAIが開発したテキスト生成AI「ChatGPT」もリリースされた。ChatGPTは、ユーザーがテキストの形で入力した**指示**[33]に、まるで人間のように自然な**仕方**[34]で、素早く**応答する**[32]。**記事**[35]、**文学作品**[36]、**コード**[37]など、テキストベースの形式で存在するどんなものでも生成することができる。ある試算によると、ChatGPTの月間**アクティブ**[38]ユーザーは2023年1月時点で1億人にのぼり、世界で最も人気のあるテキストベースの生成AIとなっている。

01	**artificial** / ὰ:rtəfíʃəl / 語 arti (技術) + fic (作る) + -ial (形容詞)	形 人工の、人工的な (⇔natural 自然の) 副 artificially 人工的に
02	**intelligence** / ɪntélɪʤəns / 語 intel- (～の間) + lig (集める) + -ence (名詞)	名 ①知性、知能 ②(敵軍などに関する) 情報；諜報機関 形 intelligent 聡明な、理解力のある
03	**steadily** / stédəli / 語 steadi (着実な) + -ly (副詞)	副 着実に 形 steady 着実な
04	**boom** / bú:m /	名 ①大流行、ブーム ②(人口の) 急増；(物価の) 高騰
05	**firmly** / fə́:rmli /	副 しっかりと、堅く 形 firm 堅めの
06	**assistant** / əsístənt /	名 助手、アシスタント 動 assist ～を援助する
07	**get *A* to *do***	熟 *A* に～させる
08	**instantly** / ínstəntli / 語 instant (即座の) + -ly (副詞)	副 ただちに、即座に 形 instant 即座の
09	**retrieve** / rɪtrí:v / 語 re- (再び) + trieve (見つける)	動 ①〈情報〉を検索する ②～を取り戻す、回収する (≒recover) 名 retrieval 検索
10	**simply** / símpli / 語 simpl(e)+ -y (副詞)	副 単に、ただ～だけ 形 simple 単純な、簡単な
11	**emotion** / ɪmóuʃən / 語 e- (外に) + motion (動くこと)	名 感情、気持ち 形 emotional 感情的な 副 emotionally 感情的に
12	**setting** / sétɪŋ /	名 (出来事の) 背景、場面

13 **educational**
/ èʤəkéɪʃənl /
e- (外に) + duc (導き出す) + -ational (形容詞)

形 教育の、教育的な
名 education 教育
動 educate ～を教育する

14 **institution**
/ ìnstət(j)úːʃən /
in- (～に) + stitu (建てる) + -tion (名詞)

名 機関、組織
形 institutional 組織の

15 **nursing home**
/ nə́ːrsɪŋ hòʊm /

名 老人ホーム、養護施設

16 **residence**
/ rézədəns /
resid(e) (居住する) + -ence (名詞)

名 ①住宅、住居 ②居住
名 resident 住民
形 residential 住宅用の
動 reside 居住する

17 **generative**
/ ʤénərətɪv /
gener (生み出す) + -ative (形容詞)

形 生産力のある、生成する
動 generate ～を生み出す、発生させる
名 generation 生成；世代

18 **refer to ～**

熟 ～のことを言う

19 **primarily**
/ praɪmérəli /
primari (主要な) + -ly (副詞)

副 主として、第一に (≒mainly)
形 primary 主要な

20 **rely on ～**

熟 ～に頼る、～を当てにする (≒depend on ～)

21 **explicit**
/ ɪksplísɪt /
ex- (外に) + plicit (折る)

形 明白な、あからさまな (⇔implicit 暗黙的な)

22 **perform**
/ pərfɔ́ːrm /

動 ①〈仕事など〉を行う ②演技する、演奏する
名 performance 演技、演奏

23 **task**
/ tǽsk /

名 (課せられた) 仕事

24 **on the other hand**

熟 他方では、これに対して

25 **entirely**
/ ɪntáɪərli /
en-(否定) + tire(触れる) + -ly(副詞)

副 まったく、完全に (≒totally) (⇔partially 部分的に)
形 entire 全体の

26 **specific**
/ spəsífɪk /

形 特定の、一定の (≒particular)
be specific to ～ で「～に特有だ」という意味
副 specifically 特に、とりわけ
動 specify ～を特定する

27 **format**
/ fɔ́ːrmæt /

名 (コンピュータの) フォーマット、形式
動 ～をフォーマットする

28 **release**
/ rɪlíːs /
re- (再び) + lease (ゆるめる)

動 ①〈本など〉を発売する
②〈熱・物質など〉を放出する (≒emit)
③〈人・動物など〉を放す、自由にする (≒set free)
名 ①放出 ②発売

29 **huge**
/ hjúːʤ /

形 巨大な、莫大な (≒enormous, massive)
(⇔tiny とても小さい)

30 **input**
/ ínpʊ̀t /

名 ①入力 (⇔output 出力)
②情報 [アイデア、アドバイス] の提供

31 **non-profit organization**
/ nɑnprɑ́ːfət ɔːrgənəzéɪʃən /

名 非営利組織、NPO

32 **respond**
/ rɪspɑ́ːnd /
re- (～に対して) + spond (約束する)

動 ① 答える、応じる (≒reply)
②(刺激に) 反応する (≒react)
名 response 答え；反応

33 **prompt**
/ prɑ́ːmpt /

名 ①指示、プロンプト ②促し、刺激
動 ①～を誘発する、引き出す ②～に促す
副 promptly 迅速に

34 **manner**
/ mǽnər /

名 ①方法、やり方 (≒fashion) ②礼儀、マナー
②の意味では複数形で使う

35 **article**
/ ɑ́ːrtɪkl /

名 (新聞・雑誌などの) 記事、論文

36 **literature**
/ lítərətʃər /
litera (文字) + -ture (名詞)

名 文学

37 □□□ **code** / kóʊd /	名 暗号、コード
38 □□□ **active** / ǽktɪv /	形 ①活動している、参加している ②活動的な、活発な（⇔inactive 活動的でない） 動 act 行動する 名 activity 活動 副 actively 積極的に、活発に

構文チェック

■ *ll.4-5*

You (S) can get (V▲) it (O) to instantly retrieve information (to do) [that you want to know] (simply by speaking to it).

訳 話しかけるだけで知りたい情報を瞬時に取り出してもらうことができる。

▲〈get *A* to *do*〉（*A* に～させる）という「使役」の意味の用法。

■ *ll.24-26*

(According to one estimate,) ChatGPT (S) had (V) 100 million monthly active users (O) (as of January 2023)(, which▲ made it the most popular text-based generative AI in the world).

訳 ある試算によると、ChatGPT の月間アクティブユーザーは 2023 年 1 月時点で 1 億人にのぼり、世界で最も人気のあるテキストベースの生成 AI となっている。

▲関係代名詞の非制限用法。ChatGPT ～ 2023 を受けている。

19 Generative AI / 生成 AI (2)

The reason ChatGPT is growing so rapidly is due to a number of advantages. First is the sheer volume and scope of the information it provides. According to one experiment, ChatGPT received passing scores on a final MBA exam and the U.S. Medical Licensing Examination. ChatGPT is "trained" on a vast amount of text data from websites, articles, papers, and books on the Internet. It has the potential to be used in virtually any field, as it contains information from a wide variety of areas.

Many have discovered that ChatGPT can lead to increased efficiency in the workplace. Normally, when a human researches something on the Internet, it is necessary to search through a huge amount of information and scrutinize it carefully. ChatGPT, however, takes into account the user's intentions and quickly and concisely summarizes the information needed by the user. If it is used effectively, the time required for research can therefore be greatly reduced.

Furthermore, this ability to capture the user's intent also leads to the benefit of high flexibility. Traditional AI can basically only provide responses within a set range. ChatGPT, however, with its ability to understand the context of human intentions based on vast amounts of data, can also produce creative outputs that were once thought to be the domain of humans, such as poetry, advertising and sales copy, and code for complex computer programs.

In 2013, Dr. Michael Osborne of Oxford University famously stated in a paper that within 10 years, 47% of American employment will lose out to AI. Ten years later, that has not happened, but there are many who fear that the advent of ChatGPT will result in the loss of countless jobs and industries.

(283 words)

ChatGPT がこれほど急成長している理由は、数多くの利点によるものだ。第一に、それがもたらす情報の膨大な量と範囲である。ある実験によると、ChatGPT は MBA の最終試験と米国医師免許試験で合格点を取った。ChatGPT は、インターネット上のウェブサイト、記事、論文、書籍から得られる膨大な量のテキストデータで「トレーニング」される。さまざまな分野の情報が含まれているため、事実上どのような分野でも利用できる可能性を秘めている。

ChatGPT が職場での効率向上につながることは、多くの人が実感している。通常、人間がインターネットで何かを調べる場合、膨大な情報を検索し、それを注意深く精査する必要がある。しかし、ChatGPT はユーザーの意図を考慮し、必要な情報を素早く簡潔にまとめてくれる。したがって有効に活用すれば、調査に要する時間を大幅に短縮することができる。

さらに、このユーザーの意図を捉える能力は、高い柔軟性という利点にもつながる。従来型の AI は基本的に、設定された範囲内での答えしか返すことができない。しかし ChatGPT は、膨大なデータに基づいて人間の意図の文脈を理解する能力があるため、詩、広告やセールスのコピー、複雑なコンピュータプログラムのコードといった、かつては人間の領域と考えられていたクリエイティブな作品も生み出すことができる。

2013 年に、オックスフォード大学のマイケル・オズボーン博士が 10 年以内にアメリカの雇用の 47%が AI に取って代わられると論文で述べたのは有名な話だ。それから 10 年、そのような事態には至っていないが、ChatGPT の登場が無数の雇用や産業の喪失につながることを危惧する声は多い。

（オリジナル）

Notes

l.26 lose out to ～　～に取って代わられる

01 **sheer**
/ ʃíər /

形 ①(大きさなどの) すさまじい、とてつもない
②まったくの、純然たる (≒pure, outright)

02 **volume**
/ vάːljəm /

名 ①量、数量 (≒amount) ②音量、ボリューム

03 **scope**
/ skóup /

名 範囲、領域
✎ beyond the scope of ～ で「～の範囲を超えて」という意味

04 **provide**
/ prəváɪd /
語 pro- (前もって) + vide (見る)

動 ～を提供する、供給する、もたらす
✎ provide *A* for *B* (あるいは provide *B* with *A*) で「*A* を *B* に供給する」という意味
名 provision 供給

05 **experiment**
/ 名 ɪkspérəmənt
動 ɪkspérəmènt /

名 実験
動 実験する

06 **vast**
/ vǽst /

形 広大な；莫大な (≒huge) (⇔tiny とても小さい)

07 **virtually**
/ vɚ́ːrtʃuəli /

副 ①実質的には、ほとんど (≒practically)
②コンピュータ上で、バーチャルリアリティー技術によって
形 virtual 仮想の

08 **efficiency**
/ ɪfíʃənsi /

名 能率、効率 (⇔inefficiency 非効率)
形 efficient 効率のよい
副 efficiently 効率的に

09 **workplace**
/ wɚ́ːrkplèɪs /
語 work (仕事) + place (場所)

名 職場

10 **normally**
/ nɔ́ːrməli /
語 normal (通常の) + -ly (副詞)

副 通常は (≒usually)
形 normal 通常の、普通の
動 normalize ～を正常化する

11 **search**
/ sɚ́ːrtʃ /

動 ①(～を) 探す、探し求める ②～を検索する
✎ search for ～で「～を探す」という意味

12 **scrutinize** ♛
/ skrúːtənàɪz /

動 ～を詳しく調べる
名 scrutiny 綿密な検査

13 **take *A* into account**
□□□
熟 *A* を考慮に入れる（≒ consider）
✎ *A* が長いときは take into account *A* の語順

14 **intention**
□□□
/ ɪnténʃən /
語 in-（中に）+ tent（伸ばす）+ -ion（名詞）
名 目的、意図（≒ aim, purpose）
動 intend 〜を意図する

15 **concisely**
□□□
/ kənsáɪsli /
語 con-（強意）+ cise（切られた）+ -ly（副詞）
副 簡潔に
形 concise 簡潔な

16 **summarize**
□□□
/ sʌ́məràɪz /
語 sum(m)（総計）+ arize（動詞）
動 〜を要約する
名 summary 概要、要約

17 **effectively**
□□□
/ ɪféktɪvli /
語 ef-（外に）+ fect（作る）+ -ive（形容詞）+ -ly（副詞）
副 効果的に
形 effective 効果的な

18 **ability**
□□□
/ əbíləti /
語 abl（できる）+ -ity（状態）
名 能力
形 able 能力がある

19 **capture**
□□□
/ kǽptʃər /
語 capt（つかむ）+ ure（行為）
動 ①（映像・言葉などで）〜をうまく捉える
②〜を捕まえる（≒ apprehend, seize）
（⇔release, free 〜を放つ）

20 **flexibility**
□□□
/ flèksəbíləti /
語 flex（折り曲げる）+ -ibil（できる）+ -ity（名詞）
名 柔軟性、融通
形 flexible 柔軟な；柔らかい
副 flexibly 柔軟に

21 **basically**
□□□
/ béɪsɪkli /
語 bas（低い）+ -ical（形容詞）+ -ly（副詞）
副 基本的に
形 basic 基本的な
名 basics 基本

22 **range**
□□□
/ réɪndʒ /
名 範囲、幅
動（範囲が）及ぶ

23 **context**
□□□
/ kɑ́ːntekst /
語 con-（共に）+ text（織られたもの）
名 ①文脈、前後関係 ②状況、背景

24 **output**
□□□
/ áʊtpʊ̀t /
名 ①作り出されたもの、（知的）作品
②生産高、産出量（≒ production, yield）
✎ put out（〜を生産する）からできた語

25 **domain** / doʊméɪn /

名 ①(関心・学問などの) 領域、分野 (≒ area) ②領地、領土
✎ dominate (～を統治する) と同語源語

26 **poetry** / póʊətri /
語 poet (詩) + -ry (集合)

名 (文学の分野としての) 詩
名 poem (1 編の) 詩
名 poet 詩人

27 **advertising** / ǽdvərtàɪzɪŋ /

名 広告 (活動)
名 advertisement 広告
動 advertise ～を広告する、宣伝する
名 advertiser 広告主

28 **complex** / kɑ̀:mpléks /
語 com- (共に) + plex (編み込まれた)

形 複雑な (≒ complicated) (⇔simple, plain シンプルな)
名 複合ビル
名 complexity 複雑さ

29 **fear** / fíər /

動 ～を恐れる
名 恐れ、恐怖
形 fearful 恐れて

30 **advent** ♛ / ǽdvent /
語 ad- (～に) + vent (来る)

名 到来、出現 (≒ arrival)

31 **result in ～**

熟 ～ (という結果) につながる (≒ lead to ～)

32 **loss** / lɔ́(:)s /

名 ①喪失 ②損失 ③(量などの) 減少
動 lose ～を失う

33 **countless** / káʊntləs /
語 count (数える) + -less (ない)

形 数えきれない、無数の (≒ innumerable)

構文チェック

■ *ll.14-16*

(If it is used effectively,) the time (required for research) can therefore be greatly reduced.

訳 したがって有効に活用すれば、調査に要する時間を大幅に短縮することができる。

■ *ll.19-23*

ChatGPT(, however,)(with its ability to understand the context of human intentions based on vast amounts of data,) can (also) produce creative outputs 〔that were once thought to be the domain of humans(, such as poetry, advertising and sales copy, and code for complex computer programs)〕.

訳 しかし ChatGPT は、膨大なデータに基づいて人間の意図の文脈を理解する能力があるため、詩、広告やセールスのコピー、複雑なコンピュータプログラムのコードといった、かつては人間の領域と考えられていたクリエイティブな作品も生み出すことができる。

20 Humanoids / ヒューマノイド (1)

Do you know the latest[01] robot technology? Technology changes very quickly, and robots sometimes are "retired[02]". For example, Honda's famous "ASIMO" project has finally ended. The first model of ASIMO was revealed[03] by Honda in 2000. After that, there were seven generations of the robot developed by Honda. ASIMO appeared[04] in various events in Japan and abroad[05], showing the advances made by the Japanese manufacturer[06]. In ASIMO shows, the robot was seen to dance, kick soccer balls, and display[07] many other skills[08]. However, in 2018, Honda halted development, and 2022 saw the end of the shows. They had been enjoyed by so many people curious[09] to see the development in robotics[10] over the years. From now, Honda will focus on remote-controlled[11] avatar[12] robots instead.

Despite the end of ASIMO, the race to develop humanoids[13] is ongoing. Humanoid robots should be capable of carrying out[14] tasks we would usually do. Human society and the environment are designed according to the human body, and therefore, a "humanoid" is an ideal[15] type of robot that would coexist[16] with us. The design is no easy task, however. A humanoid would need to be advanced enough to cope with[17] things we use on a daily basis[18]. For example, doorknobs are designed for human hands, and stairs for our legs and feet. Regarding mobility[19], walking requires a high degree[20] of balance performance and is one of the most difficult technologies in robotics, and robotics engineers are still grappling[21] with the problem. Despite this mobility issue, they expect future designs to possess[22] more humanlike[23] limbs[24]. It seems that they are aiming for[25] models that walk rather than models that roll on wheels[26].

(275 words)

Ch 1 環境
Ch 2 宇宙
Ch 3 テクノロジー
Ch 4 医療
Ch 5 国際
Ch 6 ビジネス
Ch 7 社会
Ch 8 生活
Ch 9 教育

最新の[01]ロボット技術をご存じだろうか。技術の変化はとても早く、ロボットが「**引退**[02]」することもある。例えば、ホンダの有名な「ASIMO」プロジェクトは、ついに終了した。ASIMOの初代のモデルがホンダによって**公開さ**[03]れたのは2000年。その後、ホンダが開発したロボットは7世代にわたった。ASIMOは国内**外**[05]のさまざまなイベントに**登場し**[04]、その日本**メーカー**[06]の進歩を示した。ASIMOのショーでは、ダンスをしたり、サッカーボールを蹴ったり、そのほか多くの**技**[08]を**披露する**[07]ロボットの姿が見られた。しかし、ホンダは2018年に開発を中止、2022年にはショーも終了した。ASIMOショーは、**ロボット工学**[10]の発展を目にし**たい**[09]と願う多くの人々を長い間楽しませてきた。今後、ホンダは**遠隔操作する**[11]**アバター**[12]ロボットの方に注力していく。

ASIMOは終了したが、ヒューマノイドの開発競争は続いている。**ヒューマノイド**[13]ロボットは、私たちが普段行っている作業を**実行する**[14]ことができなければならない。人間の社会や環境は人間の身体に合わせて設計されているため、「ヒューマノイド」は人間と**共存する**[16]**理想的な**[15]型のロボットである。しかし、その設計は容易ではない。ヒューマノイドには、私たちが**日々**[18]使っているものに**対応**[17]できるだけの高度な能力が必要となる。例えば、ドアノブは人間の手に、階段は人間の足に合わせて設計されている。**移動性**[19]について言えば、歩行は高**度**[20]なバランス性能を必要としていてロボット工学の中で最も難しい技術の一つであり、ロボット工学のエンジニアたちは今もこの課題に**取り組ん**[21]でいる。この移動性の問題にもかかわらず、エンジニアたちは将来のデザインがより**人間らしい**[23]**手足**[24]を**持つ**[22]ことを期待している。彼らが**目指す**[25]のは**車輪**[26]で転がるモデルではなく、歩くモデルらしい。

01 **latest**
□□□
/ léɪtɪst /

形 最新の、最近の

02 **retire**
□□□
/ rɪtáɪər /
語 re-（後ろに）+ tire（引く）

動 ①～を引退させる ②引退する、（定年）退職する
名 retirement（定年）退職

03 **reveal**
□□□
/ rɪvíːl /
語 re-（元に）+ veal（覆う）

動 〈隠されていたもの〉を明らかにする、公開する
（≒disclose, unveil）（⇔conceal ～を隠す）
名 revelation 暴露

04 **appear**
□□□
/ əpíər /

動 ①現れる、登場する、姿を現す（≒emerge）
（⇔disappear 消える）
②～のように見える（≒seem）
名 appearance 外見

05 **abroad**
□□□
/ əbrɔ́ːd /
語 a-（～に）+ broad（広いところ）

副 外国で、外国へ（≒overseas）

06 **manufacturer**
□□□
/ mæ̀njəfǽktʃərər /

名 製造業者、メーカー
動 manufacture ～を製造する
名 manufacturing 製造業

07 **display**
□□□
/ dɪspléɪ /
語 dis-（否定）+ play（たたむ）

動 ①〈能力など〉を発揮する
②〈商品・作品など〉を展示する
名 ①陳列、展示（品） ②（パソコンの）ディスプレイ

08 **skill**
□□□
/ skíl /

名 技能、スキル
形 skilled 熟練した
形 skillful 上手な

09 **curious**
□□□
/ kjʊ́əriəs /
語 cur（注意）+ -ious（満ちた）

形 好奇心の強い、せんさく好きな
名 curiosity 好奇心

10 **robotics** 🌐
□□□
/ roʊbɑ́ːtɪks /
語 robot（ロボット）+ -ics（学問）

名 ロボット工学

11 **remote-controlled** ♛
□□□
/ rɪmòʊtkəntróʊld /

形 遠隔操作による

12 **avatar** 🌐
□□□
/ ǽvətɑ̀ːr /

名 アバター、化身

13 **humanoid**
/ hjúːmənɔ̀ɪd /
名 人間の形をしたロボット、ヒューマノイド
形 人間の形をした

14 **carry out**
熟 〈仕事・計画・命令など〉を実行する

15 **ideal**
/ aɪdíːəl /
語 idea（考え、観念）+ -al（形容詞）
形 理想的な
名 理想
副 ideally 理想的に
動 idealize ～を理想化する

16 **coexist**
/ kòʊɪgzíst /
語 co-（共に）+ exist（存在する）
動 共存する、同時［同じ場所］に存在する

17 **cope with ～**
熟 ～をうまく処理する、～に対処する（≒ manage）

18 **on a daily basis**
熟 日常的に、日々
basis は「基礎、基準」という意味で、〈on a + 形容詞 + basis〉で「～のベースで、～基準で」という意味

19 **mobility**
/ moʊbíləti /
語 mo(v)（動く）+ -bili（できる）+ -ty（名詞）
名 動きやすさ、可動性
形 mobile 動ける、可動性の

20 **degree**
/ dɪgríː /
名 ① 程度、度合い ②（温度などの）度 ③（大学の）学位
to a degree that ... で「…する程度に」という意味

21 **grapple**
/ grǽpl /
語 grap（つかむ）+ -ple（反復）
動 ①（問題などに）取り組む ②（人と）取っ組み合う

22 **possess**
/ pəzés /
語 pos（能力がある）+ sess（座る）
動 ～を所有する（≒ own）
名 possession 所有
形 possessed 取りつかれて

23 **humanlike**
/ hjúːmənlàɪk /
形 人間のような

24 **limb**
/ lím /
語末の b は発音しない
名 手足

25 □□□ **aim for ~**	熟 ～を目指す、狙う
26 □□□ **wheel** / wíːl /	名 車輪 ✎「(車の)ハンドル」という意味もある

構文チェック

■ *ll.10-11*

They (S) had been enjoyed (V) by so many people (curious to see the development in robotics) over the years.

訳 ASIMO ショーは、ロボット工学の発展を目にしたいと願う多くの人々を長い間楽しませてきた。

■ *ll.23-25*

(Despite this mobility issue,) they (S) expect (V) future designs (O) to possess more humanlike limbs. (to *do*)

訳 この移動性の問題にもかかわらず、エンジニアたちは将来のデザインがより人間らしい手足を持つことを期待している。

語源コラム　動詞の語根⑦

■ mo(v) / mot ➡ 動く

一番わかりやすいのは move（動く）。motor（モーター）は「動かすもの」が原義です。

- □ **movement**（名 動き）　**move**（動く）+-ment（名詞）
- □ **mobile**（形 動かせる、移動可能な）　**mo(v)**（動く）+-bile（できる）
- □ **emotion**（名 感情、気持ち）　e-（外に）+**mot**（動く）+-ion（名詞）
- □ **remove**（動 ～を取り除く、除去する）　re-（再び）+**move**（動く）
- □ **motive**（名 動機）　**mot**（動く）+-ive（名詞）
- □ **promotion**（名 昇進、昇格；促進）　pro-（前方に）+**mot**（動かす）+-ion（名詞）
- □ **removal**（名（不要なものの）除去、撤去、摘出）　re-（再び）+**mov**（動かす）+-al（名詞）

■ nat / nais ➡ 生まれる

フランス語由来の renaissance（ルネサンス）は〈re-（再び）+naiss-（生まれる）+-ance（こと）〉の構成で「再生」の意味です。

- □ **nature**（名 自然）　**nat**（生まれる）+-ure（こと）
- □ **native**（形 生まれた土地の、母語の）　**nat**（生まれる）+-ive（形容詞）
- □ **nationality**（名 国籍）　**nat**（生まれる）+-ional（形容詞）+-ity（名詞）
- □ **innate**（形 生来の）　in-（中に）+**nate**（生まれる）

■ nour / nur(t) / nutr ➡ 養う

nurse（看護師）も同語源語で、この語は元々「乳母」という意味でした。

- □ **nourish**（動（食物などを与えて）～を養う）　**nour**（養う）+-ish（～にする）
- □ **nurture**（動 ～を養育する）　**nurt**（養う）+-ure（名詞）
- □ **nursery**（名 保育所）　**nurs**（乳母）+-ery（場所）
- □ **nutrition**（名 栄養摂取、栄養状態）　**nutr**（養う）+-ition（名詞）

■ pel / puls ➡ 追いやる、駆り立てる

propeller（プロペラ）は「pro-（前方に）+pel(l)（駆り立てる）+-er（もの）」が原義。

- □ **compel**（動 ～を強制する、強いる）　com-（強意）+**pel**（追いやる）
- □ **expel**（動 ～を追放する、追い出す）　ex-（外に）+**pel**（追いやる）
- □ **repel**（動 ～を追い払う、撃退する）　re-（後ろに）+**pel**（追いやる）
- □ **impulse**（名（突然の）欲求、衝動）　im-（上に）+**pulse**（駆り立てる）
- □ **compulsory**（形（法律・制度により）義務的な）　com-（共に）+**puls**（駆り立てる）+-ory（形容詞）

21 Humanoids / ヒューマノイド (2)

Speaking of humanoid robots, Boston Dynamics' "Atlas" is the world's best technology in this category[01] at present[02]. Atlas not only[03] runs, but also performs "parkour"; this means incredible[04] movements usually performed by acrobatic[05] humans. Scientists at Boston Dynamics have recently had two robots do parkour simultaneously[06], said Ben Stephens, the Atlas controls lead. "Every behavior[07] here has a small chance of failure[08]. It's almost 90 seconds of continuous[09] jumping, jogging, and turning, so those probabilities[10] add up[11]." Having the robots perform parkour sequences[12] including running along a balance beam and doing flips helps in the development of a robot capable of multiple[13] tasks. It's a "go-anywhere, do-anything robot of the future," said Scott Kuindersma, leader of Boston Dynamics' Atlas team, in a blog post[14] accompanying[15] new videos posted on YouTube.

One day soon, these advanced[16] robots with Machine Learning and Artificial Intelligence will be able to perform many duties[17], including many tasks we find difficult, tiring[18], or time-consuming[19]. They will help us in various ways and will evolve to a degree that it may be hard to distinguish robot from human. However, many experts[20] and philosophers[21] suggest that robots will never be like us, as they can never possess humanlike emotions. These emotions are connected[22] to our conscious[23] experience. This is considered to block any chance for a robot to feel true emotion itself. Robots simply[24] cannot be programmed to be conscious like we are.

(235 words)

ヒューマノイドロボットと言えば、ボストン・ダイナミクスの「アトラス」は、**現在**[02]この**分野**[01]で世界最高の技術である。アトラスは走る**だけではなく**[03]、「パルクール」**も**行うのだ。「パルクール」とは、通常は**軽業**[05]師がする、**信じられないような**[04]動きのことだ。ボストン・ダイナミクスの科学者たちは最近、**同時に**[06]2台のロボットにパルクールをさせた、とアトラスの制御を主導するベン・スティーブンスは言う。「ここでのどの**動作**[07]も、**失敗**[08]する可能性がわずかにあります。ジャンプ、ジョギング、ターンをほぼ90秒間**続ける**[09]わけですから、その**確率**[10]は**さらに上がります。**[11]」平均台の上を走ったり、宙返りしたりする**一連の**[12]パルクールを行わせるのは、**複数の**[13]タスクをこなせるロボットの開発に役立つ。ボストン・ダイナミクスのアトラス・チームのリーダーであるスコット・クインダースマは、YouTubeの新しい投稿動画に**伴う**[15]ブログ**記事**[14]の中で、このロボットは「どこにでも行けて、何でもできる未来のロボット」だと述べた。

近い将来、機械学習と人工知能を備えたこれらの**高度な**[16]ロボットは、私たちが難しい、**疲れる**[18]、**時間がかかる**[19]と感じる多くの作業を含むさまざまな**業務**[17]をこなせるようになるだろう。ロボットはさまざまなやり方で私たちを助けてくれ、ロボットと人間の区別がつかなくなるまでに進化するかもしれない。しかし、多くの**専門家**[20]や**哲学者**[21]は、人間のような諸感情をロボットが持つことはあり得ない以上、人間と同じようになることは決してないと言う。これらの感情は、私たちの**意識的な**[23]経験に**結びつい**[22]ている。このことにより、ロボット自らが本当の感情を感じる可能性は排除されると考えられている。ロボットは、人間と同じように意識を持つようにプログラムすることは**まったく**[24]でき**ない**のだ。

Notes

l.3 parkour パルクール
l.10 balance beam 平均台
l.10 flip 宙返り

01 **category**
/ kǽtəgɔ̀ːri /

名 カテゴリー、種類
動 categorize ～を分類する
名 categorization 分類（すること）

02 **at present**

熟 現在のところ、目下

03 **not only *A* but (also) *B***

熟 *A* ばかりでなく *B* も

04 **incredible**
/ ɪnkrédəbl /
語 in-（否定）+ cred（信じる）+ -ible（できる）

形 ①素晴らしい、最高の（≒fantastic）
②信じられない（ほどの）、信じがたい（≒unbelievable）
副 incredibly 信じられないほどに

05 **acrobatic**
/ æ̀krəbǽtɪk /

形 アクロバットの、軽業の
名 acrobat 軽業師
名 acrobatics アクロバット、軽業

06 **simultaneously**
/ sàɪməltéɪniəsli /

副 同時に、いっせいに
✎ simultaneous equation で「連立方程式」という意味
形 simultaneous 同時の

07 **behavior**
/ bɪhéɪvjər /

名 ①（機械などの）動き、動作 ②振る舞い、行動
動 behave 振る舞う
形 behavioral 行動の

08 **failure**
/ féɪljər /

名 失敗、不成功
動 fail 失敗する

09 **continuous**
/ kəntínjuəs /
語 con-（共に）+ tinu（保つ）+ -ous（形容詞）

形 連続的な、絶え間ない（⇔intermittent 断続的な）
✎ continuous は「ずっと続いている」、continual は「途切れ途切れに続く」というニュアンス
動 continue 続く 副 continuously 連続的に

10 **probability**
/ prɑ̀ːbəbíləti /
語 prob（証明）+ abil（できる）+ -ity（名詞）

名 公算、見込み（≒likelihood）
形 probable 起こりそうな、有望な

11 **add up**

熟 ①（額・量が）増える ②合計する

12 **sequence**
/ síːkwəns /
語 sequ（ついていく）+ -ence（状態）

名 連続、並び（≒series）
動 ～を並べる（≒arrange）
形 sequential 連続して起こる

13 **multiple**
/ mʌ́ltəpl /
語 multi（多くの）+ ple（重なった）

形 多数の、複数の
動 multiply ～を増やす；〈数〉をかける

14 **post**
/ póʊst /

名 投稿
動 ～を投稿する

15 **accompany**
/ əkʌ́mpəni /
語 ac-（～に）+ company（仲間）

動 ①～に添付する ②〈人〉に同行する ③～に付随して起こる

16 **advanced**
/ ədvǽnst /

形 ①進んだ、高機能の ②上級の
動 advance 進む；～を前進させる
名 advancement 進歩、前進

17 **duty**
/ d(j)úːti /
語 du（負う）+ -ty（名詞）

名 ①職務、任務 ②義務 ③税

18 **tiring**
/ táɪərɪŋ /

形 〈仕事などが〉疲れさせる、骨の折れる
動 tire ～を疲れさせる
形 tired 疲れた

19 **time-consuming**
/ táɪmkəns(j)ùːmɪŋ /

形 時間のかかる

20 **expert**
/ ékspəːrt /

名 専門家、熟練した人

21 **philosopher**
/ fəlɑ́ːsəfər /
語 philo（愛する）+ soph（知恵）+ -er（人）

名 哲学者
名 philosophy 哲学
形 philosophical 哲学的な

22 **connect**
/ kənékt /
語 con-（共に）+ nect（結ぶ）

動 ①～をつなぐ、結びつける（⇔disconnect ～を切り離す）
②～を連想する（≒associate）
名 connection つながり

23 **conscious**
/ kɑ́ːnʃəs /
語 con-（共に）+ sci（知っている）+ -ous（形容詞）

形 意識している、自覚している（≒aware）
（⇔unconscious 無意識の）
副 consciously 意識して
名 consciousness 意識

24 **simply not**

熟 まったく［全然］～ない
✎ simply は否定語の後ろではなく前に置かれる

構文チェック

■ *ll.9-11*

Having the robots perform parkour sequences (including running along a balance beam and doing flips) helps (in the development of a robot (capable of multiple tasks)).

▲ S V

訳 平均台の上を走ったり、宙返りしたりする一連のパルクールを行わせるのは、複数のタスクをこなせるロボットの開発に役立つ。

▲Having the robots perform は〈have ＋目的語＋動詞の原形〉(～に…させる) が動名詞になっている形。これが文の主語になっている。

■ *ll.15-17*

(One day soon,) these advanced robots (with Machine Learning and Artificial Intelligence) will be able to perform many duties (, including many tasks〔 we find difficult, tiring, or time-consuming〕).

S V O O S V C

訳 近い将来、機械学習と人工知能を備えたこれらの高度なロボットは、私たちが難しい、疲れる、時間がかかると感じる多くの作業を含むさまざまな業務をこなせるようになるだろう。

語源コラム　動詞の語根⑧

■ pend / pens ➡ ぶら下がる

pendant（ペンダント）は「ぶら下がるもの」が原義。

- □ **depend**（動 頼る、依存する）　de-（下に）+**pend**（ぶら下がる）
- □ **suspend**（動 ～を一時停止する、中止する）　sus-（下に）+**pend**（ぶら下がる）
- □ **appendix**（名（本の）付録）　a-（～に）+**pend**（ぶら下がる）+-ix（名詞）

■ pli / ple / ply ➡ 満たす

カタカナ語の「サプリ」は supplement。「栄養を補充し、満たすもの」が原義で、「補足」という意味もあります。

- □ **complete**（動 ～を完成させる）　com-（完全に）+**plete**（満たす）
- □ **comply**（動 従う、応じる）　com-（共に）+**ply**（満たす）
- □ **compliment**（名 賛辞）　com-（共に）+**pli**（満たす）+-ment（名詞）
- □ **supply**（動 ～を供給する）　sup-（下に）+**ply**（満たす）
- □ **implement**（名 道具、器具）　im-（中に）+**ple**（満たす）+-ment（名詞）
- □ **accomplish**（動 ～を成し遂げる）　ac-（～に）+com-（共に）+**pl(i)**（満たす）+-ish（～にする）

■ ple / pli / ply / play / ploi ➡ 折り畳む、重ねる

simple（単純な）は〈sim-（1回）+ple（重なった）〉、multiple（複合的な）は〈multi-（多くの）+ple（重なった）〉という構成です。

- □ **apply**（動 当てはまる、適用される）　ap-（～に）+**ply**（折り畳む）
- □ **display**（動〈商品・作品など〉を展示する）　dis-（否定）+**play**（折り畳む）
- □ **reply**（動 返答する、応答する）　re-（元に）+**ply**（折り畳む）
- □ **imply**（動 ～をほのめかす、暗に言う）　im-（中に）+**ply**（折り畳む）
- □ **exploit**（動 ～を利用する、搾取する）　ex-（外に）+**ploit**（折り畳む）
- □ **explicit**（形 明快な、明示的な）　ex-（外に）+**plicit**（折り畳む）
- □ **implicit**（形 暗黙の）　im-（中に）+**plicit**（折り畳む）
- □ **duplicate**（動 ～を複写する　名 複写、写し）　du-（2回）+**plic**（折り畳む）+-ate（動詞）

22 Humanoids / ヒューマノイド (3)

Though humanoid robots may never be **exactly**[01] like us, the field is developing rapidly. Some current robot technology, like that used for ASIMO, is quickly becoming **outdated**[02], as more advances in science, **engineering**[03], and technology push the **boundaries**[04] of what we can do. Many are asking what the future holds. The way that we will be able to utilize humanoid technology in the future **is up to**[05] the scientists, designers, and engineers of the current generation. There are already many **practical**[06] **applications**[07] for the use of humanoids, including supporting us **mentally**[08] and **physically**[09]. As future designs become even more **sophisticated**[10], these robots may be able to **comfort**[11] us and keep us safe from harm. One day, it may be just like having another human by our side **in times of need**[12]. There is a challenge to reach this **ambitious**[13] level, but we **trust in**[14] the **creative**[15] power of young minds to bring the dreams of the future into the now.

(160 words)

ヒューマノイドロボットが私たちと**まったく**[01]同じようになることはないかもしれないが、この分野は急速に発展している。科学、**工学**[03]、技術のさらなる進歩が私たちにできることの**限界**[04]を押し進めるにつれ、ASIMO に使われていたような現在のロボット技術は急速に**時代遅れ**[02]になりつつある。未来には何が待ち受けているのかと多くの人が考えている。将来、ヒューマノイド技術をどのように活用できるかは、現世代の科学者、デザイナー、エンジニア**にかかっている。**[05] **精神的**[08]、**肉体的に**[09]人間をサポートすることを含め、ヒューマノイドの利用にはすでに多くの**実用的な**[06] **用途**[07]がある。将来のデザインがさらに一層**洗練された**[10]ものになるにつれて、これらのロボットは人間を**慰め**[11]、危害から守れるようになるかもしれない。いつか、**困ったときに**[12]誰かにそばにいてもらうのと同じような存在になるかもしれない。この**野心的な**[13]レベルに到達するには困難が伴うが、私たちは未来の夢を今にもたらす若い頭脳の**創造力**[15]**を信じている。**[14]

（東京電機大学）

01 **exactly**
/ ɪɡzǽktli /
語 ex-(外に) + act(駆る) + -ly(副詞)

副 ①まったく、完全に ②正確に
形 exact 正確な

02 **outdated**
/ àʊtdéɪtɪd /

形 時代遅れの (≒archaic, out of date)

03 **engineering**
/ èndʒəníərɪŋ /

名 工学
名 engineer エンジニア、技師

04 **boundary**
/ báʊndəri /
語 bound (境界) + -ary (場所)

名 境界 (線) (≒border)

05 **be up to ~**

熟 ~次第だ、~に委ねられている

06 **practical**
/ prǽktɪkl /
語 practic(実践的な) + -al(形容詞)

形 ①実用的な (⇔impractical 実用的でない)
②現実的な (⇔impractical 非現実的な)

07 **application**
/ æ̀plɪkéɪʃən /

名 ①適用、応用 ②申込 (書) ③アプリ
③の意味では app と略すこともある
動 apply 適用する;申し込む

08 **mentally**
/ méntli /
語 mental (精神の) + -ly (副詞)

副 精神的に
形 mental 精神的な
名 mentality 心理 (状態)

09 **physically**
/ fízɪkəli /
語 physical (物理的な) + -ly (副詞)

副 ①身体的に ②物理的に
形 physical 身体の;物理的な
名 physics 物理学

10 **sophisticated**
/ səfístɪkèɪtɪd /

形 洗練された;〈技術などが〉精巧な
動 sophisticate ~を精巧にする
名 sophistication 精巧さ

11 **comfort**
/ kʌ́mfərt /
語 com- (完全に) + fort (力強い状態)

動 ~を慰める、安心させる
名 心地よさ、快適さ (⇔discomfort 不快)
形 comfortable 心地よい
副 comfortably 心地よく、快適に

12 **in time of need**

熟 困ったときに (≒in case of need)

13 □□□ **ambitious** / æmbíʃəs /	形 ①〈計画などが〉野心的な、労力を要する ②〈人が〉野心を持って 名 ambition 野心
14 □□□ **trust in ~**	熟 ～を信頼する
15 □□□ **creative** / kriéɪtɪv /	形 創造的な、独創的な 動 create ～を創造する 名 creation 創造

構文チェック

■ *ll.2-4*

Some current robot technology (S) (, like that▲ used for ASIMO,) is (V) quickly becoming (V) outdated (C) (, as more advances in science, engineering, and technology (S) push (V) the boundaries (O) of [what we (S) can do (V)]).

訳 科学、工学、技術のさらなる進歩が私たちにできることの限界を押し進めるにつれ、ASIMOに使われていたようなな現在のロボット技術は急速に時代遅れになりつつある。

▲前出の名詞（ここでは technology）の繰り返しを避けるための代名詞 that。used for ASIMO によって後ろから修飾されている。

23 Urban Agriculture / 都市型農業 (1)

By 2030, the global population is projected to reach 9 billion. Moreover, it is anticipated that by 2050, 80% of this population will reside in urban areas. As cities continue to grow, challenges like food shortages and environmental degradation will become more serious.

In this context, urban agriculture has emerged as a valuable solution. This innovative approach involves producing and distributing food within major cities like New York, London, Paris, and Tokyo. So, where does this farming occur? It's done predominantly inside buildings and on rooftops.

There are two prominent methods of urban agriculture: rooftop farming and vertical farming. Rooftop farms utilize the tops of buildings, factories, supermarkets, and other infrastructures. By installing large-scale greenhouses on these rooftops, where environmental conditions like temperature and humidity can be regulated, crops such as lettuce and other greens thrive. This approach not only guarantees stable production throughout the year but also dramatically conserves resources — saving roughly 95% of the water and 97% of the land required for traditional farming. Additionally, since these farms are in city centers, the distance from farm to table is minimized, thereby reducing CO_2 emissions during transportation.

Vertical farming, on the other hand, makes use of the height of urban structures like skyscrapers, shipping containers, and warehouses. This method does not require vast horizontal spaces; instead, it utilizes the confined spaces in urban settings. Completely indoors, vertical farming shares many benefits with rooftop farms. However, it also offers the flexibility to operate in regions otherwise inhospitable to farming, such as cold or desert areas, and can be scaled to suit market demands.

(263 words)

2030年までに世界の人口は90億人に達すると予測されている。**さらに**[01]、2050年にはこの人口の80%が都市部に**住む**[03]ようになると**予想さ**[02]れている。都市が成長し続けるのに伴って、食糧不足や環境**悪化**[04]といった課題はより深刻になっていくだろう。

こうした状況の中で、都市型**農業**[05]が**有益な**[06]解決策として浮上してきた。この革新的な**取り組み**[07]には、ニューヨーク、ロンドン、パリ、東京のような主要都市内での食料の生産、**流通**[08]が含まれる。では、どこでこの**農業**[09]を行うのか。**主に**[10]建物内や**屋上**[11]で行うのだ。

都市型農業には、屋上農法と**垂直**[14]農法という二つの**よく知られた**[12]**方法**[13]がある。屋上農園は、ビルや工場、スーパーマーケット、その他の**施設**[15]の屋上を利用する。屋上に、**温度**[17]や**湿度**[18]などの環境条件を**制御**[19]できる大規模な**温室**[16]を設置することで、レタスやその他の葉野菜といった**作物**[20]が**育つ**[21]。このアプローチでは、年間を通じて**安定した**[22]生産が保証されるだけでなく、**劇的に**[23]資源を**節約**[24]できる。**ざっと見積もっても**[25]、従来型の農業に必要な水の95%と土地の97%を節約することができるのだ。さらに、これらの農場は都心にあるため農場から食卓までの**距離**[26]が最短となり、**それによって**[27]輸送時のCO_2排出量も削減できる。

一方、垂直農法は、**超高層ビル**[31]、**輸送用**[32] **コンテナ**[33]、**倉庫**[34]などの都市**構造物**[30]の**高さ**[29]を**利用する**[28]。この方法では広大な**水平の**[35]スペースは不要であり、代わりに都市環境の**限られた**[36]空間を利用する。垂直農法は**完全に**[37]**屋内型**[38]でありながら、屋上農園と共通の多くのメリットを持つ。しかしそれに加えて、寒冷地や**砂漠**[41]地帯など、**それ以外のやり方では**[39]農業に**適さない**[40]地域でも運用できる柔軟性があり、市場の**需要**[44]に**合わせて**[43]**規模を調整**[42]できる。

01 **moreover**
/ mɔːróuvər /

副 そのうえ（≒besides, furthermore, in addition）

02 **anticipate**
/ æntísəpèɪt /
anti-（先に）+ cipate（取る）

動 ～を予想する、期待する（≒forecast, predict）
名 anticipation 予想、期待

03 **reside**
/ rɪzáɪd /
re-（後ろに）+ side（座る）

動 〈人が〉住む、居住する
名 resident 住民 名 residence 住宅
形 residential 住宅用の

04 **degradation**
/ dègrədéɪʃən /
de-（下に）+ grad（程度）+ -ation（名詞）

名（品質などの）劣化、低下

05 **agriculture**
/ ǽgrɪkʌ̀ltʃər /
agri（畑）+ culture（耕作）

名 農業
形 agricultural 農業の

06 **valuable**
/ vǽljuəbl /
valu（価値）+ -able（持った）

形 ①有益な、重要な ②貴重な、高価な
名動 value 価値；～を評価する
invaluable は「評価する（value）ことができない」→「非常に貴重な」の意味

07 **approach**
/ əpróutʃ /
ap-（～に）+ proach（近く）

名（問題などへの）取り組み方、方法
動 近づく

08 **distribute**
/ dɪstríbjuːt /
アクセント注意
dis-（分離）+ tribute（与える）

動 ①～を流通させる ②～を分配［配布］する（≒hand out）（⇔collect, gather ～を集める）
distribute *A* to *B* で「*A* を *B* に配る」という意味
名 distribution 配布、流通

09 **farming**
/ fáːrmɪŋ /

名 農業、農場経営
名 farmer 農家
名 farm 農家

10 **predominantly** ♛
/ prɪdáːmənəntli /
pre-（前もって）+ domin（支配する）+ -ant（形容詞）+ -ly（副詞）

副 主に、圧倒的に（≒chiefly, primarily）
形 predominant 卓越した、支配的な
名 predominance 卓越、優越

11 **rooftop**
/ rúːftàːp /

名 屋根

12 **prominent**
/ práːmənənt /
pro-（前に）+ min（突き出る）+ -ent（形容詞）

形 ①有名な、著名な（≒distinguished, renowned）
②目立つ、顕著な（≒outstanding, obvious）
（⇔obscure 人目につかない）
名 prominence 目立つこと、卓越

13 **method**
/ méθəd /

名 方法 (≒ way)

14 **vertical**
/ və́ːrtɪkl /
語 vertic (頂点) + -al (形容詞)

形 垂直の (⇔horizontal 水平の)
副 vertically 垂直に

15 **infrastructure**
/ ínfrəstrʌ̀ktʃər /
語 infra- (下の) + structure (構造)

名 インフラ、社会基盤設備
✎ 道路、鉄道、水道、電気など、社会生活の基盤となる設備や施設のこと

16 **greenhouse**
/ gríːnhaùs /

名 温室
✎ greenhouse gas は「温室効果ガス」

17 **temperature**
/ témprətʃər /

名 気温、温度

18 **humidity**
/ hjuːmídəti /
語 humid (湿度の高い) + -ity (状態)

名 湿気、湿度
形 humid 湿度の高い、多湿の

19 **regulate**
/ régjəlèɪt /
語 regul (規則) + -ate (～にする)

動 ①～を制御する、管理する
②～を規制する、取り締まる
名 regulation 規制

20 **crop**
/ kráːp /

名 作物

21 **thrive**
/ θráɪv /

動 ①〈動植物が〉よく成長する
②繁栄する、成功する (≒ prosper)

22 **stable**
/ stéɪbl /
語 st (立つ) + -able (できる)

形 安定した (≒ steady) (⇔unstable 不安定な)
名 stability 安定
動 stabilize ～を安定させる

23 **dramatically**
/ drəmǽtɪkli /
語 drama (劇) + -tic (形容詞) + -ally (副詞)

副 劇的に、著しく
形 dramatic 劇的な

24 **conserve**
/ kənsə́ːrv /
語 con- (共に) + serve (保つ)

動 〈資源・文化財など〉を保護する、大切に使う
名 conservation 保存、保護
形 conservative 保守的な

25 **roughly**
/ rʌ́fli /
発音注意
rough (おおよその) + -ly (副詞)

副 おおよそ、だいたい (≒about)
形 rough おおよその；粗い

26 **distance**
/ dístəns /
di(s)- (分離) + stance (立つ)

名 距離
at a distanceで「少し離れて」、in the distanceで「遠くに」という意味
形 distant 遠い

27 **thereby**
/ ðèərbáɪ /

副 それによって (≒thus)

28 **make use of ~**

熟 ~を利用する

29 **height**
/ háɪt /
発音注意

名 高さ
形 high 高い
動 heighten ~を高くする、高める

30 **structure**
/ strʌ́ktʃər /
struct (建てる) + ure (結果)

名 ①構造物、建造物 ②構造、構成 ③組織、体制
形 structural 構造 (上) の

31 **skyscraper**
/ skáɪskrèɪpər /
sky (空) + scraper (こするもの)

名 超高層ビル

32 **shipping**
/ ʃípɪŋ /

名 ①運送、出荷 ②海運業
動 ship ~を出荷する

33 **container**
/ kəntéɪnər /
con-(共に) + tain(保つ) + -er(もの)

名 ①(貨物輸送用の) コンテナ ②容器、入れ物
動 contain ~を含む

34 **warehouse**
/ wéərhàʊs /
ware (商品) + house (置き場)

名 倉庫 (≒storehouse, depot)

35 **horizontal**
/ hɔ̀ːrəzɑ́ːntl /
horizon (地平線) + -al (形容詞)

形 水平の (⇔vertical 垂直の)
名 horizon 地平線、水平線

36 **confined**
/ kənfáɪnd /
con- (共に) + fine (限界) + -(e)d (形容詞)

形 限られた
動 confine ~を限定する

37 **completely**
/ kəmplíːtli /
com-（完全に）+ plete（満たす）+ -ly（副詞）

副 完全に、すっかり
動形 complete ～を完成させる；完全な
名 completion 完成

38 **indoors**
/ ìndɔ́ːrz /

副 屋内に（⇔outdoors 屋外に）

39 **otherwise**
/ ʌ́ðərwàɪz /

副 そうでなければ
形 別で、違って

40 **inhospitable** ♛
/ ìnhɑːspítəbl /
in-（否定）+ hospitable（親切にもてなす）

形 ①〈場所が〉住むのに適さない、荒れ果てた（⇔hospitable〈場所が〉快適な）
②もてなしの悪い

41 **desert**
/ dézərt /

名 砂漠
dessert（デザート）との混同注意

42 **scale**
/ skéɪl /

動 ～を拡大［縮小］する
名 規模
同じつづりで「はかり」「うろこ」という意味の名詞もある

43 **suit**
/ súːt /

動 ～に適合する（≒fit）
名 スーツ
形 suitable 適した

44 **demand**
/ dɪmǽnd /
de-（強意）+ mand（命令する）

名 需要（⇔supply 供給）
動 ～を要求する、求める
demand for ～ で「～に対する需要」という意味

構文チェック

■ *ll.13-15*

(By installing large-scale greenhouses on these rooftops, [where environmental conditions (like temperature and humidity) can be regulated],) crops such as lettuce and other greens thrive.

S: environmental conditions　V: can be regulated　S: crops　V: thrive

訳 屋上に、温度や湿度などの環境条件を制御できる大規模な温室を設置することで、レタスやその他の葉野菜といった作物が育つ。

■ *ll.27-29*

(However,) it also offers the flexibility (to operate in regions (otherwise inhospitable to farming), such as cold or desert areas), and can be scaled (to suit market demands).

S: it　V: offers　O: the flexibility　V: can be scaled

訳 しかしそれに加えて、寒冷地や砂漠地帯など、それ以外のやり方では農業に適さない地域でも運用できる柔軟性があり、市場の需要に合わせて規模を調整できる。

▲形容詞句 (inhospitable to farming) が regions を後ろから修飾しており、副詞の otherwise (そうでなければ) はこの形容詞句を限定している。

語源コラム　動詞の語根⑨

■ port ➡ 運ぶ

portable（持ち運びできる）は〈port（運ぶ）+-able（できる）〉で、わかりやすいですね。

□ **import**（動 ～を輸入する）　im-（中に）+**port**（運ぶ）
□ **export**（動 ～を輸出する）　ex-（外に）+**port**（運ぶ）
□ **support**（動 ～を支持する、後援する）　sup-（下で）+**port**（支える）
□ **transport**（動（～を）輸送する、運ぶ）　trans-（向こうへ）+**port**（運ぶ）

■ pose / pos(i)t / pon / pound ➡ 置く

position（位置）は「置くこと」が原義。「置」という文字が含まれているところも共通しています。

□ **compose**（動 ～を創作する、作曲する）　com-（共に）+**pose**（置く）
□ **dispose**（動 ～を配置する）　dis-（分離）+**pose**（置く）
□ **expose**（動 ～をさらす）　ex-（外に）+**pose**（置く）
□ **oppose**（動 ～に反対する）　op-（反対に）+**pose**（置く）
□ **propose**（動〈計画など〉を提案する）　pro-（前に）+**pose**（置く）
□ **purpose**（名 目的）　pur-（前に）+**pose**（置く）
□ **posture**（名 姿勢、ポーズ）　**post**（置く）+-ure（名詞）
□ **deposit**（名 保証金、手付金）　de-（下に）+**posit**（置く）
□ **postpone**（動 ～を延期する）　post-（後に）+**pone**（置く）
□ **opponent**（名（試合などの）相手、対戦者）　op-（～に対して）+**pon**（置く）+-ent（人）
□ **component**（名 構成要素）　com-（共に）+**pon**（置く）+-ent（名詞）
□ **compound**（名 混合物、化合物）　com-（共に）+**pound**（置く）

■ prehen / pri(s) / pren ➡ つかむ、保つ

prison（刑務所）も「捕まえておくこと」が原義で、同語源語です。

□ **surprise**（動 ～を驚かせる）　sur-（上から）+**prise**（つかむ）
□ **comprise**（動 ～を構成する）　com-（完全に）+**prise**（つかむ）
□ **comprehend**（動 ～を理解する）　com-（完全に）+**prehend**（つかむ）
□ **enterprise**（名（困難な）事業、企て）　enter-（間に）+**prise**（つかむ）

24 Urban Agriculture / 都市型農業 (2)

Several companies worldwide are now **delving into**[01] urban farming. For instance, Gotham Greens in the U.S. has established rooftop farms in eight different sites nationwide. When the COVID-19 **pandemic**[02] **disrupted**[03] traditional supply chains, the company experienced a surge in sales, thanks to its proximity to **consumers**[04]. In France, Agripolis is making waves with more than ten rooftop farms, including a massive 150,000-square-foot farm **atop**[05] an **entertainment**[06] complex in Paris. **Meanwhile**[07], in the deserts of Dubai, the first vertical farming venture in the Persian Gulf region is **flourishing**[08], producing chemical-free lettuce and baby greens.

Despite its promise, urban agriculture faces **hurdles**[09]. The **foremost**[10] is the **expense**[11], as the equipment like LEDs essential for vertical farming can be **costly**[12], especially when combined with high urban land prices. Additionally, the limited space available in cities makes large-scale production a challenge, and currently, production is predominantly **restricted**[13] to leafy greens.

Urban agriculture presents a **viable**[14] solution to **pressing**[15] concerns such as global food shortages and environmental degradation. While challenges persist, the growth of urban farming **undeniably**[16] increases access to and interest in agriculture among city **dwellers**[17]. Currently, more than 800 million people worldwide are involved in farming or raising **livestock**[18] in cities.

(198 words)

現在、世界のいくつかの企業が都市型農業**に取り組ん**[01]でいる。例えば、アメリカのゴッサム·グリーンズは全国8か所に屋上農園を設置している。COVID-19の**パンデミック**[02]によって従来のサプライチェーンが**寸断さ**[03]れた際には、**消費者**[04]との距離が近かったおかげで同社の売上は急増した。フランスでは、アグリポリスがパリの複合**娯楽**[06]施設**の屋上にある**[05]15万平方フィートの大規模農園をはじめとする10か所以上の屋上農園を作り話題を呼んでいる。**一方**[07]、ドバイの砂漠地帯では、ペルシャ湾地域初の垂直農法のベンチャー事業が、無農薬のレタスやベビーリーフを生産して**成功し**[08]ている。

その将来性にもかかわらず、都市型農業は**困難**[09]に直面している。その**最たるもの**[10]が**費用**[11]だ。垂直農法に不可欠なLEDなどの設備は、特に都市部の地価の高さと相まって、**高額**[12]になり得る。さらに、都市部では利用できるスペースが限られているため大規模生産は難しく、現在のところ、生産は主に葉物野菜に**限定さ**[13]れている。

都市型農業は、世界的な食糧不足や環境悪化といった**差し迫った**[15]問題に対して、**実行可能な**[14]解決策を示している。課題が残る一方で、都市型農業の発達により都市**住民**[17]が農業に接したり関心を持ったりすることが増えていることは**間違いない**[16]。現在、都市部で農業や**家畜**[18]の飼育に携わっている人は世界で8億人以上にのぼる。

(オリジナル)

Notes

l.6 make waves 話題を呼ぶ、新風を巻き起こす
l.16 leafy 〈野菜などが〉葉物の

01 **delve into ～** ♛
熟 ～を掘り下げる、深く探求する

02 **pandemic**
/ pændémɪk /
名 全国的［世界的］流行（の病気）、パンデミック（≒ epidemic）

03 **disrupt**
/ dɪsrʌ́pt /
語 dis-（分離）+ rupt（破る）
動 〈会合・制度・交通など〉を混乱させる、中断させる
名 disruption 混乱、中断
形 disruptive 破壊的な

04 **consumer**
/ kənsʲ(j)úːmər /
語 con-（強意）+ sum（食べる）+ -er（人）
名 消費者
動 consume ～を消費する
名 consumption 消費

05 **atop** ♛
/ ətáːp /
前 ～の上に

06 **entertainment**
/ èntərtéɪnmənt /
語 enter-（間に）+ tain（保つ）+ -ment（名詞）
名 娯楽、気晴らし
動 entertain ～を楽しませる

07 **meanwhile**
/ míːnwàɪl /
語 mean（中間）+ while（～の間）
副 ① 一方で ② その間に

08 **flourish**
/ fləːrɪʃ /
語 flour（花）+ -ish（動詞）
動 ① 栄える、繁栄する（≒ thrive）
② 〈動植物が〉よく育つ（≒ thrive）

09 **hurdle**
/ hə́ːrdl /
名 ① 障害、困難（≒ obstacle） ② 障害物、ハードル

10 **foremost**
/ fɔ́ːrmòʊst /
語 fore（前の）+ most（最も）
形 第一の、最も重要な（≒ leading, top）

11 **expense**
/ ɪkspéns /
名 費用、出費（≒ cost）
形 expensive 高価な
動 expend ～を費やす

12 **costly**
/ kɔ́(ː)stli /
形 費用のかかる、高価な（≒ expensive）
名動 cost 費用；〈お金〉がかかる

13 **restricted** / rɪstríktɪd / 語 re-（強意）+ strict（引き締める）+ -ed（形容詞）	形 限られた、制限された 動 restrict ～を制限する 名 restriction 制限、制約
14 **viable** ♕ / váɪəbl / 語 vi（生きる）+ -able（できる）	形 実行可能な、成功の見込める（≒feasible）
15 **pressing** / présɪŋ /	形 急を要する（≒urgent） 動 press ～を押す 名 pressure 押すこと、圧力
16 **undeniably** / ʌ̀ndɪnáɪəbli / 語 un-（否定）+ deni（否定する）+ -abl（できる）+ -y（副詞）	副 否定のしようがないほど、紛れもなく
17 **dweller** / dwélər /	名 居住者、住人（≒inhabitant） 動 dwell 住む、居住する 名 dwelling 住居
18 **livestock** ♕ / láɪvstɑ̀ːk / 語 live（生きている）+ stock（家畜）	名 家畜 集合的に馬・牛・羊などの「家畜類」を表す

構文チェック

■ *ll.18-20*

〔While challenges (S) persist (V),〕 the growth of urban farming (S) undeniably increases (V) {access to / and / interest in} agriculture among city dwellers (O).

訳 課題が残る一方で、都市型農業の発達により都市住民が農業に接したり関心を持ったりすることが増えていることは間違いない。

プラス α ボキャブラリー

- □ **friction** /fríkʃən/ — 名 摩擦
- □ **ultraviolet** /ʌ̀ltrəváɪələt/ — 形 紫外線の
  ✎ 略語は UV。「赤外線の」は infrared
- □ **density** /dénsəti/ — 名 密度
  形 dense 密集した
- □ **compound** /kɑ́ːmpaʊnd/ — 名 化合物 形 複合的な
- □ **molecule** /mɑ́ːləkjùːl/ — 名 分子
  形 molecular 分子の
- □ **gear** /gíər/ — 名 ①装置、周辺機器 ②（特定の目的のための）衣服
- □ **transmission** /trænsmíʃən/ — 名（自動車の）変速機
- □ **aviation** /èɪviéɪʃən/ — 名 航空、航空機産業
- □ **navigate** /nǽvəgèɪt/ — 動 ①航海する、進む ②～を操縦する、あやつる
  名 navigation 航海、航行 名 navigator 航海者
- □ **particle** /pɑ́ːrtɪkl/ — 名 微粒子
- □ **algorithm** /ǽlgərìðm/ — 名 アルゴリズム
  ✎ 問題解決のための規則と計算の手順のこと
- □ **hacker** /hǽkər/ — 名 ハッカー
  ✎ 他のコンピュータに不正に侵入する人
- □ **cyberspace** /sáɪbərspèɪs/ — 名 サイバー空間
- □ **interface** /íntərfèɪs/ — 名 インターフェイス
- □ **vulnerable** /vʌ́lnərəbl/ — 形 ①脆弱な ②〈人・感情などが〉傷つきやすい
  名 vulnerability 脆弱性
- □ **patent** /pǽtnt/ — 名 特許
- □ **semiconductor** /sèmikəndʌ́ktər/ — 名 半導体
- □ **optical** /ɑ́ːptɪkl/ — 形 光の、光学式の
  ✎ 名詞の前で使う
- □ **insulation** /ìnsəléɪʃən/ — 名 絶縁（体）；断熱；防音
  動 insulate ～を断熱［防音］する
- □ **versatile** /və́ːrsətl/ — 形 汎用の、用途の広い
  名 versatility 汎用性

Chapter 4

医療

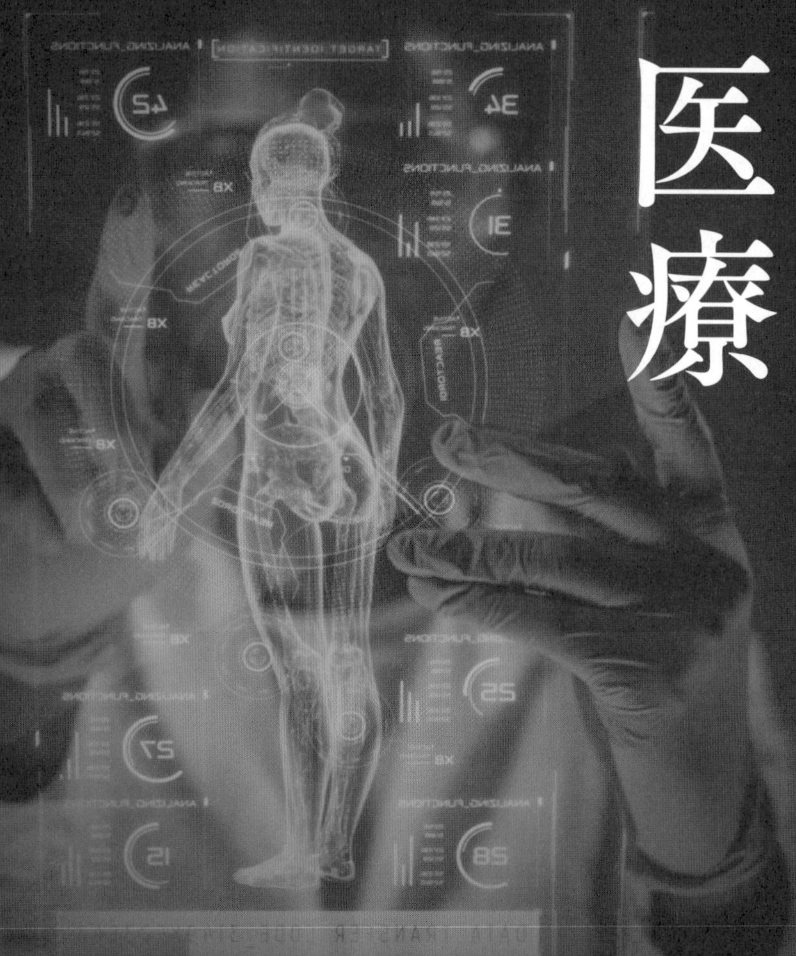

Medicine

医療

再生医療 (regenerative medicine)

再生医療は、損傷した組織や臓器を修復したり、移植したりして治癒や回復を促す医療です。**クローン作成** (cloning)、**臓器培養** (organ culture)、**多能性幹細胞** (pluripotent stem cells) の利用などがあります。多能性幹細胞には**胚性幹細胞** (embryonic stem cells) (ES 細胞) と**人工多能性幹細胞** (induced pluripotent stem cells) (iPS 細胞) があり、ES 細胞は受精卵を、iPS 細胞は多くの場合、皮膚細胞を用いるため、iPS 細胞は倫理的懸念を伴わずにさまざまな細胞型に分化させることができます。

ゲノム解析 (genomic analysis)

ゲノム解析とは、DNA の**配列** (sequences) などの遺伝子情報を解明することです。動物、植物などあらゆる生物が対象となり、例えば医学分野では、新型コロナウイルスの研究で行われたように、**遺伝的変異** (genetic variations) を発見して病気の予防や治療、医薬品の開発に役立てることができます。

デジタルヘルスケア (digital healthcare)

デジタルヘルスケアとは、スマートフォン、コンピュータ、インターネットなどのテクノロジーを使って、医療サービスへのアクセスを容易にし、より高度な医療を提供することを指します。例えば、患者が遠隔地から医師に相談できる**遠隔医療** (telemedicine)、心拍数や睡眠パターンなどを監視する**健康追跡アプリ** (health tracking apps)、医療情報を安全に保存および共有できる**電子健康記録** (electronic health records) などがあります。

医療用大麻 (medical marijuana)

医療用大麻とは、大麻を医療目的で使用することを指します。大麻は古代から医薬、あるいは嗜好用として用いられた歴史があり、**慢性的な痛み** (chronic pain)、**吐き気** (nausea)、**筋肉のけいれん** (muscle spasms) などの症状を緩和する効果がある THC や CBD などの化合物を含んでいます。地域や国によって、全面禁止、医師の処方が必要、娯楽用も含めて合法など、さまざまです。

ターミナルケア (terminal care)

ターミナルケアとは、**緩和ケア** (palliative care) や**終末期ケア** (end-of-life care) とも呼ばれ、末期的な病気や治癒が望めない状態にある患者に、安らぎとサポートを提供することに重点を置いた専門的な医療のことです。ターミナルケアの目標は、痛み、吐き気、**息切れ** (shortness of breath) などの症状を緩和し、精神的、身体的なニーズに対応して患者とその家族の**生活の質** (quality of life / QOL) を高めることです。

アンチエイジング (anti-aging)

アンチエイジングとは、心身の老化を遅らせたり、逆戻りさせたりすることを目的とした実践、製品、療法のことです。スキンケア、**サプリメント** (supplements)、ホルモン療法、生活習慣の改善などが含まれます。その目標は、年齢を重ねても若々しい外見、**活力** (vitality)、**認知機能** (cognitive function) を維持することです。また、**糖化** (glycation)、**炎症** (inflammation)、**酸化ストレス** (oxidative stress) など、老化の原因と考えられる生体学的現象を対象とする研究も進んでいます。

■ **身体部位**

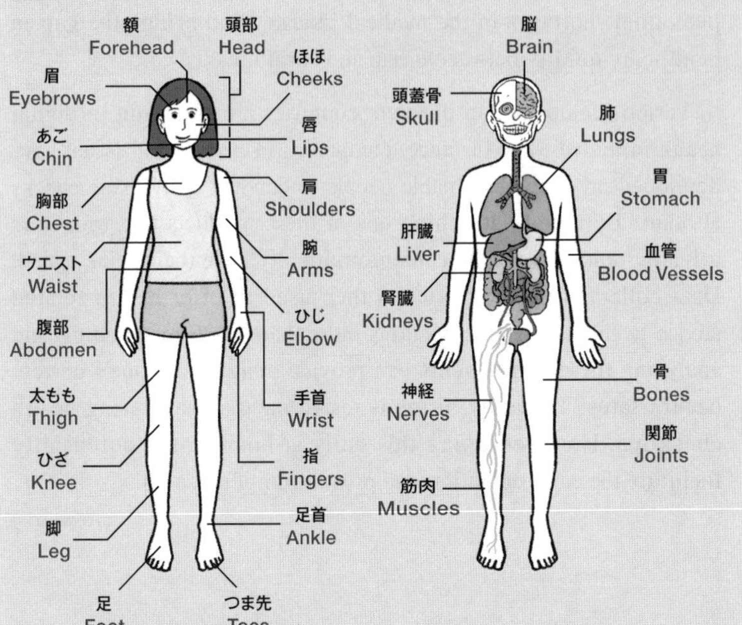

25 Digital Healthcare / デジタルヘルスケア (1)

In recent years, countries worldwide have been putting more focus on digital[01] health. Digital health refers to the integration[02] of the latest digital technologies, such as artificial intelligence, the Internet of Things (IoT), wearable[03] devices[04], and big data analysis[05], into the medical[06] field. One study predicts that the market size of the digital health sector[07] will grow from approximately 180 billion dollars in 2020 to 480 billion dollars in 2025.

This market expansion[08] can be traced[09] back to the recent COVID-19 pandemic. During the pandemic, lockdowns[10] and other restrictions on movement made it difficult for people around the world to access medical care. This difficulty prompted a demand for online medical services which permit[11] patients[12] to attend[13] medical appointments[14] virtually and even receive diagnoses[15] and surgeries[16] remotely[17]. As a result, digital health advanced rapidly. Additionally, it is gaining[18] attention as a strategy to address the widespread[19] personnel[20] shortages in the medical industry and bridge[21] the gap[22] in healthcare[23] quality[24] between urban and rural[25] areas.

Various companies in different countries are engaging in[26] digital health initiatives. For instance, companies in France and Israel have developed products that enable people to conduct daily urine checks at home. By merely[27] attaching[28] one of these products to a toilet and urinating into it, a person can automatically[29] have their urine tested. Data collected by the device is then used to offer health-related advice to the user. Urine contains more than 3,000 metabolites, and analyzing these components[30] can provide insight[31] into one's current health status. Typically[32], urine is tested once a year during health checkups[33]. However, doing this daily at home could potentially[34] facilitate[35] the early detection[36] and prevention[37] of diseases[38].

(276 words)

近年、世界中の国々で**デジタル**[01]ヘルスが注目されるようになっている。デジタルヘルスとは、人工知能、モノのインターネット（IoT）、**ウェアラブル**[03]**端末**[04]、ビッグデータ**分析**[05]といった最新のデジタル技術の**医療**[06]分野への**統合**[02]を指す。ある調査では、デジタルヘルス**分野**[07]の市場規模は2020年の約1,800億ドルから2025年には4,800億ドルにまで成長すると予測されている。

この市場の**拡大**[08]は、この程のCOVID19のパンデミックに**さかのぼる**[09]ことができる。パンデミックの間、**ロックダウン**[10]やその他の移動制限により、世界中の人々は医療へのアクセスが困難になった。この困難により、**患者**[12]が**予約**[14]した医療機関にコンピュータ上で**赴き**[13]、**遠隔で**[17]**診断**[15]や**手術**[16]を受けることさえ**可能にする**[11]オンライン医療サービスの需要が高まった。結果として、デジタルヘルスは急速に発達した。加えて、医療業界に**蔓延する**[19]**人材**[20]不足を解消し、都市部と**農村**[25]部間の**医療**[23]の**質**[24]の**差**[22]を**埋める**[21]戦略としても注目を**集め**[18]ている。

各国のさまざまな企業がデジタルヘルスの試み**に取り組ん**[26]でいる。例えば、フランスやイスラエルの企業は、自宅で日常的に尿検査ができる製品を開発した。これらの製品をトイレに**取り付け**[28]、そこに排尿する**だけで**[27]、**自動的に**[29]尿検査ができる。そして、装置によって収集されたデータを使って利用者に健康に関するアドバイスを提供する。尿には3,000以上の代謝物が含まれており、これらの**成分**[30]を分析することで、現在の健康状態についての**見識**[31]を得ることができる。**通常**[32]、尿検査は年に一度、健康**診断**[33]の際に行われる。しかし、これを自宅で毎日行うことによって、**病気**[38]の早期**発見**[36]や**予防**[37]を**促進する**[35]**可能性がある**[34]。

Notes

l.20 urine 尿
l.22 urinate 排尿する
l.23 health-related 健康関連の
l.24 metabolite 代謝産物

01	**digital** / dídʒətl /	形 デジタル（式）の 名 digit けた
02	**integration** / ìntəgréɪʃən / 語 integr（完全な）+ -ation（名詞）	名 統合、融合 動 integrate ～を統合する 形 integrated 統合した、完全な
03	**wearable** / wéərəbl / 語 wear（身につける）+ -able（できる）	形 身につけられる
04	**device** / dɪváɪs /	名 装置 動 devise ～を考え出す
05	**analysis** / ənǽləsɪs / 語 ana-（完全に）+ lysis（ゆるめる）	名 分析 動 analyze ～を分析する
06	**medical** 🌐 / médɪkl / 語 med(i)（いやす）+ -cal（形容詞）	形 医療の、医学の 名 medicine 医学；医薬
07	**sector** / séktər / 語 sect（切る）+ -or（もの）	名（事業・産業の）部門、分野
08	**expansion** / ɪkspǽnʃən / 語 ex-（外に）+ pans（広げる）+ -ion（名詞）	名 拡大、拡張 動 expand（～を）拡張する、拡大する 形 expansive 広範囲な 副 expansively 広範囲に
09	**trace** / tréɪs /	動 ～をたどる、さかのぼる 名 跡 形 traceable 追跡できる 名 traceability 追跡可能性、トレーサビリティ
10	**lockdown** / lά:kdàun /	名 ロックダウン、封鎖 ✎ 元々「（囚人の）監房への監禁」という意味
11	**permit *A* to *do***	熟 ①*A* が～することを可能にする ②*A* に～することを許可する 名 permission 許可
12	**patient** 🌐 / péɪʃənt /	名 患者 形 忍耐強い 名 patience 忍耐力

13 **attend**
/ əténd /
at- (～に) + tend (伸ばす)

動 ①～に出席する、参加する ②〈学校など〉に通う
attend to ～ で「〈問題など〉を扱う」という意味
名 attendance 出席

14 **appointment**
/ əpɔ́ɪntmənt /
ap- (～に) + point (指さす) + -ment (名詞)

名 (医者などの) 予約、会う約束
make an appointment で「予約する」という意味
動 appoint ～を指定する、任命する

15 **diagnosis**
/ dàɪəgnóʊsɪs /
dia- (通して) + gnosis (知る)

名 診断
複数形は diagnoses
動 diagnose ～を診断する

16 **surgery**
/ sə́ːrdʒəri /

名 ①手術 ②外科
形 surgical 外科の、手術の

17 **remotely**
/ rɪmóʊtli /
remote (遠い) + -ly (副詞)

副 遠隔で
形 remote 遠い、遠隔の

18 **gain**
/ géɪn /

動 ①～を得る、獲得する ②〈数量分〉増加する
名 利益 (≒ profit)

19 **widespread**
/ wáɪdspréd /
wide (広範囲に) + spread (広がった)

形 広範囲にわたる、普及している

20 **personnel**
/ pə̀ːrsənél /
アクセント注意

名 ①[集合的に] 職員、社員；人員 ②(会社の) 人事部

21 **bridge**
/ brídʒ /

動 ～の橋渡しをする、〈違い・ギャップなど〉を埋める
名 ①橋 ②橋渡し、仲立ち

22 **gap**
/ gǽp /

名 ①格差、不均衡 ②すき間、裂け目

23 **healthcare**
/ hélθkèər /

名 医療

24 **quality**
/ kwɑ́ːləti /

名 質、品質
「量」は quantity

25 **rural** / rúərəl /

形 田舎の、農村の（⇔urban 都市の）
✎ よい意味で使われる

26 **engage in ~**

熟 ～を行う、～に携わる
✎ be engaged to ～ で「～と婚約している」、be engaged in ～ で「～に携わっている」という意味

27 **merely** / míərli /

副 ただ、単に
形 mere 単なる、ほんの

28 **attach** / ətǽtʃ /

動 ①～を取りつける、貼りつける
②〈ファイルなど〉を添付する
③〈意味・重要性など〉を付与する
名 attachment 添付ファイル

29 **automatically** / ɔ̀ːtəmǽtɪkəli /

副 自動的に
形 automatic 自動的な

30 **component** / kəmpóʊnənt /
語源 com-（共に）+ pon（置く）+ -ent（名詞）

名 成分、構成要素

31 **insight** / ínsàɪt /
語源 in-（中に）+ sight（見ること）

名 洞察力、識見
形 insightful 洞察力のある

32 **typically** / típɪkli /
語源 typical（典型的な）+ -ly（副詞）

副 ①通常は、概して ②典型的に
形 typical 典型的な

33 **checkup** 🌐 / tʃékʌ̀p /

名 健康診断

34 **potentially** / pəténʃəli /
語源 potential（可能性のある）+ -ly（副詞）

副 潜在的に
形 potential（将来的に）可能性のある、見込みのある

35 **facilitate** / fəsílətèɪt /
語源 facil（簡単な）+ -itate（～にする）

動 ～を容易にする、促進する（≒ease, promote）
名 facilitator 進行役

36 **detection** / dɪtékʃən /
語源 de-（分離）+ tect（覆う）+ -ion（名詞）

名 探知、検知、発見
動 detect ～を検知［検出］する
形 detectable 検出できる
名 detective 刑事；探偵

37 □□□ **prevention** / prɪvénʃən / 語 pre- (前に) + vent (来る) + -ion (名詞)	名 防止、予防 動 prevent ～を防ぐ、防止する
38 □□□ **disease** / dɪzíːz / 語 dis- (否定) + ease (安楽)	名 病気 (≒ illness)

構文チェック

■ *ll.2-5*

Digital health [S] refers to [V] the integration of the latest digital technologies [O](, such as artificial intelligence, the Internet of Things (IoT), wearable devices, and big data analysis,) ▲into the medical field.

訳 デジタルヘルスとは、人工知能、モノのインターネット (IoT)、ウェアラブル端末、ビッグデータ分析といった最新のデジタル技術の医療分野への統合を指す。

▲この into は integration *A* into *B* (*A* の *B* への統合、融合) の into。integrate *A* into *B* (*A* を *B* に統合する、組み込む) という句動詞から類推しよう。

■ *ll.9-11*

(During the pandemic,) lockdowns and other restrictions on movement [S] made [V] it [O'] difficult [C] ▲for people around the world to access medical care [O].

訳 パンデミックの間、ロックダウンやその他の移動制限により、世界中の人々は医療へのアクセスが困難になった。

▲for に続く people around the world は、後ろの to access の意味上の主語。

26 Digital Healthcare / デジタルヘルスケア (2)

Estonia is one of the most advanced countries in the field of digital health. It has a country-wide initiative known as "e-Health." Each citizen has a digital ID[01], and all medical data is entered into electronic[02] records. These records are used for "electronic prescriptions," among other things[03]. First, a doctor issues a patient's prescription online. The patient then presents their ID card at a pharmacy, and the pharmacist retrieves the patient's information from the system to prepare[04] the medication. Currently, 99% of prescriptions in Estonia are e-prescriptions. This system enhances[05] not only efficiency, but also medical safety[06]. For instance, if the system attempts[07] to prescribe[08] a drug incompatible[09] with the patient's current medication, a warning is issued. In addition, the "e-Ambulance" initiative enables the precise[10] location[11] of a patient to be identified when an ambulance[12] is called and allows patient data to be accessed quickly.

Several of the world's largest companies are also entering the digital health field. Google has acquired[13] a company specializing in[14] the collection[15] and servicing[16] of fitness[17] data and is leveraging[18] this data to develop a medical insurance[19] business. Facebook is creating a service that offers health checkups, vaccinations[20], and other information based on registered[21] personal[22] data so that users can receive these services at medical facilities. Amazon is developing Amazon Pharmacy, which sells prescription drugs online, and Amazon Care, a comprehensive[23] service that includes remote diagnosis, home visits, and drug sales.

Digital health represents a tremendous[24] development in healthcare. However, it also poses substantial[25] privacy[26] concerns. These concerns stem from[27] the extensive[28] use of patient data. For example, in Estonia, medical data is collected from citizens immediately after birth and recorded throughout their lives. This data is accessible to all medical institutions, which implies[29] that there will be no stopping[30] the flow of data utilization. Future challenges include whether individuals will accept the ethical[31] implications[32] of privacy concerns and how to ensure[33] transparency[34] and safety.

(320 words)

エストニアはデジタルヘルス分野において最先端の国の一つである。「e-ヘルス」として知られる国全体の取り組みがある。各国民がデジタル**ID**[01]を持ち、すべての医療データは**電子**[02]記録に入力される。これらの記録は、**特に**[03]「電子処方箋」に利用される。まず、医師がオンラインで患者の処方箋を発行する。その後、患者は薬局で自分のIDカードを提示し、薬剤師がシステムから患者の情報を取り出して薬を**調合する**[04]。現在、エストニアでは99%の処方箋が電子処方箋である。このシステムによって、効率性だけでなく、医療の**安全性**[06]も**高まる**[05]。例えば、患者が服用中の薬と**相性の悪い**[09]薬をシステムが**処方し**[08]**よう**[07]とすると、警告が発せられる。また、「e-救急車」の取り組みによって、**救急車**[12]が呼ばれたときに患者の**正確な**[10]**位置**[11]が特定でき、患者のデータにすばやくアクセスすることができるようになっている。

いくつかの世界的な大企業も、デジタルヘルス分野に参入している。グーグルは**フィットネス**[17]データの**収集**[15]と**提供**[16]を**専門とする**[14]企業を**買収し**[13]、このデータを**活用し**[18]て医療**保険**[19]事業を展開している。フェイスブックは、**登録された**[21]**個人**[22]データをもとに健康診断や**予防接種**[20]やその他の情報を提供し、ユーザーが医療機関でこれらのサービスを受けられるようにするサービスを作っている。アマゾンは、処方箋薬をオンラインで販売する「アマゾンファーマシー」や、リモート診察、訪問診療、医薬品販売などを含む**総合**[23]サービス「アマゾンケア」を展開している。

デジタルヘルスは、ヘルスケアにおける**目覚ましい**[24]発展の一例である。しかし、デジタルヘルスには**プライバシー**[26]に関する**重大な**[25]懸念もある。その懸念は、患者データの**広範囲な**[28]利用**に原因がある**[27]。例えば、エストニアでは、国民が生まれた直後から医療データが収集され、生涯を通じて記録される。このデータにはすべての医療機関がアクセス可能であり、データ利用の流れを止め**られない**[30]ことを**示唆している**[29]。今後の課題として、プライバシー面での**倫理的な**[31]**影響**[32]を個人が受け入れるかどうか、**透明性**[34]と安全性をどのように**確保する**[33]か、などが挙げられる。

（オリジナル）

01 **ID**
/ áɪdíː /

名 身分証明書
✎ identification の略

02 **electronic**
/ ɪlèktrá:nɪk /

形 電子の
名 electronics 電子工学

03 **among other things**

熟 中でも、特に

04 **prepare**
/ prɪpéər /
語 pre-（前に）+ pare（準備する）

動 ①〈食事〉を作る、〈薬〉を調合する
②（～を）準備する
✎ prepare for ～ で「～のための準備をする」という意味
名 preparation 準備

05 **enhance**
/ ɪnhǽns /
語 en-（～にする）+ hance（挙げる）

動〈価値・質・力など〉を高める、向上させる（≒ improve）
名 enhancement 高めること、改良

06 **safety**
/ séɪfti /
語 safe（安全な）+ -ty（名詞）

名 安全
形 safe 安全な

07 **attempt**
/ ətémpt /
語 at-（～に）+ tempt（試みる）

動 ～を試みる（≒ try）
名 試み
✎ attempt to *do* で「～しようとする」という意味

08 **prescribe**
/ prɪskráɪb /
語 pre-（前もって）+ scribe（書く）

動 ～を処方する
名 prescription 処方（箋）

09 **incompatible**
/ ìnkəmpǽtəbl /
語 in-（否定）+ com-（共に）+ pat（感じる）+ -ible（できる）

形 ①〈薬が〉同時に飲めない；適合しない
②気が合わない（⇔compatible 気が合う）
③〈コンピュータなどが〉互換性がない（⇔compatible 互換性がある）

10 **precise**
/ prɪsáɪs /
語 pre-（前もって）+ cise（切る）

形 正確な（≒ exact）（⇔imprecise 不正確な）
副 precisely 正確に
名 precision 正確さ

11 **location**
/ loʊkéɪʃən /
語 loc（場所）+ -ation（名詞）

名 位置、場所
動 locate ～を置く、位置づける

12 **ambulance**
/ ǽmbjələns /

名 救急車

13 □□□ **acquire** / əkwáɪər / 語 ac- (～に) + quire (求める)	動 ①～を入手する、獲得する、買収する (≒achieve, collect) ②～を習得する、身につける (≒pick up) 名 acquisition 取得、習得 形 acquired 後天的な
14 □□□ **specialize in ～**	熟 ～を専門にする
15 □□□ **collection** / kəlékʃən / 語 col- (共に) + lect (集める) + -ion (名詞)	名 ①収集 ②収蔵品、コレクション 動 collect ～を集める、収集する
16 □□□ **service** / sə́ːrvəs / 語 serv (仕える) + -ice (名詞)	動 〈情報 [サービス] など〉を提供する 名 ①(鉄道・バスなどの) 便、運行 ②接客、サービス ③(電気・ガス・水道などの) 供給 動 serve 〈機能など〉を果たす；～に仕える
17 □□□ **fitness** / fítnəs /	名 体調 (のよさ) 形動 fit 体調がよい；適した；適合する
18 □□□ **leverage** / lévərɪʤ / 語 lever (てこ) + -age (動作)	動 ～を利用する、活用する 名 ①影響力、効力 (≒influence, power) ②てこの力
19 □□□ **insurance** / ɪnʃúərəns / 語 in- (中に) + sur (安全な) + -ance (名詞)	名 保険 動 insure ～に保険をかける
20 □□□ **vaccination** 🌐 / væksənéɪʃən / 語 vaccin (ワクチン) + -ation (名詞)	名 予防接種 名 vaccine ワクチン 動 vaccinate ～に予防接種する
21 □□□ **register** / réʤɪstər / 語 re- (元に) + gister (運ぶ)	動 (～を) 登録する 名 registration 登録
22 □□□ **personal** / pə́ːrsənəl / 語 person (人) + -al (形容詞)	形 個人的な 副 personally 個人的に、直接
23 □□□ **comprehensive** / kɑ̀ːmprɪhénsɪv / 語 com- (完全に) + prehens (つかむ) + -ive (形容詞)	形 包括的な、網羅的な (≒thorough) 動 comprehend ～を含む、包括する
24 □□□ **tremendous** / trəméndəs / 語 tremend (震える) + -ous (満ちた)	形 ①〈数量・程度などが〉非常に大きい (≒huge) ②素晴らしい (≒remarkable) ✎ tremble (震える) と同語源語 副 tremendously ものすごく

25 **substantial**
/ səbstǽnʃəl /
語 substant（実質）+ -ial（形容詞）

形 相当な、かなりの（≒considerable）
副 substantially 相当に、かなり
名 substance 物質；内容、実質

26 **privacy**
/ práɪvəsi /
語 priva(te)（個人的な）+ -cy（名詞）

名 プライバシー
形 private 民間の；個人的な
副 privately 個人的に、密かに

27 **stem from ~**

熟 ～に由来する

28 **extensive**
/ ɪksténsɪv /
語 ex-（外に）+ tens（伸ばす）+ -ive（形容詞）

形 ①広範囲の、多方面にわたる
②〈被害・影響などが〉大規模な、莫大な
動 extend ～を拡張する
副 extensively 広く、広範囲に

29 **imply**
/ ɪmpláɪ /
語 im-（中に）+ ply（折る）

動 ～をほのめかす、示唆する（≒suggest）
名 implication 含意、暗示
形 implicit 暗黙の

30 **There is no *doing*.**

熟 ～することはできない

31 **ethical**
/ éθɪkl /
語 ethic（習慣）+ -al（形容詞）

形 倫理的な、道徳的な（⇔unethical 非倫理的な）
名 ethics 倫理学

32 **implication**
/ ìmpləkéɪʃən /
語 im-（中に）+ plic（折る）+ -ation（名詞）

名 ①（予想される）影響、結果 ②含意、暗示
①の意味ではふつう複数形で使う

33 **ensure**
/ ɪnʃúər /
語 en-（～にする）+ sure（確実な）

動 ①～を確実にする、保証する（≒guarantee）
②～を確保する

34 **transparency**
/ trænspérənsi /
語 trans-（貫いて）+ paren（現れる）+ -cy（名詞）

名 透明性
形 transparent 透明な

構文チェック

■ *ll.12-14*

(In addition,) the "e-Ambulance" initiative enables the precise location of a patient to be identified 〔when an ambulance is called〕 and allows patient data to be accessed quickly.

訳 また、「e- 救急車」の取り組みによって、救急車が呼ばれたときに患者の正確な位置が特定でき、患者のデータにすばやくアクセスすることができるようになっている。

▲enable *A* to *do*（*A* が～することを可能にする）と allow *A* to *do*（*A* が～することを可能にする）という意味の近い熟語が並んでいる。

■ *ll.18-21*

Facebook is creating a service 〔that offers health checkups, vaccinations, and other information (based on registered personal data) so that users can receive these services at medical facilities〕.

訳 フェイスブックは、登録された個人データをもとに健康診断や予防接種やその他の情報を提供し、ユーザーが医療機関でこれらのサービスを受けられるようにするサービスを作っている。

■ *ll.29-31*

This data is accessible to all medical institutions(, which implies [that there will be no stopping the flow of data utilization]).

訳 このデータにはすべての医療機関がアクセス可能であり、データ利用の流れを止められないことを示唆している。

27 Dementia / 認知症 (1)

Are you familiar with dementia? Dementia is a condition in which a person's cognitive functions deteriorate due to brain disease or other causes. People with dementia become forgetful, get lost on familiar streets, and lose track of dates and days of the week. As of 2021, 55 million people worldwide were estimated to suffer from dementia, and more than 10 million new cases are diagnosed each year.

In the Netherlands, there is a nursing home called De Hogeweyk where people with dementia can live their daily lives in peace. The 1.5-hectare facility includes courtyards and squares, a park, a movie theater, restaurants, a barbershop, a supermarket, and a café, creating an entire "village" exclusively for residents suffering from dementia.

Each of the 27 residential buildings in "Dementia Village" has a capacity of six or seven residents. A distinctive feature is that the facilities are divided into four kinds of "lifestyles" — traditional, urban, cosmopolitan and formal. This means that each person can live in a wing that suits his or her own style.

For example, residents in the traditional lifestyle area prefer typical Dutch food such as stewed potatoes and meat. In their rooms, there are board games and card games that Dutch families often play. In addition, since a high percentage of the residents are Christians, religious considerations are taken into account.

Another feature of each wing is that the residents can spend their time as they wish. Things like daily meals, laundry, cleaning, and bathing are handled by the staff of each building on a case-by-case basis. The residents' wishes are respected, and they can do what they want when they want.

(273 words)

あなたは**認知症**[02]のことを**よくご存じ**[01]だろうか。認知症とは、**脳**[06]の病気などが原因で**認知**[03]**機能**[04]が**低下する**[05]症状である。認知症の人は、**物忘れがひどく**[07]なり、よく知っている道で**迷子になっ**[08]たり、日付や曜日が**わからなくなっ**[09]たりする。2021 年現在、世界で 5,500 万人が認知症に**かかっている**[10]と推定され、毎年新たに 1,000 万人以上が認知症と**診断さ**[11]れている。

オランダに、認知症の人々が**安心して**[12]日常生活を送ることができる「デ・ホーヘヴェイ」という養護施設がある。広さ 1.5 ヘクタールの施設内には、**中庭**[13]、**広場**[14]、公園、映画館、レストラン、理髪店、スーパーマーケット、カフェがあり、**全体**[15]が認知症を患う**入居者**[17]**専用の**[16]「村」になっている。

「認知症ヴィレッジ」にある 27 の居住棟の**定員**[18]はそれぞれ 6、7 人。**際立った**[19]特徴は、伝統的、都会的、**国際的**[22]、**フォーマル**[23]という 4 種類の「**生活様式**[21]」に施設が**分か**[20]れていることだ。つまり、各人が自分のスタイルに合った棟で暮らすことができる。

例えば、伝統的な生活様式エリアの住人は、ジャガイモと肉の煮込みといった**典型的な**[25]オランダ料理を**好む**[24]。部屋には、オランダの家族がよくやるボードゲームやカードゲームが置いてある。また、高い**割合**[26]の入居者が**キリスト教徒**[27]であるため、**宗教的な**[28]**配慮**[29]もなされている。

各棟のもう一つの特徴は、入居者が自分の時間を思い思いに過ごせることだ。毎日の食事、**洗濯**[30]、掃除、入浴などは、各棟のスタッフがその都度**対応**[31]する。入居者の意思が**尊重さ**[32]れ、好きなときに好きなことができる。

01 **be familiar with ~**

熟 ～をよく知っている、～に詳しい

02 **dementia**

/ dɪménʃə /

名 認知症

03 **cognitive**

/ kάːgnətɪv /

語 co-（共に）+ gn（知る）+ -itive（形容詞）

形 認識の、認識に関する（≒ mental, intellectual）

名 cognition 認識

04 **function**

/ fʌ́ŋkʃən /

名 機能、働き

動 機能する

形 functional 機能的な

05 **deteriorate**

/ dɪtíəriərèɪt /

動〈もの・状況・品質などが〉悪化する（≒ worsen）（⇔improve, ameliorate 改善する）

名 deterioration 悪化

06 **brain**

/ bréɪn /

名 脳

07 **forgetful**

/ fərgétfl /

語 forget（忘れる）+ -ful（満ちた）

形〈人が〉忘れっぽい、物覚えが悪い

08 **get lost**

熟 道に迷う（≒ lose *one's* way）

09 **lose track of ~**

熟 ～を見失う、～がわからなくなる

10 **suffer from ~**

熟〈病気など〉にかかる、苦しむ

11 **diagnose**

/ dáɪəgnòʊs /

語 dia-（通して）+ gnose（知る）

動 ～を診断する

名 diagnosis 診断

12 **in peace**

熟 平和に、穏やかに

13 **courtyard**
/ kɔ́ːrtjɑ̀ːrd /

名 中庭

14 **square**
/ skwéər /

名 ①(四角い)広場 ②正方形

15 **entire**
/ ɪntáɪər /
en- (否定) + tire (触れる)

形 全体の (≒ whole)
副 entirely まったく、完全に

16 **exclusively**
/ ɪksklúːsɪvli /
ex- (外に) + clus (閉じる) + -ive (形容詞) + -ly (副詞)

副 もっぱら、～のみ;排他的に
形 exclusive 排他的な
動 exclude ～を除外する
名 exclusion 除外

17 **resident**
/ rézɪdənt /
resid(e) (居住する) + -ent (人)

名 住民 (≒ inhabitant)
名 residence 住宅
形 residential 住宅用の
動 reside 居住する

18 **capacity**
/ kəpǽsəti /
cap (つかむ) + -aci (傾向) + -ty (名詞)

名 ①収容能力、容量 ②能力 (≒ ability)
形 capable 能力がある、有能な

19 **distinctive**
/ dɪstíŋktɪv /
distinct (異なる) + -ive (形容詞)

形 特徴的な、際立った
(≒ characteristic, peculiar, distinguishable)
名 distinction 区別 動 distinguish ～を区別する
形 distinct 異なる

20 **divide**
/ dɪváɪd /
di- (分離) + vide (分ける)

動 ～を分ける (≒ separate, split)
名 division 分割

21 **lifestyle**
/ láɪfstàɪl /
life (生活) + style (スタイル)

名 生活様式、生き方

22 **cosmopolitan**
/ kɑ̀ːzməpɑ́ːlətən /
cosmo (世界) + politan (市民)

形 ①国際的な (≒ multicultural)
②国際感覚のある
(≒ cultured, worldly, sophisticated)

23 **formal**
/ fɔ́ːrməl /
form (形) + -al (形容詞)

形 正式の、フォーマルな (⇔informal 非公式の)
副 formally 正式に

24 **prefer**
/ prɪfə́ːr /
pre- (前に) + fer (運ぶ)

動 ～のほうを好む
prefer *A* to *B* で「*B* より *A* のほうが好きだ」という意味
名 preference 好み
形 preferable 好ましい

25 **typical**
/ típɪkl /
ty の発音に注意
typ (典型) + -ical (形容詞)

形 典型的な、代表的な
名 type 典型
副 typically 通常は、概して；典型的に

26 **percentage**
/ pərséntɪʤ /
発音・アクセント注意
per (〜のうちの) + cent (100)

名 百分率、パーセンテージ
名 percent パーセント

27 **Christian**
/ krístʃən /

名 キリスト教徒、クリスチャン
形 キリスト教 (徒) の

28 **religious**
/ rɪlíʤəs /
re- (再び) + ligi (結ぶ) + -ous (形容詞)

形 宗教的な、信心深い
名 religion 宗教

29 **consideration**
/ kənsìdəréɪʃən /

名 ①思いやり、配慮 ②熟慮、考慮
形 considerate 思いやりのある
動 consider 〜を熟考する

30 **laundry**
/ lɔ́:ndri /
laund (洗濯する) + -ry (場所)

名 ①洗濯 (すること)；洗濯物 ②クリーニング店

31 **handle**
/ hǽndl /

動 ①〈問題など〉を処理する (≒ cope with 〜)
②〈人・動物など〉を扱う
名 取っ手、柄
「(車の) ハンドル」は (steering) wheel

32 **respect**
/ rɪspékt /
re- (後ろを) + spect (見る)

動 〜を尊敬する、尊重する
名 尊敬、敬意、尊重
形 respectful 丁重な
形 respectable 立派な

構文チェック

■ *ll.1-3*

Dementia (S) is (V) a condition (C) 〔in [which] a person's cognitive functions (S) deteriorate (V) (due to brain disease or other causes)〕.

訳 認知症とは、脳の病気などが原因で認知機能が低下する症状である。

■ *ll.8-9*

(In the Netherlands,) there is (V) a nursing home (S) (called De Hogeweyk) 〔[where] people with dementia (S) can live (V) their daily lives (O) in peace〕.

訳 オランダに、認知症の人々が安心して日常生活を送ることができる「デ・ホーヘヴェイ」という養護施設がある。

■ *ll.26-27*

The residents' wishes (S) are respected (V), and they (S) can do (V) [[what] (O) they (S) want (V) 〔when they (S) want (V)〕].

訳 入居者の意思が尊重され、好きなときに好きなことができる。

This is a new type of nursing home that has never existed before, but it was originally a normal four-story facility. The residents complained that they did not feel like they were living a normal life. They always stood by the windows and doors, wanting to go outside. So in 2009, the facility took on its current form.

Janette Spiering of the Vivium Group, which runs De Hogeweyk, says that the most important thing for the residents is to maintain their normal lifestyle and enjoy their days as much as possible, rather than constantly dealing with their illness.

People with dementia usually have difficulty getting out and living normally. Their lives are restricted, and they are not allowed to lead a normal life. However, in De Hogeweyk, they can do things like go out for a walk in the neighborhood, shop at the supermarket, and see a movie at the cinema. Living together with people who share similar values gives them a sense of security and stress-free living. They go to bed, get up, eat, and go out at the time of their choosing. At De Hogeweyk, the percentage of residents taking antipsychotic medication is as low as 10 percent, compared to an average of 25 percent at other facilities.

(210 words)

これまでになかった新しいタイプの養護施設だが、**元々は**[01] 4 階建ての**普通の**[02]施設だった。入居者たちは、普通の生活をしている気がしないと**不満を口にしていた**[03]。いつも窓やドアのそばに立ち、外に出たがっていた。そこで 2009 年、この施設は現在の形**になった**[04]。

デ・ホーヘヴェイを運営するヴィヴィウム・グループのジャネット・スピアリング氏は、入居者にとって最も大切なことは、**常に**[07]**病気**[09]に**対処する**[08]こと**よりもむしろ**[06]、普通の生活を**維持し**[05]、できるだけ毎日を楽しむことだと言う。

認知症の人は通常、外に出て普通に生活する**ことが難しい**[10]。生活が制限され、普通の生活を送ることはできない。しかし、デ·ホーヘヴェイでは、**近所**[11]に散歩に出かけたり、スーパーで買い物をしたり、**映画館**[12]で映画を見たりすることができる。同じような**価値観**[13]を持つ人たちとの共同生活によって、安心**感**[14]とストレスのない生活を得られる。自分の好きな時間に寝て、起きて、食事をし、外出する。デ・ホーヘヴェイでは、抗精神病薬を服用している入居者の割合は 10%程度にとどまり、他の施設の**平均**[16]である 25%**に比べて**[15]低い。

（オリジナル）

 **Notes**

l.2 four-story 4 階建ての（story は「（建物の）階、層」という意味）
l.17 antipsychotic 抗精神病性の

01 **originally**
/ ərídʒənəli /
語 origin（起源）+ -ally（副詞）

副 元々、最初は
形 original 元の、本来の
名 origin 起源

02 **normal**
/ nɔ́ːrml /
語 norm（物差し）+ -al（形容詞）

形 通常の、普通の（⇔special 特別な）
副 normally 通常は
動 normalize ～を正常化する

03 **complain**
/ kəmpléɪn /
語 com-（共に）+ plain（嘆く）

動（…と）文句［不平］を言う
✎ complain about [of] ～ で「～について文句を言う」という意味
名 complaint 不平、苦情

04 **take on ～**

熟〈形態・様相など〉を帯びる、持つようになる

05 **maintain**
/ meɪntéɪn /
語 main（手）+ tain（保つ）

動 ①～を維持する ②～を整備する
名 maintenance 維持；保守、メンテナンス

06 ***A* rather than *B***

熟 *B* よりも（むしろ）*A*

07 **constantly**
/ kɑ́ːnstəntli /
語 con-（強意）+ stant（立っている）+ -ly（副詞）

副 いつも、絶えず（≒at all times）
形 constant 絶え間ない；一定の

08 **deal with ～**

熟 ①〈人が〉～を処理する、～に対応する（≒handle）
②〈会社・人〉と取り引きする

09 **illness** 🌐
/ ílnəs /
語 ill（病気の）+ -ness（名詞）

名 病気（≒disease）
形 ill 病気の

10 **have difficulty *doing***

熟 ～するのに苦労する、困難を感じる

11 **neighborhood**
/ néɪbərhʊ̀d /

名 近所、区域
名 neighbor 近所の人、隣人
形 neighboring 隣の

12 **cinema**
/ sínəmə /

名 映画館

13 □□□	**value** / vǽljuː /	名 ①価値観 ②価値、重要性 動 ～を評価する 形 valuable 貴重な、高価な
14 □□□	**sense** / séns /	名 ①感覚 ②意識、認識 洋服などの「センス」は英語では taste という
15 □□□	**compared to ～**	熟 ～と比較して
16 □□□	**average** / ǽvərɪʤ /	名 平均 形 ①平均の ②平均的な、標準的な（≒ ordinary）

構文チェック

■ *ll.6-9*

Janette Spiering of the Vivium Group〔, which runs De Hogeweyk,〕 says [that the most important thing (for the residents) is to maintain their normal lifestyle and enjoy their days as much as possible(, rather than constantly dealing with their illness)].

(S: Janette Spiering; V: runs; O: De Hogeweyk; V: says; O: that ...; S: the most important thing; V: is; C: to maintain ... possible)

訳 デ・ホーヘヴェイを運営するヴィヴィウム・グループのジャネット・スピアリング氏は、入居者にとって最も大切なことは、常に病気に対処することよりもむしろ、普通の生活を維持し、できるだけ毎日を楽しむことだと言う。

▲*A* rather than *B*（*B* よりもむしろ *A*）の *A* が to 不定詞、*B* が動名詞になっている。

29 Dignified Death / 尊厳死 (1)

Euthanasia[01] is an emotionally[02] charged[03] issue for people on both sides of the debate. Those people in support of[04] euthanasia say that a person suffering from a terminal[05] illness, an illness from which he or she cannot recover[06], should be given the freedom[07] to choose how and when they die. Such a conversation is given weight by the Japanese term for the practice[08] — *anrakushi*, which literally[09] means "peaceful[10] death."

On the other hand, opponents[11] generally[12] argue that euthanasia is murder[13], and that proper[14] medical care can often give a terminally ill person a more comfortable[15], dignified[16] death. In some cases, they say, a desire[17] to die prematurely[18] is[19] merely rooted in depression[20].

The government has created no laws on euthanasia, and the Supreme Court[21] has only ruled on the matter once, without providing any specific guidance[22]. There is still an unwillingness[23] to discuss euthanasia openly[24], something a group of lawmakers[25] from both parties wishes to change by submitting[26] a bill[27] on death with dignity, or *songenshi*, to the Diet[28] this spring. The bill, if it were to become a law, would excuse[29] doctors from criminal[30] and civil responsibility[31] for stopping life-prolonging[32] treatment if a patient is over 15 years old and has given consent[33] in writing[34]. Two doctors also need to agree[35] that the patient has absolutely[36] no chance of recovering.

With support from both sides of the political[37] divide, it would seem unlikely[38] the bill will be defeated[39] in the Diet. What's more[40], even opponents of the proposed bill agree that lawmakers should respect a person's right to die as they wish. But the gulf[41] between the two sides of the debate could not be any wider.

(279 words)

安楽死は、議論の両サイドの人々にとって**感情的になりがちな**問題である。安楽死**を支持する**人々は、**回復**不可能な**末期的な**病気を患う人が、いつどのように死ぬかを選択する**自由**を与えられるべきだと言う。このような議論は、その**行い**を意味する日本語の安楽死という言葉からも重みがある。**文字通り**、「**安らかな死**」という意味だ。

一方、**反対派**は**一般的に**、安楽死は**殺人**であり、**適切な**医療を受けることで、末期患者がより**快適**で**尊厳ある**死を迎えることができる場合が多いと主張する。また、**早**死にしたいという**願望**は、単に**うつ状態に根ざしている**に過ぎない場合もあるとしている。

政府は安楽死に関する法律を作っておらず、**最高裁**はその問題に関して具体的な**指針**を示さずに一度判決を下したに過ぎない。いまだに安楽死について**オープンに**論じることを**避ける風潮**があり、それを変えようと、両方の立場の**国会議員**が尊厳死に関する**法案**を今**春国会**に**提出する**。この法案が成立すれば、患者が 15 歳以上で**書面による同意**を得た場合、**延命**治療を中止しても医師は**刑事**および民事上の**責任を免れる**ことになる。また、患者が回復する見込みが**まったく**ないという点について二人の医師の**意見が一致する**必要がある。

政治的には相いれない双方から支援を受けており、この法案が国会で**否決される可能性は低い**と思われる。**しかも**、この法案に反対する人たちでさえ、立法者は人が自分の意思で死ぬ権利を尊重すべきだという意見では一致している。しかし、議論の両サイドの間の**溝**はこれ以上ないほど大きい。

01 **euthanasia** 🌐
/ jùːθənéɪʒə /

名 安楽死

02 **emotionally**
/ ɪmóʊʃənli /
語 e-（外に）+ motion（動くこと）+ -ally（副詞）

副 感情的に
形 emotional 感情の、感情的な
名 emotion 感情

03 **charged**
/ tʃɑ́ːrdʒd /

形 熱気を帯びた、緊迫した
動 charge〈料金〉を請求する；〈電池・機器〉を充電する

04 **in support of ~**

熟 ～を支持して、～に賛成して

05 **terminal** 🌐
/ tə́ːrmənl /
語 termin（境界）+ -al（形容詞）

形〈病気などが〉末期の
名 発着駅、（空港の）ターミナル
動 terminate ～を終わらせる
副 terminally 末期的に

06 **recover**
/ rɪkʌ́vər /
語 re-（再び）+ cover（覆う）

動 回復する
名 recovery 回復

07 **freedom**
/ fríːdəm /
語 free（自由な）+ -dom（状態）

名 自由
形 free 自由な

08 **practice**
/ prǽktɪs /

名 ①実践 ②練習
動 ①～を行う、実践する ②（～を）練習する
形 practical 実践的な

09 **literally**
/ lítərəli /
語 liter(文字) + -al(形容詞) + -ly(副詞)

副 文字通りに
形 literal 文字通りの

10 **peaceful**
/ píːsfl /
語 peace（平穏）+ -ful（満ちた）

形 静かな、落ち着いた
名 peace 平穏；平和

11 **opponent**
/ əpóʊnənt /
語 op-（～に反対して）+ pon（置く）+ -ent（人）

名 ①（計画・考えなどに対する）反対者
②（試合などの）相手、対戦者（≒ adversary）
動 oppose 反対する；敵対する

12 **generally**
/ dʒénərəli /
語 general（一般的な）+ -ly（副詞）

副 たいてい、通常（≒ in general）
形 general 全体的な；一般的な
名 generalization 一般化

13 **murder**
/ mə́ːrdər /

名 殺人
動 〈人〉を殺す
名 murderer 殺人者

14 **proper**
/ prɑ́ːpər /

形 ①適切な（≒appropriate） ②固有の、特有の
副 properly 適切に

15 **comfortable**
/ kʌ́mftəbl /
com-（完全に）+ fort（力強い状態）+ -able（できる）

形 心地よい、快適な（⇔uncomfortable 不快な）
名 comfort 心地よさ
副 comfortably 心地よく、快適に

16 **dignified**
/ díɡnəfàɪd /
dign（価値）+ -ified（形容詞）

形 尊厳のある、威厳のある
名 dignity 尊厳、威厳

17 **desire**
/ dɪzáɪər /

名 欲望、願望
動 ～を望む、欲する
形 desirable 望ましい

18 **prematurely**
/ prìːmət(j)ʊ́ərli /
pre-（前に）+ mature（熟した）+ -ly（副詞）

副 時期尚早に
形 premature 時期尚早の

19 **be rooted in ~**

熟 ～に根づいている

20 **depression** 🌐
/ dɪpréʃən /
de-（下に）+ press（押す）+ -ion（名詞）

名 ①憂うつ、うつ病 ②（長期の深刻な）不況
形 depressed 気落ちした；不景気な

21 **Supreme Court**
/ su(ː)prìːm kɔ́ːrt /

名 最高裁判所

22 **guidance**
/ ɡáɪdns /
guid(e)（案内する）+ -ance（名詞）

名 指導、指示

23 **unwillingness**
/ ʌ̀nwílɪŋnəs /
un-（否定）+ willing（いとわない）+ -ness（名詞）

名 気が進まないこと
形 unwilling 気乗りがしない
副 unwillingly 不本意ながら

24 **openly**
/ óupənli /
open（公然の）+ -ly（副詞）

副 公然と
形 open 公然の

25	**lawmaker** / lɔ́:mèɪkər / 📖law（法律）+ maker（作る人）	名 国会議員、立法者
26	**submit** / səbmít / 📖sub-（下に）+ mit（置く）	動 ～を提出する（≒hand in, give in） 名 submission 提出
27	**bill** / bíl /	名 ①法案、議案 ②請求書、請求金額 ③紙幣
28	**Diet** / dáɪət /	名 国会 ✎ アメリカの国会は Congress、イギリスは Parliament という
29	**excuse *A* from *B***	熟 *A* を *B* から免れさせる
30	**criminal** / krímənl /	形 犯罪の、刑事的な 名 犯人、犯罪者 名 crime 犯罪
31	**responsibility** / rɪspɑ̀:nsəbíləti / 📖respons（答える）+ -ibili（できる）+ -ty（名詞）	名 責任、義務 形 responsible 責任のある
32	**life-prolonging** 🌐 / láɪfprəlɔ́:ŋɪŋ /	形 延命のための
33	**consent** / kənsént / 📖con-（共に）+ sent（感じる）	名 同意、承諾（≒approval）
34	**in writing**	熟 書面で、文書で
35	**agree** / əgrí: /	動（～に）賛成する、意見が一致する （⇔disagree 意見が合わない） ✎ agree to *do* で「～することに同意する」、agree (that) ... で「…ということに同意する」という意味
36	**absolutely** / ǽbsəlù:tli / 📖ab-（離れて）+ solute（ゆるめられた）+ -ly（副詞）	副 完全に、まったく ✎ 会話で「その通りです」の意味で使われることもある 形 absolute 完全な、絶対的な

37	**political** / pəlítɪkl / アクセント注意 polit（政治）+ -ical（形容詞）	形 政治の、政治的な 名 politics 政治学 名 politician 政治家 名 policy 政策
38	**unlikely** / ʌnláɪkli / un-（否定）+ likely（ありそうな）	形 ありそうにない（⇔likely あり得る）
39	**defeat** / dɪfíːt / de-（分離）+ feat（する）	動 ①〈提案など〉を否決する ②～を負かす（≒beat） 名 敗北（≒loss）（⇔victory, triumph 勝利）
40	**what is more**	熟 さらに、そのうえ（≒moreover, in addition）
41	**gulf** / gʌ́lf /	名 ①意見の対立、溝 ②湾

構文チェック

■ *ll.14-17*

There <u>is</u>(V) still <u>an unwillingness</u>(S) (to discuss euthanasia openly),

<u>something</u>▲(S') 〔［ ］ <u>a group of lawmakers from both parties</u>(S)

<u>wishes to change</u>(V) (by submitting a bill on death with dignity, or

songenshi, to the Diet this spring)〕.

訳 いまだに安楽死についてオープンに論じることを避ける風潮があり、それを変えようと、両方の立場の国会議員が尊厳死に関する法案を今春国会に提出する。

▲主文の主語 an unwillingness と同格。カンマのあとで補足している。

30 Dignified Death / 尊厳死 (2)

Ken Sato (a **pseudonym**[01]) was diagnosed with an illness that slowly destroyed his **muscles**[02]. He became a **firm**[03] believer in dying with dignity as his condition got worse. He didn't like the idea of being hooked up to a machine, and said that if he ever found himself in such a situation, he would prefer to accept death and leave this world in peace. In 1997, Sato's **lungs**[04] **collapsed**[05], and he was **no longer**[06] able to **breathe**[07]. He was just 29 years old.

Doctors told Sato's family that he would die unless oxygen was **pumped**[08] into his body. Despite **being aware of**[09] Sato's wishes, his mother **instructed**[10] the hospital to do everything it could to keep him **alive**[11]. Had a law on dying with dignity existed back in 1997, Sato would have died. Now, however, the 45-year-old is **relieved**[12] the doctors performed the **operation**[13] to save his life.

Had such laws existed, he would never have had a chance to enjoy a glass of red wine and prosciutto after a day's hard work, nor would he have been able to watch some of his favorite Hollywood movies in theaters. Most **importantly**[14], however, he would not have been able to be at his mother's side when she **passed away**[15] a few years later. "I am not against anyone who wishes to die with dignity, but creating such rights through **legislation**[16] isn't the answer," he explains. "I am living **proof**[17] that there shouldn't be a law on dying with dignity," he says.

The Japan Society for Dying with Dignity President* Soichiro Iwao believes that legislation should be in place to **govern**[18] such situations. "Everyone should have the right to decide how they want to end their life," he says. He has tried to explain his **views**[19] to opponents of dying with dignity, "but it always feels like our discussions are taking place on different **wavelengths**[20]." **If anything**[21], making clear rules will help doctors do their jobs without fearing that they will get into trouble.

(332 words)

サトウケン（**仮名**）は、**筋肉**が徐々に破壊されていく病気と診断された。病状が悪化するにつれ、彼は尊厳死への**固い**信念を持つようになった。機械につながれるのが嫌で、もし自分がそのような状況になったら、死を受け入れて安らかにこの世を去りたい、と言っていた。1997 年、サトウの**肺**は**つぶれ**、**もはや呼吸する**ことができ**なく**なった。29 歳の若さだった。

医師は、体内に酸素を**送り**込まないと死ぬことを家族に告げた。サトウの希望**を知ってはいた**が、母親は病院に対して、サトウを**生か**すためにできる限りのことをするように**指示した**。1997 年当時、尊厳死に関する法律があれば、サトウは死んでいたかもしれない。しかし、今、45 歳の彼は、医師が自分の命を救うために**手術**をしてくれたことに**安堵して**いる。

もし、そのような法律があったら、一日の仕事の後に赤ワインと生ハムを楽しむことも、大好きなハリウッド映画を映画館で見ることもできなかっただろう。しかし何より**大切なことは**、数年後に母親が**他界した**とき、そばにいることができなかっただろう。「尊厳ある死を望む人に反対はしないが、**法律**でそのような権利を作ることは解決策にはならない」と、彼は説明する。「私は、尊厳死に関する法律はあってはならないということの生きた**証拠**なのです」と彼は語る。

日本尊厳死協会理事長*の岩尾總一郎は、このような状況を**規制する**ための法律を整備するべきだと考えている。「誰もが自分の人生の終わり方を決める権利を持つべきだ」と彼は言う。彼は尊厳死反対派に自分の**考え**を説明しようとしてきた。「しかし、いつも**波長**の違う議論になってしまう」と言う。**むしろ**、明確なルールを作ることで、医師はトラブルに巻き込まれることを恐れずに職務を果たすことができるようになるのだ。

（国際教養大学）

Notes

l.4 hook up to ～　～につなぐ
l.8 unless　～しなければ、～しない限り
l.15 prosciutto　プロシュート（塩漬けの生ハム）
＊ 2014 年時点

01 **pseudonym** ♕
/ s(j)úːdənìm /
発音注意
pseudo-（偽の）+ nym（名前）

名 仮名、偽名；（作家などの）ペンネーム

02 **muscle** 🌐
/ mʌ́sl /
発音注意

名 筋肉

03 **firm**
/ fə́ːrm /

形 ①〈決心・態度などが〉揺るぎない
②堅めの、引き締まった（≒solid, hard）
名 会社、企業（≒company）
副 firmly しっかりと、堅く

04 **lung**
/ lʌ́ŋ /

名 肺

05 **collapse**
/ kəlǽps /
col-（共に）+ lapse（すべる）

動 ①〈肺・血管などが〉虚脱する、つぶれる
②（突然）崩れ落ちる、倒壊する（≒fall down）
③〈体制・事業などが〉崩壊する
名 崩壊

06 **no longer**

熟 もはや～ない

07 **breathe** 🌐
/ bríːð /
発音注意

動 呼吸する
名 breath 息、呼吸

08 **pump**
/ pʌ́mp /

動 ～をポンプで送り込む
名 ポンプ

09 **be aware of ～**

熟 ～に気づいている、～を知っている

10 **instruct**
/ ɪnstrʌ́kt /
in-（中に）+ struct（建てる）

動 ①～に指示する（≒direct）
②〈人〉に教える（≒educate, train）
名 instruction 教育、指示　名 instructor 教官
形 instructive 教育的な

11 **alive**
/ əláɪv /

形 ①生きている（⇔dead 死んだ）②存続している

12 **relieved**
/ rɪlíːvd /
re-（再び）+ liev(e)（持ち上げる）+ -ed（形容詞）

形 安堵した、ホッとした
動 relieve〈問題など〉を取り除く
名 relief 安堵、安心

13 □□□ **operation** / ὰ:pəréɪʃən /
語 opera（仕事）+ -(a)tion（名詞）

名 ①手術 ②（組織的な）活動 ③（装置などの）作動
動 operate 作動する；～を操作する

14 □□□ **importantly** / ɪmpɔ́:rtəntli /

副 重要なことに
形 important 重要な
名 importance 重要性

15 □□□ **pass away**

熟 死去する、亡くなる

16 □□□ **legislation** / lèʤɪsléɪʃən /
語 legis（法律）+ lation（運ぶこと）

名 法律、立法
動 legislate〈法律〉を制定する
形 legislative 立法の
名 legislator 立法者；国会議員

17 □□□ **proof** / prú:f /

名 証拠；証拠品
動 prove ～を証明する

18 □□□ **govern** / gʌ́vərn /

動 ①〈法律・法則が〉～を規制する
②～を統治する、治める（≒rule, administer）
名 government 政府；政治
名 governor 知事

19 □□□ **view** / vjú: /

名 ①意見、見解（≒opinion） ②眺め、風景
動 ①～を見る、見なす ②～を眺める
point of view で「観点」という意味

20 □□□ **wavelength** / wéɪvlèŋkθ /
語 wave（波）+ length（長さ）

名 波長

21 □□□ **if anything**

熟 どちらかというと、むしろ

構文チェック

■ *ll.-9-11*

(Despite being aware of Sato's wishes,) his mother instructed
S V

the hospital to do everything 〔 [ ] it could to keep him alive〕.
O to *do*

訳 サトウの希望を知ってはいたが、母親は病院に対して、サトウを生かすためにできる限りのことをするように指示した。

▲could の後ろに do が省略されている。everything の後ろに省略されている関係代名詞 that はこの do の目的語。

■ *ll.14-17*

〔Had such laws existed, 〕 he would never have had
V S V S V

a chance (to enjoy a glass of red wine and prosciutto after a day's
O

hard work), nor would he have been able to watch
V S V

some of his favorite Hollywood movies in theaters.
O

訳 もし、そのような法律があったら、一日の仕事の後に赤ワインと生ハムを楽しむことも、大好きなハリウッド映画を映画館で見ることもできなかっただろう。

▲If such laws had existed の if が省略されて、主語と助動詞 had が倒置された形。

▲never *A* nor *B* で「決して *A* も *B* も～ない」という意味。nor の後ろでは主語と助動詞の倒置が起こる。

語源コラム　動詞の語根⑩

■ press ➡ 押す

press はそれ自体「押す」という意味の動詞ですが、そのイメージと接頭辞・接尾辞を組み合わせて理解すると以下の語は覚えやすいでしょう。

□ **pressure**（名 圧力）	**press**（押す）+-ure（名詞）
□ **express**（動〈考え・気持ちなど〉を表す）	ex-（外に）+**press**（押す）
□ **impress**（動 ～に感銘を与える）	im-（中に）+**press**（押す）
□ **oppress**（動〈人・集団〉を虐げる、圧迫する）	op-（上から）+**press**（押す）
□ **impressive**（形 印象的な、感銘を与える）	im-（中に）+press（押す）+-ive（形容詞）

■ qui / quest / quer ➡ 求める

ゲームの『ドラゴンクエスト』は、dragon（竜）と quest（求める）を組み合わせて作られたタイトルです。

□ **acquire**（動 ～を入手する、取得する）	ac-（～に）+**quire**（求める）
□ **inquiry**（名 問い合わせ、質問すること）	in-（中に）+**quiry**（求めること）
□ **request**（名 依頼、要請）	re-（再び）+**quest**（求める）
□ **require**（動 ～を必要とする）	re-（再び）+**quire**（求める）
□ **conquest**（名（武力による）征服）	con-（強意）+**quest**（求める）
□ **exquisite**（形 素晴らしい、極上の）	ex-（外に）+**quis**（求める）+-ite（形容詞）

■ reg / rect ➡ 支配する、まっすぐな

形は少し異なりますが、rule（規則）も同語源語です。

□ **regular**（形 規則正しい）	**regul**（定規）+-ar（形容詞）
□ **correct**（動〈誤りなど〉を訂正する）	cor-（完全に）+**rect**（まっすぐな）
□ **direct**（動〈組織など〉を指揮する、管理する）	di-（分離）+**rect**（まっすぐな）
□ **erect**（動 ～を建設する）	e-（外に）+**rect**（まっすぐな）
□ **rectangle**（名 長方形）	**rect**（まっすぐな）+angle（角度）

■ rupt ➡ 破る

形は少し異なりますが、route（道）も「切り開かれてできたもの」が原義で、同語源語です。

□ **interrupt**（動 ～の邪魔をする、～を遮る）	inter-（間に）+**rupt**（破る）
□ **disrupt**（動〈会合・交通など〉を混乱させる）	dis-（分離）+**rupt**（破る）
□ **erupt**（動（感情を）爆発させる）	e-（外に）+**rupt**（壊れた）
□ **bankrupt**（形 破産した、倒産した）	bank（銀行）+**rupt**（破れた）
□ **corrupt**（形 堕落した、腐敗した）	cor-（完全に）+**rupt**（壊れた）
□ **abruptly**（副 突然、不意に）	ab-（離れて）+**rupt**（破る）+-ly（副詞）

プラス α ボキャブラリー

□ **parasite** /pérəsàɪt/
名 寄生生物

□ **digest** /daɪʤést/
動 ～を消化する
名 digestion 消化　形 digestive 消化の

□ **metabolism** /mətǽbəlìzm/
名 新陳代謝

□ **skeleton** /skélətən/
名 骨格、骸骨

□ **joint** /ʤɔ́ɪnt/
形 関節

□ **tissue** /tíʃuː/
名 (細胞の) 組織

□ **nerve** /nə́ːrv/
名 神経
形 nervous 神経質な

□ **contagious** /kəntéɪʤəs/
形 ① 〈病気が〉伝染性の ② 〈感情・態度などが〉すぐに広まる
名 contagion 接触感染

□ **antibiotic** /æ̀ntibaɪɑ́ːtɪk/
名 抗生物質 形 抗生物質の

□ **symptom** /símptəm/
名 (病気の) 兆候、症状

□ **fatigue** /fətíːg/
名 疲労、倦怠感 (≒ weariness)

□ **asthma** /ǽzmə/
名 ぜんそく

□ **measles** /míːzlz/
名 はしか

□ **remedy** /rémədi/
名 ① 薬、治療 (≒ cure) ② (問題に対する) 解決策 (≒ solution)

□ **gene** /ʤíːn/
名 遺伝子

□ **organ** /ɔ́ːrgən/
名 器官、臓器

□ **therapy** /θérəpi/
名 治療
形 therapeutic 治療の

□ **stroke** /stróʊk/
名 脳卒中

□ **syndrome** /síndroʊm/
名 症候群

□ **allergy** /ǽlərʤi/
名 アレルギー
形 allergic アレルギー (体質) の

Chapter 5

国際

International

今を読むキーワード

国際

グローバルサウス (Global South)

主にアフリカ、ラテンアメリカ、アジア、オセアニアに位置し、「グローバルノース」と呼ばれる北半球の国々に比べて経済的に発展していないことが多い国々のことで、新興国も含みます。これらの国々は、**貧困** (poverty)、**資源への限られたアクセス** (limited access to resources)、**低開発** (underdevelopment) といった共通の課題を抱えています。グローバルサウスの国々は近年、国連決議などにおいて動向が注目され、また米国、ロシア、中国といった大国間の争いにおいて独自の地位を占めつつあります。

情報戦争 (information wars)

情報戦争とは、マスメディアやインターネットなどを通じて、人々の信念、意見、行動に影響を与えるために情報を利用する活動を指します。情報戦は以前から行われてきましたが、デジタル革命によりその形はより迅速かつ広範囲にわたるものとなりました。**偏った** (biased) 情報や**誤解を招くような** (misleading) 情報を流し、人々の認識を**操作する** (manipulate) ために**フェイクニュース** (fake news) を拡散したり、通信ネットワークを混乱させたりデータを漏洩させたりする**サイバー攻撃** (cyberattacks) も行われます。

ポピュリズム (populism)

ポピュリズム (大衆迎合主義) とは、**エリート** (elite) や**既成勢力** (establishment) に対抗し、一般大衆の利益を代表すると主張する政治手法です。ポピュリズムの指導者たちは、多くの場合、支持を得るために単純で感情的な言葉を使い、急進的な変革の約束を行います。ポピュリズムは時に正当な不満に応える一方で、特定の集団を**スケープゴートにし** (scapegoat) て分断を招いたり、民主主義制度を**弱体化させ** (undermine) たりすることもあります。

地政学 (geopolitics)

地政学とは、**地理** (geography) や天然資源が国や地域の政治と国際関係にどのように影響を与えるかを研究するものです。第 2 次世界大戦中にナチスドイツの侵略戦争の理論的根拠となるなどした経緯があり、一時は衰退しましたが、1980 年代から再び使われるようになりました。世界各地の**紛争** (conflicts)、**同盟関係** (alliances)、**グローバルなパワー・ダイナミクス** (global power dynamics) を理解する上で重要な視点といえます。

株式市場における**地政学的リスク**（geopolitical risk）は、ある政治的・軍事的危機が地理的に関連のある国や地域の経済にもたらすリスクのことです。

新冷戦（New Cold War）

「新冷戦」とは、特に米国とその同盟国、そしてそれに対抗する中国やロシアといった大国間の直接的な武力行使を伴わない緊張関係を指します。ソ連崩壊と共に終わった米ソ間の冷戦ほど明確な東西対立の構図はありませんが、**貿易**（trade）、経済、先端技術などの分野での対立も含まれます。直接的な対立だけでなく、**代理紛争**（proxy conflicts）や世界中のさまざまな地域での影響力の行使や排除が特徴です。

グローバルガバナンス（global governance）

グローバルガバナンスとは、一国あるいは一地域を越えて影響を与える課題に対処するための取り組みや制度を指します。例えば、気候変動やパンデミック、テロリズム、**難民問題**（refugee issues）などの課題が対象となり、国連以外の団体や組織も主体になり得ます。こうした取り組みは、時としてナ**ショナリズム**（nationalism）との対立も生じます。

■ 国際機関を表す頭文字語

APEC	アジア太平洋経済協力	Asia-Pacific Economic Cooperation
ASEAN	東南アジア諸国連合	Association of South-East Asian Nations
EU	欧州連合	European Union
IMF	国際通貨基金	International Monetary Fund
IPCC	気候変動に関する政府間パネル	Intergovernmental Panel on Climate Change
NATO	北大西洋条約機構	North Atlantic Treaty Organization
OECD	経済協力開発機構	Organisation for Economic Co-operation and Development
UN	国際連合	United Nations
UNESCO	国連教育科学文化機関	United Nations Educational, Scientific and Cultural Organization
UNHCR	国連難民高等弁務官事務所	United Nations High Commissioner for Refugees
UNICEF	国連児童基金	United Nations Children's Fund
WTO	世界貿易機関	World Trade Organization

31 Wealth Gaps / 貧富格差 (1)

Oxfam, a global organization, has released its annual[01] report on global wealth[02], and the headline[03] figures[04] are shocking[05]. According to the group, eight individuals own as much wealth as the poorest half of the world's population. Such concentrations[06] of money and the power that goes with[07] it should make people very worried, but the Oxfam report does not tell the entire story. The poor will always be with us and will always demand the attention of those with a conscience[08], but the number of absolute[09] poor is shrinking[10], and the lives of those people who have little wealth is improving[11]. There is a long way to go[12], but to ignore[13] those gains is to ignore too much.

Oxfam claims[14] that eight individuals — such as Bill Gates, Mark Zuckerberg and Michael Bloomberg — own the same amount of wealth as the 3.6 billion people who make up[15] the poorest half of humanity. In 2010, the world's 43 richest people had assets[16] equivalent[17] to those of the poorest 50%.

That concentration of wealth is part of a larger set of trends[18]. According to Oxfam, during the last quarter century the world's top 1% gained more income[19] than the bottom 50% combined. Big companies are enjoying boom years. The world's 10 biggest corporations[20] together have more revenue[21] than that of 180 countries combined. To provide some scale, the report notes that the CEO[22] of one of the top 100 companies earns[23] as much in a year as 10,000 people working in clothing factories in Bangladesh. Vietnam's richest man earns more in a day than the poorest person earns in 10 years.

(269 words)

Ch 1 環境
Ch 2 宇宙
Ch 3 テクノロジー
Ch 4 医療
Ch 5 国際
Ch 6 ビジネス
Ch 7 社会
Ch 8 生活
Ch 9 教育

世界的な組織であるオックスファムは、世界の**富**[02]に関する**年次**[01]報告書を発表したが、その**見出し**[03]の**数字**[04]は**衝撃的**[05]である。同団体によると、8人の個人が世界人口の最貧困層の半分に匹敵するほどの富を所有しているという。このようなお金の**集中**[06]やそれに**伴う**[07]権力は、人々を非常に不安にさせるはずだが、オックスファムの報告書はすべてを語っているわけでない。貧しい人々は常に私たちと共にあるだろうし、**良心**[08]のある人々の注意を引き続けるだろうが、**絶対的な**[09]貧困層の数は**減少し**[10]、ほとんど富を持たない人々の生活も**改善され**[11]つつある。**まだまだ先は長い**[12]が、この成果を**無視する**[13]ことは、あまりに多くのことを無視することになる。

オックスファムは、ビル・ゲイツ、マーク・ザッカーバーグ、マイケル・ブルームバーグといった8人の個人が、人類の最貧困層の半分を**占める**[15] 36億人と同額の富を所有していると**主張する**[14]。2010年には、世界で最も裕福な43人が、最も貧しい50%の人々と**同等の**[17]**資産**[16]を所有していた。

このような富の集中は、より大きな一連の**傾向**[18]の一部である。オックスファムによると、この四半世紀の間に、世界の上位1%の人々は、下位50%の人々の合計よりも多くの**所得**[19]を得たという。大企業は好景気を享受している。世界の10大**企業**[20]の**収入**[21]の合計は、180か国の政府歳入の合計を上回っている。わかりやすくするために、この報告書では、上位100社のうちの1社の**CEO**[22]の1年間の**収入**[23]が、バングラデシュの衣料品工場で働く1万人の収入と同額であることを紹介している。ベトナムで最も裕福な人は、最も貧しい人が10年間で稼ぐ金額よりも多くを1日で稼ぐ。

01 **annual**
/ ǽnjuəl /
ann（年）+ -ual（形容詞）

形 年１回の
副 annually 年に１回

02 **wealth**
/ wélθ /
weal（幸せな）+ -th（名詞）

名 富（≒fortune）
形 wealthy 裕福な

03 **headline**
/ hédlàɪn /
head（上部）+ line（線、行）

名 見出し

04 **figure**
/ fígjər /

名 ①数字 ②像

05 **shocking**
/ ʃɑ́:kɪŋ /
shock（ショックを与える）+ -ing（形容詞）

形 衝撃的な
動 shock ～にショックを与える

06 **concentration**
/ kɑ̀:nsəntréɪʃən /
con-（共に）+ centr（中心）+ -ation（名詞）

名 集中
動 concentrate 集中する

07 **go with ～**

熟 ～に伴う、付随する

08 **conscience**
/ kɑ́:nʃəns /
発音注意
con-(共に) + science(知ること)

名 良心、善悪の判断力
形 conscientious 良心的な

09 **absolute**
/ ǽbsəlù:t /
ab-（離れて）+ solute（ゆるめられた）

形 ①まったくの、完全な（≒entire, full, pure）
②絶対的な（≒definitive）
副 absolutely まったく；絶対に

10 **shrink**
/ ʃríŋk /

動 縮む、縮小する
shrink-shrank/shrunk-shrunk/shrunken と活用
名 shrinkage 縮小

11 **improve**
/ ɪmprú:v /
im-（～を与える）+ prove（利益）

動 ①～を向上させる ②よくなる（⇔worsen 悪化する）
名 improvement 改良、向上

12 **There is a long way to go.**

熟 まだ先は長い。やるべきことは多い。

13 ignore
/ ɪgnɔ́ːr /
語 i- (否定) + gnore (知る)

動 ～を無視する
形 ignorant 無知な、意識しない
名 ignorance 無知

14 claim
/ kléɪm /

動 ① ～を主張する ②〈命〉を奪う
名 主張、要求
✎ 日本語の「クレーム」は、英語では complaint

15 make up

熟 ① ～を構成する (≒ constitute)
②〈話・言い訳など〉をでっち上げる

16 asset
/ ǽset /

名 (会社・個人などの) 資産、財産
✎ ふつう複数形で使う

17 equivalent
/ ɪkwívələnt /
語 equi (等しい) + val (価値) + -ent (形容詞)

形 〈数量などが〉同等の、相当する (≒ equal)
名 同等のもの
✎ equivalent to ～ で「～に相当する」という意味
名 equivalence 同等

18 trend
/ trénd /

名 ① 傾向、動向 (≒ tendency) ② 流行、はやり

19 income
/ ínkʌm /
語 in- (中に) + come (入ってくるもの)

名 収入 (⇔ expenditure 支出)

20 corporation
/ kɔ̀ːrpəréɪʃən /
語 corpor (体) + -ation (名詞)

名 ① 企業、株式会社 ② 法人
✎ 特に大企業を指す
形 corporate 企業の

21 revenue
/ révən(j)ùː /
語 re- (元に) + venue (来る)

名 収入、歳入 (⇔ expenditure 支出)

22 CEO
/ síːìːóʊ /

名 最高経営責任者
✎ chief executive officer の略

23 earn
/ ə́ːrn /

動 ①〈金・報酬〉を得る、稼ぐ
②〈名声など〉を得る (≒ win)
名 earnings 収益

構文チェック

■ *ll.4-6*

Such concentrations of money and the power 〔that goes with it▲〕
S

should make people very worried, but the Oxfam report
V O C S

does not tell the entire story.
V O

訳 このようなお金の集中やそれに伴う権力は、人々を非常に不安にさせるはずだが、オックスファムの報告書はすべてを語っているわけではない。

▲このitは前出の単数名詞moneyを受けている。

■ *ll.6-9*

The poor will always be with us and will always demand
S V V V V

the attention of those▲ with a conscience, but the number of absolute
O S

poor is shrinking, and the lives of those people 〔who have
V S V

little wealth〕 is improving.
O V

訳 貧しい人々は常に私たちと共にあるだろうし、良心のある人々の注意を引き続けるだろうが、絶対的な貧困層の数は減少し、ほとんど富を持たない人々の生活も改善されつつある。

▲代名詞のthoseには「人々」という意味を表す用法がある。peopleといっても同じ。

語源コラム　動詞の語根⑪

■ scrib / scrip ➡ 書く

カタカナ語の「サブスク」の元になったsubscriptionは「(契約書に)署名すること」が原義。そこから「定期購読」の意味が出てきました。

□ **describe** (動 ～を描写する、表現する)　de- (下に) +**scribe** (書く)

□ **prescribe** (動 ～を処方する)　pre- (前もって) +**scribe** (書く)

□ **manuscript** (名 (手書きの) 原稿)　manu (手) +**script** (書く)

■ sens / sent ➡ 感じる

現代テクノロジーには欠かせないセンサー (sensor) も同語源語です。

□ **sensation** (名 感覚、感じ)　**sens** (感じる) +-ation (名詞)

□ **sensitive** (形 敏感な、影響を受けやすい)　**sens** (感じる) +-itive (形容詞)

□ **sensible** (形 賢明な)　**sens** (感じる) +-ible (できる)

□ **sentimental** (形 感情的な、感傷的な)　**senti** (感じる) +-ment (名詞) +-al (形容詞)

□ **consent** (名 同意、承諾)　con- (共に) +**sent** (感じる)

□ **consensus** (名 (意見などの) 一致、合意)　con- (共に) +**sensus** (感じた)

□ **resent** (動 ～に憤慨する)　re- (再び) +**sent** (感じる)

■ sequ / secut / su(e) ➡ ついていく、追う

ホテルのスイートルームのsuiteも「一続きの」が原義で、同語源語です。

□ **sequence** (名 連続、並び)　**sequ** (ついていく) +-ence (状態)

□ **subsequent** (形 そのあとの、それに続く)　sub- (下に) +**sequ** (ついていく) +-ent (形容詞)

□ **consequence** (名 結果、影響)　con- (共に) +**sequ** (ついていく) +-ence (名詞)

□ **pursue** (動 ～を追跡する；～を追求する)　pur- (前に) +**sue** (追う)

□ **ensue** (動 続いて起こる)　en- (～の方に) +**sue** (ついていく)

□ **execute** (動 ～を実行する)　ex- (外に) +**(s)ecute** (追う)

□ **persecution** (名 迫害)　per- (完全に) +**secut** (追う) +-ion (名詞)

Such figures are shocking, and they should be. Research increasingly shows that growing levels of **inequality** do **extraordinary** damage to societies. They increase crime, generate **insecurity**, decrease **productivity** and damage the **social** bonds that **bind** countries together and allow them to function. A sense of **unfairness** is at the heart of the huge political changes that are taking place around the **globe**. The **election** of Donald Trump and the rise of **populist**, **nationalist** movements that reject **elites** are the results of these trends.

While these concentrations of wealth are **amazing**, there is more to the story. The easiest way to **undermine** the study is to attack its **methodology**. While the numbers are **accurate**, the **definition** of wealth is **misleading**. Oxfam defines wealth as **net** assets, which means that individuals with **loans** are often considered "poor." As a result, millions of individuals in the West with student **debt** have **negative** net assets, and are **thus** in the bottom 50%.

More important, however, is the fact that hundreds of millions of people have been **lifted** out of **poverty** in recent **decades**. In 1977, **nearly** 1 in 5 children born would die before the age of 5; today **infant** deaths **amount to** 1 child in 40 — a number still too high — and falling. As recently as 1990, 40% of the world's population lived on $1 a day or less; it is now 15% and continues to fall.

Still, 11% of the world's population, 1 person in 9, goes to bed hungry. **Economists** estimate that policies that specifically **targeted** the poor — such as the Development Round of the World Trade Organization — would have raised 700 million people out of poverty from 1990 to 2010. Progressive policies that focused on poverty — increased **taxation**, **reduction** of **military** **spending** and so on — could **eliminate** 75% of **extreme** poverty.

(307 words)

このような数字は衝撃的であり、また衝撃的であるべきである。**不平等**[01]が拡大すると社会が**途方もない**[02]ダメージを受けることが研究によってますます明らかになっている。犯罪を増やし、**危険**[03]を生み、**生産性**[04]を低下させ、国々を**結びつけ**[06]て機能させる**社会的な**[05]きずなを損ねる。**世界**[08]中で起きている大きな政治的変化の中心にあるのは、**不公平**[07]感である。ドナルド・トランプの**当選**[09]や、**エリート**[12]を拒絶する**ポピュリスト**[10]、**ナショナリストの**[11]運動の台頭は、こうした流れの結果である。

こうした富の集中は**驚くべき**[13]ことだが、話はそれだけではない。この研究を**弱体化させる**[14]最も簡単な方法は、その**方法論**[15]を攻撃することだ。数字は**正確**[16]だが、富の**定義**[17]が**誤解を招いて**[18]いる。オックスファムは富を**純**[19]資産と定義しているため、**ローン**[20]を抱える個人は「貧しい」と見なされることが多い。その結果、欧米で学生**ローン**[21]を抱える数百万人の個人は純資産が**マイナス**[22]となり、**したがって**[23]、下位50%に入ることになる。

しかしながら、より重要なのは、ここ**数十年**[26]で何億人もの人々が**貧困**[25]から**脱却し**[24]たという事実である。1977年には、生まれた子どもの5人に1人**近く**[27]が5歳になる前に死亡していたが、現在では**乳幼児の**[28]死亡は40人に1人に**なり**[29]、この数字はまだ高すぎるが、減少している。つい1990年には世界人口の40%が1日1ドル以下で生活していたが、現在は15%であり、減少し続けている。

それでも、世界人口の11%、9人に1人が空腹のままベッドに入る。**経済学者**[30]は、世界貿易機関（WTO）の開発ラウンドのような、貧困層を特に**対象とした**[31]政策によって、1990年から2010年の間に7億人が貧困から脱却できたと推定している。貧困に焦点を当てた進歩的な政策、すなわち**課税**[32]強化や**軍事**[34]**費**[35]の**削減**[33]などにより、**極度の**[37]貧困の75%を**なくす**[36]ことができた。

01 **inequality** 🌐
/ ìnɪkwɑ́:ləti /
in-（否定）+ equal（等しい）+ -ity（名詞）

名（富・地位などの）不平等、不均衡（⇔equality 平等）

02 **extraordinary**
/ ɪkstrɔ́:rdənèri /
extra-（外に）+ ordinary（正常な）

形 ①異常な、驚くべき（≒remarkable, unusual）（⇔ordinary 普通の） ②非凡な、素晴らしい（≒fantastic, amazing, wonderful）（⇔terrible, awful ひどい）
副 extraordinarily 異常に

03 **insecurity**
/ ìnsɪkjʊ́ərəti /
in-（否定）+ secur（安定した）+ -ity（名詞）

名 ①不安定、危険 ②不安

04 **productivity**
/ prədʌktívəti /
pro-（前方に）+ duct（導く）+ -ivi（形容詞）+ -ty（名詞）

名 生産性
形 productive 生産的な
動 produce ～を生み出す、生産する

05 **social**
/ sóuʃəl /
soci（仲間）+ -al（形容詞）

形 ①社会的な、社会の ②社交的な（≒sociable）
名 society 社会

06 **bind**
/ báɪnd /

動 ①～を結びつける、団結させる ②～を縛る（≒fasten）（⇔untie ～をほどく） ③～を束縛する
bind-bound-bound と活用
名 binder バインダー

07 **unfairness**
/ ʌ̀nféərnəs /
un-（否定）+ fair（公平な）+ -ness（名詞）

名 不公平（⇔fairness 公平、校正）

08 **globe**
/ glóub /

名 地球、世界
形 global 全世界の、世界的な
副 globally 世界的に

09 **election**
/ ɪlékʃən /
e-（外に）+ lect（選ぶ）+ -ion（名詞）

名 選挙；当選
動 elect ～を選ぶ

10 **populist**
/ pɑ́(:)pjəlɪst /
popul（人々）+ -ist（代表者）

形 大衆迎合の、ポピュリストの
名 大衆迎合主義者、ポピュリスト
名 populism 大衆迎合主義、ポピュリズム

11 **nationalist**
/ nǽʃənəlɪst /

形 国家主義の、ナショナリストの
名 国家主義者、ナショナリスト

12 **elite**
/ ɪlí:t /

名 エリート層、エリート階級
形 エリートの、選り抜きの

13 **amazing**
/ əméɪzɪŋ /

形 ①驚くべき、驚くほどの ②（驚くほど）素晴らしい
動 amaze ～をびっくりさせる

14 **undermine** ♛
/ ʌ̀ndərmáɪn /
語 under-（下を）+ mine（掘る）

動〈自信・権威など〉をひそかに傷つける、弱体化させる

15 **methodology** ♛
/ mèθədɑ́ːlədʒi /

名（科学・芸術などある分野の）方法論
形 methodological 方法論の

16 **accurate**
/ ǽkjərət /
語 ac-（～に）+ cur（注意する）+ -ate（形容詞）

形 正確な、精密な（⇔inaccurate 不正確な）
名 accuracy 正確さ
副 accurately 正確に

17 **definition**
/ dèfəníʃən /
語 de-(下に) + fin(限界) + -ition(名詞)

名 定義
動 define ～を定義する
形 definite 明確な

18 **misleading**
/ mìslíːdɪŋ /
語 mis（誤って）+ lead（導く）+ -ing（形容詞）

形 誤解を与えるような、紛らわしい
動 mislead ～を誤解させる

19 **net**
/ nét /

形 正味の、掛け値なしの（⇔gross 総計の）
名 網、ネット

20 **loan**
/ lóʊn /

名 貸付、融資、ローン

21 **debt**
/ dét /
発 b は発音しない

名 負債、借金（≒liability）
✎ get into debt で「（使いすぎて）借金をする」という意味

22 **negative**
/ négətɪv /
語 negat（否定する）+ -ive（形容詞）

形 ①負の、マイナスの（⇔positive 正の、プラスの）
②好ましくない、否定的な（⇔positive 肯定的な）

23 **thus**
/ ðʌ́s /

副 したがって（≒therefore）

24 **lift**
/ líft /

動 ①〈境遇など〉を改善する ②～を持ち上げる（≒raise）
名 リフト

25 **poverty** 🌐
/ pɑ́:vərti /
pover（貧しい）+ -ty（名詞）

名 貧困
形 poor 貧しい

26 **decade**
/ dékeɪd /
dec-（10）+ -ade（名詞）

名 10 年
for decadesで「何十年もの間」という意味

27 **nearly**
/ níərli /
near（近い）+ -ly（副詞）

副 ほとんど、もう少しで（≒ almost）

28 **infant**
/ ínfənt /
in-（否定）+ fant（話す）

形 幼児の、幼少の
名 幼児、乳児
名 infancy 幼児期

29 **amount to ～**

熟 合計～に達する

30 **economist**
/ ɪkɑ́:nəmɪst /

名 経済学者
名 economy 経済
名 economics 経済学
形 economical 経済的な、無駄のない

31 **target**
/ tɑ́:rgət /
targ（盾）+ -et（指小辞）

動 ～を目標［対象］にする
名 目標、目的（≒ aim, goal）

32 **taxation**
/ tækséɪʃən /

名 課税、徴税
名動 tax 税金；～に課税する

33 **reduction**
/ rɪdʌ́kʃən /
re-(元に) + duct(導く) + -ion(名詞)

名 減少；割引；削減
動 reduce ～を減少させる

34 **military**
/ mílətèri /
milit（兵士）+ -ary（形容詞）

形 軍の
名 ［通例 the military で］軍隊（≒ armed forces）

35 **spending**
/ spéndɪŋ /

名（国家予算などの）支出、出費
動 spend ～を費やす

36 **eliminate**
/ ɪlímənèɪt /
e-(外に) + limin(境界) + -ate(～にする)

動 ①～を取り除く、除去する（≒ exclude）
②（候補などから）～を外す
③〈対戦相手〉を敗退させる
名 elimination 除去

37 **extreme** / ɪkstríːm /

形 極度の、極端な
副 extremely 非常に、極度に

構文チェック

■ *ll.-3-5*

They (S) increase (V) crime (O), generate (V) insecurity (O), decrease (V) productivity (O) and damage (V) the social bonds (O) 〔that bind (V) countries (O) together and allow (V) them (O) to function (to *do*)〕.

訳 犯罪を増やし、危険を生み、生産性を低下させ、国々を結びつけて機能させる社会的なきずなを損ねる。

■ *ll.11-12*

The easiest way (S) (to undermine the study) is (V) to attack its methodology (C).

訳 この研究を弱体化させる最も簡単な方法は、その方法論を攻撃することだ。

For that purpose, Oxfam calls for an end to offshore tax havens, raising the minimum wage to allow working families to earn a living wage, the end of discrimination and equal pay for equal work, a social safety net for all citizens, and access to affordable, high-quality health care and education. While that looks like a wish list for developed countries, the last two would be very helpful for providing a foundation for better opportunities for the world's poorest citizens.

Health care and education demand more than just resources, however. They require social infrastructure and political systems. And here the Oxfam report is most wrong. Several people on that list of the world's richest individuals are using their wealth to change the world in ways that Oxfam approves of. Oxfam says that such "big charity" is no substitute for government policies that redistribute wealth to help the bottom 50%. But Bloomberg, Gates and Zuckerberg are actively engaged in new forms of charity that are intended to change social systems, precisely because governments seem unable to reform themselves. There are many examples of wealth used for selfish reasons, but the work of these individuals to solve these problems should not be dismissed. Oxfam is right to ring alarm bells, but it needs partners in that effort, no matter where they are from. Some of the world's wealthiest individuals are allies, not enemies, in that fight.

(234 words)

そのためにオックスファムは、**オフショア**[02]・**タックスヘイブン**[03]の廃止、労働者世帯が生活費を稼げるように**最低**[04]**賃金**[05]を引き上げること、**差別**[06]の撤廃と同一労働**同一**[07]賃金、すべての市民に対する社会的セーフティネット、**手頃**[08]で質の高い医療と**教育**[09]へのアクセスを**求めている**[01]。これは先進国のためのウィッシュリストのように見えるが、最後の2つは、世界で最も貧しい市民によりよい**機会**[11]を与えるための**基盤**[10]を提供するために非常に役立つものとなろう。

しかし、医療と教育が必要とするのは、単なる資源だけではない。社会基盤や政治体制が必要なのだ。そして、オックスファムの報告書が最も間違っているのはここである。世界で最も裕福な個人のリストに載っている何人かの人々は、オックスファムが**認める**[12]方法で世界を変えるためにその富を利用している。オックスファムは、このような「大きな**慈善事業**[13]」は、下位50%を助けるために富を**再分配する**[15]政府の政策に**代わるもの**[14]ではないとしている。しかし、ブルームバーグ、ゲイツ、ザッカーバーグは、社会制度を変える**ことを目的とした**[18]新しい形の慈善事業に**積極的に**[17]**取り組んでいる**[16]。**まさに**[19]、政府が自ら改革することができないように見えるからだ。**利己的な**[20]理由で富が使われる例はたくさんあるが、こうした問題を解決するためのこれらの個人の活動を**否定す**[21]べきではないだろう。オックスファムが**警鐘**[22]を鳴らすのは正しいが、そのためには、どこの国の人であろうと**仲間**[23]が必要だ。世界で最も裕福な人々の一部は、その戦いにおいて**敵**[25]ではなく、**味方**[24]なのだ。

(中央大学)

01 **call for ~**

熟 ①～を声を上げて求める、要求する（≒demand）
②～を必要とする（≒require）

02 **offshore**
/ ɔ̀ːfʃɔ́ːr /
off（離れて）+ shore（岸）

形 ①海外の ②沖の、沖合いの（⇔onshore 陸上の）
①の意味では限定用法

03 **tax haven**
/ tǽks hèɪvn /

名 租税回避地

04 **minimum**
/ mínɪməm /
mini（小さい）+ -mum（最上級）

形 最小限の、最低限の（≒minimal）
（⇔maximum 最大限の）
名 最小限、最低限

05 **wage**
/ wéɪʤ /

名 賃金
主に時給・日給などで支払われる賃金を意味する

06 **discrimination**
/ dɪskrɪ̀mənéɪʃən /
discrimin（区別する）+ -ation（名詞）

名 差別
動 discriminate 区別する、識別する

07 **equal**
/ íːkwəl /
発音・アクセント注意
equ（等しい）+ -al（形容詞）

形 ①等しい（⇔unequal 等しくない）
②平等な（⇔unequal 不平等な）
副 equally 等しく；平等に
名 equality 平等、同等

08 **affordable**
/ əfɔ́ːrdəbl /

形 ①手頃な価格の、安価な（≒inexpensive）
②入手可能な
動 afford ～する余裕がある

09 **education**
/ èʤəkéɪʃən /
e-（外に）+ duc（導き出す）+ -ation（名詞）

名 教育
動 educate ～を教育する
形 educational 教育の

10 **foundation**
/ faʊndéɪʃən /

名 ①土台、基礎 ②基金、財団法人 ③設立
動 found ～を設立する

11 **opportunity**
/ ɑ̀ːpərt(j)úːnəti /
op-（～に向かって）+ port（港）+ -uni（形容詞）+ -ty（名詞）

名 好機、チャンス（≒chance）

12 **approve of ~**

熟 ～をよいと認める、～に賛成する

13 **charity**
/ tʃǽrəti /

名 ①慈善事業 ②慈善団体
形 charitable 慈善の

14 **substitute**
/ sʌ́bstət(j)ùːt /
sub-（下に）+ + stit（置く）+ -ute（もの）

名 代わり、代用品
動 ～を代わりに使う
名 substitution 代用

15 **redistribute**
/ rìːdɪstríbjuːt /
アクセント注意
re-(再び) + distribute(配分する)

動 ～を再配分する
名 redistribution 再配分

16 **be engaged in ~**

熟 ～に携わっている、従事している

17 **actively**
/ ǽktɪvli /

副 積極的に、活発に
形 active 活動的な
動 act 行動する
名 activity 活動

18 **be intended to *do***

熟 ～することを意図する

19 **precisely**
/ prɪsáɪsli /
precise（正確な）+ -ly（副詞）

副 ①まさしく、まさに ②正確に
形 precise 正確な
名 precision 正確さ

20 **selfish**
/ sélfɪʃ /
self（自己）+ -ish（的な）

形 利己的な、自分勝手な
（⇔unselfish, altruistic 利己的でない、利他的な）

21 **dismiss**
/ dɪsmís /
dis-（分離）+ miss（送る）

動 ①〈提案・考えなど〉を退ける、否定する（≒reject）
②〈人〉を解雇する（≒fire）
名 dismissal 解雇；却下

22 **alarm bell**
/ əlɑ́ːrm bèl /

名 ①警鐘、警報ベル ②警報

23 **partner**
/ pɑ́ːrtnər /

名 ①パートナー、（行動を共にする）仲間
②配偶者、恋人
動（～と）提携する

24 **ally**
/ ǽlaɪ /
yの発音に注意
al-（～に）+ ly（結びつける）

名 同盟者、味方、同盟国（≒friend, supporter）
（⇔enemy 敵）
名 alliance 同盟
形 allied 同盟している

25 □□□ **enemy** / énəmi / 語 en-（否定）+ emy（友だち）	名 敵

構文チェック

■ *ll.1-5*

(For that purpose,) Oxfam calls for an end to offshore tax havens, raising the minimum wage (to allow working families to earn a living wage), the end of discrimination and equal pay for equal work, a social safety net for all citizens, and access to affordable, high-quality health care and education.

S: Oxfam / V: calls for / O: an end to offshore tax havens / O: raising the minimum wage / O: the end of discrimination and equal pay for equal work / O: a social safety net for all citizens / O: access to affordable, high-quality health care and education

訳 そのためにオックスファムは、オフショア・タックスヘイブンの廃止、労働者世帯が生活費を稼げるように最低賃金を引き上げること、差別の撤廃と同一労働同一賃金、すべての市民に対する社会的セーフティネット、手頃で質の高い医療と教育へのアクセスを求めている。

■ *ll.15-18*

But Bloomberg, Gates and Zuckerberg are actively engaged in new forms of charity〔that are intended to change social systems〕〔, precisely because governments seem unable to reform themselves〕.

S: Bloomberg, Gates and Zuckerberg / V: are / V: engaged / V: are intended / S: governments / V: seem unable to reform / O: themselves

訳 しかし、ブルームバーグ、ゲイツ、ザッカーバーグは、社会制度を変えることを目的とした新しい形の慈善事業に積極的に取り組んでいる。まさに、政府が自ら改革することができないように見えるからだ。

語源コラム　動詞の語根⑫

■ sess / sid ➡ 座る

president（大統領、社長）は〈pre-（前に）+sid（座る）+-ent（者）〉が原義です。

□ **assess**（動 ～を査定する、評価する）　as-（～に）+**sess**（座る）

□ **session**（名（ある活動を行う）時間、期間）　**sess**（座る）+-ion（名詞）

□ **obsessed**（形 心を奪われた、取りつかれた）　ob-（～に）+**sess**（座る）+-ed（形容詞）

□ **reside**（動〈事物・性質などが〉存在する、備わっている）　re-（後ろに）+**side**（座る）

□ **subsidiary**（形 補助的な；名 子会社）　sub-（下に）+**sid**（座る）+-iary（形容詞）

■ spec / spect / spic ➡ 見る

カタカナ語にもなっている spectacle（光景）は〈spect（見る）+-acle（指小辞）〉の構成。

□ **specimen**（名 標本、サンプル）　**speci**（見る）+-men（結果）

□ **aspect**（名 側面、面）　a-（～の方を）+**spect**（見る）

□ **expect**（動 ～を予期する、予想する）　ex-（外を）+**(s)pect**（見る）

□ **inspect**（動 ～を詳しく調べる、検査する）　in-（中を）+**spect**（見る）

□ **perspective**（名 観点、見方）　per-（通して）+**spect**（見る）+-ive（名詞）

□ **prospect**（名 見通し、展望）　pro-（前方を）+**spect**（見る）

□ **respect**（動 ～を尊敬する、尊重する）　re-（後ろを）+**spect**（見る）

□ **retrospect**（名 回顧、回想）　retro-（後方を）+**spect**（見る）

□ **suspicious**（形 不審に思う、疑う）　su-（下に）+**spic**（見る）+-(i)ous（満ちた）

■ spir ➡ 息をする

spirit（精神）は元々「神によって吹き込まれる息吹」という意味でした。

□ **aspire**（動 目指す、熱望する）　a-（～に）+**spire**（息をする）

□ **expire**（動 有効期限が切れる）　ex-（外に）+**(s)pire**（息をする）

□ **inspire**（動〈人〉を奮い立たせる）　in-（中に）+**spire**（息をする）

□ **conspiracy**（名 共謀）　con-（共に）+**spir**（息をする）+-acy（名詞）

□ **respiratory**（形 呼吸の）　re-（再び）+**spir**（息をする）+-atory（形容詞）

34 Third Culture Kids / サードカルチャーキッズ (1)

Today, people are able to move from one place to another much more **freely**[01] than even just **a couple of**[02] hundred years ago. Some families **immigrate**[03] or move to a foreign country to start a new life or to provide a better education or opportunities for their children. Some may move to **escape**[04] war in their home countries. About 20% of the people living in the US are people who have **settled**[05] there from different countries. **By comparison**[06], there are 8 million immigrants living in the United Arab Emirates, and they make up an amazing 87% of the national population.

Similar to families who immigrate are families who move to other countries only for a short time for work or military or government service. The children of these families are known as third culture kids. Third culture kids may share similar experiences to children of immigrants. Culture is the thinking and actions followed by a **particular**[07] people, group, or society. It can include behaviors, **attitudes**[08], **traditions**[09], language, and **beliefs**[10]. Third culture kids are those children who grow up in a different culture for a significant part of their **childhood**[11]. The first culture refers to the culture of the child's parents. The second culture is the culture where the child lives with his or her family. The third culture is then the **combination**[12] of the first and second cultures.

(228 words)

今日、人々は、ほんの**数**[02]百年前よりもずっと**自由に**[01]、ある場所から別の場所へ移動することができる。新しい生活を始めるため、あるいは子どもによりよい教育や機会を与えるために、外国に**移住し**[03]たり引っ越したりする家族もいる。また、自国での戦争から**逃れる**[04]ために移住する家族もいるだろう。米国に住む人の約20%は、さまざまな国からやって来て米国に**定住した**[05]人たちである。**それに対して**[06]、アラブ首長国連邦には800万人の移民が住んでおり、国民人口のなんと87%を占める。

移民と似たようなものに、仕事や軍務・公務などの理由で短期間だけ他国に移住する家族もいる。このような家族の子どもたちは、サードカルチャーキッズと呼ばれる。サードカルチャーキッズは、移民の子どもと同じような経験を共有することがある。文化とは、**特定の**[07]人々、グループ、または社会が従う考え方や行動のことである。文化には、行動、**考え方**[08]、**伝統**[09]、言語、**信仰**[10]などが含まれる。サードカルチャーキッズとは、**幼少期**[11]のかなりの期間、異なる文化の中で成長する子どもたちのことである。第1の文化は、その子の両親の文化を指す。第2の文化は、子どもが家族と共に暮らす土地の文化である。そして第3の文化は、第1と第2の文化の**組み合わせ**[12]である。

01 **freely**
/ fríːli /
語 free (自由な) + -ly (副詞)

副 自由に、勝手に
形 free 自由な
名 freedom 自由

02 **a couple of ～**

熟 ①2、3 の～、いくつかの～ ②2 つの～

03 **immigrate** 🌐
/ ímɪgrèɪt /
語 im- (中に) + migr (移動する) + -ate (～にする)

動 移住する、入植する
名 immigration 移住
名 immigrant 移住者、移民

04 **escape**
/ ɪskéɪp /
語 es- (外に) + cape (マント)

動 (～を) 脱出する、逃げる
名 脱出、逃亡

05 **settle** 🌐
/ sétl /

動 ①定住する ②～に決着をつける (≒fix, set)
名 settlement 入植 (地)；解決

06 **by comparison**

熟 それに対し、対照的に

07 **particular**
/ pərtíkjələr /
語 particul (小さい部分) ＋ -ar (形容詞)

形 ①特定の (≒specific) ②特有の、独特の
副 particularly 特に、とりわけ

08 **attitude**
/ ǽtət(j)ùːd /

名 考え方、姿勢

09 **tradition**
/ trədíʃən /
語 trad (引き渡す) + -(it)ion (名詞)

名 伝統、慣習、しきたり
形 traditional 伝統的な

10 **belief**
/ bɪlíːf /

名 ①信仰、信条 ②信念
動 believe ～を信じる

11 **childhood** 🌐
/ ʧáɪldhʊ̀d /

名 子ども時代

12 **combination**
/ kὰːmbənéɪʃən /
語 com- (共に) + bin (2 つのもの) + -ation (名詞)

名 組み合わせ、結合
動 combine ～を組み合わせる、結合させる

構文チェック

■ *ll.-5-7*

About 20% of the people (living in the US) are people 〔who have settled there from different countries〕.

(S: About 20% of the people / V: are / C: people / V: have settled)

訳 米国に住む人の約 20%は、さまざまな国からやって来て米国に定住した人たちである。

■ *ll.10-12*

Similar to families 〔who immigrate〕 are families 〔who move to other countries (only for a short time) (for work or military or government service)〕.

(▲C: Similar / V: immigrate / V: are / S: families / V: move)

訳 移民と似たようなものに、仕事や軍務・公務などの理由で短期間だけ他国に移住する家族もいる。

▲ すでに話題になっていた移民の話を踏まえて、短期間他国に移り住む家族の話題に展開するという流れのため、形容詞 similar が文頭に出て、後ろで主語と動詞が倒置されている。この短期間他国に移り住む家族の子どもが、このパッセージの主題である「サードカルチャーキッズ」だ。

35 Third Culture Kids / サードカルチャーキッズ (2)

Third culture kids may deal with some struggles[01] as a result of[02] their situation. For example, they may struggle with their identity and their sense of belonging[03]. They may not hold strong ties[04] to one country over another. Thus, the question "Where are you from?" may produce a sense of confusion[05] or act as a reminder[06] that they don't[07] necessarily[08] fully fit into[09] one culture. In addition, third culture kids may have to deal with others making fun of[10] them in both cultures due to differences in the way they look or even just due to the lack[11] of experience or knowledge[12] in one culture or another.

On the other hand, there are many benefits to being a third culture kid. For example, third culture kids are usually able to speak two or more languages. Generally, they are very good at building relationships[13] with other cultures. They are ready to[14] accept different types of people. They are more easily[15] able to deal with people of other cultures as a result of being from different cultures themselves.

(176 words)

Ch 1 環境
Ch 2 宇宙
Ch 3 テクノロジー
Ch 4 医療
Ch 5 国際
Ch 6 ビジネス
Ch 7 社会
Ch 8 生活
Ch 9 教育

サードカルチャーキッズは、その状況**の結果として**[02]いくつかの**苦難**[01]に直面することがある。例えば、自分のアイデンティティや**帰属**[03]意識に悩むことがある。ある国に対して他の国より強い**つながり**[04]を持つという感覚がない場合もある。そのため、「どこの出身なの?」という質問によって**戸惑い**[05]を感じたり、自分が**必ずしも**[07]一つの文化に**完全に**[08]**属し**[09]て**いない**ことを**思い出さされ**[06]たりすることがある。さらに、サードカルチャーキッズは、どちらの文化においても、見た目の違いや、どちらかの文化での経験や**知識**[12]の**不足**[11]ということだけで彼らを**からかってくる**[10]他者に対応しなければならないかもしれない。

一方、サードカルチャーキッズであることには多くの利点がある。例えば、サードカルチャーキッズは通常、二つ以上の言語を話すことができる。一般的に、彼らは他の文化との**関係**[13]を築くのが非常に得意である。さまざまなタイプの人々を受け入れる**準備ができている**[14]。自分自身がさまざまな文化に由来を持つため、他の文化圏の人々と接することがより**容易**[15]である。

(兵庫医療大学)

01 **struggle**
/ strʌ́gl /

名 ①苦労、難題 ②闘争
動 奮闘する、苦闘する

02 **as a result of ~**

熟 ~の結果（として）

03 **belong**
/ bɪlɔ́(ː)ŋ /
語 be-（まったく）+ long（適切な）

動 所属している
名 belongings 所有物

04 **tie**
/ táɪ /

名 ①きずな、縁、つながり ②ネクタイ
動 ~を結ぶ、結びつける

05 **confusion**
/ kənfjúːʒən /
語 con-(共に) + fus(注ぐ) + -ion(名詞)

名 ①混乱 ②混同、取り違え
動 confuse ~を混乱させる

06 **reminder**
/ rɪmáɪndər /
語 re-（再び）+ mind（心）+ -er（もの）

名 思い出させるもの、注意、メモ
動 remind ~に思い出させる

07 **not necessarily**

熟 必ずしも~ない

08 **fully**
/ fúli /
語 ful(l)（満ちた）+ -ly（副詞）

副 完全に、十分に
形 full いっぱいの；完全な

09 **fit into ~**

熟 〈グループなど〉に属する

10 **make fun of ~**

熟 ~をからかう

11 **lack**
/ lǽk /

名 不足（≒ shortage）
動 ~を欠いている

12 **knowledge**
/ náːlɪdʒ /
発音注意
語 know（知る）+ ledge（行為）

名 知識
形 knowledgeable 精通している

13	**relationship** / rɪléɪʃənʃɪp / 語 re-（元に）+ lat（運ぶ）+ -ion（名詞）+ -ship（状態）	名（人間同士などの）関係、間柄（≒ relation） 名 relation 関係
14	**be ready to *do***	熟 すぐに～できる、～する準備ができている
15	**easily** / íːzəli /	副 簡単に、たやすく（≒ with ease） 形 easy 簡単な

構文チェック

■ *ll.6-9*

(In addition,) third culture kids [S] may have to deal with [V] others [O] (making fun of them) (in both cultures) (due to differences in the way〔 [ ] they look〕) or (even just due to the lack of experience or knowledge in one culture or another).

訳 さらに、サードカルチャーキッズは、どちらの文化においても、見た目の違いや、どちらかの文化での経験や知識の不足ということだけで彼らをからかってくる他者に対応しなければならないかもしれない。

36 Doctors Without Borders / 国境なき医師団 (1)

Médecins Sans Frontières is a private, non-profit humanitarian[01] aid organization. It provides free aid to people whose lives are in danger[02], crossing[03] national, cultural[04], and ethnic[05] barriers[06]. The organization was founded[07] in 1967 during the Biafra War, a civil war[08] that broke out[09] in Nigeria. The war was prolonged[10] by the intervention[11] of various major powers, and more than 1.5 million Biafran civilians died of starvation[12] and other causes after being cut off from food and other supplies. French doctors participating in[13] International Red Cross activities at the time were so outraged[14] by this situation that they broke the silence[15] that had been the rule of the International Red Cross and condemned[16] the government forces for their violence[17] against the civilian population. This act caused a great sensation[18] around the world, and in 1971, a group of 13 French doctors and journalists founded Médecins Sans Frontières, which means "Doctors Without Borders" in English. For more than 50 years since then, the organization has been an independent[19], neutral[20] actor in distressed[21] regions around the world, and it was awarded[22] the Nobel Peace Prize in 1999.

Organization members' activities are twofold[23]: The first is medical care, which is the core[24] of their activities. They quickly rush[25] to regions in need of medical assistance[26], such as war zones[27], disaster areas, and refugee[28] camps, and act in response to infectious[29] disease outbreaks[30] and malnutrition[31]. Their second primary[32] activity is testimony[33]. Along with[34] medical aid, they also inform[35] the world what is happening on the ground and what kind of mistreatment[36] civilians are being subjected to[37]. This activity is considered important as a catalyst[38] to change the fundamental[39] structure of society, which cannot be done by medical care alone.

(284 words)

国境なき医師団は、民間の非営利**人道**[01]援助団体である。国籍、**文化**[04]、**民族の**[05]**壁**[06]を**越え**[03]て、命の**危険にさらされている**[02]人々に無償の援助を提供している。この団体は、1967年、ナイジェリアで**勃発した**[09]**内戦**[08]であるビアフラ戦争の最中に**設立**[07]された。戦争は大国の**介入**[11]によって**長期化し**[10]、食料などの補給を断たれて、150万人以上のビアフラ市民が**餓死**[12]などで命を落とした。当時、国際赤十字の活動**に参加していた**[13]フランス人医師たちは、この状況に**憤慨し**[14]、国際赤十字のルールであった**沈黙**[15]を破り、民間人に対する政府軍の**暴力**[17]を**非難した**[16]。この行為は世界中に大きな**センセーション**[18]を巻き起こし、1971年、13人のフランス人医師とジャーナリストからなるグループがMédecins Sans Frontières（英語で「国境のない医師団」を意味する）を設立した。以来50年以上にわたり、同団体は世界中の**苦しみにあえぐ**[21]地域で**独立**[19]かつ**中立**[20]の立場で活動を続け、1999年にはノーベル平和賞を**受賞した**[22]。

組織メンバーの活動は**二つ**[23]ある。第一は医療であり、その活動の**中核**[24]をなす。戦闘**地帯**[27]、災害地域、**難民**[28]キャンプなど医療**支援**[26]を必要とする地域に迅速に**駆けつけ**[25]、**感染**[29]症の**発生**[30]や**栄養失調**[31]に対応する。第二の**主要な**[32]活動は**証言**[33]である。医療支援**に加えて**[34]、現地で何が起きているのか、市民がどのような**虐待**[36]を**受けている**[37]のかを世界に**発信する**[35]。この活動は、医療だけではできない、社会の**根本的な**[39]構造を変える**きっかけ**[38]として重要だと考えられている。

01 **humanitarian**
/ hjuːmænətéəriən /
語 humanit(y)（人道主義）+ -arian（人）

形 人道的な、博愛主義の
名 人道主義者
名 humanity 人類；人間性

02 **be in danger**

熟 危険な状態にある

03 **cross**
/ krɔ́(ː)s /

動 ①～を渡る、横断する ②交差する

04 **cultural**
/ kʌ́ltʃərəl /
語 cultur（耕す）+ -al（形容詞）

形 文化の、文化的な
名 culture 文化

05 **ethnic**
/ éθnɪk /

形 民族の、人種の
副 ethnically 民族的に
名 ethnicity 民族性

06 **barrier**
/ bǽrɪər /
語 barr（横木）+ -ier（もの）

名 障壁、障害
「（通行・出入りなどを阻む）柵、フェンス」の意味もある

07 **found**
/ fáʊnd /

動 ～を設立する（≒establish）
名 foundation 設立

08 **civil war**
/ sìvl wɔ́ːr /

名 ①内戦、内乱 ②[the Civil War で] 南北戦争

09 **break out**

熟 〈火事・戦争・伝染病などが〉急に始まる、勃発する

10 **prolong**
/ prəlɔ́ːŋ /
語 pro-（前に）+ long（長い）

動 ～を引き延ばす、長引かせる
（≒lengthen, delay, drag out）（⇔shorten ～を短縮する）

11 **intervention**
/ ìntərvénʃən /
語 inter-（間に）+ vent（来る）+ -ion（名詞）

名 介入、干渉
動 intervene 介入する

12 **starvation**
/ stɑ̀ːrvéɪʃən /
語 starv（飢える）+ -ation（名詞）

名 飢餓；餓死（≒hunger, famine）
動 starve 飢える、餓死する

13 **participate in ~**
□□□
熟 ~に参加する (≒take part in ~)
名 participation 参加
名 participant 参加者

14 **outrage**
□□□
/ áutrèɪdʒ /
outr- (越えて) + -age (動作)
動 ~を激怒させる、憤慨させる (≒incense, infuriate)
形 outrageous ひどい、許しがたい

15 **silence**
□□□
/ sáɪləns /
名 静寂、沈黙
形 silent 沈黙した
副 silently 静かに、黙って

16 **condemn**
□□□
/ kəndém /
con- (完全に) + demn (害を加える)
動〈人・行為〉を非難する、とがめる (≒denounce)
✎ condemn *A* for *B* で「*A* を *B* のことで非難する」という意味
名 condemnation 非難

17 **violence**
□□□
/ váɪələns /
viol (暴力) + -ence (名詞)
名 暴力
形 violent 暴力的な
動 violate〈規則など〉に違反する

18 **sensation**
□□□
/ senséɪʃən /
sens (感じる) + -ation (名詞)
名 ①センセーション、大騒ぎ、大評判 (の人・もの) ②感覚、感じ
形 sensational 衝撃的な；世間を騒がせる

19 **independent**
□□□
/ ìndɪpéndənt /
in- (否定) + dependent (頼っている)
形 独立した (⇔dependent 従属した)
✎ be independent of ~で「~から独立している」という意味
名 independence 独立、自立

20 **neutral**
□□□
/ n(j)ú:trəl /
発音注意
形 中立の
名 neutrality 中立
動 neutralize ~を中立化する

21 **distressed** ♛
□□□
/ dɪstrést /
di(s)- (強意) + stress (引っぱる) + -ed (形容詞)
形 ①苦しんで ②(経済的に) 困窮している
名 distress 苦しみ

22 **award**
□□□
/ əwɔ́:rd /
a- (強意) + ward (観察する)
動〈賞・賞品など〉を与える
名 賞

23 **twofold**
□□□
/ tú:fòuld /
形 二重の、二つの要素から成る

24 **core**
□□□
/ kɔ́:r /
名 中核、核心
✎「(果物の) 芯」「(地球の) コア」などの意味もある

25 **rush**
/ rʌ́ʃ /

動 急いで行く、急いでする（≒hurry）
名 ①殺到、（需要などの）激増 ②混雑時間
✎ rush to *do*で「急いで～する」という意味

26 **assistance**
/ əsístəns /
as-（そばに）+ sist（立つ）+ -ance（名詞）

名 助け、援助
動 assist ～を援助する
名 assistant 助手、アシスタント

27 **zone**
/ zóʊn /

名 地帯、区域

28 **refugee** 🌐
/ rèfjuʤíː /
アクセント注意

名 難民
名 refuge 避難

29 **infectious**
/ ɪnfékʃəs /
in-（中に）+ fect（置く）+ -ious（形容詞）

形 ①〈病気が〉伝染性の、空気感染する ②〈感情などが〉うつりやすい、すぐに伝わる
名 infection 感染（症）
動 infect〈人・動物など〉に感染する

30 **outbreak**
/ áʊtbrèɪk /

名（伝染病・戦争などの）発生、勃発

31 **malnutrition**
/ mæ̀ln(j)u(ː)tríʃən /
mal-（悪い）+ nutrition（栄養を与えること）

名 栄養失調

32 **primary**
/ práɪmèri /
prim(e)（最初）+ -ary（形容詞）

形 主要な、最も重要な（≒main）（⇔secondary 二次的な）
形 prime 主要な
副 primarily 主として

33 **testimony**
/ téstəmòʊni /
test(i)（証言する）+ mony（結果）

名 ①証言 ②証拠（≒proof）

34 **along with ～**

熟 ①～に加えて ②～と共に

35 **inform**
/ ɪnfɔ́ːrm /
in-（中に）+ form（形を与える）

動〈人・当局など〉に知らせる
名 information 情報

36 **mistreatment** ♛
/ mìstríːtmənt /
mis-（悪く）+ treat（扱う）+ -ment（名詞）

名 虐待、不当な扱い
動 mistreat ～を虐待する、酷使する

37 □□□ **be subject to ～**	熟 ～にさらされる、～を被る
38 □□□ **catalyst** ♛ / kǽtəlɪst /	名 触発するもの、きっかけ
39 □□□ **fundamental** / fʌ̀ndəméntl / 語 fund(a) (基礎) + -ment (名詞) + -al (形容詞)	形 基本的な、根本的な (≒ basic) 名 [複数形で] 基本 副 fundamentally 基本的に、根本的に

構文チェック

■ *ll.8-12*

French doctors (participating in International Red Cross activities at the time) were so outraged (by this situation) 〔that they broke the silence 〔that had been the rule of the International Red Cross〕 and condemned the government forces for their violence against the civilian population〕.

(French doctors = S, were = V, outraged = C; they = S, broke = V, the silence = O, had been = V, the rule of the International Red Cross = C; condemned = V, the government forces = O)

訳 当時、国際赤十字の活動に参加していたフランス人医師たちは、この状況に憤慨し、国際赤十字のルールであった沈黙を破り、民間人に対する政府軍の暴力を非難した。

▲ so ～ that ... (とても～なので…) という相関接続詞の文であることを見抜こう。

37 Doctors Without Borders / 国境なき医師団 (2)

Since staff members from various countries work in a variety of locations, there are many hardships involved. First of all, to become a staff member, one must be able to use English or French, although there are many opportunities where Spanish, Arabic, Russian, and other languages are also useful. They also need to cope with the local environment, culture, and religion. In addition, they may spend time in poor conditions, such as where sanitary water is not available, and they are forced to disinfect it with chlorine. Furthermore, they need not only the skills in their area of expertise, but also the ability to communicate smoothly with people from different parts of the world and to cope with unfamiliar environments.

Aside from medical care and testimony, members also do tasks such as procuring water, food, and other supplies, or providing housing and equipment. In fact, about half of the staff are non-medical personnel. There are architects involved in construction, engineers who maintain vehicles and set up electrical equipment, logisticians who procure and deliver supplies, and of course accounting and human resources professionals. The psychological care of the local people and the training of local staff are also essential.

In 2015, the Kunduz Trauma Centre in Afghanistan operated by Médecins Sans Frontières was bombed by the U.S. Air Force. Forty-two people died in the incident, including 14 organization members. Attacks on medical facilities have continued in many places since then, claiming the lives of several medical workers. In 2016, the UN Security Council unanimously adopted a resolution calling for the security of medical and humanitarian aid operations in conflict situations. The Geneva Conventions and Additional Protocols also provide protection for wounded and sick people and medical and humanitarian aid workers. Nevertheless, such attacks continue unabated. These workers are always in danger in the field, but they put their lives at risk to help local populations in need.

(316 words)

さまざまな国のスタッフがさまざまな場所で働くため、伴う**苦労**[01]も多い。スペイン語、アラビア語、ロシア語などの言語も役に立つ機会は多いが、まずは、スタッフになるには英語かフランス語ができなければならない。また、**現地の**[02]環境や文化、**宗教**[03]に対応する必要もある。さらに、**衛生的な**[04]水が手に入らず、塩素**消毒**[05]を余儀なくされるなど、劣悪な環境で過ごすこともある。その上、**専門**[06]分野のスキルだけでなく、世界のさまざまな地域出身の人々と円滑に**コミュニケーションをとっ**[07]たり、**不慣れな**[08]環境に対応したりする能力も必要とされる。

医療と証言**の他にも**[09]、メンバーは水や食料などの物資の調達、**住居**[10]や備品の提供といった仕事もこなす。実際、スタッフの約半数は医療関係者ではない。**建設**[12]に携わる**建築士**[11]、**車両**[13]の整備や**電気**[15]設備の**設置**[14]を行うエンジニア、物資の調達や**配送**[16]を行う物流の専門家、そしてもちろん**経理**[17]や**人事**[18]の**専門家**[19]もいる。現地の人々の**心の**[20]ケアや現地スタッフの育成も欠かせない。

2015 年、国境なき医師団が運営するアフガニスタンのクンドゥズ外傷センターが米空軍の**爆撃**[21]を受けた。この事件で組織メンバー 14 人を含む 42 人が死亡した。それ以来各地で医療施設への攻撃が続き、何人もの医療従事者の命が奪われている。2016 年、国連安全保障理事会は紛争状態における医療および人道援助活動の安全を求める**決議**[24]を**全会一致で**[22]**採択した**[23]。ジュネーブ**条約**[25]と追加**議定書**[26]も、**傷**[28]病者や医療・人道援助従事者の**保護**[27]を定めている。**それにもかかわらず**[29]、こうした攻撃は一向に**収まらない**[30]。この医療・人道援助従事者たちは常に戦場で**危険にさらされ**[31]ながら、それでも、**援助を必要とする**[32]現地の人々を助けるために命をかけている。

（オリジナル）

Notes

l.8 chlorine 塩素
l.17 logistician 物流の専門家、ロジスティシャン

01 **hardship**
/ hɑ́ːrdʃɪp /
hard (困難な) + -ship (状態)

名 (金銭の欠乏などによる) 苦労、苦難 (≒ difficulty)

02 **local**
/ lóʊkl /
loc (場所) + -al (形容詞)

形 地元の
「全国的な」は national
動 locate 〈建物など〉を置く　名 location 位置
副 locally 地元で

03 **religion**
/ rɪlíʤən /
re- (再び) + lig (結ぶ) + -ion (名詞)

名 宗教
形 religious 宗教の

04 **sanitary**
/ sǽnətèri /
sanit (健康な) + -ary (形容詞)

形 衛生の、衛生的な (≒ hygienic)
名 sanitation 公衆衛生

05 **disinfect**
/ dìsənfékt /
dis- (否定) + in- (中へ) + fect (作る)

動 〈衣服・部屋など〉を (殺菌) 消毒する

06 **expertise**
/ èkspərtíːz /
発音注意
expert (熟達した) + -ise (名詞)

名 専門知識

07 **communicate**
/ kəmjúːnəkèɪt /
communic (共有の) + -ate (〜にする)

動 連絡を取る、やり取りをする
名 communication コミュニケーション

08 **unfamiliar**
/ ʌ̀nfəmíljər /
un- (否定) + familiar (よく知っている)

形 未知の、なじみの薄い (⇔ familiar よく知っている)

09 **aside from 〜**

熟 ① 〜に加えて (≒ in addition to 〜)
② 〜は除いて、別にして (≒ except for 〜)

10 **housing**
/ háʊzɪŋ /

名 住宅、住宅供給
動 house 〈人〉に住む場所を供給する；〈建物が〉〈オフィスなど〉を入れている

11 **architect**
/ ɑ́ːrkətèkt /

名 建築家
名 architecture 建築 (学)

12 **construction**
/ kənstrʌ́kʃən /
con- (共に) + struct (建てる) + -ion (名詞)

名 建設、建築 (⇔ destruction 破壊)
動 construct 〜を建設する

13 **vehicle**
/ ví:əkl /
発音注意
vehi（運ぶ）+ -cle（指小辞）

名 乗り物、車

14 **set up**

熟 ①～を組み立てる、建てる
②〈組織など〉を設立する（≒establish）

15 **electrical**
/ ıléktrıkl /

形 電気の、電気に関する
名 electricity 電気、電力

16 **deliver**
/ dılívər /
de-（～から）+ liver（自由にする）

動 ①～を配達する、届ける ②〈スピーチなど〉をする
名 delivery 配達、デリバリー

17 **accounting**
/ əkáʊntıŋ /
ac-（～に）+ count（数える）+ -ing（名詞）

名 会計、経理
名 account 預金口座

18 **human resources**
/ hjù:mən rí:sɔ:rsız /

名 ①人材、人的資源 ②人事部

19 **professional**
/ prəféʃənl /
pro-（前に）+ fess（認める）+ -ion（名詞）+ -al（形容詞）

名 ①専門家 ②プロ、プロ選手（⇔amateur アマチュア）
形 プロの（⇔amateur アマチュアの）
名 profession 職業

20 **psychological**
/ sàıkəlá:ʤıkl / 発音注意
psycho（心）+ logi（学問）+ -cal（形容詞）

形 心理的な、精神的な（≒mental）（⇔physical 身体的な）
名 psychology 心理学

21 **bomb**
/ bá:m /
語尾の b は発音しない

動 ～を爆撃する
名 爆弾
名 bombing 爆撃

22 **unanimously**
/ ju(:)nǽnəməsli /
un（一つ）+ anim（心）+ -ous（形容詞）+ -ly（副詞）

副 満場一致で
形 unanimous 満場一致の

23 **adopt**
/ ədá:pt /
ad-（～に）+ opt（選ぶ）

動 ①〈議会などが〉～を採択する、可決する
②〈方針・計画など〉を採用する ③～を養子にする
名 adoption 採用

24 **resolution**
/ rèzəlú:ʃən /
re-（完全に）+ solut（解く）+ -ion（名詞）

名 ①決議、決議案 ②解決、解明 ③解像度
動 resolve ～を解決する

25 **convention**
/ kənvénʃən /
語 con-（共に）+ ven（来る）+ -tion（名詞）

名 ①協定、協約
②（各種団体による定期的な）大会、集会
③慣習、しきたり

26 **protocol**
/ próʊtəkɑ̀ːl /

名 ①議定書 ②礼儀作法

27 **protection**
/ prətékʃən /
語 pro-（前を）+ tect（覆う）+ -ion（名詞）

名 保護
動 protect ～を保護する
形 protective 保護の

28 **wounded**
/ wúːndɪd /
語 wound（けがをさせる）+ -ed（形容詞）

形 負傷した、けがをした
動 wound ～を傷つける、負傷させる

29 **nevertheless**
/ nèvərðəlés /

副 それにもかかわらず（≒ nonetheless）

30 **unabated**
/ ʌ̀nəbéɪtɪd /

形 〈勢い・嵐などが〉衰えない、弱まらない

31 **put *A* at risk**

熟 *A* を危険にさらす（≒ put *A* in danger）

32 **in need**

熟 困窮している、援助を必要としている

構文チェック

■ *ll.1-2*

〔Since staff members from various countries work in a variety of locations,〕 there are many hardships involved.

(S: staff members from various countries / V: work / V: are / S: many hardships / C: involved)

訳 さまざまな国のスタッフがさまざまな場所で働くため、伴う苦労も多い。

▲there is [are] ＋主語＋現在分詞［過去分詞］（～が…している／…されている）の構文。

■ *ll.8-11*

(Furthermore,) they need not only the skills in their area of expertise, but also the ability (to communicate smoothly with people from different parts of the world and to cope with unfamiliar environments).

(S: they / V: need / O: the skills in their area of expertise / O: the ability)

訳 その上、専門分野のスキルだけでなく、世界のさまざまな地域出身の人々と円滑にコミュニケーションをとったり、不慣れな環境に対応したりする能力も必要とされる。

■ *ll.31-32*

These workers are (always) in danger (in the field), but they put their lives at risk (to help local populations in need).

(S: These workers / V: are / C: in danger / S: they / V: put / O: their lives / C: at risk)

訳 この医療・人道援助従事者たちは常に戦場で危険にさらされながら、それでも、援助を必要とする現地の人々を助けるために命をかけている。

プラス α ボキャブラリー

□ **federal** /fédərəl/
形 連邦の、連邦政府の
名 federation 連邦、連盟

□ **diplomacy** /dɪplóʊməsi/
名 外交
名 diplomat 外交官　形 diplomatic 外交の

□ **ambassador** /æmbǽsədər/
名 大使

□ **embassy** /émbəsi/
名 大使館

□ **army** /ɑ́ːrmi/
名 軍、陸軍
✎「海軍」は navy、「空軍」は air force

□ **territory** /térətɔ̀ːri/
名 領土、（グループ・動物などの）土地
形 territorial 領土の

□ **warfare** /wɔ́ːrfèər/
名 戦争；戦闘（状態）

□ **sovereign** /sɑ́ːvərən/
形 主権を有する
名 sovereignty 主権、統治権

□ **disarmament** /dɪsɑ́ːrməmənt/
名 軍備縮小、武装解除

□ **asylum** /əsáɪləm/
名 亡命

□ **bilateral relation** /baɪlǽtərəl rɪléɪʃən/
名 二国間関係

□ **multilateral** /mʌ̀ltilǽtərəl/
形 多国間の

□ **summit** /sʌ́mɪt/
名 ①首脳会談　②（山の）頂上、頂

□ **airspace** /éərspèɪs/
名 領空

□ **autocracy** /ɔːtɑ́ːkrəsi/
名 独裁主義国、独裁政権

□ **exile** /égzaɪl/
名 国外追放（者）

□ **treaty** /tríːti/
名 条約、協定（≒ pact）

□ **isolate** /áɪsəlèɪt/
動 ～を孤立させる
形 isolated 孤立した　名 isolation 孤立

□ **counterpart** /káʊntərpɑ̀ːrt/
名 交渉相手、（相手方）当事者

□ **reconcile** /rékənsàɪl/
動 ～を和解させる
名 reconciliation 調整；和解

Chapter 6

ビジネス

Business

ビジネス

シェアリングエコノミー (sharing economy)

シェアリングエコノミーとは、個人や組織がものやサービスなどへのアクセスを共有する経済モデルで、多くの場合、先端技術によるプラットフォームを用います。シェアリングエコノミーは所有から共有へ、大量消費から**共同消費** (collaborative consumption) への流れを促進し、自動車や**宿泊施設** (accommodations)、スキルなど、十分に活用されていない資産を貸し借りしたり交換したりすることで、資源の有効活用を促します。Uber や Airbnb、Peerby などの企業が提供するサービスはその一例です。

リモートワーク (remote work)

リモートワークとは、従業員がオフィス以外の場所 (自宅やその他の場所) で職務を遂行する勤務形態を指します。リモートワークは、高速インターネット、**クラウドコンピューティング** (cloud computing) などのテクノロジーの進歩と、新型コロナウイルスのパンデミックにより、大きく普及しました。リモートワークには、**柔軟性** (flexibility)、**通勤時間の短縮** (reduced commute time)、**生産性の向上** (increased productivity) などのメリットがあります。

デジタルトランスフォーメーション (digital transformation)

デジタルトランスフォーメーションとは、デジタル技術を活用することで、ビジネスの運営、顧客への価値提供、市場での競争などの方法を根本的に変えるプロセスを指します。クラウドコンピューティング、**データ分析** (data analytics)、人工知能、**モノのインターネット** (Internet of Things / IoT) などのデジタル技術を導入・統合し、プロセスを**合理化し** (streamline)、**顧客体験** (customer experiences) を向上させ、イノベーションを推進します。デジタルトランスフォーメーションは、デジタル時代に効果的に適応するための文化的・組織的な変革も伴います。

顧客体験のパーソナライゼーション (customer experience personalization)

顧客体験は、製品を使用したりサービスを受けたりするときだけでなく、広告からアフターケアに至る企業との接触から顧客が得る認識を網羅した体験を指します。顧客体験のパーソナライゼーションとは、個々の顧客のニーズや**嗜好** (preferences) に合わせた顧客体験を提供することです。テクノロジーの進歩によるデータ分析に基づき、企業は顧客の行動と嗜好に関する詳細な**洞察**（insights）を収集し、各顧客に合わせたマーケティング、製品の**推奨**（recommendations）、サービス体験を実現することができます。

ESG（ESG）

ESGとは、**環境・社会・ガバナンス**（Environmental, Social, and Governance）の略で、企業の持続可能性と倫理的影響を評価するための指標です。環境については**二酸化炭素排出量**（carbon footprint）や資源使用量など、社会については労働環境や地域社会への貢献など、ガバナンスについては情報開示や経営の透明性などが評価されます。ESGは、投資家が**社会的責任投資**（socially responsible investments）を行う上でのよりどころとなります。

グリーンウォッシング（greenwashing）

グリーンウォッシングとは、企業が製品やサービスの環境への貢献について、誤った印象を与えたり、誤解を招くような情報を伝えたりする**欺瞞行為**（deceptive practice）を指します。**環境意識の高い**（environmentally conscious）消費者にアピールするために、環境への配慮を誇張したり偽ったりすることです。

■ **会社組織**

Ch 1 環境
Ch 2 宇宙
Ch 3 テクノロジー
Ch 4 医療
Ch 5 国際
Ch 6 ビジネス
Ch 7 社会
Ch 8 生活
Ch 9 教育

38 Universal Basic Income / ベーシックインカム (1)

Almost since the time robots were **invented**, there have been people **warning** that they would one day take all our jobs. But in the last few years these wild predictions have come to seem more like a reality. Workers in factories and in offices have seen more and more of their work done by robots and computer programs, and the technologies that haven't yet arrived are exciting and **troubling** at the same time. **Self-driving** trucks will be wonderful for the **economy**, but not so wonderful for millions of truck drivers.

The **consequences** for society may be serious. In many places, **automation**-related job losses have resulted in large increases in drug **abuse**, **suicides**, and **radical** **politics**. What is to be done?

One increasingly popular **proposal** is a **universal** basic income, or UBI. The idea is that the wealth produced by a high-tech economy could be used, through increasing **taxes** on businesses and the rich, to give everyone a UBI, which would allow them to live a stable and comfortable life, without the need to work. There may be **fiscal** reasons why just giving people money is not a practical idea. But what's interesting is that many of the **arguments** raised against UBI seem to be based not on economics but on our **unexamined** attitudes and beliefs.

(215 words)

　ロボットが**発明さ**[01]れた頃から、ロボットがいつか私たちの仕事をすべて奪うだろうと**警告する**[02]人々はいた。しかし、ここ数年、こうした荒唐無稽な予測が現実味を帯びてきた。工場やオフィスで働く人たちは、ますます多くの彼らの仕事をロボットやコンピュータプログラムがこなすのを見てきており、まだ登場していないテクノロジーは、刺激的であると同時に**厄介**[03]でもある。**自動運転**[04]トラックは、**経済**[05]にとっては素晴らしいものだろうが、何百万人ものトラック運転手にとってはそうではないだろう。

　社会への**影響**[06]は深刻かもしれない。多くの場所で、**自動化**[07]に関連した雇用の喪失が、薬物**乱用**[08]、**自殺**[09]、**過激な**[10]**政治**[11]の大幅な増加をもたらしている。どうすればいいのだろうか。

　ますます注目を集めている**提案**[12]の一つが、**ユニバーサル**[13]・ベーシック・インカム（UBI）である。企業や富裕層への**増税**[14]によって、ハイテク経済が生み出す富はすべての人にUBIを与えるために使うことができるだろうし、そうすることによって、働かなくても安定した快適な生活をみんなが送れるようにしようという考えである。ただ人々にお金を与えるというのは現実的な考えではないという**財政的な**[15]理由はあるかもしれない。しかし、興味深いのは、UBIに反対する**議論**[16]の多くが、経済学ではなく、私たちの**吟味されていない**[17]考えや信念に基づいているように思えることである。

01 **invent**
/ ɪnvént /
語源 in-（上に）+ vent（出てくる）

動 ～を発明する、考案する
名 invention 発明
名 inventor 発明家

02 **warn**
/ wɔ́ːrn /

動 ①…と警告する ②〈人〉に警告する（≒ alert）
warn *A* of *B* で「B について A に警告する」、warn (～) that ... で「(～に) …だと警告する」という意味
名 warning 警告、注意

03 **troubling**
/ trʌ́blɪŋ /

形 困らせる、厄介な

04 **self-driving**
/ sèlfdráɪvɪŋ /

形 自動運転の

05 **economy**
/ ɪkɑ́ːnəmi /

名 経済、景気
形 economic 経済の
形 economical 経済的な、安い
名 economics 経済学

06 **consequence**
/ kɑ́ːnsəkwèns /
語源 con-（共に）+ sequ（ついていく）+ -ence（名詞）

名 結果、影響（≒ fallout, effect）
as a consequence で「その結果」という意味
形 consequential その結果生じる
副 consequently その結果

07 **automation**
/ ɔ̀ːtəméɪʃən /

名 自動化、オートメーション
動 automate ～を自動化する、オートメーション化する

08 **abuse**
/ 名 əbjúːs 動 əbjúːz /
語源 ab-（離れて）+ use（使う）

名 ①乱用、不正使用（≒ misuse） ②虐待
動 ①～を乱用する、悪用する（≒ misuse）
②～を虐待する

09 **suicide**
/ súːəsàɪd /
語源 sui（自分）+ cide（殺す）

名 自殺、自殺行為

10 **radical**
/ rǽdɪkl /
語源 radic（根）+ -al（形容詞）

形 急進的な、過激な（≒ extreme）
（⇔ conservative 保守的な）

11 **politics**
/ pɑ́ːlətɪks /
語源 polit（政治）+ -ics（学問）

名 政治学
形 political 政治の
名 politician 政治家
名 policy 政策

12 **proposal**
/ prəpóʊzl /
語源 pro-（前に）+ pos（置く）+ -al（名詞）

名 ①提案、案 ②申し込み
動 propose ～を提案する

13 **universal** / jùːnəvə́ːrsəl / uni (一つ) + vers (回る) + -al (形容詞)	形 ①(集団内の) すべての人々の ②全世界の；人類共通の ③普遍的な
14 **tax** / tǽks /	名 税金 動 ～に課税する 名 taxation 課税
15 **fiscal** / fískl / fisc (国庫) + -al (形容詞)	形 財政上の、会計の 副 fiscally 財政上
16 **argument** / áːrgjəmənt /	名 ①議論、論争 ②口げんか、口論 動 argue ～を主張する；議論する
17 **unexamined** / ʌ̀nɪgzǽmənd /	形 検討 [吟味] されていない

構文チェック

■ *ll.13-16*

The idea (S) is (V) [that (C) the wealth (S) (produced by a high-tech economy) could be used (V) (, through increasing taxes on businesses and the rich,) (to give everyone a UBI) 〔, which▲ would allow (V) them (O) to live a stable and comfortable life (to do), without the need to work〕].

訳 企業や富裕層への増税によって、ハイテク経済が生み出す富はすべての人にUBIを与えるために使うことができるだろうし、そうすることによって、働かなくても安定した快適な生活をみんなが送れるようにしようという考えである。

▲関係代名詞の which は、that から UBI までの内容全体を受けている。

One such argument is that work gives people a sense of identity and self-worth that cannot be **replaced**[01] by money from the government. And indeed, long-term **unemployment**[02] can be very damaging to **self-esteem**[03]. But a 2012 study gives us a different way to look at this question. Three German economists measured the change in happiness of workers who spent most of their working lives unemployed until their **retirement**[04] age. Then their happiness increased **sharply**[05] and **permanently**[06], even though the **reality**[07] of their lives did not change at all. What they had **managed to**[08] do was **exchange**[09] a **label**[10] that society views with **disapproval**[11], “unemployed,” for a label it respects: “retired.” **By contrast**[12], other studies have shown that people with jobs feel **hardly**[13] any change in life **satisfaction**[14] when they retire, **in spite of**[15] giving up the work that society has told them is central to their worth. All this suggests that the effect of a UBI on self-worth will largely depend on whether we, as members of society, can **be convinced to**[16] see it as **respectable**[17] — like a kind of early retirement.

Another argument against UBI is that giving people money without making them work for it will encourage them to live **irresponsibly**[18]. A 2018 project in Vancouver, Canada, tested that claim on a group that many of us might expect to confirm it: the homeless. A non-profit organization gave fifty homeless people $7,500 each — almost a month’s average **salary**[19] in Vancouver — and told them to spend it **however**[20] they liked. (Those with drug **addictions**[21] or **mental**[22] illness were not included in the study.) They were also given access to **workshops**[23] about life planning, along with other homeless people who had not received **payments**[24].

(287 words)

そのような議論の一つは、仕事は人々にアイデンティティと自尊心の感覚を与え、それは政府からのお金では**置き換え**[01]られないというものだ。そして実際、長期の**失業**[02]は**自尊心**[03]を大きく損なう可能性がある。しかし、2012年のある研究は、この疑問に対する別の見方を教えてくれる。ドイツの3人の経済学者が、**引退**[04]の年齢まで現役時代の大半を無職で過ごした労働者の幸福度の変化を測定した。すると、彼らの生活の**実態**[07]はまったく変わっていないにもかかわらず、幸福度は**急激に**[05]、しかも**永続的に**[06]上昇した。彼らは、「失業者」という社会が**否定的**[11]にとらえる**レッテル**[10]を、「引退した人」という社会が尊重するレッテルと**交換する**[09]ことに**成功した**[08]のである。**対照的に**[12]、他の研究では、仕事を持つ人は、社会から自分の価値の中心であると言われている仕事を手放した**にもかかわらず**[15]、退職しても人生の**満足度**[14]に**ほとんど**[13]変化を感じ**ない**ことが示されている。このことから、UBIが自尊心に与える影響は、社会の一員として、私たちがUBIを**恥ずかしくない**[17]もの、つまり早期退職のようなものだと**納得させられ**[16]得るかどうかに大きく依存すると考えられる。

UBIに反対するもう一つの主張は、人々に働かせることなくお金を与えることは、**無責任な**[18]生き方を助長することになるというものだ。カナダのバンクーバーで2018年に行われたプロジェクトでは、多くの人がその主張を確認できるだろうと予想するグループ、つまりホームレスの人たちでその主張を検証した。あるNPOが、50人のホームレスの人たちにそれぞれ7,500ドル、すなわちバンクーバーの平均**給与**[19]のほぼ1か月分を渡し、好きな**ように**[20]使ってよいと伝えた（薬物**依存症**[21]や**精神**[22]疾患を持つ人は研究対象に含まれなかった）。また、**支給**[24]を受けていない他のホームレスの人たちと一緒に、人生設計に関する**研修会**[23]に参加できるようにした。

01 **replace**
/ rɪpléɪs /
re-（元の場所に）+ place（置く）

動 ① ～を取り換える ② ～に取って代わる
名 replacement 取り換え

02 **unemployment**
/ ʌ̀nɪmplɔ́ɪmənt /
un-（否定）+ employ（雇う）+ -ment（名詞）

名 ① 失業（状態） ② 失業者数

03 **self-esteem**
/ sèlfɪstíːm /

名 自尊心、プライド（≒pride, self-respect）
esteem は「尊重（する）」という意味

04 **retirement**
/ rɪtáɪərmənt /
re-（後ろに）+ tire（引く）+ -ment（名詞）

名 退職
動 retire 引退する

05 **sharply**
/ ʃɑ́ːrpli /
sharp（急激な）+ -ly（副詞）

副 ① 急激に ② 鋭く
形 sharp 急激な；鋭い

06 **permanently**
/ pə́ːrmənəntli /
per-（通って）+ man（留まる）+ -ent（形容詞）+ -ly（副詞）

副 永久に、永続的に（⇔temporarily 一時的に）
形 permanent 永遠の

07 **reality**
/ riǽləti /

名 現実、事実
in reality で「実際には」という意味
形 real 現実の、実際の

08 **manage to *do***

熟 何とか～する

09 **exchange**
/ ɪkstʃéɪndʒ /
ex-（外に）+ change（換える）

動 ～を交換する
名 交換
exchange *A* for *B* で「*A* を *B* と交換する」という意味

10 **label**
/ léɪbl /
a の発音に注意

名 ① 肩書き、レッテル ② ラベル
動 ① ～にレッテルを貼る ② ～にラベルを貼る

11 **disapproval**
/ dìsəprúːvl /
dis-（否定）+ approv（賛成する）+ -al（名詞）

名 否認、不賛成；非難（⇔approval 承認）
動 disapprove 賛成しない、非とする

12 **by contrast**

熟 それとは対照的に（≒in contrast）

13 **hardly**
/ há:rdli /

[副] ほとんど〜ない
準否定語と呼ばれ、not なしに否定の意味の文になる

---

14 **satisfaction**
/ sæ̀təsfǽkʃən /
satis（十分な）+ -faction（すること）

[名] 満足
[動] satisfy 〜を満足させる
[形] satisfied 満足した
[形] satisfactory 満足な

---

15 **in spite of 〜**

[熟] 〜にもかかわらず（≒ despite）

---

16 **be convinced to *do***

[熟] 〜するよう説得される、納得して〜する

---

17 **respectable**
/ rɪspéktəbl /
re-（後ろを）+ spect（見る）+ -able（適した）

[名] まともな、恥ずかしくない
「尊敬」のニュアンスは薄れている
[動][名] respect 〜を尊敬する；尊敬

---

18 **irresponsibly**
/ ìrɪspá:nsəbli /
ir-（否定）+ responsibl（責任のある）+ -y（副詞）

[副] 無責任に
[形] irresponsible 無責任な

---

19 **salary**
/ sǽləri /
sal（塩）+ -ary（関する）

[名] 給料

---

20 **however**
/ haʊévər /

[副] ①どのような仕方で…しても ②どんなに…しても ③しかしながら

---

21 **addiction**
/ ədíkʃən /

[名] 中毒、依存
[名] addict 中毒者、依存症の人
[形] addictive 中毒性の
[形] addicted 中毒になって

---

22 **mental**
/ méntl /
ment（心）+ -al（形容詞）

[形] 精神の（⇔physical 身体的な）
[副] mentally 精神的に
[名] mentality 心理（状態）

---

23 **workshop**
/ wə́:rkʃɑ̀(:)p /
work（仕事）+ shop（仕事場）

[名] 研修会、ワークショップ

---

24 **payment**
/ péɪmənt /
pay（支払う）+ -ment（名詞）

[名] 支払い（金）
[動] pay 〜を支払う

構文チェック

■ *ll.11-14*

(By contrast,) other studies have shown [that people with jobs feel hardly any change in life satisfaction (when they retire)(, in spite of giving up the work (that (society has told them) is central to their worth))].

S V O S V O V C

訳 対照的に、他の研究では、仕事を持つ人は、社会から自分の価値の中心であると言われている仕事を手放したにもかかわらず、退職しても人生の満足度にほとんど変化を感じないことが示されている。

▲ society has told them は挿入節。省略して考えるとわかりやすい。

■ *ll.18-20*

Another argument against UBI is [that giving people money without making them work for it will encourage them to live irresponsibly].

S V C S S V O to *do*

訳 UBI に反対するもう一つの主張は、人々に働かせることなくお金を与えることは、無責任な生き方を助長することになるというものだ。

▲ encourage *A* to *do*（*A* に～するよう勧める、促す）という熟語として覚えておこう。

語源コラム 動詞の語根⑬

■ sta / sist / stit / stin ➡ 立つ

一番わかりやすいのは stand（立つ）でしょう。以下は代表例ですが、それでもこの語源を含む語はたくさんあります。

□ **static**（形 停滞した、不活発な） **stat**（立つ）+-ic（形容詞）
□ **status**（名 地位、身分） **stat**（立つ）+-us（状態）
□ **stability**（名 安定） **st**（立つ）+-abil（できる）+-ity（名詞）
□ **assist**（動（仕事などで）～を助ける） as-（そばに）+**sist**（立つ）
□ **contrast**（名 対照） contra-（対立して）+**st**（立つ）
□ **insist**（動 …と強く求める） in-（上に）+**sist**（立つ）
□ **circumstance**（名［複数形で］状況、事情） circum（周りに）+**stance**（立つこと）
□ **constant**（形 絶え間ない） con-（完全に）+**stant**（立つ）
□ **consist**（動 ～から成る） con-（共に）+**sist**（立つ）
□ **destination**（名 目的地、行き先） de-（強意）+**stin**（立つ）+-ation（名詞）
□ **existence**（名 存在） ex-（外に）+**(s)ist（立つ）**+-ence（名詞）
□ **resist**（動 ～に抵抗する） re-（後ろに）+**sist**（立つ）
□ **persist**（動 固執する） per-（通して）+**sist**（立つ）
□ **obstacle**（名 障害（物）、支障） ob-（遮るように）+**sta**（立つ）+-cle（指小辞）
□ **superstition**（名 迷信） super-（上に）+**stition**（立つこと）
□ **instance**（名 事例、場合） in-（中に）+**stance**（立つこと）
□ **institute**（名 協会、学会、機関） in-（上に）+**stit**（立つ）+-ute（～されたもの）
□ **substance**（名 物質） sub-（下に）+**stance**（立つもの）
□ **withstand**（動 ～に耐える、持ちこたえる） with-（逆らって）+**stand**（立つ）

■ stru(ct) / stroy ➡ 建てる

日本語にもなっている instructor（インストラクター）は〈in-（中に）+struct（建てる）→「教える」〉に -or（人）がついてできた語です。

□ **structure**（名 構造、構成） **struct**（建てる）+ure（結果）
□ **construct**（動 ～を建設する） con-（共に）+**struct**（建てる）
□ **instrument**（名 楽器） in-（上に）+**stru**（建てる）+-ment（名詞）
□ **instruction**（名［通例複数形で］取扱説明書） in-（上に）+**struct**（建てる）+-ion（名詞）
□ **destroy**（動 ～を破壊する） de-（下に）+**stroy**（建てる）

40 Universal Basic Income / ベーシックインカム (3)

The result? The people who had been given money improved their housing situation faster, and a year later they were still financially[01] secure. On average[02] they spent 39% less than they had done before on alcohol and cigarettes. This surprising result is actually in line with[03] those of many other studies showing that cash[04] payments either decrease or don't affect spending on such temptations[05]. In fact, large immediate[06] payments like the $7,500 seem to prompt long-term planning to a degree that small amounts don't.

The sums[07] of money required to create a UBI would be huge, and no one yet knows how such a program would affect a national budget[08]. (The fact that the Vancouver program ended up[09] paying for itself[10], by enabling people to move out of city-funded homeless shelters[11], suggests that even this question may hold a pleasant[12] surprise.) But a future with ever more workers losing their jobs to automation, and angry at their falling living standards[13], suggests we may need to find out[14]. Along the way, perhaps we may be able to reconsider[15] some of our old ideas about the relationship between people, money, and work.

(190 words)

結果はどうだったか。お金をもらった人たちは、より早く住環境を改善し、1年後も**財政的に**[01]安定を保っていた。また、アルコールとタバコに費やす金額は、**平均して**[02]以前より39%減少した。この驚くべき結果は、実は**現金**[04]支給がこうした**誘惑**[05]への支出を減らすか、あるいは影響を与えないことを示す他の多くの研究結果**と一致して**[03]いる。実際、7,500ドルのような多額の**即時**[06]支払いは、少額にはない程度に長期計画を促すようだ。

UBIを実現するために必要な**金額**[07]は膨大であり、このようなプログラムが国家**予算**[08]にどのような影響を与えるかは、まだ誰にもわからない。(バンクーバーのプログラムでは、市費で運営されるホームレス**シェルター**[11]からの退去を可能にすることで、**結果として**[09] **採算が取れた**[10]という事実があり、この問題には**嬉しい**[12]サプライズさえあるかもしれない。) しかし、自動化によって仕事を失い、生活**水準**[13]の低下に憤る労働者がさらに増える未来を考慮すると、私たちは**真相を見極める**[14]必要があるかもしれない。おそらくその過程で、人、お金、仕事の関係についての古い考えを**再考する**[15]ことができるかもしれない。

(福岡大学)

01 **financially**
/ fənǽnʃəli /

副 財政的に、金銭的に
形 financial 財政的な
名 finance 財政、金融

02 **on average**

熟 平均して

03 **in line with ~**

熟 ～と一致して

04 **cash**
/ kǽʃ /

名 現金

05 **temptation**
/ temptéɪʃən /
語 tempt（誘惑する）+ -ation（名詞）

名 誘惑
動 tempt ～を誘惑する、そそのかす
形 tempting 魅力的な

06 **immediate**
/ ɪmíːdiət /
語 im-（否定）+ medi（中間）+ -ate（形容詞）

形 ①即座の、迅速な（≒instant） ②差し迫った、緊急の ③直接の、隣接する
副 immediately すぐに

07 **sum**
/ sʌ́m /

名 ①金額 ②合計、和
動 ①～を合計する ②～を要約する

08 **budget**
/ bʌ́ʤət /
語 budg（袋）+ -et（小さい）

名 予算
形 安い、予算に合った

09 **end up *doing***

熟 結果的に～することになる

10 **pay for itself**

熟 採算が取れる、割に合う

11 **shelter**
/ ʃéltər /

名 ①避難所、保護施設 ②住まい、住居
動 避難する

12 **pleasant**
/ plézənt /
発 ea の発音に注意
語 pleas（喜ばせる）+ -ant（形容詞）

形 楽しい、快い（⇔unpleasant 不快な）
動 please ～を喜ばせる
形 pleased 満足した
名 pleasure 喜び

13 □□□ **standard** / stǽndərd / stand（立つ）+ ard（点）	名 基準、水準 形 標準的な 動 standardize ～を規格化する
14 □□□ **find out**	熟 真相を知る
15 □□□ **reconsider** / rìːkənsídər / re-（再び）+ consider（考慮する）	動 （～を）再考する

構文チェック

■ *ll.4-6*

This surprising result (S) is (V) actually in line with those of many other studies (C) (showing [that cash payments (S) either decrease (V) or don't affect (V) spending on such temptations (O)]).

訳 この驚くべき結果は、実は現金支給がこうした誘惑への支出を減らすか、あるいは影響を与えないことを示す他の多くの研究結果と一致している。

▲ either *A* or *B*（*A* か *B* かどちらか）の *A* と *B* に動詞が入っている。

41 Sharing Economy / シェアリングエコノミー (1)

Before the Internet, if an individual or a business had a product or service to offer, it was necessary to advertise through traditional means such as newspapers or television. Nowadays, the Internet connects billions of people through social networking sites, blogs, and virtual marketplaces. An interesting phenomenon has emerged from this combination of commerce and online social interaction: the "sharing economy." This aspect of the tech revolution has been valued highly by both buyers and sellers of goods and services for its ability to bring better prices and increased availability of transportation, lodging, and even second-hand products to consumers. However, the sharing economy is not without critics, who cite various issues with this new way of doing business.

One of the major players in the sharing economy is the American ride service company, Uber. Founded in 2009 by Travis Kalanick and Garrett Camp, Uber connects drivers wanting to earn money with people who need rides. Uber and similar services have become increasingly popular; as of 2016, Uber operates in over 400 cities worldwide. While taxi companies and their drivers are typically bound by law to maintain prices at set levels, Uber drivers are considered independent contractors, and prices may vary. For example, Uber engages in a controversial practice called "surge pricing," wherein passengers pay higher fares in times of high demand. Uber's business model has also been viewed as creating an unequal playing field because its drivers are not required to adhere to certain rules and regulations, such as the need to complete a taxi training program or to obtain a special driver's license. Such disagreements have prompted demonstrations by taxi drivers who claim that their livelihoods are being threatened by what they perceive to be unfair competition.

(288 words)

インターネットが普及する前、個人や企業が商品やサービスを提供する場合、新聞やテレビなどの伝統的な**手段**で**宣伝する**必要があった。今日では、インターネットはSNSやブログ、**仮想** **市場**を通じて何十億もの人々をつないでいる。このような**商取引**とネット上の社会的な**やり取り**の組み合わせから生まれた興味深い**現象**が「シェアリングエコノミー」である。**技術** **革新**のこの**側面**は、交通手段や**宿泊施設**、さらには**中古**品などを消費者により安く、より入手しやすくすることで、商品やサービスの買い手と売り手の双方から高く評価されている。しかし、シェアリングエコノミーに批判者がいないわけではなく、彼らはこの新しいビジネスのやり方に伴うさまざまな問題を**引き合いに出している**。

シェアリングエコノミーの代表的な会社の一つが、アメリカの配車サービス企業ウーバーだ。2009年にトラビス・カラニックとギャレット・キャンプによって設立されたウーバーは、お金を稼ぎたいドライバーと乗り物を必要としている人を結びつけるサービスである。ウーバーおよび同様のサービスの人気は高まっており、2016年現在、ウーバーは世界400以上の都市で営業している。タクシー会社とそのドライバーは、通常、価格を一定レベルに保つよう法律で縛られているが、ウーバーのドライバーは独立した**契約者**と見なされ、価格が**変動する**ことがある。例えば、ウーバーは、需要の高い時間帯には**乗客**がより高い**運賃**を支払う「サージ・プライシング」と呼ばれる**物議を醸す**営業を行っている。また、ウーバーのドライバーは、タクシーの研修を**完了し**たり特別な運転**免許**を**取得し**たりする義務のような、特定の規則や**規定**を**遵守する**ことが求められていないため、ウーバーのビジネスモデルは**不公平な** **競争条件**を生み出していると見なされてもいる。このような**意見の不一致**は、**不当な** **競争**と**考える**ものによって自らの**生計**が脅かされていると主張するタクシー運転手たちによる**デモ**を引き起こしている。

Notes

l.22 wherein［関係副詞］（そこで）…する

01 **advertise**
/ ǽdvərtàɪz /

動 ～を広告する、宣伝する
名 advertisement 広告
名 advertising 広告（すること）
名 advertiser 広告主

02 **means**
/ míːnz /

名 方法、手段
単複同形

03 **virtual**
/ vɚ́ːrtʃuəl /

形 ①仮想の（⇔real, true 実物の） ②実質的な
副 virtually 実質的に

04 **marketplace**
/ máːrkətplèɪs /
market（市場）+ place（場所）

名 市場

05 **phenomenon**
/ fɪnáːmənàːn /

名 現象
複数形は phenomena

06 **commerce**
/ káːmərs /
com-（共に）+ merce（商う）

名 商取引
形 commercial 商業的な
動 commercialize ～を商業化する

07 **interaction**
/ ìntərǽkʃən /
inter-（間の）+action（行為、作用）

名 ①交流、やり取り ②相互作用
動 interact やり取りする

08 **aspect**
/ ǽspekt /
アクセント注意
a-（～の方を）+ spect（見る）

名 側面、面（≒side）

09 **tech**
/ ték /

形 技術系の
名 ①技術 ②技術者

10 **revolution**
/ rèvəlúːʃən /
re-（元に）+ volut（回転する）+ -ion（名詞）

名 ①革命 ②回転
動 revolve 回転する
形 revolutionary 革命的な

11 **lodging**
/ láːdʒɪŋ /

名 宿泊場所

12 **second-hand**
/ sékəndhǽnd /

形 中古の

13 **cite**
/ sáɪt /

動 (例として)～を挙げる、引用する
名 citation 引用、例証

14 **contractor**
/ ká:ntræktər /
con-(共に)+ tract(引く)+ -or(人)

名 請負業者;契約者
名 contract 契約

15 **vary**
/ véəri /
発音注意

動 異なる、変化する
形 varied 変化に富んだ
名 variation 変化
名 variety 多様性

16 **controversial**
/ kà:ntrəvə́:rʃəl /

形 ①論争を引き起こす ②論争好きな
名 controversy 物議、論争

17 **passenger**
/ pǽsəndʒər /
passeng(通過する)+ -er(人)

名 乗客

18 **fare**
/ féər /

名 乗車料金、運賃

19 **unequal**
/ ʌ̀ní:kwəl /
un-(否定)+ equal(等しい)

形 ①不平等な、不公平な(⇔equal 平等な)
②等しくない(⇔equal 等しい)

20 **playing field**
/ pléɪŋ fi:ld /

名 競技場、運動場
比喩的に on an equal playing field(公平な立場で、同じ土俵で)のようにも使う

21 **adhere to ～**

熟 ①〈規則・約束など〉に忠実に従う
②～に付着する、粘着する
名 adhesion 付着、粘着
形 adhesive 粘着性の

22 **regulation**
/ règjəléɪʃən /
regul(規則)+ -ation(名詞)

名 ①規則、規定 ②規制
①の意味ではふつう複数形で使う
動 regulate ～を規制する

23 **complete**
/ kəmplí:t /
com-(完全に)+ plete(満たす)

動 ～を完成させる、修了する(≒finish)
形 完全な(≒total)
副 completely 完全に
名 completion 完成

24 **obtain**
/ əbtéɪn /
ob-(～に対して)+ tain(保つ)

動 ～を得る、入手する(≒acquire)

25 **license** / láɪsəns /	名 免許（証）
26 **disagreement** / dìsəgríːmənt / 語 dis-（否定）+ agree（合意する）+ -ment（名詞）	名（意見の）不一致、相違（⇔agreement 同意、合意） 動 disagree 同意しない、異議を唱える
27 **demonstration** / dèmənstréɪʃən /	名 ①デモ、示威行動 ②証明 動 demonstrate デモをする；～を（明らかに）示す
28 **livelihood** / láɪvlihùd /	名 生計、生活手段；暮らし
29 **perceive** / pərsíːv / 語 per-（完全に）+ ceive（取る）	動 ①～を（…であると）考える、解釈する ②～を知覚する、～に気づく 名 perception 知覚；認識 形 perceptible 知覚できる
30 **unfair** / ʌnféər / 語 un-（否定）+ fair（公平な）	形 不公平な、不当な（⇔fair 公平な）
31 **competition** / kɑ̀ːmpətíʃən / 語 com-（共に）+ peti（求める）+ -tion（名詞）	名 ①競争 ②競技会、試合 動 compete 競争する 形 competitive 競争の激しい；競争力のある 名 competitor 競争相手；競技者

構文チェック

■ *ll.23-26*

Uber's business model (S) has (V) also been viewed (V) as creating an unequal playing field 〔because its drivers (S) are not required (V) to adhere to certain rules and regulations (to do) (, such as the need to complete a taxi training program or to obtain a special driver's license)〕.

訳 また、ウーバーのドライバーは、タクシーの研修を完了したり特別な運転免許を取得したりする義務のような、特定の規則や規定を遵守することが求められていないため、ウーバーのビジネスモデルは不公平な競争条件を生み出していると見なされてもいる。

■ *ll.26-29*

Such disagreements (S) have prompted (V) demonstrations (O) (by taxi drivers 〔who claim (V) [that (O) their livelihoods (S) are being threatened (V) by [what they (S) perceive (V) to be unfair competition (C)]]〕).

訳 このような意見の不一致は、不当な競争と考えるものによって自らの生計が脅かされていると主張するタクシー運転手たちによるデモを引き起こしている。

Lodging is another important sector of the sharing economy. With the advent of online marketplaces such as San Francisco-based Airbnb, travelers can be connected with people who have extra rooms or an entire house or apartment they are willing to rent out for short-term periods. The company makes money by facilitating the exchange and charging a percentage of the rental fees. This type of service has allowed millions of users to find and save money on lodging. All that is needed is an Internet connection, a credit card, and a profile of the user. Airbnb and similar services, however, are also not without controversy. When an apartment is rented out by someone who does not own it, that person may sometimes be in violation of their apartment lease terms and/or local ordinances. For example, the legality of a tenant renting out a room or an entire apartment without landlord or city consent has been called into question in places such as New York and Berlin. Moreover, conflicts have arisen over whether or not Airbnb users should be subject to fees such as hotel taxes.

A third area of the sharing economy is comprised of e-commerce and auction sites such as eBay, which bring together buyers and sellers of goods including laptops, sofas, and even baseball cards. Sites like these allow people to exchange goods at lower prices than they would pay at the retail level by "cutting out the middleman." As with other areas of the sharing economy, this type of site has raised some concerns. Specifically, users of such sites have reported instances of fraud, counterfeit goods, and violations of intellectual property rights. These issues are held in check through mechanisms such as rating systems that help buyers connect with reliable and honest sellers. Additionally, companies engaged in the sharing economy continue to update their methods of protecting both buyers and sellers.

(313 words)

宿泊は、シェアリングエコノミーのもう一つの重要な分野である。サンフランシスコに本社を置くAirbnbのようなオンラインマーケットプレイスの出現により、旅行者は、**余分な**[01]部屋、あるいは家やマンションの部屋を持っていて、**短期間**[04]それらを**貸し出し**[03]**てもよい**[02]と考えている人とつながることができる。Airbnbは、このような交流の場を提供し、**賃貸**[06]**料**[07]の一部を**徴収する**[05]ことで利益を得ている。このようなサービスにより、何百万人もの利用者が宿泊施設を見つけ、お金を節約することができるようになった。必要なのはインターネット**接続**[08]とクレジットカード、そして利用者の**プロフィール**[09]だけである。しかし、Airbnbや類似のサービスもまた、論争がないわけではない。マンションの部屋を**所有し**[10]ていない人が貸し出す場合、その人はマンションの部屋の**賃貸**[12]条件や地域の**条例**[13]の両方またはどちらか**に違反して**[11]いる可能性がある。例えば、ニューヨークやベルリンなどでは、**賃借人**[15]が**家主**[16]や市の同意なしに部屋やアパート全体を貸し出すことの**合法性**[14]が**疑問視さ**[17]れている。さらに、Airbnbの利用者に宿泊税などの料金を課すべきかどうかという点でも対立が**起き**[18]ている。

シェアリングエコノミーの第3の分野は、eBayのような電子商取引と**オークション**[20]サイト**から成り**[19]、**ノートパソコン**[22]やソファ、野球カードに至るまでの商品の買い手と売り手を**結びつける**[21]ものである。このようなサイトでは、人々は「**中間業者**[25]を**省く**[24]こと」で、**小売り**[23]レベルで購入するよりも安い価格で商品をやり取りすることができる。シェアリングエコノミーの他の分野**と同様に**[26]、この種のサイトもいくつかの懸念を引き起こしている。具体的には、そのようなサイトの利用者は**詐欺**[28]や**模倣**[29]品、**知的**[30]**財産**[31]権の侵害などの**事例**[27]を報告している。こうした問題は、買い手が**信頼できる**[35]誠実な売り手とつながる助けとなる**評価**[34]システムなどの**仕組み**[33]によって**抑制さ**[32]れている。また、シェアリングエコノミーに携わる企業は、買い手と売り手の双方を保護するための方法を**更新し**[36]続けている。

（東海大学）

01 **extra**
/ ékstrə /

形 ①余分の ②追加の（≒additional）

02 **be willing to *do***

熟 ～しても構わない、快く～する

03 **rent out**

熟 賃貸しする

04 **short-term**
/ ʃɔ̀ːrttə́ːrm /

形 短期の（⇔long-term 長期の）

05 **charge**
/ ʧɑ́ːrʤ /

動 ①〈料金〉を請求する ②〈責任・任務など〉を課す ③〈電池・機器〉を充電する
名 料金

06 **rental**
/ réntl /

形 賃貸［賃借］の、レンタルの
名 レンタル料
動名 rent ～を賃借り［賃貸し］する；賃貸料

07 **fee**
/ fíː /

名 ①料金 ②（医者・弁護士などへの）報酬

08 **connection**
/ kənékʃən /
con-（共に）+ nect（結ぶ）+ -ion（名詞）

名 ①（通信・器具などの）接続 ②関係、関連
動 connect ～をつなぐ、結びつける

09 **profile**
/ próʊfaɪl /
発音・アクセント注意
pro-（前に）+ file（（糸を）紡ぐ）

名（人物・業績などの）紹介、プロフィール

10 **own**
/ óʊn /

動 ～を所有している（≒possess）
形 自分自身の、独自の
名 owner 所有者

11 **in violation of ～**

熟 ～に違反して

12 **lease**
/ líːs /

名 賃貸借契約
動 ～を賃貸しする

13 **ordinance** ♛ / ɔ́ːrdənəns /
語 ordin（命令）+ -ance（名詞）
名 条例

14 **legality** ♛ / lɪgǽləti /
名 合法性、適法性
形 legal 合法的な

15 **tenant** / ténənt /
語 ten（保持する）+ -ant（人）
名（家屋・部屋などの）賃借者；
（貸ビルなどの）テナント（⇔landlord 家主）

16 **landlord** / lǽndlɔ̀ːrd /
名 家主

17 **call *A* into question**
熟 A を疑問視する、A に疑問を呈する
（≒ bring *A* into question）
✎ *A* が長いときは call into question *A* の語順

18 **arise** / əráɪz /
語 a-（～から）+ rise（立つ）
動 ①〈問題が〉生じる（≒ occur） ②〈状況が〉発生する

19 **be comprised of ～**
熟 ～で構成されている

20 **auction** / ɔ́ːkʃən /
名 競売、オークション

21 **bring together**
熟 ～を呼び集める、引き合わせる

22 **laptop** / lǽptɑ̀ːp /
名 ノートパソコン
✎ lap は「ひざ」。「ひざのせ型パソコン」の意味

23 **retail** / ríːtèɪl /
語 re-（再び）+ tail（切る）
形 小売りの
名 retailer 小売業者

24 **cut out**
熟 ～を除外する、省く

25 **middleman** ♛
/ mídlmæ̀n /
middle（中間の）+ man（人）

名 中間業者、仲買人
（≒ intermediary, go-between, mediator）

26 **as with ～**

熟 ～と同様に

27 **instance**
/ ínstəns /
in-（中に）+ stance（立つこと）

名 事例、場合
for instanceで「例えば」という意味

28 **fraud**
/ frɔ́:d /

名 詐欺、詐欺行為
形 fraudulent 詐欺の、不正な

29 **counterfeit** ♛
/ káuntərfìt /
counter（反対）+ feit（作る）

形〈貨幣・商品・書類などが〉偽の、偽造の（≒ fake）
（⇔ genuine 本物の）

30 **intellectual**
/ ìntəléktʃuəl /
intellect（知性）+ -al（形容詞）

形 ①知的な ②知性の
名 intellect 知性

31 **property**
/ prá:pərti /
proper（自分自身の）+ -ty（状態）

名 ①財産、所有物 ②不動産、土地 ③特性
形 proper 適切な；特有の

32 **hold *A* in check**

熟 *A* を抑制する

33 **mechanism**
/ mékənìzm /
アクセントは me の位置

名 ①仕組み、装置 ②寸法
形 mechanical 機械の、機械仕掛けの

34 **rating**
/ réɪtɪŋ /

名（信用・人気などの）評価、格付け

35 **reliable**
/ rɪláɪəbl /
re-（後ろに）+ li（結びつける）+ -able（できる）

形 ①〈人・ものが〉信頼できる（≒ dependable）
②〈情報が〉確かな（≒ trustworthy）
動 rely 信頼する
名 reliance 信頼、依存

36 **update**
/ 動 ʌ̀pdéɪt 名 ʌ́pdèɪt /

動 ～を改訂する、更新する、新しいものにする
名 最新情報
形 updated 更新した、最新の

構文チェック

■ *ll.2-5*

(With the advent of online marketplaces such as San Francisco-based Airbnb,) travelers can be connected with people〔who have extra rooms or an entire house or apartment〔 they are willing to rent out for short-term periods〕〕.

S: travelers / V: can be connected / V: have / O: extra rooms or an entire house or apartment / S: they / V: are willing to rent

訳 サンフランシスコに本社を置く Airbnb のようなオンラインマーケットプレイスの出現により、旅行者は、余分な部屋、あるいは家やマンションの部屋を持っていて、短期間それらを貸し出してもよいと考えている人とつながることができる。

■ *ll.8-9*

All〔that is needed〕is an Internet connection, a credit card, and a profile of the user.

S: All / V: is needed / V: is / C: an Internet connection, a credit card, and a profile of the user

訳 必要なのはインターネット接続とクレジットカード、そして利用者のプロフィールだけである。

■ *ll.21-22*

Sites like these allow people to exchange goods (at lower prices〔than they would pay at the retail level〕) (by "cutting out the middleman)."

S: Sites like these / V: allow / O: people / to do: to exchange goods / S: they / V: would pay

訳 このようなサイトでは、人々は「中間業者を省くこと」で、小売りレベルで購入するよりも安い価格で商品をやり取りすることができる。

43 Digital Nomads / デジタルノマド (1)

The rise of the COVID-19 pandemic accelerated the adoption of remote work. This flexible work arrangement now enables individuals to work not just from their homes but also from local cafés, shared workspaces, or even different parts of the world. Moving from place to place while working online is a lifestyle that has come to be known as “digital nomadism.” The term “nomad” traces its origins to the medieval French word “nomade,” which means “wandering.” Therefore, “digital nomads” can be described as individuals who “wander” from one place to another while leveraging the Internet and technology for their professions. As of 2021, there were reportedly over 35 million digital nomads globally, with projections suggesting this number might reach 1 billion by 2035.

The global tourism industry, severely impacted by the pandemic, has taken keen interest in this growing segment. A 2023 survey revealed that 49.2% of digital nomads earn around 5 million yen annually, and 55.1% of them typically stay in one location for one to four months. The increasing number of these travelers is expected to boost local businesses and potentially create new job opportunities. This could also augment tax revenues from various sources like value-added taxes, import duties, and application fees. Furthermore, the rise of skilled professionals from other regions can provide a boost to local labor markets. Consequently, numerous countries are actively trying to attract digital nomads.

(230 words)

新型コロナウイルス感染症の世界的流行は、リモートワークの**採用**[01]に拍車をかけた。この**柔軟性のある**[02]**勤務形態**[03]により、今や自宅だけでなく、地元のカフェや**共有**[04] **ワークスペース**[05]、あるいは世界のさまざまな場所でも働くことが可能になっている。オンラインで仕事をしながら場所を移動するライフスタイルは、「デジタル・ノマディズム」として知られるようになった。「**ノマド**[06]」という言葉の由来は、「**放浪**[08]」を意味する**中世**[07]フランス語の「nomade」にさかのぼる。したがって、「デジタルノマド」とは、インターネットやテクノロジーを自分の**職業**[10]に活用しながら、一つの場所から別の場所へと「放浪する」人と**言い表す**[09]ことができる。2021年現在、**伝えられるところでは**[11]**世界には**[12]3,500万人以上のデジタルノマドがおり、2035年にはこの数が10億人に達すると予測されている。

パンデミックによって**深刻な**[14]影響を受けた世界の**観光**[13]業界は、この成長**分野**[16]に**強い**[15]関心を寄せている。2023年の**調査**[17]では、デジタルノマドの49.2%が年間500万円程度の収入を得ており、55.1%が通常1～4か月間同じ場所に滞在していることが明らかになった。こうした旅行者の増加は、地元企業を**活性化させ**[18]、新たな雇用機会を生み出す可能性を秘めていると期待されている。また、付加価値税、**輸入**[20]関税、申請手数料など、さまざまな財源からの税収も**増加する**[19]可能性がある。さらに、他地域から**能力の高い**[21]専門家が来ることによって、地元の労働市場が活気づく可能性もある。その結果として、多くの国がデジタルノマドの誘致に積極的に取り組んでいる。

Notes

l.21 value-added 付加価値のある

01 **adoption**
/ ədɑ́:pʃən /

名 採用、採択
動 adopt ～を採用する

02 **flexible**
/ fléksəbl /
語 flex（折り曲げる）+ -ible（できる）

形 ①柔軟な、融通の利く（≒adaptable）（⇔rigid 厳格な）
②柔らかい、しなやかな（≒elastic, pliable）
（⇔stiff, firm, rigid 硬い）
副 flexibly 柔軟に 名 flexibility 柔軟性

03 **arrangement**
/ əréɪndʒmənt /

名 ①配置、配列 ②準備、計画
動 arrange（～を）手配する

04 **shared**
/ ʃéərd /
語 share(共有する) + -(e)d(形容詞)

形 共用の、共有の
動 share ～を共有する、一緒に使う

05 **workspace**
/ wə́:rkspèɪs /
語 work（仕事）+ space（空間）

名 作業場、作業空間

06 **nomad** 🌐
/ nóʊmæd /

名 遊牧民、放浪者

07 **medieval**
/ mì:dií:vl / 発音注意
語 medi（中間）+ ev（時代）+ -al（形容詞）

形 中世の；中世風の
「中世」は the Middle Ages

08 **wander**
/ wɑ́:ndər /

動 さすらう、放浪する
wonder / wʌ́ndər /（不思議に思う）と混同注意

09 **describe**
/ dɪskráɪb /
語 de-（下に）+ scribe（書く）

動 ～を描写する、表現する
名 description 描写

10 **profession**
/ prəféʃən /
語 pro-（前に）+ fess（認める）+ -ion（名詞）

名 職業、専門職
名形 professional プロ；プロの

11 **reportedly**
/ rɪpɔ́:rtɪdli /

副 伝えられるところでは（≒allegedly）

12 **globally**
/ glóʊbli /
語 global（世界的な）+ -ly（副詞）

副 世界的に
名 globe 地球、世界
形 global 世界的な

13 **tourism** / túərìzm /	名 観光事業 名 tour（観光）旅行、見学 名 tourist 観光客
14 **severely** / sɪvíərli / 語 severe（厳しい）+ -ly（副詞）	副 ひどく、深刻に 形 severe 厳しい 名 severity 厳しさ
15 **keen** / kí:n /	形 ①熱心な、熱中した（≒curious, eager）（⇔indifferent 無関心な）②頭の切れる、鋭敏な（≒shrewd） 副 keenly 熱心に；鋭敏に
16 **segment** / ségmənt / 語 seg（切る）+ -ment（名詞）	名 部分、区分
17 **survey** / 名 sə́:rvèɪ 動 sərvéɪ / 語 sur-（上から）+ vey（見る）	名 ①調査、アンケート ②概観、見渡すこと 動 ～を調査する 品詞によってアクセントの位置が変わる
18 **boost** / bú:st /	動 ～を引き上げる、増大させる、発展させる 名 ①励まし、元気づけ ②上昇、増加
19 **augment** / ɔ:gmént /	動 ～を増加させる 名 augmentation 増加、増大
20 **import** / 名 ímpɔ:rt 動 ɪmpɔ́:rt / 語 im-（中に）+ port（運ぶ）	名 輸入、輸入品（⇔export 輸出（品）） 動 ～を輸入する（⇔export ～を輸出する） 品詞によってアクセントの位置が変わる
21 **skilled** / skíld / 語 skill（技能）+ -ed（形容詞）	形 ①熟練した ②熟練を要する 名 skill 技能、スキル 形 skillful 上手な

構文チェック

■ *ll.2-4*

This flexible work arrangement now enables individuals to work (not just from their homes but also from local cafés, shared workspaces, or even different parts of the world).

S V O to *do*

訳 この柔軟性のある勤務形態により、今や自宅だけでなく、地元のカフェや共有ワークスペース、あるいは世界のさまざまな場所でも働くことが可能になっている。

▲ not just *A* but also *B*（*A* ばかりでなく *B* もまた）は、not only *A* but also *B* と同じ意味の相関接続詞。

■ *ll.5-6*

Moving from place to place (while working online) is a lifestyle 〔that has come to be known as "digital nomadism〕."

S V C V

訳 オンラインで仕事をしながら場所を移動するライフスタイルは、「デジタル・ノマディズム」として知られるようになった。

■ *ll.10-12*

(As of 2021,) there were reportedly over 35 million digital nomads globally(, with projections (suggesting [this number might reach 1 billion by 2035])).

V S S V O

訳 2021年現在、伝えられるところでは世界には3,500万人以上のデジタルノマドがおり、2035年にはこの数が10億人に達すると予測されている。

▲〈with＋独立分詞構文〉の形。付帯状況を表す。

語源コラム　動詞の語根⑭

■ tain / ten / tin(u) ➡ 保つ

カタカナ語にもなっている maintenance（維持）は maintain（main（手）を使って tain（保つ））の名詞形です。

□ **attain**（動 ～を達成する、成し遂げる）	at-（～に）+**tain**（保つ）
□ **contain**（動 ～を含む）	con-（共に）+**tain**（保つ）
□ **continue**（動 続く）	con-（共に）+**tinue**（保つ）
□ **maintain**（動 ～を維持する）	main（手）+**tain**（保つ）
□ **obtain**（動 ～を得る、入手する）	ob-（～に向かって）+**tain**（保つ）
□ **retain**（動 ～を保つ、保持する）	re-（後ろに）+**tain**（保つ）
□ **sustain**（動 ～を維持する、持続させる）	sus-（下から）+**tain**（保つ）
□ **entertain**（動 ～を楽しませる）	enter-（間に）+**tain**（保つ）
□ **detention**（名 拘留、留置）	de-（分離）+**ten**（保つ）+-tion（名詞）

■ tend / tens / tent ➡ 伸ばす、向かう

キャンプなどで使う tent（テント）は「ピンと伸ばして張ったもの」が原義です。

□ **tension**（名 緊張（状態））	**tens**（伸ばす）+-ion（名詞）
□ **attend**（動 ～に出席する、参加する）	at-（～に）+**tend**（伸ばす）
□ **contend**（動 …と強く主張する）	con-（共に）+**tend**（伸ばす）
□ **extend**（動〈期間が〉延びる；〈期間〉を延ばす）	ex-（外に）+**tend**（伸ばす）
□ **intense**（形〈感情・運動などが〉激しい）	in-（中に）+**tense**（伸ばす）
□ **intention**（名 目的、意図）	in-（中に）+**tent**（伸ばす）+-ion（名詞）
□ **pretend**（動 ～のふりをする）	pre-（前に）+**tend**（伸ばす）

■ tort / tor ➡ ねじる、苦しめる

torch（たいまつ）も「（麦わらの束を）ねじったもの」から来た同語源語です。

□ **distort**（動 ～をゆがめる）	dis-（分離）+**tort**（ねじる）
□ **torture**（名 拷問）	**tort**（ねじる）+-ure（名詞）
□ **torment**（動 ～を苦しめる、悩ませる）	**tor**-（ねじる）+-ment（名詞）

44 Digital Nomads / デジタルノマド (2)

One such **incentive**[01] is the **introduction**[02] of digital nomad visas. **Unlike**[03] regular tourist visas, which offer limited stays, a digital nomad visa **permits**[04] stays ranging from six months to several years. However, not everyone **qualifies**[05] for these visas. The trend began with countries like Estonia, Georgia, and Iceland launching such visas in 2020. As of 2021, 21 countries had introduced or were planning to **roll out**[06] a digital nomad visa, and by June 2023, this number had risen to 58.

While this arrangement seems **mutually**[07] **beneficial**[08], enabling digital nomads to work in their chosen country and providing economic and labor advantages to the host nation, it is not without challenges. One significant issue is the potential **disruption**[09] to local communities. For instance, Mexico, a **hotspot**[10] for digital nomads, witnessed a 40% surge in rental demand, which caused **rents**[11] to **soar**[12]. In Mexico City, where the average annual income was under 2 million yen in 2022, monthly rents for certain apartments exceeded 200,000 yen. Additionally, the **proliferation**[13] of **trendy**[14] cafés, restaurants, and **coworking**[15] spaces **catering**[16] to digital nomads has limited **options**[17] for local residents. This rush to cater to digital nomads has **spurred**[18] concerns of **over-tourism**[19] and potential environmental consequences, such as the carbon **footprint**[20] from frequent air travel.

(208 words)

そのような**優遇措置**[01]の一つが、デジタルノマド・ビザの**導入**[02]だ。滞在期間が限定される通常の観光ビザ**と異なり**[03]、デジタルノマド·ビザは6か月から数年の滞在を**許可する**[04]。ただし、誰でもこのビザを取得する**資格がある**[05]わけではない。2020年にエストニア、ジョージア、アイスランドといった国々がこのようなビザを発行したことからこの流れは始まった。2021年時点で、21か国がデジタルノマド・ビザの**開始**[06]、または導入を計画しており、2023年6月までにこの数は58か国にまで増加した。

デジタルノマドは自分の選んだ国で働くことができ、受け入れ国に経済的·労働的なメリットをもたらすのだから、この取り決めは**互いに**[07] **利益がある**[08]ように見えるが、課題がないわけではない。重大な問題の一つは、地域社会が**混乱**[09]する可能性があることだ。例えば、デジタルノマドに**人気の地**[10]であるメキシコでは、賃貸需要が40%急増し、**家賃**[11]の**高騰**[12]を招いた。2022年の平均年収が200万円以下だったメキシコシティで、マンションによっては月額家賃が20万円を超えるものもあった。さらに、デジタルノマド**向け**[16]の**おしゃれな**[14]カフェやレストラン、**コワーキング**[15]スペースの**急増**[13]で、地元住民のための**選択肢**[17]は限られたものになった。デジタルノマドへの対応を急ぐことによって、**オーバーツーリズム**[19]や、飛行機での頻繁な移動によるカーボン**フットプリント**[20]など、環境への影響が生じる可能性への懸念に**拍車がかかっ**[18]ている。

（オリジナル）

01 **incentive**
/ ɪnséntɪv /
in-（～に）+ cent（歌う）+ -ive（名詞）

名 動機、優遇措置、インセンティブ（≒motive）

02 **introduction**
/ ìntrədʌ́kʃən /
intro-（中に）+ duct（導く）+ -ion（名詞）

名 導入、使用開始
動 introduce ～を紹介する；～を導入する

03 **unlike**
/ ʌnláɪk /
un-（否定）+ like（似ている）

前 ～と違って（⇔like ～のように）

04 **permit**
/ pərmít /
per-（通って）+ mit（送る）

動 ～を許可する、許す
permit *A* to *do* で「*A* が～することを許可する」という意味
名 permission 許可

05 **qualify**
/ kwɑ́:ləfàɪ /

動 ①資格を持つ ②～に資格を与える
qualify for ～で「～の資格がある」という意味
名 qualification 資格
形 qualified 資格のある

06 **roll out**

熟〈新製品〉を正式に発売する；～を本格展開する

07 **mutually**
/ mjú:tʃuəli /

副 相互に、互いに（≒reciprocally）
形 mutual 相互の

08 **beneficial**
/ bènəfíʃəl /
bene（よく）+ fici（～にする）+ -al（形容詞）

形 有益な、役に立つ（⇔detrimental, harmful 有害な）
名 benefit 利益
名 beneficiary 受益者

09 **disruption**
/ dɪsrʌ́pʃən /
dis-（分離）+ rupt（破る）+ -ion（名詞）

名 混乱、分裂
動 disrupt ～を混乱させる
形 disruptive 破壊的な

10 **hotspot**
/ hɑ́:tspɑ̀:t /

名 人気のある場所

11 **rent**
/ rént /

名 賃貸料
動 ～を賃借り［賃貸し］する
形 rental レンタルの

12 **soar**
/ sɔ́:r /
s-（外に）+ oar（風）

動 ①〈数値・温度・価格などが〉急上昇する（⇔plunge 急降下する）
②（空高く）舞い上がる

13 **proliferation** ♛
/ prəlìfərèɪʃən /
proli (子孫) + fer (運ぶ) + -ation (名詞)

名 急増、拡散
動 proliferate 急増する

14 **trendy**
/ tréndi /

形 流行の先端をいく、トレンディな

15 **coworking**
/ kóuwə̀ːrkɪŋ /

形 コワーキングの
名 コワーキング

16 **cater**
/ kéɪtər /

動 ①要求を満たす ②(宴会などの) ケータリングをする
cater to ～で「～の要求を満たす」という意味

17 **option**
/ áːpʃən /
opt (選ぶ) + -ion (名詞)

名 選択、選択肢 (≒choice)
動 opt 選ぶ
形 optional 任意の

18 **spur**
/ spə́ːr /

動 ～を促進する、刺激する
名 動機づけるもの、拍車

19 **over-tourism** 🌐
/ óuvərtúərìzm /

名 オーバーツーリズム、観光公害

20 **footprint** 🌐
/ fútprìnt /

名 ①フットプリント、(人・組織・企業などによる天然資源の) 使用量
②足跡

構文チェック

■ *ll.2-3*

(Unlike regular tourist visas〔, which offer limited stays〕,) a digital nomad visa permits stays (ranging from six months to several years).

訳 滞在期間が限定される通常の観光ビザと異なり、デジタルノマド・ビザは 6 か月から数年の滞在を許可する。

■ *ll.9-12*

〔While this arrangement seems mutually beneficial(, enabling digital nomads to work in their chosen country and providing economic and labor advantages to the host nation),〕 it is not without challenges.

訳 デジタルノマドは自分の選んだ国で働くことができ、受け入れ国に経済的・労働的なメリットをもたらすのだから、この取り決めは互いに利益があるように見えるが、課題がないわけではない。

▲enabling ～ と providing ～の二つの分詞に導かれる分詞構文。理由を表している。

語源コラム　動詞の語根⑮

■ trac(t) / trail / trait / tray / tire ➡ 引く、引っぱる

tractor（トラクター）も trailer（トレーラー）も「引っぱるもの」でした。train（電車）も同語源語です。

□ **attract**（動 ～を引きつける）　at-（～に）+**tract**（引く）
□ **abstract**（形 抽象的な、概念上の）　abs-（分離）+**tract**（引く）
□ **distract**（動〈注意など〉をそらす、散らす）　dis-（分離）+**tract**（引く）
□ **contract**（名 契約、契約書）　con-（共に）+**tract**（引く）
□ **extract**（動（別の物質から）〈物質〉を抽出する、採取する）　ex-（外に）+**tract**（引く）
□ **portrait**（名 肖像（画））　por-（前に）+**trait**（線を引いて描かれた）
□ **retire**（動 引退する）　re-（後ろに）+**tire**（引く）

■ tribut ➡ 与える

カタカナ語にもなっている tribute（賛辞、感謝の印）は「貢ぎ物」が原義です。

□ **attribute**（動 ～のせいにする）　at-（～に）+**tribute**（原因を割り当てる）
□ **contribute**（動〈金・援助など〉を与える、寄付する）　con-（共に）+**tribute**（与える）
□ **distribute**（動 ～を分配［配布］する）　dis-（分離）+**tribute**（与える）

■ vad / vas ➡ 行く

ノーベル賞作家シェンキェヴィチの代表作 *Quo Vadis*（クォ・ヴァディス）は quo（どこへ）vadis（あなたは行く）です。ヨハネによる福音書でペテロがイエスに尋ねる言葉です。

□ **invade**（動 ～を侵略する、～に侵入する）　in-（中に）+**vade**（行く）
□ **evade**（動〈義務・責任など〉を逃れる）　e-（外に）+**vade**（行く）
□ **pervasive**（形 行きわたった）　per-（通って）+**vas**（行く）+-ive（形容詞）

■ ven / vent / venu / venir ➡ 来る

カタカナ語にもなっている event（行事、イベント）は〈e-（外に）+vent（（結果として）出てきたもの）〉が原義です。

□ **advent**（名 到来、出現）　ad-（～に）+**vent**（来る）
□ **intervene**（動（調停・和平などのために）介入する）　inter-（間に）+**vene**（来る）
□ **invent**（動 ～を発明する、考案する）　in-（上に）+**vent**（出てくる）
□ **prevent**（動 ～を防ぐ、防止する）　pre-（前に）+**vent**（来る）
□ **revenue**（名 収入、歳入）　re-（元に）+**venue**（来る）
□ **souvenir**（名（旅などの）思い出の品、記念品）　sou-（下に）+**venir**（来る）

プラス α ボキャブラリー

□ **surplus** /sə́ːrplʌs/
名 ①黒字（⇔deficit）②余剰、余剰分（⇔deficit）

□ **monopoly** /mənάːpəli/
名 独占
動 monopolize 〜を独占する、〜の専売権を得る

□ **capital** /kǽpətl/
名 ①資本 ②首都

□ **bankrupt** /bǽŋkrʌpt/
形 破産した
名 bankruptcy 破産、倒産

□ **commute** /kəmjúːt/
動 通勤する 名 通勤
名 commuter 通勤者

□ **career** /kəríər/
名 ①経歴、キャリア ②職業

□ **stock** /stάːk/
名 ①在庫 ②株、株式

□ **client** /kláɪənt/
名 顧客、（弁護士・会計士などへの）依頼人
✎ 商店の「客」は customer、招待された「客」は guest

□ **compromise** /kάːmprəmàɪz/
動 妥協する、譲歩する 名 妥協、譲り合い

□ **commodity** /kəmάːdəti/
名 ①商品、売買品（≒goods）②有用なもの

□ **transaction** /trænzǽkʃən/
名 取引、売買

□ **deficit** /défəsɪt/
名 不足（額）、赤字（≒shortage）（⇔surplus）
形 deficient 不足した 名 deficiency 不足

□ **questionnaire** /kwèstʃənéər/
名 アンケート、質問票
✎ つづりに注意

□ **applicant** /ǽplɪkənt/
名 応募者
動 apply 応募する 名 application 応募

□ **competence** /kάːmpətns/
名 能力
形 competent 有能な

□ **freight** /fréɪt/ 発音注意
名 ①運送貨物 ②貨物輸送

□ **headquarters** /hédkwɔ̀ːrtərz/
名 本部、本社（≒head office, main office）（⇔branch office）

□ **recommendation** /rèkəmendéɪʃən/
名 ①推薦 ②推薦状

□ **campaign** /kæmpéɪn/ g は発音しない
名 キャンペーン（≒movement）

□ **merge** /mə́ːrdʒ/
動 合併する
名 merger（企業などの）合併

Chapter 7

社会

Society

社会

多様性／インクルージョン (diversity / inclusion)

「多様性」とは、集団、組織、社会の中にさまざまな人間の違いが存在することを指します。こうした違いには、**人種** (race)、**民族** (ethnicity)、**性別** (gender)、**性的指向** (sexual orientation)、年齢、社会経済的地位、**障がい** (disability)、宗教、文化的背景などが含まれます。一方、「インクルージョン」とは、その違いにかかわらず、すべての人が大切にされ、尊重され、サポートされていると感じられる環境を作ることを指します。多様な視点、背景、経験を積極的に受け入れることによって、誰もが活躍できる社会が生まれます。

ジェンダー平等 (gender equality)

ジェンダー平等は、すべての性別の人々が社会で同じ権利、**機会** (opportunities)、待遇を得られるようにすることです。これには、**賃金格差** (pay gaps)、教育格差、**差別** (discrimination)、性別による固定観念 (**stereotypes**) などの問題への取り組みも含まれます。ジェンダー平等を達成することで、個人が性別による制限を受けることなく目標や願望を追求できる、より公平な社会を創造することができます。

デジタルプライバシー (digital privacy)

デジタルプライバシーは、オンライン上の**個人情報** (personal information) が**同意** (consent) なしに収集、保存、使用されないように保護することです。ソーシャルメディア、オンラインショッピング、**デジタル監視** (digital surveillance) の普及により、人々のプライバシーは危険にさらされています。自分たちのデータがどのように使用されているかを理解し、必要な法律を作るなどして、自分たちのプライバシーと**自律性** (autonomy) を確保することが重要です。

世代間プログラム (intergenerational programs)

世代間プログラムは、子どもや若者と高齢者といった異なる年齢層の人々を集め、共通の活動や学習体験に従事させるものです。こうしたプログラムは、世代間の**相互理解** (mutual understanding) や社会的なつながり、相互学習を促進し、各年代の参加者に恩恵をもたらします。例えば、**メンターシップ・プログラム** (mentorship programs)、世代間学習イニシアティブ、**地域奉仕プロジェクト** (community service projects) などがあり、世代を超えた共感、尊重、知識や技能の交換が期待されます。

孤独 (loneliness)

孤独は、社会の変容と共に社会問題化し、精神的・身体的健康への有害な影響が認識されています。英国や日本では孤独担当大臣（Minister for Loneliness）が任命され、国や自治体が孤独・孤立の解消に向けてさまざまな対策を行っています。コミュニティー形成の取り組み、メンタルヘルス支援サービス、**社会的なつながり**（social connections）を育むテクノロジーの利用などが進んでいます。

富裕税 (wealth tax)

富裕税は、個人または世帯の**純資産**（net wealth）に対して課税される税金です。現金、**銀行預金**（bank deposits）、**不動産**（real estate）、**株式**（stocks）、**債券**（bonds）、その他の投資などの資産を対象としています。資産の把握の困難さから廃止された国も多く、現在ではスイス、オランダ、ノルウェーなど主にヨーロッパの国々にとどまっています。富の不平等の解消や社会プログラムの資金調達に役立つという意見がある一方で、資産を他国通貨に切り換える**資本逃避**（capital flight）や投資、経済成長への影響についての懸念もあります。

■ **社会的多様性**

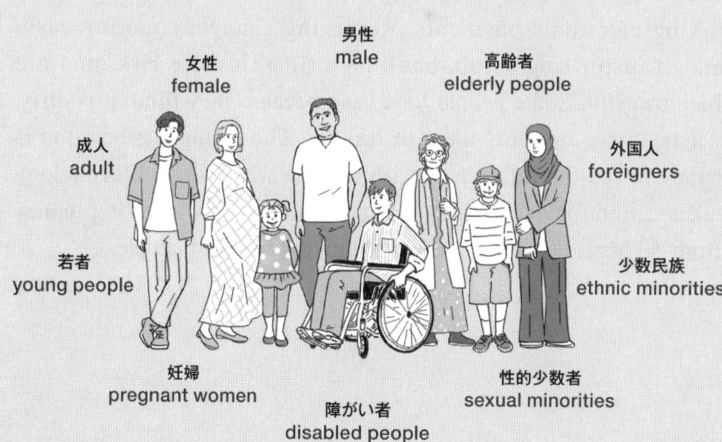

45 Cashless Society / キャッシュレス社会 (1)

The trend from cash payments to the use of e-money is growing rapidly. Sweden, Finland, and Korea are the most prepared countries for the transition [01] to a cashless [02] society. China, the United Kingdom, and Australia are not far behind.

In a cashless society, physical [03] banknotes [04] and coins [05] are not used to pay for goods or services. Instead, payment is made electronically [06]. The movement toward cashless payments started in the 1990s when electronic banking was beginning to become common [07]. By the 2010s, digital payment methods had increased significantly, and cash began to go out of favor [08] in some countries.

A 2016 survey of consumer spending habits [09] showed that in European countries 75 percent of people preferred credit cards as their main method of payment, whereas [10] only 11 percent of people regularly [11] used cash in shops and restaurants. What about today? Sweden stands out [12] as the leading cashless society with only two percent of payments made in cash.

For businesses, handling cash is more expensive [13] than taking electronic payments. Returning change, counting cash, and transporting [14] it to a bank take time, involve risk, and are inconvenient [15]. Some people hate [16] cash because they think it is dirty, wastes [17] time, and puts [18] them in danger. The younger generation is happy to see the future as a cashless one where digital technology takes care of payments smoothly and quickly. Withdrawing [19] money from ATMs [20] is becoming a thing of the past for most people.

(238 words)

現金決済から電子マネー利用への移行が急速に進んでいる。スウェーデン、フィンランド、韓国は、**キャッシュレス**[02]社会への**移行**[01]準備が最も進んでいる。中国、イギリス、オーストラリアがすぐ後に続いている。

キャッシュレス社会では、商品やサービスの支払いに**実物の**[03]**紙幣**[04]や**硬貨**[05]は使われない。その代わりに、支払いは**電子的に**[06]行われる。キャッシュレス決済への動きは、電子バンキングが**一般的**[07]になり始めた1990年代に始まった。2010年代までには、デジタル決済の手段が大幅に増え、一部の国では現金が**使われなく**[08]なり始めた。

消費者の消費**習慣**[09]に関する2016年の調査によると、ヨーロッパ諸国では75%の人がクレジットカードを主な支払い方法として好んでいる**のに対し**[10]、**通常**[11]、商店やレストランで現金を使う人はわずか11%だった。今日ではどうだろうか。スウェーデンは**突出した**[12]キャッシュレス先進社会で、現金での支払いはわずか2%しかない。

企業にとって、現金の取り扱いは電子決済よりも**費用がかかる**[13]。お釣りを返したり、現金を数えたり、銀行に**運ん**[14]だりするのは時間がかかり、リスクを伴い、**不便**[15]だ。汚く、時間を**無駄にし**[17]、自らを**危険にさらす**[18]と考えて現金を**嫌う**[16]人もいる。若い世代は、デジタル技術によってスムーズかつ迅速な決済ができるキャッシュレスな未来を思い描いて満足している。**ATM**[20]からお金を**引き出す**[19]ことは、ほとんどの人にとって過去のことになりつつある。

01	**transition** / trænzíʃən / 語 trans- (越えて) + it (行く) + -ion (名詞)	名 移行、推移 形 transitional 移行の
02	**cashless** 🌐 / kǽʃləs /	形 現金のない、現金不要の
03	**physical** / fízɪkl / 語 phys (自然) + -ical (形容詞)	形 ①物質の、物理的な ②体の、身体の (⇔mental 精神的な) 副 physically 身体的に；物理的に
04	**banknote** 🌐 / bǽŋknòut /	名 紙幣
05	**coin** 🌐 / kɔ́ɪn /	名 硬貨 動〈新語など〉を作る
06	**electronically** / ɪlèktrɑ́:nɪkli /	副 電子的に、電子を使って ✎「コンピュータを使って」というニュアンス
07	**common** / kɑ́:mən /	形 普通の、一般的な (⇔rare まれな) 副 commonly 一般的に
08	**out of favor**	熟 人気がなくなって、嫌われて
09	**habit** / hǽbət /	名 習慣 形 habitual 常習的な；習慣的な
10	**whereas** / weərǽz /	接 ～であるのに対して
11	**regularly** / régjələrli / 語 regul (物差し) + -ar (形容詞) + -ly (副詞)	副 ①ふつう、通常 ②規則的に、定期的に 形 regular 規則的な、定期的な
12	**stand out**	熟 ①際立つ、抜きんでている ②目立つ、人目につく

13 **expensive**
/ ɪkspénsɪv /

形 ①費用がかかる
②高価な（⇔cheap, inexpensive 安い）
名 expense 費用

14 **transport**
/ trænspɔ́ːrt /
trans-（向こうへ）+ port（運ぶ）

動（～を）輸送する、運ぶ
名 transportation 輸送

15 **inconvenient**
/ ìnkənvíːnjənt /
in-（否定）+ convenient（便利な）

形 不便な（⇔convenient 便利な）

16 **hate**
/ héɪt /

動 ～をひどく嫌がる
「～するのを嫌がる」という場合は、後ろは *doing* あるいは to *do* の形になる
名 hatred 憎しみ、嫌悪

17 **waste**
/ wéɪst /

動 ～を無駄にする
名 ①無駄、浪費 ②廃棄物
形 wasteful 無駄の多い

18 **put *A* in danger**

熟 *A* を危険にさらす（≒put *A* at risk）

19 **withdraw**
/ wɪðdrɔ́ː /
with-（離れて）+ draw（引く）

動 ①〈預金〉を引き出す ②撤退する
③〈前言〉を撤回する
withdraw-withdrew-withdrawn と活用
名 withdrawal（預金の）引き出し；撤退

20 **ATM**
/ éɪtìːém /

名 現金自動預け払い機
automatic [automated] teller machine の略

構文チェック

■ *ll.7-8*

The movement toward cashless payments (S) started (V) (in the 1990s 〔when electronic banking (S) was beginning (V) to become common (O)〕).

訳 キャッシュレス決済への動きは、電子バンキングが一般的になり始めた1990年代に始まった。

■ *ll.11-14*

A 2016 survey of consumer spending habits (S) showed (V) [that (O) in European countries 75 percent of people (S) preferred (V) credit cards (O) as their main method of payment 〔, whereas only 11 percent of people (S) regularly used (V) cash (O) in shops and restaurants〕].

訳 消費者の消費習慣に関する2016年の調査によると、ヨーロッパ諸国では75%の人がクレジットカードを主な支払い方法として好んでいるのに対し、通常、商店やレストランで現金を使う人はわずか11%だった。

■ *ll.21-23*

The younger generation (S) is (V) happy (C) (to see▲ the future as a cashless one▲ 〔where digital technology (S) takes care of (V) payments (O) smoothly and quickly〕).

訳 若い世代は、デジタル技術によってスムーズかつ迅速な決済ができるキャッシュレスな未来を思い描いて満足している。

▲この see は「～を想像する、心に思い描く」という意味で、see *A* as *B* で「*A* が *B* である姿を思い描く」という意味。

▲前出の future を受ける代名詞の one。続く where 節によって修飾されている。

語源コラム　動詞の語根⑯

■vers / vert ➡ 曲がる、回転する

universe（宇宙）は〈uni-（一つの）+verse（回転するもの）〉が原義です。夜空を見上げて見てみてください。

- □ **version**（名 版、バージョン）　**vers**（回転する）+-ion（名詞）
- □ **advertise**（動 広告する、宣伝する）　ad-（～に）+**vertise**（向ける）
- □ **convert**（動 ～を変える、変換する）　con-（共に）+**vert**（回る）
- □ **divert**（動 ～の方向を変える）　di-（分離）+**vert**（曲がる）
- □ **diverse**（形 多様な）　di-（分離）+**verse**（向ける）
- □ **reverse**（動〈考えなど〉を覆す）　re-（後ろに）+**verse**（曲がる）
- □ **anniversary**（名 記念日、～周年）　anni（年）+**vers**（回る）+-ary（名詞）

■vid / vis / view / vy ➡ 見る

video（ビデオ）は「私は見る」を意味するラテン語の video に由来する語です。

- □ **visual**（形 視覚的な、視力の）　**vis(u)**（見る）+-al（形容詞）
- □ **visible**（形 目に見える）　**vis**（見る）+-ible（できる）
- □ **devise**（動 ～を考え出す、考案する）　de-（分離）+**vise**（見る）
- □ **evident**（形 明白な、はっきりわかる）　e-（外に）+**vid**（見る）+-ent（形容詞）
- □ **advise**（動 ～に忠告する）　ad-（～に）+**vise**（見る）
- □ **provide**（動 ～を提供する、供給する）　pro-（前もって）+**vide**（見る）
- □ **revise**（動 ～を修正する、改訂する）　re-（再び）+**vise**（見る）
- □ **supervise**（動〈人・作業など〉を監督する、管理する）　super-（上から）+**vise**（見る）
- □ **review**（動 ～を再検討する、見直す）　re-（再び）+**view**（見る）
- □ **envy**（名 ねたみ、嫉妬）　en-（上に）+**vy**（見る）

■volu / volv / volt ➡ 巻く、回転する

volume には「書物」「分量」などの意味がありますが、本来「巻き物」を意味する語で、その大きさから「量」の意味が出てきました。

- □ **revolution**（名 革命）　re-（元に）+**volut**（回転する）+-ion（名詞）
- □ **evolve**（動 進化する）　e-（外に）+**volve**（回転する）
- □ **involve**（動 ～を含む、伴う）　in-（中に）+**volve**（巻き込む）
- □ **revolve**（動 回転する）　re-（元に）+**volve**（回る）
- □ **revolt**（名 反乱、暴動）　re-（後ろに）+**volt**（回る）

46 Cashless Society / キャッシュレス社会 (2)

Not all sections of society want to say goodbye to banknotes, coins, ATMs, and local banks. Senior citizens are resisting the disappearance of cash from their lives. These people may not be familiar with digital technology. A survey found that 2.3 million people over the age of 70 in the United Kingdom have difficulty accessing and using the Internet. For them, Internet banking is almost impossible. Many struggle to remember PIN numbers and are reluctant to make online payments. They are much happier with a few banknotes or coins in their purses when they go shopping.

A lot of senior citizens still prefer cash. But as society gets more cashless, things are becoming difficult for them. During the coronavirus pandemic, some shops refused to accept cash because they were worried that it could spread the virus. Signs appeared saying ‘Contactless payments only’. With the decline in the amount of cash being used, banks have closed down some branches and ATMs. These closures have affected old people more than the younger generation. Senior citizens’ groups have been calling on the government to take immediate action to protect cash as a payment option. Politicians have promised to take steps to retain cash as a method of payment.

(205 words)

社会のすべての**層**[01]が紙幣、硬貨、ATM、地方銀行との別れを望んでいるわけではない。**高齢者**[02]は生活から現金が**消えること**[04]に**抵抗し**[03]ている。こうした人々はデジタル技術になじみがないのかもしれない。ある調査によると、イギリスでは70歳以上の230万人がインターネットへのアクセスや利用が困難だという。そういう人々にとって、インターネット・バンキングは不可能に近い。**暗証番号**[05]の数字を覚えるのに苦労し、オンライン決済を**嫌がる**[06]人も多い。**財布**[07]に紙幣や硬貨を数枚入れて買い物に行く方がずっといいのだ。

多くの高齢者はいまだに現金を好む。しかし、社会のキャッシュレス化が進むにつれ、彼らにとっては困難な状況になってきている。コロナウイルスのパンデミックの際には、**ウイルス**[09]拡散の可能性を恐れて現金の受け取りを**拒否する**[08]店もあった。「**非接触**[10]決済のみ」という張り紙も登場した。現金の使用量の**減少**[11]に伴い、銀行は一部の**支店**[13]やATMを**閉鎖した**[12]。こうした**閉鎖**[14]によって影響を受けているのは、若い世代よりも高齢者だ。高齢者団体は政府に対し、支払い手段としての現金を守るために早急な対策を講じる**よう求めている**[15]。**政治家たち**[16]は、現金を支払いの選択肢として**残す**[17]ための措置を講じることを約束している。

（日本大学）

Notes

l.12 coronavirus　コロナウィルス

01 **section**
/ sékʃən /
sect（切る）+ -ion（名詞）

名 ①（全体の）部分、一片 ②（組織の）部門
③売り場、コーナー

02 **senior**
/ síːnjər /

形 ①年長の（⇔junior 年少の）
②（役職が）上位の（⇔junior 下位の）
名 高齢者

03 **resist**
/ rɪzíst /
re-（後ろに）+ sist（立つ）

動 ①～に抵抗する ②～への耐性がある
名 resistance 抵抗
形 resistant 耐性のある

04 **disappearance**
/ dìsəpíərəns /
dis-（否定）+ appear（現れる）+ -ance（名詞）

名 姿を消すこと
動 disappear 姿を消す

05 **PIN**
/ pín /

名 暗証番号
personal identification number（個人識別番号）の略

06 **reluctant**
/ rɪlʌ́ktənt /
re-（反対して）+ luct（闘う）+ -ant（形容詞）

形 ①気乗りがしない、しぶしぶの
be reluctant to *do* で「～するのに気乗りがしない」という意味
名 reluctance 気が進まないこと
副 reluctantly いやいや、しぶしぶ

07 **purse**
/ pə́ːrs /

名 ①ハンドバッグ ②（女性用の）小銭入れ
①は主に北米英語、②はイギリス英語での使い方

08 **refuse**
/ rɪfjúːz /
re-（元に）+ fuse（注ぐ）

動（～を）拒否する、断る
refuse to *do* で「～することを拒否する」という意味
名 refusal 拒否

09 **virus**
/ váɪrəs /
vi の発音に注意

名 ウイルス
「細菌」は germ、bacteria という
形 viral ウイルスの；（ネットや口コミで）急速に広まる

10 **contactless**
/ káːntæktləs /
con-（共に）+ tact（触れる）+ -less（ない）

形 接触しない、非接触の

11 **decline**
/ dɪkláɪn /
de-（下に）+ cline（曲げる）

名 減少（≒decrease）（⇔increase 増加）
動 ①減少する、低下する（≒decrease）
（⇔increase, rise 増加する）
②（～を）断る（≒refuse）（⇔accept ～を受け入れる）

12 **close down**

熟〈会社・工場など〉を閉める、廃業する
（≒close, shut down）

13 **branch**
□□□
/ brǽntʃ /

名 ①支社、支店 ②枝

14 **closure**
□□□
/ klóʊʒər /
語 clos（閉じる）+ -ure（名詞）

名 閉鎖、閉店
動 close ～を閉める

15 **call on *A* to *do***
□□□

熟 *A* に～するよう要求する

16 **politician**
□□□
/ pɑ̀ːlətíʃən /
語 polit（政治）+ -ician（人）

名 政治家
名 politics 政治学
形 political 政治の
名 policy 政策

17 **retain**
□□□
/ rɪtéɪn /
語 re-（後ろに）+ tain（保つ）

動 ～を保つ、保持する
名 retention 保有、保持

構文チェック

■ *ll.17-19*

Senior citizens' groups (S) have been calling on (V) the government (O) to take immediate action (to do) (to protect cash as a payment option).

訳 高齢者団体は政府に対し、支払い手段としての現金を守るために早急な対策を講じるよう求めている。

47 Media and Social Division / メディアと社会の分断 (1)

In today's connected world, news media has the ability to reach millions of people with ease through various media platforms. These reports are used by readers to remain aware of international events. Communication by both professional and amateur news outlets allows us to absorb and reconsider a wide range of news, which we can then analyze to offer an informed and educated opinion. However, there is an area of this type of reporting that in fact can be problematic, this being the media's habit of stereotyping certain members of society.

A stereotype is a generally held opinion or belief by one social group, about another group, an individual, or things. A stereotypical judgment can relate to several factors, including gender, sexuality, race, religion, behavior, or social class. Such judgments can lead to extreme oversimplification where a great number of people, despite their differences, are judged to be more or less the same. This oversimplification of social groups can lead to negative images, and in some extreme cases either discrimination or violence.

Stereotypes have existed for many years, with the mass media helping to unfavorably shape and promote hostility towards social groups. For example, there is historical evidence of negative stereotyping towards people of color, such as in Japanese children's books, and in the early days of American television where African Americans were portrayed as unskilled, unintelligent, and violent.

(228 words)

今日のつながった世界では、ニュース**メディア**[01]はさまざまなメディア**プラットフォーム**[03]を通じて、何百万人もの人々に**簡単に**[02]情報を届けることができる。これらの報道を通じて読者は国際的な出来事を常に意識している。プロ、**アマチュア**[04]両方の報道**機関**[05]による伝達によって、私たちは幅広いニュースを**吸収し**[06]、再検討することが可能となる。そして、私たちはそのニュースを分析し、**確かな情報**[07]と**知識に基づいた**[08]**意見**[09]を表明することができる。しかし、この種の報道には実は**問題となり**[10]得る部分がある。それは、社会の特定のメンバーを**ステレオタイプ化する**[11]メディアの習慣である。

ステレオタイプとは、ある社会集団がほかの集団や個人、物事に対して一般的に持っている意見や考えのことである。ステレオタイプ的な**判断**[12]は、**ジェンダー**[15]、**セクシュアリティ**[16]、**人種**[17]、宗教、振る舞い、**社会階級**[18]など、いくつかの**要素**[14]**に関わる**[13]ことがある。このような判断は極端な単純化**につながり**[19]、多数の人間が、それぞれの違いにもかかわらず、大体のところ同じであると判断される。このような社会集団の過度な単純化は、否定的なイメージにつながり、極端な場合には差別や暴力に至ることもある。

ステレオタイプは長年にわたって存在しており、マスメディアはさまざまな社会集団に対する**敵意**[22]を**好ましくない形で**[20]形成し、**助長する**[21]のに加担している。例えば、日本の子ども向けの本やアメリカの初期のテレビ放送でアフリカ系アメリカ人が**技術力が未熟**[26]で**知性が低く**[27]、**暴力的**[28]であると**描か**[25]れていたなど、有色人種に対する否定的なステレオタイプ化があったことの**歴史的な**[23]**証拠**[24]がある。

Notes

l.14 oversimplification　過度の単純化

01 **media** 🌐
/ míːdiə /

名 メディア、媒体
元々 medium の複数形

02 **with ease**

熟 たやすく、容易に（≒easily）

03 **platform** 🌐
/ plǽtfɔ̀ːrm /
語 plat（平らな）+ form（形）

名 ①（情報配信などの）基盤、プラットフォーム
②（駅の）プラットホーム

04 **amateur**
/ ǽmətʃʊ̀ər /
アクセント注意

形 アマチュアの（⇔professional プロの）
名 アマチュア、素人（⇔professional プロ）

05 **outlet**
/ áʊtlèt /
語 out-（外に）+ let（水路）

名 ①放送局、出版社 ②直販店；販路
③（電気の）コンセント（≒socket）

06 **absorb**
/ əbzɔ́ːrb /
語 ab-（〜から）+ sorb（吸い込む）

動 〜を吸収する
水分や栄養だけでなく、会社、衝撃などを吸収するという意味でも使われる
名 absorption 吸収

07 **informed**
/ ɪnfɔ́ːrmd /
語 in-（中に）+ form（形を与える）+ -ed（形容詞）

形 （確かな）情報に基づく
動 inform 〜に知らせる
名 information 情報

08 **educated**
/ édʒəkèɪtɪd /
語 e-（外に）+ duc（導き出す）+ -at（動詞）+ -ed（形容詞）

形 ①（推測などが）知識［経験］に基づいた
②教育を受けた、教養のある
動 educate 〜を教育する 名 education 教育
形 educational 教育の

09 **opinion**
/ əpínjən /

名 意見

10 **problematic**
/ prɑ̀ːbləmǽtɪk /
語 problem（問題）+ -atic（形容詞）

形 問題のある、解決の難しい
名 problem 問題

11 **stereotype** 🌐
/ stériətàɪp /
語 stereo（固い）+ type（型）

動 〜を定型化する、ステレオタイプに当てはめる
名 固定観念、ステレオタイプ
形 stereotypical 典型的な

12 **judgment**
/ dʒʌ́dʒmənt /

名 ①判断、判定 ②判断力、分別 ③判決（≒decision）
動名 judge 〜を判断する；審査員

13 **relate to ~**
□□□
熟 ①~に関連している ②~に共感する

14 **factor**
□□□
/ fǽktər /
fact (作る) + -or (もの)
名 要因、要素

15 **gender**
□□□
/ ʤéndər /
名 (社会的・文化的) 性別、ジェンダー
「(生物学的) 性別」は sex

16 **sexuality**
□□□
/ sèkʃuǽləti /
名 性的区別、性的特徴
形 sexual 性的な
名 sex 性、性別

17 **race**
□□□
/ réɪs /
名 ①人種 ②競走、レース
布の「レース」は lace
形 racial 人種の

18 **social class**
□□□
/ sóuʃəl klǽs /
名 社会階級

19 **lead to ~**
□□□
熟 ~につながる

20 **unfavorably**
□□□
/ ʌ̀nféɪvərəbli /
un-(否定) + favorabl(好意的な) + -y (副詞)
副 不利に、好意的でなく
形 unfavorable 不利な、好ましくない

21 **promote**
□□□
/ prəmóut /
pro- (前に) + mote (進める)
動 ①~を推進する、促進する ②~の販売を促進する ③~を昇進させる (⇔demote ~を降格させる)
名 promotion 促進、昇進

22 **hostility**
□□□
/ hɑ:stíləti /
hostil(e)(敵意を持った) + -ity(名詞)
名 敵意、反感
形 hostile 敵意を持った ;〈環境などが〉厳しい

23 **historical**
□□□
/ hɪstɔ́:rɪkəl /
形 歴史的な、歴史上の
historic は「歴史上有名 [重要] な」という意味
名 history 歴史

24 **evidence**
□□□
/ évədəns /
e-(外に) + vid(見る) + -ence(名詞)
名 証拠 (≒ proof)
形 evident 明白な

25 □□□ **portray** / pɔːrtréɪ / 語 por- (前に) + tray (描く)	動 ① ～を描写する、言葉で書く ②(舞台などで) ～の役を演じる 名 portrayal 描写 名 portrait 肖像画
26 □□□ **unskilled** / ʌ̀nskíld / 語 un-(否定) + skill(熟練) + -ed(形容詞)	形 熟練していない (⇔skilled 熟練した)
27 □□□ **unintelligent** / ʌ̀nɪntélɪʤənt / 語 un- (否定) + intelligent (知的な)	形 無知な (⇔intelligent 知っている；知的な)
28 □□□ **violent** / váɪələnt / 語 viol (暴力) + -ent (形容詞)	形 ① 暴力的な ② 暴力シーンの多い 名 violence 暴力

構文チェック

■ *ll.7-9*

(However,) there is (V) an area of this type of reporting (S) 〔that in fact can be (V) problematic (C)〕(, this ▲being the media's habit of stereotyping certain members of society).

訳 しかし、この種の報道には実は問題となり得る部分がある。それは、社会の特定のメンバーをステレオタイプ化するメディアの習慣である。

▲ this を主語とする独立分詞構文。

語源コラム　名詞の語根①

■ cap / capit / chap / chief / chiev ➡ 頭

captain（キャプテン）、chief（長）も同語源語です。

□ **capital**（名 首都）　**capit**（頭）+-al（形容詞）

□ **chapter**（名 章）　**chap**（頭）+-ter（指小辞）

□ **achieve**（動〈目的など〉を達成する、成し遂げる）　a-（～に）+**chieve**（頭、頂点）

□ **mischievous**（形〈子どもが〉いたずら好きな）　mis-（悪い）+**chiev**（頭）+ -ous（形容詞）

■ caus / cus ➡ 原因、非難

一番わかりやすいのは cause（原因）でしょう。

□ **because**（接 …なので）　be-（～によって）+**cause**（原因）

□ **excuse**（名 言い訳）　ex-（外に）+**cuse**（非難）

□ **accuse**（動 ～を告発する、訴える）　ac-（～に）+**cuse**（原因）

■ centr ➡ 中心

center（中心）はイギリス英語では centre ともつづります。

□ **central**（形 中心の、中央の）　**centr**（中心）+-al（形容詞）

□ **concentrate**（動 集中する）　con-（共に）+**centr**（中心）+-ate（動詞）

□ **eccentric**（形 一風変わった、常軌を逸した）　ec-（外に）+**centr**（中心）+-ic（形容詞）

■ chron ➡ 時間

時間を意味する古代ギリシャ語の chronos が語源になっています。

□ **chronic**（形〈病気が〉慢性の）　**chron**（時間）+-ic（形容詞）

□ **chronicle**（名 年代記）　**chron**（時間）+-icle（指小辞）

□ **anachronism**（名 時代錯誤）　ana-（遡って）+**chron**（時間）+ -ism（名詞）

□ **synchronize**（動 ～を同期させる、〈時計など〉の時間を合わせる）　syn-（同時の）+**chron**（時間）+ -ize（～にする）

■ circu ➡ 円、周り

circle（円）から推測しやすいですね。circus（サーカス）も同語源語です。

□ **circuit**（名 回路）　**circu**（周りに）+it（行く）

□ **circumstance**（名［複数形で］状況、事情）　**circum**（周りに）+stance（立つ）

□ **circulation**（名（印刷物の）発行部数）　**circul**（円）+-ation（名詞）

48 Media and Social Division / メディアと社会の分断 (2)

This issue is still prevalent today and an example can be found in current German news media's representation of Muslim women who have been reported as being untrustworthy and secretive. These two stereotypical character traits are reinforced, in this case, through the use of unfavorable media reporting attached to different types of religious clothing, most notably the Burkini, the Burka, and the headscarf. Such reporting has even resulted in discussions in the German Parliament, where some have called for these items of clothing to be banned outright. Regarding such issues, it can be discussed that in both historical and contemporary contexts, the media are partly responsible for such judgments, and the cases mentioned above are good examples of how the media label and judge based on opinion and not hard evidence.

Media stereotyping can have a huge impact on shaping our society, our beliefs, and our prejudices, particularly in the minds of younger people. The media's role not only constructs a generalization about 'the other', but also about ourselves, and the social group to which we belong. If our social group is being discussed in the media, it can affect how we think about ourselves and our peers. Such representations in the media can determine how different groups are judged and treated in different social settings such as education, business, the justice system, and leisure. The younger generation can be affected greatly by these media representations and form an opinion about certain people that is based upon images the media create. Thus, it can be argued that the media play a large role in the continual promotion of stereotypes.

(269 words)

この問題は今日でもまだ広く残っており、その一例が、現在のドイツのニュースメディアが**イスラム教徒の**[02]女性に対して、**信頼できず**[03] **秘密主義**[04]であると**表現したこと**[01]に見受けられる。この二つのステレオタイプな**性格**[05] **特性**[06]は、この場合、種々の宗教的な服装、**特に**[08]ブルキニ、ブルカ、ヘッドスカーフに付きまとう好ましくない報道を通じて**強化さ**[07]れている。このような報道がドイツ**議会**[09]で議論まで引き起こす結果となり、これらの服飾**品**[10]を**全面的に**[12]**禁止する**[11]よう求める声も出ている。このような問題について、歴史的な状況の中でも**現在の**[13]状況の中でも、メディアはそうした判断の**責任**[14]の**一端を担っている**[15]と言える。そして、上記の事例は、いかにメディアがはっきりした根拠ではなく、私見に基づいてレッテルを貼り、判断しているかということの好例である。

メディアによるステレオタイプ化は、私たちの社会、信念、**偏見**[16]を形成する上で、特に若い人々の心に大きな影響を与える可能性がある。メディアはその**役割**[17]として、「他者」についての**一般化**[18]だけでなく、私たち自身や、私たちが属する社会集団についての一般化をも構築する。私たちの社会集団がメディアで議論されていれば、それは、私たちが自分自身や自分の**仲間**[19]についてどう考えるかということに影響を与え得る。メディアでのそういった表現は、教育、ビジネス、**司法**[21]制度、**余暇**[22]といったさまざまな社会的状況の中で、異なるグループがどのように判断され、どのように**扱わ**[20]れるかを決定する可能性がある。若い世代はこうしたメディアの表現に大きな影響を受け、特定の人々について、メディアが作り出すイメージに基づいた意見を作り上げることもあり得る。したがって、ステレオタイプを**助長し**[24]**続ける**[23]ということにおいて、メディアは大きな役割を果たしていると言える。

Notes

l.6 burkini　ブルキニ（顔・手・足を除いた全身を覆う、イスラム教徒の女性水着）
l.6 burka　ブルカ（イスラム教徒の女性用の全身を覆うベール）
l.7 headscarf（頭にかぶる）スカーフ

01 **representation**
/ rèprɪzentéɪʃən /
語 represent（表す、代表する）+ -ation（名詞）

名 ①表現、描写 ②代表、代理
動 represent ～を表す；～を代表する
名形 representative 代表者；代表する

02 **Muslim**
/ mʌ́zləm /

形 イスラム教の、イスラム教徒の
名 イスラム教徒

03 **untrustworthy**
/ ʌ̀ntrʌ́stwə̀ːrði /
語 un-（否定）+ trust（信頼する）+ worthy（価値がある）

形 信用できない、あてにできない

04 **secretive**
/ síːkrətɪv /
語 se-（離れて）+ cret（分けられた）+ -ive（形容詞）

形 隠したがる、話したがらない
形名 secret 秘密の；秘密

05 **character**
/ kǽrəktər /

名 ①性格 ②(登場)人物 ③特徴
✎ main characterで「主人公」という意味

06 **trait**
/ tréɪt /

名（性格・身体上の）特徴（≒ characteristic）

07 **reinforce**
/ rìːɪnfɔ́ːrs /
語 re-（再び）+ in-（～にする）+ force（強い）

動 ～を強化する、強固にする（≒ strengthen）
名 reinforcement 強化

08 **notably**
/ nóʊtəbli /
語 not（注目）+ abl（適した）+ -y（副詞）

副 特に、とりわけ
形 notable 注目に値する

09 **parliament**
/ pάːrləmənt /
発 lia の発音に注意
語 parlia（議論する）+ -ment（場所）

名 国会、議会
✎ 日本の国会は Diet、アメリカは Congress

10 **item**
/ áɪtəm /

名 ①品、商品（≒ article） ②記事（≒ article）

11 **ban**
/ bǽn /

動 ～を禁止する（≒ prohibit）
名 禁止
✎ ban *A* from *doing*で「*A* が～することを禁じる」という意味

12 **outright** ♛
/ 副 àʊtráɪt 形 áʊtràɪt /

副 完全に、徹底的に
形 完全な、まったくの（≒ absolute, utter）
✎ 形容詞としては必ず名詞の前に置かれる

13	**contemporary** / kəntémpərèri / 語 con- (共に) + tempor (時間) + -ary (形容詞)	形 ①現代の、現代的な (≒modern) ②同時代の
14	**be responsible for ~**	熟 ~に対して責任がある
15	**partly** / pá:rtli / 語 part (部分) + -ly (副詞)	副 部分的に 名 part 部分
16	**prejudice** / prédʒədəs / 語 pre- (前に) + judice (判断)	名 偏見、先入観 (≒bias)
17	**role** / róul /	名 ①役割、役目 ②(劇などの) 役
18	**generalization** / dʒènərələzéiʃən / 語 general(一般的な) + -ization(名詞)	名 ①一般化、概括 ②一般論 形 general 一般的な 動 generalize (~を) 一般化する
19	**peer** / píər /	名 (地位・年齢などが) 同等の人、仲間；同級生
20	**treat** / trí:t /	動 ①~を扱う (≒deal with ~) ②~を治療する 名 ごちそう、おごり 名 treatment 治療；取り扱い
21	**justice** / dʒʌ́stɪs / 語 just (正しい) + -ice (名詞)	名 ①司法、裁判 ②正義、公正 形 just 公正な
22	**leisure** / lí:ʒər / 発音注意	名 ①余暇、暇 (な時間) ②レジャー
23	**continual** / kəntínjuəl / 語 con-(共に) + tinu(保つ) + -al(形容詞)	形 継続的な、断続的な 動 continue 続く 形 continuous 絶え間ない
24	**promotion** / prəmóuʃən / 語 pro- (前方に) + mot (動かす) + -ion (名詞)	名 ①促進、助長 ②販促活動 ③昇進 (⇔demotion 降格) 動 promote ~を促進する 形 promotional 昇進の；販売促進の

構文チェック

■ *ll.4-7*

These two stereotypical character traits are reinforced (, in this case,) (through the use of unfavorable media reporting (attached to different types of religious clothing, most notably the Burkini, the Burka, and the headscarf)).

S: These two stereotypical character traits　V: are reinforced

訳 この二つのステレオタイプな性格特性は、この場合、種々の宗教的な服装、特にブルキニ、ブルカ、ヘッドスカーフに付きまとう好ましくない報道を通じて強化されている。

■ *ll.9-13*

(Regarding such issues,) it can be discussed [that (in both historical and contemporary contexts,) the media are partly responsible for such judgments], and the cases (mentioned above) are good examples of [▲how the media label and judge (based on opinion and not hard evidence)].

S': it　V: can be discussed　S: [that ...]　／　S: the media　V: are　C: responsible　／　S: the cases　V: are　C: good examples　／　S: the media　V: label　V: judge

訳 このような問題について、歴史的な状況の中でも現在の状況の中でも、メディアはそうした判断の責任の一端を担っていると言える。そして、上記の事例は、いかにメディアがはっきりした根拠ではなく、私見に基づいてレッテルを貼り、判断しているかということの好例である。

▲名詞節を導く how。品詞は副詞だが、接続詞の that と同じように使う。

 名詞の語根②

■ cord / cour ➡ 心

record（記録）は〈re-（再び）+cord（心）〉の構成で「心に戻ってくるもの」が原義です。

□ **courage**（名 勇気、度胸） **cour**（心）+-age（名詞）
□ **accord**（名 一致、合意） ac-（〜に）+**cord**（心）
□ **encourage**（動 〜を勧める、促す） en-（〜にする）+**cour**（心）+-age（動詞）
□ **discourage**（動 〜を思いとどまらせる） dis-（分離）+**cour**（心）+-age（動詞）

■ custom ➡ 習慣

costume（服装）も同語源。「着慣れた服装」が原義です。

□ **customer**（名（店などの）客） **custom**（愛顧）+-er（人）
□ **customary**（形 習慣的な、慣習になっている） **custom**（習慣）+-ary（形容詞）
□ **accustomed**（形 慣れている） ac-（〜に）+**custom**（習慣）+-ed（形容詞）

■ dem(o) ➡ 人々

「デマ」の語源になったdemagoguery も同語源語。ただし「うわさ」の意味の「デマ」はrumorといいます。

□ **democracy**（名 民主主義） **demo**（人々）+cracy（統治）
□ **demography**（名 人口統計） **demo**（人々）+graphy（書かれたもの）
□ **epidemic**（形 伝染性の 名 伝染病） epi-（上に）+**dem**（人々）+-ic（形容詞）

■ fin ➡ 終わり、限界

一番わかりやすい例はfinish（終える）でしょう。

□ **final**（形 最終的な、最後の） **fin**（終わり）+-al（形容詞）
□ **finance**（名［複数形で］資金、財源） **fin**（終わる、決算する）+-ance（名詞）
□ **confine**（動 〜を限定する、限る） con-（共に）+**fine**（限定する）
□ **define**（動 〜を定義する） de-（完全に）+**fine**（限定する）
□ **infinite**（形 無限の、無数の） in-（否定）+**finite**（有限の）

■ fort / forc ➡ 力、強い

『スター・ウォーズ』に「フォースの力」という言葉が出てきますが、原語はthe force。それだけで「力」という意味です。

□ **comfort**（名 快適さ） com-（完全に）+**fort**（力強い状態）
□ **effort**（名 努力） ef-（外に）+**fort**（力）
□ **enforce**（動〈法など〉を守らせる、施行する） en-（〜にする）+**force**（強い）
□ **reinforce**（動 〜を強化する、強固にする） re-（再び）+in-（〜にする）+**force**（強い）

49 Media and Social Division / メディアと社会の分断 (3)

Our question here is, why stereotype? How does simple stereotyping help with a deeper understanding of a social group or situation? From a media perspective, this kind of categorization of various social groups is an important tool to inform an audience in a limited and restricted amount of time. In addition, media production involves a complex array of factors ranging from the production process, the commercial aspect, and the relevance of the stories. More importantly, however, this trend could also be linked to the lack of diverse social representation within the media industry.

Regarding all elements of media, but particularly mass and social, the following years will prove crucial. The fact that news outlets and social media users continue to promote stereotypical views is extremely problematic. As already discussed, there are various views regarding certain social groups that can lead to social disorder. There is no concrete proof that German Muslim women are 'untrustworthy and secretive', and while there is no hard evidence to support this notion, the German Parliament's discussions regarding the banning of religious clothing, for example, promote a dangerous narrative. Such stereotyping could put female Muslims at increased risk from social neglect or even, as has been seen in other countries, violence and persecution. All forms of media must address these issues, and there needs to be a thorough review from the ground up regarding the way that news is distributed, one that does not discriminate against a social group based on their religious beliefs, nationality, gender, sexual orientation, color, or class. Until this is reviewed, there is a very real danger that the divisions in society will become ever wider.

(274 words)

ここで疑問なのは、なぜステレオタイプ化するのか、ということだ。単純なステレオタイプ化が、ある社会集団や状況を深く理解する上でどのように役立つのか。メディアの**観点**[01]からすれば、さまざまな社会集団をこのように**分類すること**[02]は、限られたわずかな時間の中で**視聴者**[03]に情報を伝えるための重要な手段である。また、メディア制作には、制作過程から商業面、ストーリーの**関連性**[05]まで、**さまざまな**[04]要素が複雑に絡んでいる。しかし、より重要なのは、この傾向が、メディア業界内に**多様な**[07]社会的表現が欠けていることにも**関連し**[06]ている可能性もあるということだ。

メディアのあらゆる**要素**[08]、とりわけマスメディアとソーシャルメディアに関しては、今後の数年間が極めて重要となるだろう。報道機関やソーシャルメディアの利用者がステレオタイプな見方を助長し続けているという事実は**極めて**[09]問題である。すでに述べたように、特定の社会集団に関するさまざまな見方があり、それが社会的**混乱**[10]につながる可能性がある。ドイツのイスラム教徒の女性が「信頼できず秘密主義」であるという**具体的な**[11]証拠はなく、この**考え**[12]を裏づける明確な根拠もないまま、例えば、ドイツ議会の宗教的服装の禁止に関する議論が危険な**言説**[13]を助長していく。このようなステレオタイプ化は、**女性の**[14]イスラム教徒を社会的に**無視**[15]したり、あるいは他国で見られるような暴力や**迫害**[16]の危険にさえさらす可能性が高い。あらゆる形態のメディアがこの問題に取り組まなければならない。そして、宗教的信条、**国籍**[21]、性別、性的**指向**[22]、肌の色、階級によって社会集団を**差別し**[20]ない、ニュースの配信方法について、**根本から**[19]**徹底的に**[17]**見直す**[18]必要がある。この見直しがなされない限り、社会の分断がさらに拡大する恐れが非常に現実味を帯びている。

（北海道大学）

Ch 1 環境
Ch 2 宇宙
Ch 3 テクノロジー
Ch 4 医療
Ch 5 国際
Ch 6 ビジネス
Ch 7 社会
Ch 8 生活
Ch 9 教育

01 **perspective**
/ pərspéktɪv /
per-（通して）+ spect（見る）+ -ive（名詞）

名 観点、見方（≒viewpoint）

02 **categorization**
/ kæ̀tɪɡəraɪzéɪʃən /

名 分類（すること）
動 categorize ～を分類する
名 category 分類、範疇

03 **audience**
/ ɔ́:diəns /
audi（聞く）+ -ence（名詞）

名 聴衆
「たくさんの聴衆」は many audience ではなく a large audience という

04 **an array of ～**

熟 多様な～、数々の～

05 **relevance**
/ réləvəns /
re-（再び）+ lev（持ち上げる）+ -ance（名詞）

名 関連（性）；（社会的）意味
形 relevant（当面の問題などに）関連のある

06 **link**
/ líŋk /

動 ～を結びつける、関連づける（≒connect）
名 ①結びつき、関連 ②（ウェブサイトなどの）リンク

07 **diverse**
/ dəvə́:rs /
di-（分離）+ verse（向ける）

形 多様な（≒varied, various）（⇔identical 同一の）
名 diversity 多様性
動 diversify ～を多様化する

08 **element**
/ éləmənt /

名 ①要素 ②元素
形 elementary 初級の；元素の

09 **extremely**
/ ɪkstrí:mli /

副 極端に、非常に
形 extreme 極端な

10 **disorder**
/ dɪsɔ́:rdər /
dis-（否定）+ order（秩序）

名 ①無秩序、混乱 ②（心身の）障がい
形 disorderly 無秩序な

11 **concrete**
/ kɑ́:nkri:t /
con-（共に）+ crete（成長した）

形 具体的な、有形の（⇔abstract 抽象的な）
名 コンクリート

12 **notion**
/ nóuʃən /
not（知られた）+ -ion（名詞）

名 考え、概念（≒idea, concept）

13 **narrative**
/ nǽrətɪv /
narrat (物語る) + -ive (名詞)

名 物語、語り口

14 **female**
/ fíːmeɪl /

形 女性の、雌の (⇔male 男性の、雄の)
名 女性、雌 (⇔male 男性、雄)

15 **neglect**
/ nɪglékt /
neg (否定) + lect (集める)

名 無視
動 ～を無視する、放置する
名 negligence 怠慢、不注意
形 negligent 怠慢な、不注意な

16 **persecution**
/ pə̀ːrsəkjúːʃən /
per- (徹底的に) + secut (追跡する) + -ion (名詞)

名 迫害、弾圧、虐待
動 persecute ～を迫害する

17 **thorough**
/ θə́ːroʊ /
発音注意

形 徹底的な、完全な (≒detailed, exhaustive)
副 thoroughly 徹底的に

18 **review**
/ rɪvjúː /
re- (再び) + view (見る)

名 ①再検討、見直し ②批評、レビュー
動 ～を再検討する、見直す

19 **from the ground up**

熟 徹底的に、とことん

20 **discriminate**
/ dɪskrímənèɪt /
discrimin (区別する) + -ate (～にする)

動 差別する
名 discrimination 差別
形 discriminatory 差別的な

21 **nationality**
/ næ̀ʃənǽləti /
national (国家の) + -ity (状態)

名 国籍
名 nation 国、国民
形 national 国家の

22 **orientation**
/ ɔ̀ːriəntéɪʃən /
ori (太陽が昇る) + -ent (状態) + -ation (名詞)

名 ①(考え方などの) 傾向、性向
②オリエンテーション、事前指導

構文チェック

■ *ll.14-18*

There is no concrete proof [that German Muslim women are 'untrustworthy and secretive'], and 〔while there is no hard evidence to support this notion,〕 the German Parliament's discussions (regarding the banning of religious clothing, for example,) promote a dangerous narrative.

訳 ドイツのイスラム教徒の女性が「信頼できず秘密主義」であるという具体的な証拠はなく、この考えを裏づける明確な根拠もないまま、例えば、ドイツ議会の宗教的服装の禁止に関する議論が危険な言説を助長していく。

▲同格の that。proof の内容を表している。

■ *ll.21-25*

All forms of media must address these issues, and there needs to be a thorough review (from the ground up) (regarding the way 〔that news is distributed〕, one 〔that does not discriminate against a social group (based on their religious beliefs, nationality, gender, sexual orientation, color, or class)〕).

訳 あらゆる形態のメディアがこの問題に取り組まなければならない。そして、宗教的信条、国籍、性別、性的指向、肌の色、階級によって社会集団を差別しない、ニュースの配信方法について、根本から徹底的に見直す必要がある。

▲この one は前出の名詞 way の繰り返しを避けるために使われている。

語源コラム　名詞の語根③

■ gen ➡ 種族、生まれ

gender（社会的な性、ジェンダー）は元々「種類、種族」という意味の genus に由来する語です。

□ **general**（形 世間一般の、全般的な）　**gener**（種族、生まれ）+-al（形容詞）
□ **generous**（形 物惜しみしない、気前のよい）　**gener**（種族、生まれ）+-ous（満ちた）
□ **genetic**（形 遺伝の、遺伝的な）　**genet**（生み出す）+-ic（形容詞）
□ **generate**（動 ～を生み出す、発生させる）　**gener**（生み出す）+-ate（動詞）
□ **homogeneous**（形 同質の、均質の）　homo（同種の）+**gene**（種族）+-ous（形容詞）
□ **ingenious**（形 工夫に富む、利口な）　in-（中に）+**geni**（生まれついた）+-ous（満ちた）

■ gram / graph ➡ 書かれたもの、記録

photograph（写真）は〈photo（光）+graph（記録）〉という構成の語です。grammar（文法）も同語源語。

□ **biography**（名 伝記）　bio（人生）+**graphy**（書かれたもの）
□ **autobiography**（名 自叙伝、自伝）　auto（自身の）+bio（人生）+**graphy**（書かれたもの）
□ **geography**（名 地理、地形）　geo（土地）+**graphy**（書かれたもの）
□ **telegram**（名 電報）　tele（遠く）+**gram**（書かれたもの）
□ **paragraph**（名 段落）　para-（脇に）+**graph**（書かれたもの）

■ hap ➡ 偶然

happy（幸運な）は、「hap(p)（偶然）の性質を帯びた」が原義です。

□ **happen**（動 起こる）　**hap(p)**（偶然）+-en（動詞）
□ **perhaps**（副 もしかすると）　per-（～によって）+**hap**（偶然）+-s（副詞）
□ **mishap**（名（ちょっとした）災難、不運）　mis-（悪い）+**hap**（偶然）

■ leg / loy ➡ 法

ラテン語で lex は「法」、rex は「王」。似て非なる loyal（忠実な）と royal（王の、王族の）はこれらに由来しています。

□ **legal**（形 法律の）　**leg**（法律）+-al（形容詞）
□ **legitimate**（形 合法的な　動 ～を合法化する）　**legitim**（合法の）+-ate（～にする）
□ **legislation**（名 法律、立法）　**legis**（法律）+lation（運ぶこと）
□ **privilege**（名 特権、特典）　privi（個人）+**lege**（法律）
□ **loyal**（形 忠実な、義理堅い）　**loy**（法律）+-al（形容詞）

50 Inclusive Design / インクルーシブデザイン (1)

“**Inclusive** Design” is currently the focus of much attention. As the name suggests, it is a new design approach that targets all people inclusively. Until now, in the development of various products and services, the **elderly**, people with **disabilities**, and foreigners have **tended to** be neglected. Inclusive design targets such people who have tended to be **excluded** from products and services in the past.

The beginnings of inclusive design can be traced back to **barrier-free** design, which became popular in the 1970s. Barrier-free design is a concept that **aims to** eliminate barriers to the use of goods and services by people with physical disabilities. Later, in the 1980s, the concept of universal design emerged. This is a design approach that aims to make products and services easy to use for all people, not just those with disabilities. Then, in 1994, British **professor** Roger Coleman first proposed the term “inclusive design.” Coleman was asked by a wheelchair-bound friend to design a kitchen for his home, so he **came up with** a **functional** design that would be easy to use, even for a **wheelchair** user. **Up to this point**, it was no different from the **conventional** barrier-free concept. However, the friend **requested** that he design a kitchen that others would **envy**. This is where Coleman realized the importance of considering what these traditionally neglected users want, not just what they can use.

(230 words)

今、「**インクルーシブ**[01]デザイン」が大きな注目を集めている。その名の通り、すべての人を包括的に対象とする新しいデザイン手法だ。これまで、さまざまな製品やサービスの開発において、**高齢者**[02]や**障がい**[03]を持つ人々、外国人は無視され**がち**[04]だった。インクルーシブデザインは、以前は製品やサービスから**締め出さ**[05]れがちだったこうした人々を対象とする。

インクルーシブデザインの始まりは、1970年代に流行した**バリアフリー**[06]デザインにさかのぼることができる。バリアフリーデザインとは、身体に障がいがある人が商品やサービスを利用する際の障壁をなくす**ことを目的とする**[07]概念である。その後、1980年代にユニバーサルデザインという概念が登場した。これは、障がいのある人だけでなく、すべての人にとって製品やサービスを使いやすくしようというデザイン手法である。そして1994年、イギリスのロジャー・コールマン**教授**[08]が初めて「インクルーシブデザイン」という言葉を提唱した。コールマンは、車いすの友人から自宅のキッチンのデザインを依頼され、**車いす**[11]ユーザーでも使いやすい**機能的な**[10]デザインを**考案した**[09]。**この時点までは**[12]**従来の**[13]バリアフリーのコンセプトと変わらなかった。しかし、その友人は「他の人が**うらやむ**[15]ようなキッチンをデザインしてほしい」と**要望した**[14]。そこでコールマンは、これまで軽視されてきた利用者が単に何を使えるかということだけでなく、何を求めているかを考えることの重要性に気づいた。

Notes

l.15 wheelchair-bound 車いすに束縛された

01 **inclusive**
□□□
/ ɪnklúːsɪv /
語 in-（中に）+ clus（閉じる）+ -ive（形容詞）

形 すべてを含んだ、包括的な（⇔exclusive 排他的な）
動 include ～を含む
名 inclusion 包含
副 inclusively 包括的に

02 **elderly**
□□□
/ éldərli /

形 年配の
✎ the elderlyで「年配の人たち」という意味

03 **disability**
□□□
/ dìsəbíləti /
語 dis-（否定）+ abil（できる）+ -ity（名詞）

名（身体・精神の）障がい；身体が不自由であること
形 disabled（身体・精神に）障がいのある

04 **tend to *do***
□□□

熟 ～しがちだ、～しやすい

05 **exclude**
□□□
/ ɪksklúːd /
語 ex-（外に）+ clude（閉じる）

動 ～を排除する、締め出す（⇔include ～を含む）
名 exclusion 排除、除外
形 exclusive 排他的な
前 excluding ～を除いて

06 **barrier-free**
□□□
/ bérɪərfríː /

形 障がい物のない、バリアフリーの

07 **aim to *do***
□□□

熟 ～することを目指す

08 **professor**
□□□
/ prəfésər /

名 教授、大学の先生
✎「准教授」はassociate professorという

09 **come up with ～**
□□□

熟〈考え・解決策など〉を出す、思いつく（≒think of ～）

10 **functional**
□□□
/ fʌ́ŋkʃənl /
語 funtion（機能）+ -al（形容詞）

形 ①実用的な、便利な ②機能を果たせる
動名 function 機能する；機能

11 **wheelchair**
□□□
/ wíːltʃèər /
語 wheel（車輪）+ chair（いす）

名 車いす

12 **up to this point**
□□□

熟 これまで、今までのところ

13 **conventional** / kənvénʃənl / 語 con- (共に) + vent (来る) + -ional (形容詞)	形 従来の (≒traditional) 副 conventionally 従来
14 **request** / rɪkwést / 語 re- (再び) + quest (求める)	動 ～を頼む、要請する 名 依頼、要請 ✎ 動詞では続く that 節中の動詞は (should+) 原形になる。
15 **envy** / énvi / 語 en- (上に) + vy (見る)	動 ～をねたむ 名 ねたみ、嫉妬 (≒jealousy) 形 envious うらやんで

構文チェック

■ *ll.11-13*

This is a design approach (that aims to make products and services easy to use (for all people, not just those with disabilities)).

(S: This / V: is / C: a design approach / V: aims / O: to make products and services)

訳 これは、障がいのある人だけでなく、すべての人にとって製品やサービスを使いやすくしようというデザイン手法である。

■ *ll.19-21*

This is [where Coleman realized the importance (of considering [what these traditionally neglected users want], not just [what they can use])].

(S: This / V: is / C▲: where … / S: Coleman / V: realized / O: the importance / S: these traditionally neglected users / V: want / S: they / V: can use)

訳 そこでコールマンは、これまで軽視されてきた利用者が単に何を使えるかということだけでなく、何を求めているかを考えることの重要性に気づいた。

▲先行詞を含む関係副詞の where。

▲ *A*, not just *B* の形。「*B* だけでなく *A*」という意味。

51 Inclusive Design / インクルーシブデザイン (2)

Both universal design and inclusive design have the same goal of "design that is easy for everyone to use," but there is a clear difference in approach. In universal design, designers create designs that can be used by all people. This includes people with disabilities, but the main target user is a physically **capable**[01] person. In inclusive design, on the other hand, the opinions of users such as the disabled who will actually use the product are **reflected**[02] from the early **stages**[03] of design. **In other words**[04], the product is developed with the individual with specific needs as the starting point. Therefore, it is difficult to create a product for everyone, but it is possible to discover **latent**[05] needs that the average person **is unaware of**[06].

Various inclusive design products and services are currently being developed around the world. iOS and Android **mobile**[07] devices are **equipped**[08] with voice control capabilities to make them easier to operate for the **visually**[09] **impaired**[10], in addition to having **detailed**[11] settings for volume, display color, and so on. Companies such as Microsoft sell **customizable**[12] controllers that allow people with disabilities to play games **comfortably**[13]. A Japanese company has developed the "Braille Neue" typeface, which combines **Braille**[14] with other characters to make written words **readable**[15] by both visually impaired and non-visually impaired people. It is attracting attention as a possible option for various signs and other displays.

(231 words)

ユニバーサルデザインもインクルーシブデザインも「誰もが使いやすいデザイン」というゴールは同じだが、アプローチに明確な違いがある。ユニバーサルデザインでは、デザイナーはすべての人が使えるデザインを作る。このすべての人には障がいのある人も含まれるが、主な対象ユーザーは身体に**障がいのない**[01]人だ。一方、インクルーシブデザインでは、実際にその製品を使うことになる障がい者などのユーザーの意見がデザインの初期**段階**[03]から**反映さ**[02]れる。**つまり**[04]、特定のニーズを持つ個人を出発点として製品開発が行われる。したがって、万人向けの製品を作ることは難しいが、一般の人が**気づいていない**[06]**潜在的な**[05]ニーズを発見することが可能となる。

現在、世界中でさまざまなインクルーシブデザインの製品やサービスが開発されている。iOS や Android の**携帯**[07]デバイスは、音量やディスプレイの色などを**細かく**[11]設定できるほか、**視覚**[09] **障がい者**[10]が操作しやすいように音声コントロール機能が**搭載さ**[08]れている。マイクロソフトなどの企業は、**カスタマイズ可能な**[12]コントローラーを販売して、障がいのある人が**快適に**[13]ゲームをプレーできるようにしている。ある日本企業は、**点字**[14]と他の文字を組み合わせ、視覚障がい者も非視覚障がい者も書かれた文字を**読むことができる**[15]書体「Braille Neue」を開発した。その書体は、さまざまな標識やディスプレイの選択肢として注目されている。

Notes

l.19 typeface 書体

01 **capable**
/ kéɪpəbl /
語 cap（つかむ）+ -able（できる）

形 ①できる、能力がある（≒able）（⇔incapable できない）
②有能な（⇔incapable 無能な）
名 capability 能力

02 **reflect**
/ rɪflékt /
語 re-（後ろに）+ flect（曲げる）

動 ①～を反映する ②～を反射する
名 reflection 反射、反省

03 **stage**
/ stéɪʤ /

名 ①段階 ②舞台、ステージ

04 **in other words**

熟 言い換えれば、つまり

05 **latent** ♛
/ léɪtənt /

形 潜在的な（≒potential）

06 **be unaware of ～**

熟 ～に気づいていない

07 **mobile**
/ móʊbəl /
語 mo(v)（動く）+ -bile（できる）

形 動かせる、移動可能な
（⇔stationary 動かない、固定された）
✎ イギリス英語では「携帯電話」を mobile (phone) とも言う
名 mobility 動きやすさ、可動性

08 **equip**
/ ɪkwíp /

動 ～に（必要なものを）装備させる（≒outfit）
✎ be equipped with ～ で「～を装備している」という意味
名 equipment 装置、備品

09 **visually**
/ víʒuəli /
語 visual（視覚的な）+ -ly（副詞）

副 視覚的に、見た目に
形 visual 視覚的な；視力の
名 vision 視力、視覚

10 **impaired** ♛
/ ɪmpéərd /

形 正常に機能しない、障がいのある
動 impair 〈能力など〉を弱める、損なう
名 impairment 機能障がい

11 **detailed**
/ díːteɪld /
語 de-（強意）+ tail（切る）+ -ed（形容詞）

形 詳細な
名 detail 細部

12 **customizable**
/ kʌ́stəmàɪzəbl /

形 カスタマイズできる
動 customize ～を注文に応じて作る、カスタマイズする

13 **comfortably**
□□□ / kʌ́mftəbli /
語 com-（完全に）+ fort（力強い状態）+ -abl（できる）+ -y（副詞）

副 心地よく、快適に、楽に
名 comfort 心地よさ
形 comfortable 快適な、楽な

14 **braille**
□□□ / bréɪl /

名 点字
✎ しばしば Braille と頭文字を大文字で書く

15 **readable**
□□□ / ríːdəbl /
語 read（読む）+ -able（できる）

形 ①判読できる ②読みやすい

構文チェック

■ *ll.5-7*

(In inclusive design,) (on the other hand,) the opinions of users [S] (such as the disabled 〔who will [V] actually use [V] the product [O]〕) are reflected [V] from the early stages of design.

訳 一方、インクルーシブデザインでは、実際にその製品を使うことになる障がい者などのユーザーの意見がデザインの初期段階から反映される。

■ *ll.13-16*

iOS and Android mobile devices [S] are equipped [V] with voice control capabilities (to make them easier to operate for the visually impaired)(, in addition to having detailed settings for volume, display color, and so on).

訳 iOS や Android の携帯デバイスは、音量やディスプレイの色などを細かく設定できるほか、視覚障がい者が操作しやすいように音声コントロール機能が搭載されている。

52 Inclusive Design / インクルーシブデザイン (3)

Inclusive design does not only target people with disabilities. For example, in 2020, Johnson & Johnson launched an adhesive bandage for diverse skin colors that became a worldwide sensation for its ease[01] of use for consumers of various ethnicities[02], and in 2021, NIKE developed shoes that are easy to put on and take off without the use of hands. The shoes have proven useful for many people and situations, not only the disabled and elderly, but also pregnant[03] women, people with heavy luggage[04], and babies. Another company in the U.S. is responding to diverse needs with masculine[05] underwear[06] for women and feminine[07] underwear for men, based on the concept of gender neutrality[08]. It is expected that more and more designs will emerge catering to people of differing physical abilities, ages, races, and genders, as well as[09] for various events and situations in their lives.

(144 words)

インクルーシブデザインが対象とするのは障がい者だけではない。例えば、2020 年にはジョンソン・エンド・ジョンソンが多様な肌の色に対応した絆創膏を発売し、さまざまな**民族**[02]の消費者が使い**やすい**[01]と世界的な話題となったし、2021 年にはナイキが手を使わなくても履いたり脱いだりしやすい靴を開発した。この靴は、障がい者や高齢者だけでなく、**妊娠している**[03]女性や重い**荷物**[04]を持つ人、小さな子どもなど、多くの人や場面で役立つことがわかっている。また、ジェンダー**ニュートラル**[08]のコンセプトに基づいて、女性用の**男性的な**[05]**下着**[06]と男性用の**女性的な**[07]下着で多様なニーズに応えている米国企業もある。今後、それぞれ異なる身体能力、年齢、人種、性別を持つ人々**だけでなく**[09]、人々の生活のさまざまなイベントや状況に**も**配慮しながら、ますます多くのデザインが生まれるだろう。

（オリジナル）

Notes

l.2 adhesive bandage 絆創膏

01 **ease** / íːz /	名 容易さ (⇔difficulty 困難) 動〈苦痛など〉を和らげる、緩和する (≒relieve) 形 easy 容易な
02 **ethnicity** / eθnísəti /	名 民族性、民族的背景 形 ethnic 民族の 副 ethnically 民族的に
03 **pregnant** / prégnənt / 語 pre- (前に) + gnant (生まれる)	形 妊娠した 名 pregnancy 妊娠
04 **luggage** / lʌ́gɪdʒ / 語 lug(g) (引きずる) + -age (もの)	名 手荷物 (≒baggage)
05 **masculine** / mǽskjəlɪn / 語 mascul (男) + -ine (性質の)	形 男性の、男性的な (⇔feminine 女性の、女性的な)
06 **underwear** / ʌ́ndərwèər / 語 under- (下の) + wear (衣類)	名 下着類、肌着
07 **feminine** / fémənɪn /	形 女性の、女性的な (⇔masculine 男性の、男性的な)
08 **neutrality** / n(j)uːtrǽləti / 語 neutr (二者のいずれでもない) + -al (形容詞) + -ity (名詞)	名 中立、中立的立場 形 neutral 中立的な 動 neutralize ～を中立化する
09 ***A* as well as *B***	熟 *B* だけでなく *A* もまた

構文チェック

■ *ll.2-6*

(For example,) (in 2020,) Johnson & Johnson (S) launched (V) an adhesive bandage for diverse skin colors (O) 〔that became (V) a worldwide sensation (C) (for its ease of use for consumers of various ethnicities)〕, and (in 2021,) NIKE (S) developed (V) shoes (O) 〔that are (V) easy (C) to put on and take off without the use of hands〕.

訳 例えば、2020年にはジョンソン・エンド・ジョンソンが多様な肌の色に対応した絆創膏を発売し、さまざまな民族の消費者が使いやすいと世界的な話題となったし、2021年にはナイキが手を使わなくても履いたり脱いだりしやすい靴を開発した。

■ *ll.11-14*

It (S') is expected (V) [that (S) more and more designs (S) will emerge (V) (catering to people of differing physical abilities, ages, races, and genders, as well as for various events and situations in their lives)].

訳 今後、それぞれ異なる身体能力、年齢、人種、性別を持つ人々だけでなく、人々の生活のさまざまなイベントや状況にも配慮しながら、ますます多くのデザインが生まれるだろう。

▲ cateringの後ろにto people ... とfor various events ... がas well asをはさんで並列されている。

プラス α ボキャブラリー

□ **community** /kəmjúːnəti/
名 地域社会、コミュニティー

□ **subsidy** /sʌ́bsədi/
名 助成金、補助金（≒ aid, grant）
動 subsidize ～に助成金［補助金］を与える

□ **penalty** /pénəlti/ アクセントは pe の位置
名 刑罰、罰金

□ **victim** /víktɪm/
名 被害者

□ **hierarchy** /háɪərɑ̀ːrki/
名 階級制度、ヒエラルキー
形 hierarchical 階層性の

□ **vote** /vóʊt/
名 投票 動 投票する

□ **welfare** /wélfèər/
名 福祉、幸福

□ **poll** /póʊl/
名 世論調査、アンケート（≒ survey）
動 ～に世論調査を行う

□ **census** /sénsəs/
名 国勢調査

□ **racism** /réɪsìzm/
名 人種差別

□ **violation** /vàɪəléɪʃən/
名（法律・規則などの）違反（≒ breach）
動 violate ～に違反する

□ **pension** /pénʃən/
名 年金

□ **jail** /ʤéɪl/
名 刑務所、拘置所

□ **empower** /ɪmpáʊər/
動 ～に権利［権限］を与える
名 empowerment 権限付与

□ **harassment** /həræ̀smənt/
名 嫌がらせ
動 harass ～を悩ませる

□ **spouse** /spáʊs/
名 配偶者

□ **abortion** /əbɔ́ːrʃən/
名 妊娠中絶

□ **marriage** /mǽrɪʤ/
名 結婚、結婚生活
熟 get married 結婚する

□ **divorce** /dɪvɔ́ːrs/
名 離婚 動 ～と離婚する

□ **advocate** /ǽdvəkət/
名 擁護者、賛同者
名 advocacy 支持、擁護

Chapter 8

生活

Daily Life

今を読むキーワード

生活

ワークライフバランス (work-life balance)

ワークライフバランスとは、仕事と私生活の健全な**均衡** (equilibrium) を意味します。仕事時間を充実させるとともに、リラックスしたり、趣味を楽しんだり、家族や友人と過ごしたりする時間を確保することです。ワークライフバランスを実現することは、ストレスを軽減してストレスによる疾患を予防し、**燃え尽き症候群** (burnout) を防ぎ、全体的な幸福感を高めるのに役立ちます。

デジタルノマド (digital nomad)

デジタルノマドとは、**通信技術** (telecommunications technologies) を利用して生計を立て、遊牧民のような生活を送る個人のことです。デジタルノマドは通常**リモートワーク** (work remotely) で、インターネットを利用して世界の好きな場所で仕事をします。雇用を維持しながら、頻繁に旅行したり、長期間気に入った場所に住んだりすることができます。

エシカル消費 (ethical consumption)

エシカル消費とは、製品やサービスの社会的、環境的、倫理的影響を考慮した購買決定を行うことです。**フェアトレード** (fair trade)、**労働者の権利** (labor rights)、**動物福祉** (animal welfare)、環境の持続可能性、**社会正義** (social justice) などの倫理原則を遵守する企業や製品を支援することを重視する消費行動です。オーガニック製品や地元産の製品を優先的に購入したり、倫理に反する行為を行う企業を**ボイコットし** (boycott) たり、サプライチェーンや生産プロセスについて**透明性のある** (transparent) ブランドを支持したりします。

オーバーツーリズム (over-tourism)

オーバーツーリズムとは、人気の観光地が**過密状態** (overcrowded) になり、地域社会やインフラ、環境に悪影響を及ぼす現象のことです。混雑、公害、生活費の高騰、**文化の劣化** (cultural degradation)、資源の逼迫などを招きます。オーバーツーリズムは、積極的なマーケティング、クルーズ船による観光、**格安旅行** (budget travel) の台頭などの要因により、世界各地で発生しています。対策として、観光税の導入や人数制限などが行われている観光地もあります。

マインドフルネス（mindfulness）

マインドフルネスとは、自分の思考、感情、**身体感覚**（bodily sensations）、そして周囲の環境に意識を向け、判断を差しはさむことなく今この瞬間に注意を向ける行為を指します。仏教の**瞑想法**（meditation techniques）に根差していますが、ストレスを軽減し、幸福感を高め、精神を明晰にする潜在的な効果があるとして、米国で、そして現在では世界中で、人気を集めています。医療、教育、職場の健康プログラムなど、さまざまな場面で応用されています。

eスポーツ（esports）

eスポーツとは、プレイヤーが個人またはチームで競い合う**対戦型テレビゲーム**（competitive video gaming）のことです。バーチャルでのプレイですが、伝統的なスポーツのように、スキル、戦略、チームワークが必要です。人気のあるeスポーツゲームには、リーグ・オブ・レジェンド、カウンターストライク、フォートナイトなどがあります。**大会**（competitions）は、小規模なローカルトーナメントから、高額な賞金が出る大規模なグローバルイベントまでさまざまです。eスポーツは急速に成長し、世界中で何百万人もの視聴者とプレイヤーを魅了し、熟練したゲーマーにとってプロへの**キャリアパス**（career path）となっています。

■ 動詞の意味も覚えておきたい日常生活の基本語

walk my dog	犬を**散歩させる**
book a hotel	ホテルを**予約する**
water plants	植物に**水をやる**
shop at the mall	ショッピングモールで**買い物をする**
text a friend	友人に**メールを送る**
season meat with salt and pepper	肉を塩コショウで**味つけする**
hand a towel to my sister	妹にタオルを**手渡す**
head for the station	駅に**向かう**
board a bus	バスに**乗る**
ship the items overseas	商品を海外に**発送する**

53 Over-Tourism / オーバーツーリズム (1)

In May 2015, a single Chinese company sent 6,400 of its employees to France for a four-day group vacation. The visit required private viewings of the Louvre, **bookings**[01] of 140 hotels in Paris, and more than 4,700 rooms in Cannes and Monaco. But how much further can we take this kind of tourism? Today we hear increasing **complaints**[02] from cities as famous as Barcelona, Florence, and Venice, which are all overwhelmed with tourists. Furthermore, tourists are slowly destroying many **fragile**[03] but beautiful natural **sites**[04], from **coral reefs**[05] to **rainforests**[06]. Either tourism must change, or it must begin to have restrictions placed upon it.

Restraining[07] tourism is first and foremost our duty to the global environment. The Galapagos Islands are a perfect **illustration**[08]. Famous as the remote location which helped Darwin develop his views on **evolution**[09], today they are visited by tens of thousands of tourists. However, the **cruise**[10] ships **cannot help but**[11] **bring about**[12] much **pollution**[13]: oil and plastics, human and food waste, and **non-native**[14] species carried from **distant**[15] shores. Of course, this is an extreme example. Yet wherever they go, tourists put **strains**[16] on the environment. They create pollution, **excess**[17] traffic, and **overcrowding**[18] on beaches and in parks.

(199 words)

2015年5月、ある中国の企業が4日間の団体休暇のために社員6,400人をフランスに送り出した。この訪問には、ルーブル美術館の特別観覧、パリでの140軒のホテルと、カンヌとモナコでの4,700室以上の**予約**[01]が必要だった。しかし、このような観光はどこまで受け入れられるのだろうか。今日、バルセロナ、フィレンツェ、ヴェネツィアといった有名都市からますます多くの**苦情**[02]が聞こえてくる。それらの都市は観光客で溢れかえっているのだ。さらに、観光客は**サンゴ礁**[05]や**熱帯雨林**[06]など、**壊れやすく**[03]も美しい多くの自然**遺産**[04]を徐々に破壊している。観光が変わらなければならないのか、観光に制限を加え始めなければならないのか、どちらかである。

観光を**制限すること**[07]は、何よりもまず、地球環境に対する我々の義務である。ガラパゴス諸島は、その最適な**実例**[08]である。ダーウィンが**進化**[09]についての考えを展開するきっかけとなった辺境の地として有名で、今では何万人もの観光客が訪れている。しかし、**クルーズ**[10]船は、石油やプラスチック、生ごみ、排泄物や**遠方**[15]からの**外来**[14]種など、多くの**汚染**[13]を**もたらさずにはおかない**[12][11]。もちろん、これは極端な例である。しかし、観光客はどこに行っても環境に**負担**[16]をかける。ビーチや公園に、汚染、**過剰な**[17]交通量、**過密状態**[18]を生み出している。

01 **booking**
/ búkɪŋ /

名 予約（≒reservation）
動 book ～を予約する

02 **complaint**
/ kəmpléɪnt /
com-（共に）+ plaint（嘆くこと）

名 不平、苦情
動 complain（…と）文句［不平］を言う

03 **fragile**
/ frǽʤəl /
frag（壊す）+ -ile（形容詞）

形 ①壊れやすい（⇔tough 丈夫な） ②（状態が）不安定な

04 **site**
/ sáɪt /

名 ①遺跡 ②（事件などの）現場、場所
③（インターネットの）サイト（≒website）

05 **coral reef**
/ kɔ́:rəl rì:f /

名 サンゴ礁

06 **rainforest**
/ réɪnfɔ̀:rəst /

名（熱帯）雨林
rain forest とも書く

07 **restrain**
/ rɪstréɪn /
re-（後ろに）+ strain（縛る）

動 ①～を制限する ②〈感情など〉を抑制する
名 restraint 抑制、制約

08 **illustration**
/ ìləstréɪʃən /
il-（上に）+ lustr（光）+ -ation（名詞）

名 ①（図・絵・例などによる）説明；実例
②挿絵、イラスト
動 illustrate ～を説明する、例証する

09 **evolution**
/ èvəlú:ʃən /
e-（外に）+ volu（回転する）+ -tion（名詞）

名 進化、進化論
動 evolve 進化する

10 **cruise**
/ krú:z /

名 船旅、クルージング
動 クルージングする

11 **cannot help but *do***

熟 ～せずにはいられない、どうしても～してしまう

12 **bring about**

熟 ～をもたらす、引き起こす

13 **pollution** / pəlúːʃən / 語 pol- (～を通して) + lut (泥) + -ion (名詞)	名 汚染 動 pollute ～を汚染する 名 pollutant 汚染物質
14 **non-native** / nɑ̀ːnnéɪtɪv /	形 ①原生種でない、外来種の (⇔native 原生種の) ②〈話し手が〉非母語の
15 **distant** / dístənt / 語 di(s)- (分離) + stant (立つ)	形 遠い (≒remote) (⇔close, near 近い) 名 distance 距離
16 **strain** / stréɪn /	名 負担、重圧 動 ～を引っ張る
17 **excess** / 形 ékses 名 ɪksés / 語 ex- (外に) + cess (行く)	形 過度の、過剰な 名 過剰 (分) in excess of ～ で「～を超過して」という意味 動 exceed ～を超える 形 excessive 過度の、極端な
18 **overcrowding** / òʊvərkráʊdɪŋ / 語 over- (過度に) + crowd (混雑する) + -ing (名詞)	名 過密 (状態)

構文チェック

■ *ll.13-15*

(Famous as the remote location [which] helped (V) Darwin (O) develop his views on evolution (*do*),) today they (S) are visited (V) by tens of thousands of tourists.

訳 ダーウィンが進化についての考えを展開するきっかけとなった辺境の地として有名で、今では何万人もの観光客が訪れている。

▲ Being famous as ... で始まる分詞構文の Being が省略された形と理解するとわかりやすい。文の主語 they は前文の The Galapagos Islands を受けている。

▲ 〈help ＋目的語＋ *do*〉(～が…するのを助ける) の形。*do* の代わりに to *do* がくることもあるが、最近では *do* の方が一般的。

54 Over-Tourism / オーバーツーリズム (2)

Tourism to historical sites might seem immune to these dangers. The tourists are coming to experience cultural differences via an appreciation of heritage. All too often, however, such tourism fails to promote any meaningful cultural exchange. Take Florence, for example. The 11 million tourists it attracts each year often experience tourism itself as much as local culture. They endure long queues, only to receive brief explanations and a very limited time at each attraction. An hour waiting in line for a two-minute viewing of a Botticelli hardly seems worthwhile. Indeed, many tourist magnets promise an "authentic cultural experience" but are ultimately obliged to sell fakes. Mass tourist destinations can often seem false: they fail to show the local culture accurately, but instead offer a fantasy which is no better than a trip to Disneyland.

Promoters of tourism often cite its economic advantages. However, its local benefits can be exaggerated. The kinds of jobs which tourism creates are often low-paid service-sector jobs in housekeeping, retail, and transport. These jobs hold little attraction for the local youth, and many hotels instead turn to cheap immigrant labor to do the work. Moreover, much tourism is seasonal: towns and resorts may suffer off-season, due to the slowdown in income. Worse still, tourism can bring an increase in crime. Some destinations cater to young people, with bars and strip clubs, not museums and cultural attractions. Unsurprisingly, then, the locals get more than the economic boom they had hoped for — social disturbances which can affect family life and the safety of children.

(257 words)

歴史的建造物への観光は、こうした危険とは**無縁**に思えるかもしれない。観光客は、**遺産**を**鑑賞**することで、文化の違いを体験しにやってくる。しかし、**ほとんどの場合**、このような観光が**有意義な**文化交流を促進することは**ない**。フィレンツェを例にとろう。年間1,100万人の観光客が訪れるフィレンツェでは、その土地の文化と同じくらい、しばしば観光そのものを体験することになる。長蛇の**列**に**耐えた**あげく、**手短な** **説明**だけを受け、それぞれの**観光名所**には非常に限られた時間しかいられない。ボッティチェリの２分ほどの鑑賞のために１時間も並ぶのは、ほとんど**価値がある**ようには思えない。実際、多くの観光**名所**は「**本物の**文化体験」を約束しているが、結局は**偽物**を売ら**ざるを得ない**のである。大衆向け観光**地**は、しばしば**偽物**に見えることがある。その土地の文化を正確に伝えず、代わりにディズニーランドに行くの**と同じような** **幻想**を提供しているのだ。

観光の**推進者たち**は、しばしばその経済的な利点を挙げる。しかし、その地域への恩恵は**誇張さ**れていることもある。観光が生み出す仕事は、**客室清掃**、小売、輸送などの低賃金のサービス業であることが多い。これらの仕事は、地元の**若者**にとってほとんど魅力がなく、多くのホテルは、代わりに安い**移民**の労働力**に依存している**。さらに、観光の多くは**季節に左右される**。シーズンオフになると、町やリゾート地は収入の**減少**により、**苦境に陥る**可能性がある。**さらに悪いことに**、観光は犯罪の増加をもたらすこともある。美術館や文化施設ではなく、バーやストリップクラブなどで若者のニーズに応える観光地もある。こうして、**当然のことながら**、地元の人々は、期待していた経済的な好景気以上に、家族生活や子どもたちの安全に影響を与えかねない社会的な**混乱**を被ることになる。

01 **immune**
/ ɪmjúːn /

形 ①免れた、影響されない ②免疫のある
✎ immune to ～で「～に対して免疫のある」という意味
名 immunity 免疫（力）
動 immunize ～に免疫力をつける

02 **appreciation**
/ əprìːʃiéɪʃən /
ap-（～に）+ preci(価格を付ける)+ -ation（名詞）

名 ①鑑賞 ②評価、理解
動 appreciate ～を高く評価する；～に感謝する

03 **heritage**
/ hérətɪʤ /
herit（相続）+ -age（名詞）

名 遺産、伝統

04 **all too often**

熟 たいていは、あまりにしばしば
✎ よくないことについて使う

05 **fail to *do***

熟 ～しない、～できない

06 **meaningful**
/ míːnɪŋfl /
meaning（意味）+ -ful（満ちた）

形 意味のある、有意義な（⇔meaningless 無意味な）

07 **endure**
/ ɪnd(j)úər /
en-（中に）+ dure（継続する）

動 ～に耐える（≒bear）
名 endurance 忍耐力

08 **queue**
/ kjúː /
発音注意

名 列、行列
動 列を作る（≒line up）
✎ 主にイギリス英語。米語では line を使う

09 **brief**
/ bríːf /

形 ①短時間の（≒short）（⇔lengthy 長期にわたる）
②簡潔な（≒concise）
✎「〈人〉に（必要な）情報を伝える」という動詞の意味もある
名 brevity 短さ；簡潔さ

10 **explanation**
/ èksplənéɪʃən /
ex-（完全に）+ plan（平らにする）+ -ation（名詞）

名 説明
動 explain ～を説明する
形 explanatory 説明的な

11 **attraction**
/ ətrǽkʃən /
at-（～に）+ tract(引く)+ -ion(名詞)

名 人を引きつけるもの、呼びもの、名所
動 attract ～を引きつける
形 attractive 魅力的な

12 **worthwhile**
/ wə́ːrθwáɪl /
worth（値する）+ while（時間）

形 時間［労力］を費やす価値がある（≒beneficial）（⇔worthless 価値がない）
✎ It is worthwhile *doing* [to *do*] で「～することは価値がある」という意味

13	**magnet** / mǽgnət /	名 ①人を惹きつけるもの［場所］ ②磁石
14	**authentic** / ɔ:θéntɪk /	形 ①本物の、正統な（≒real, genuine） ②〈情報などが〉事実に基づく 名 authenticity 真正
15	**be obliged to *do***	熟 ～せざるを得ない、余儀なく～する 名 obligation 義務 動 obligate ～を義務づける 形 obligatory 義務的な
16	**fake** / féɪk /	名 偽物（≒counterfeit） 形 偽の、偽造の（≒counterfeit）（⇔genuine 本物の）
17	**destination** / dèstənéɪʃən / 語 de-（強意）+ stin（立つ）+ -ation（名詞）	名 目的地、行き先
18	**false** / fɔ́:ls /	形 誤った、正しくない（≒mistaken） （⇔true, correct 正しい）
19	**fantasy** / fǽntəsi /	名 ①空想、幻想 ②ファンタジー小説 phantom（幽霊）と同語源語
20	**no better than ~**	熟 ～も同然
21	**promoter** / prəmóutər /	名 ①推進者、促進者 ②主催者、興業主 動 promote ～を促進する 名 promotion 促進、昇進
22	**exaggerate** / ɪgzǽʤərèɪt / 語 ex-（上に）+ agger（堆積）+ -ate（～にする）	動 ～を誇張する 名 exaggeration 誇張
23	**housekeeping** / háuskì:pɪŋ /	名（ホテルなどの）客室清掃
24	**youth** / jú:θ /	名 若者 形 young 若い

25 **turn to ~**
□□□

熟 (助けなどを求めて) ~を頼る、~に救いを求める

26 **immigrant**
□□□
/ ímɪgrənt /
im- (中に) + migr (移る) + -ant (人)

名 移住者、移民
動 immigrate 移住する
名 immigration 移住

27 **seasonal**
□□□
/ síːzənl /
season (季節) + -al (形容詞)

形 季節の、ある季節に限った
名 season 季節

28 **suffer**
□□□
/ sʌ́fər /
suf- (下で) + fer (耐える)

動 ①〈嫌なこと〉を経験する ②患う
名 suffering 苦しみ、苦難

29 **slowdown**
□□□
/ slóʊdàʊn /

名 ①(活動の) 鈍化、(景気の) 減退 ②減速
slow down (減速する) の名詞化した語

30 **worse still**
□□□

熟 さらに悪いことに

31 **unsurprisingly**
□□□
/ ʌ̀nsərpráɪzɪŋli /
un- (否定) + surprising (驚くべき) + -ly (副詞)

副 当然のことながら

32 **disturbance**
□□□
/ dɪstə́ːrbəns /
dis- (完全に) + turb (混乱) + -ance (名詞)

名 ①混乱 (させること) ②騒ぎ、暴動
動 disturb ~を邪魔する、妨害する

構文チェック

■ *ll.5-6*

The 11 million tourists 〔 [ ] it attracts each year〕 often experience tourism itself (as much as local culture).

S: The 11 million tourists ▲ / S: it / V: attracts / V: experience / O: tourism itself

訳 年間 1,100 万人の観光客が訪れるフィレンツェでは、その土地の文化と同じくらい、しばしば観光そのものを体験することになる。

▲文の主語は tourists。it は前文の Florence を受けており、直訳すると「毎年それ（=フィレンツェ）が引き寄せる 1,100 万人の観光客は…」となる。

■ *ll.6-8*

They endure long queues(, only to receive brief explanations and a very limited time at each attraction).

S: They / V: endure / O: long queues / ▲ only

訳 長蛇の列に耐えたあげく、手短な説明だけを受け、それぞれの観光名所には非常に限られた時間しかいられない。

▲結果の不定詞。「〜するが、（結果的に）…するだけだ」という意味で前から訳すとよい。

■ *ll.23-25*

(Unsurprisingly,) (then,) the locals get (more than the economic boom) 〔 [ ] they had hoped for〕 — social disturbances 〔 which can affect family life and the safety of children〕.

S: the locals / V: get / S: they / V: had hoped for / O: social disturbances / V: can affect / O: family life and the safety of children

訳 こうして、当然のことながら、地元の人々は、期待していた経済的な好景気以上に、家族生活や子どもたちの安全に影響を与えかねない社会的な混乱を被ることになる。

55 Over-Tourism / オーバーツーリズム (3)

Desire for profit[01] has driven the rapid[02] growth of tourism. Tourism has become the world's largest and fastest-growing industry. In 1950, around 25 million people travelled abroad. However, according to the UN World Tourism Organization (UNWTO), international tourist arrivals[03] by 2015 had reached close to[04] 1.2 billion, generating $1.5 trillion in export[05] earnings[06]. By 2030, the UNWTO forecasts international tourist arrivals to reach 1.8 billion.

Nevertheless, the profits of tourism are often a mere illusion[07]. Much of the money earned simply returns abroad. For example, researchers found that less than half of the income from safari and beach tourism in Kenya remains in Kenya, mainly[08] because of package tours arranged[09] by foreign companies, which rely on foreign-owned airlines and hotels. Even worse[10], most tourists do not pay fully for the services they access: added tourists put excessive[11] strain on existing water supplies, transport systems, parking, and on other public[12] services, such as police and ambulance, which are paid for by local taxpayers[13]. A popular tourist destination may also see housing prices increase, as visitors buy up[14] houses, reducing the supply of accommodation[15] for locals.

(184 words)

利益[01]への欲求が観光業の**急**[02]成長を促した。観光は、世界で最大の、最も成長著しい産業となった。1950年には、約2,500万人が海外旅行をした。しかし、国連世界観光機関（UNWTO）によると、2015年の国際観光客の**到着数**[03]は12億**近く**[04]に達し、1兆5千億ドルの**輸出**[05]**収入**[06]を生み出している。2030年には、国際観光客の到着数は18億に達するとUNWTOは予測している。

とはいえ、観光の利益は単なる**幻想**[07]に過ぎないことが多い。稼いだお金の多くは、単に海外に戻るだけである。例えば、ケニアのサファリやビーチの観光で得た収入の半分以下しかケニアに残らないことが研究者によって明らかにされた。パックツアーが外国企業によって**手配さ**[09]れ、外国資本の航空会社とホテルに支えられているのが**主な**[08]原因である。**さらに悪いことに**[10]、ほとんどの観光客は、利用するサービスに対して十分な対価を支払っているわけではない。つまり、観光客が増えると、既存の水供給、交通システム、駐車場、そして警察や救急車などの**公共**[12]サービスに**過度の**[11]負担がかかるが、これらは地元の**納税者**[13]によって支払われているのである。人気のある観光地では、観光客が住宅を**買い占め**[14]、地元の人々のための**住宅**[15]の供給が減少するため、住宅価格が上昇することもある。

01 **profit**
/ prɑ́ːfət /
pro- (前に) + fit (進む)

名 利益
動 利益を得る
make a profit で「利益を上げる」という意味
形 profitable 利益になる、もうかる

02 **rapid**
/ rǽpɪd /

形 急速な (≒fast, quick) (⇔slow 遅い)
副 rapidly 急速に
名 rapidity 急速さ

03 **arrival**
/ əráɪvl /
ar- (〜に) + riv (岸) + -al (名詞)

名 到着
動 arrive 到着する

04 **close to 〜**

熟 〜の近く(に)、約〜

05 **export**
/ 名 ékspɔːrt 動 ɪkspɔ́ːrt /
ex- (外に) + port (運ぶ)

名 輸出品 (⇔import 輸入品)
動 〜を輸出する (⇔import 〜を輸入する)
品詞によってアクセントの位置が変わる

06 **earnings**
/ ɚ́ːrnɪŋz /

名 (企業などの) 収益
「(個人の) 収入」という意味もある
動 earn 〜を稼ぐ

07 **illusion**
/ ɪlúːʒən /

名 錯覚、幻想 (≒fantasy) (⇔reality 現実)
形 illusory 錯覚による

08 **mainly**
/ méɪnli /
main (主な) + -ly (副詞)

副 主に (≒primarily)
形 main 主な、主要な

09 **arrange**
/ əréɪndʒ /

動 ①(〜を) 手配する、準備する ②〜を整理する
名 arrangement 手配、準備

10 **even worse**

熟 さらに悪いことに

11 **excessive**
/ ɪksésɪv /
ex- (外に) + cess (行く) + -ive (形容詞)

形 過度の、極端な (⇔moderate 控えめな)
名形 excess 超過 (分) ; 超過した、余分の
動 exceed 〜を超える

12 **public**
/ pʌ́blɪk /
publ (人々) + -ic (形容詞)

形 公の、公共の (⇔private 民間の)
名 一般の人々
副 publicly 公に
名 publicity 評判 ; 広告

13	**taxpayer** / tǽkspèɪər /	名 納税者
14	**buy up**	熟 〈土地など〉を買い占める
15	**accommodation** / əkɑ̀ːmədéɪʃən / 語 ac-（〜に）+ com-（共に）+ mod（測定する）+ -ation（名詞）	名 宿泊施設、宿泊設備 動 accommodate 〜を収容できる

構文チェック

■ *ll.9-13*

(For example,) researchers found [that less than half of the income from safari and beach tourism in Kenya remains in Kenya] (, mainly because of package tours (arranged by foreign companies) 〔, which rely on foreign-owned airlines and hotels〕).

（文構造：researchers = S、found = V、[that ...] = O、less than half ... in Kenya = S、remains = V、rely on = V、foreign-owned airlines and hotels = O）

訳 例えば、ケニアのサファリやビーチの観光で得た収入の半分以下しかケニアに残らないことが研究者によって明らかにされた。パックツアーが外国企業によって手配され、外国資本の航空会社とホテルに支えられているのが主な原因である。

■ *ll.13-17*

(Even worse,) most tourists do not pay fully (for the services 〔 they access〕) : added tourists put excessive strain on existing water supplies, transport systems, parking, and on other public services (, such as police and ambulance,) 〔which are paid for by local taxpayers〕.

（文構造：most tourists = S、do not pay = V、they = S、access = V、added tourists = S、put = V、excessive strain = O、are paid for = V）

訳 さらに悪いことに、ほとんどの観光客は、利用するサービスに対して十分な対価を支払っているわけではない。つまり、観光客が増えると、既存の水供給、交通システム、駐車場、そして警察や救急車などの公共サービスに過度の負担がかかるが、これらは地元の納税者によって支払われているのである。

56 Over-Tourism / オーバーツーリズム (4)

Eco-tourism[01], with its emphasis[02] on sustainability[03] and small-scale operations, is often portrayed as the answer to these issues. But even if it could help, the problem of scale would remain. Even eco-tourist ventures have negative environmental impacts. An abundance[04] of eco-tourist ventures — mass eco-tourism — is necessarily[05] a contradiction[06] in terms. In order to weaken[07] tourist demand we need to address tourism's external costs — its social and environmental damage — and employ[08] some version[09] of a tourism tax worldwide, in order to generate funds[10] to repair[11] the damage we are causing.

Does all of this affect how we should view travel? Who could doubt[12] it? All the evidence suggests we need to change our travel habits. In the age of the Internet we can all become, as Isak Dinesen put it, "travelers in our minds". We can explore remote corners of the globe without leaving our living rooms. Quite clearly, most travelers today are neither[13] scientists nor explorers. Most modern[14] travel is just tourism — a form of escapist entertainment which, like most types of leisure, is best in moderation[15].

(182 words)

エコツーリズム[01]は、**持続可能性**[03]と小規模運営に**重点**[02]を置いており、こうした問題に対する答えとして描かれることが多い。しかし、たとえそれが有効であったとしても、規模の問題は残るだろう。エコツーリズム事業といえども、環境にはマイナスの影響を与える。**おびただしい数**[04]のエコツーリズム事業、つまりマスエコツーリズムは、**必然的に**[05]言語**矛盾**[06]だ。観光客の需要を**抑える**[07]ためには、観光業の外部コストである社会的・環境的ダメージに対処し、私たちが引き起こしているダメージを**修復する**[11]**資金**[10]を生み出すために、世界中で何らかの**形**[09]の観光税を**採用する**[08]必要がある。

このようなことが、私たちの旅行観に影響を与えるだろうか。誰がそれを**疑う**[12]ことができるだろうか。すべての証拠が､私たちが旅行の習慣を変える必要があることを示唆している。インターネットの時代には、イサク・ディーネセンが言ったように、私たちは皆、「心の中の旅行者」になることができる。リビングルームに居ながらにして、世界の隅々まで探索することができるのだ。至極当然のことだが、現代の旅行者の多くは、科学者**でもなければ**、探検家**でもない**[13]。**現代の**[14]旅行のほとんどは単なる観光、つまり現実逃避的な娯楽の一形態であり、他の気晴らしと同様、**適度**[15]に楽しむのがー番よいのである。

（慶應義塾大学）

Notes

l.16 escapist 現実逃避の

01 **eco-tourism** 🌐
/ èkoutúərɪzm /

名 エコツーリズム
✎ 自然を破壊せずに観光収入が得られるような観光

02 **emphasis**
/ émfəsɪs /

名 強調
動 emphasize ～を強調する

03 **sustainability** 🌐
/ səstèɪnəbíləti /
sus-（下から）+ tain（保つ）+ -abil（できる）+ -ity（名詞）

名 持続可能性
動 sustain ～を維持する、持続させる
形 sustainable 持続可能な
名 sustenance 維持；食物

04 **abundance**
/ əbʌ́ndəns /

名 多量、豊富
✎ an abundance of ～ で「大量の～」という意味
形 abundant 大量の、豊富な
動 abound 大量にある

05 **necessarily**
/ nèsəsérəli /
アクセントは sa の位置

副 必然的に、どうしても
形 necessary 必要な；必然的な
名 necessity 必要（性）

06 **contradiction**
/ kɑ̀ntrədíkʃən /
contra-（反対）+ dict（言う）+ -ion（名詞）

名 矛盾
動 contradict ～と矛盾する
形 contradictory 矛盾した

07 **weaken**
/ wíːkən /
weak（弱い）+ -en（～にする）

動 ～を弱める（⇔strengthen ～を強化する）
形 weak 弱い

08 **employ**
/ ɪmplɔ́ɪ /
em-（中に）+ ploy（抱え込む）

動 ①〈手段〉を用いる
②～を雇う（≒hire）（⇔dismiss, fire ～を解雇する）
名 employment 雇用 名 employer 雇用主
名 employee 従業員

09 **version**
/ və́ːrʒən /
vers（回転する）+ -ion（名詞）

名 版、バージョン（≒edition）

10 **fund**
/ fʌ́nd /

名 基金、資金
動 ～に資金を提供する

11 **repair**
/ rɪpéər /
re-（再び）+ pair（準備する）

動 ①〈損失・損害など〉を償う、埋め合わせる
②～を修理する（≒mend）
名 修理

12 **doubt**
/ dáut /

動 ～を疑う、疑わしいと思う
名 疑い
形 doubtful 疑わしい
副 doubtfully 疑わしげに

13 **neither *A* nor *B***

熟 *A*も*B*も～ない

14 **modern**
/ mɑ́:dərn /
アクセント注意

形 現代の、近代の（⇔ancient 古代の）

15 **moderation**
/ mɑ̀:dəréɪʃən /
語 mode（計測）+ -rat（動詞）+ -ion（名詞）

名 適度、節度
形 moderate 適度な、並みの

構文チェック

■ *ll.6-9*

(In order to weaken tourist demand) we need to address tourism's external costs (— its social and environmental damage —) and employ some version of a tourism tax worldwide(, in order to generate funds to repair the damage 〔 ⬚ we are causing〕).

(we = S, need to address = V, tourism's external costs = O, employ = V, some version of a tourism tax = O)

訳 観光客の需要を抑えるためには、観光業の外部コストである社会的・環境的ダメージに対処し、私たちが引き起こしているダメージを修復する資金を生み出すために、世界中で何らかの形の観光税を採用する必要がある。

■ *ll.15-17*

Most modern travel is just tourism — a form of escapist entertainment 〔which (, like most types of leisure,) is best in moderation〕.

(Most modern travel = S, is = V, tourism = C, a form of escapist entertainment = C, is = V, best = C)

訳 現代の旅行のほとんどは単なる観光、つまり現実逃避的な娯楽の一形態であり、他の気晴らしと同様、適度に楽しむのが一番よいのである。

57 Cultured Meat / 培養肉 (1)

The United Nations predicts that the world's human population will reach almost 9.8 billion by 2050. As the population of the world in 2019 was 7.7 billion, this growth means there will be about 2 billion more people living on this planet in only 30 years. You may ask yourself, "Where will all these people live?" "How will we be able to feed[01] everyone?" "Will there be enough fresh water?" These are just the basics. What about the demand for cars and other forms of transport, or the demand for electricity and electrical appliances[02] in developed countries? It is obvious[03] there will continue to be enormous[04] stress[05] placed on the environment to maintain such a population, as well as having to fight the effects of climate change. Many experts see replacing meat consumption[06] as being vital[07] to help solve many of these challenges.

The reason why meat is seen as a problem is that raising the animals to produce meat requires large amounts of crops to be used as feed. Also, when raising animals for meat production, only a small fraction[08] of the calories[09] (in the food) given to the animals are actually consumed by people. Most of the calories given to these animals are used during their lives. Vast areas of land are used to produce crops such as soybeans[10], grains[11] and grass. Opponents to meat production state that this land could be put to[12] better use if humans were to eat the food produced instead. Crop production requires huge areas of farmland[13], water and fertilizers[14]. Creating new farmland involves the destruction[15] of the natural habitats[16] of many plants and animals. Increasing water demand will mean that in times of drought, the effects will be even greater. Additionally, fossil fuels[17] are used to produce most fertilizers, which is a major cause of global warming.

(305 words)

国連は、2050 年には世界の人口がほぼ 98 億人に達すると予測している。2019 年の世界人口が 77 億人だったので、この伸びは、わずか 30 年の間に約 20 億人も多くの人がこの地球上で暮らすことを意味する。あなたは「この人たちはどこに住むのだろう」、「どうやってみんなを**養う**ことができるのだろう」、「真水は足りるのだろうか」などと自問するかもしれない。これらは基本的なことに過ぎない。自動車をはじめとする交通機関の需要や、先進国の電力、電化**製品**の需要はどうだろう。このような人口を維持するために、環境に**非常に大きな負荷**がかかり続けることは**明らか**であり、気候変動の影響とも戦わなければならない。これらの課題を解決する助けとして**必要不可欠**なのが、肉の**消費**を置き換えることであると、多くの専門家が考えている。

肉が問題視される理由は、肉を生産するための動物を育てるには、飼料となる農作物が大量に必要だからである。また、食肉生産のために動物を飼育する場合、動物に与えられた（餌の）**カロリー**のうち、実際に人が消費するのはごく**一部**に過ぎない。動物に与えられたカロリーの大半は、動物が生きている間に使われる。**大豆**や**穀物**、牧草などの作物を生産するために広大な土地が使われている。食肉生産に反対する人々は、もし人間が代わりに生産された食物を食べるのであれば、この土地はもっと有効に**活用**できるはずだとしている。穀物の生産には、広大な**農地**と水と**肥料**が必要である。新しい農地を作ることは、多くの動植物の自然な**生息地**を**破壊すること**を意味する。水の需要が増えれば、干ばつ時にはその影響がさらに大きくなる。さらに、肥料のほとんどはその生産に**化石燃料**が使用されるため、地球温暖化の大きな原因となる。

01 **feed**
/ fíːd /

動 ～に食べ物 [えさ] を与える
名 えさ
動詞は feed-fed-fed と活用

02 **appliance**
/ əpláɪəns /

名 電化製品、器具

03 **obvious**
/ ɑ́ːbviəs /
ob-（遮るように）+ vi(a)（道）+ -ous（形容詞）

形 明らかな、わかりやすい
副 obviously 明らかに

04 **enormous**
/ ɪnɔ́ːrməs /
e-（外に）+ norm（尺度）+ -ous（形容詞）

形 巨大な、莫大な（≒ huge）
副 enormously 非常に、ものすごく

05 **stress**
/ strés /
アクセント注意

名 ①圧迫、圧力 ②（身体的・精神的）緊張、ストレス ③強調（≒ emphasis）
動 ～を強調する（≒ emphasize）
形 stressful ストレスを与える

06 **consumption**
/ kənsʌ́mpʃən /
con-（強意）+ sump（食べる）+ -tion（名詞）

名 消費、消費量（⇔production 生産）
動 consume ～を消費する
名 consumer 消費者

07 **vital**
/ váɪtl /
vit（生命）+ -al（形容詞）

形 ①極めて重要な、必要不可欠な（≒ essential） ②生命維持に不可欠な
名 vitality 生命力

08 **fraction**
/ frǽkʃən /
fract（割られた）+ -ion（名詞）

名 ごく一部
a fraction of ～で「ごく一部の～」という意味

09 **calorie**
/ kǽləri /

名 カロリー

10 **soybean**
/ sɔ́ɪbìːn /

名 大豆

11 **grain**
/ gréɪn /

名 穀物、穀類

12 **put *A* to use**

熟 *A* を使う

13	**farmland** / fá:rmlæ̀nd /	名 農地、農業用地
14	**fertilizer** / fə́:rtəlàɪzər / fertil（肥沃な）+ -iz（動詞）+ -er（もの）	名（化学）肥料（≒manure） 形 fertile 肥沃な 動 fertilize ～を肥沃にする 名 fertility 肥沃
15	**destruction** / dɪstrʌ́kʃən / de-（否定）+ struct（建てる）+ -ion（名詞）	名 破壊（⇔construction 建設） 動 destroy ～を破壊する
16	**habitat** / hǽbətæ̀t /	名（動植物の）生息地、生息場所
17	**fossil fuel** / fá:sl fjù:əl /	名 化石燃料

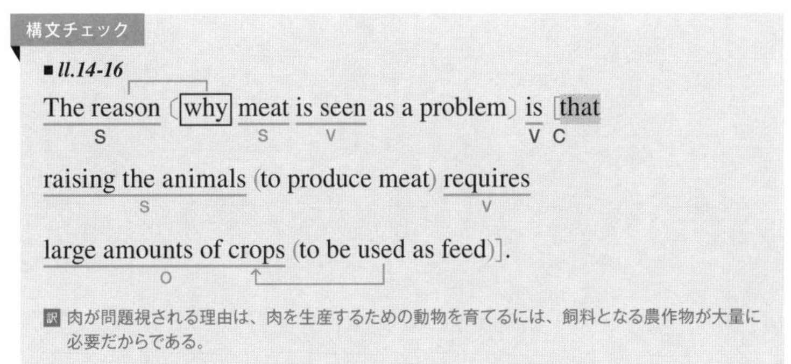

構文チェック

■ *ll.14-16*

The reason (why meat is seen as a problem) is [that raising the animals (to produce meat) requires large amounts of crops (to be used as feed)].

訳 肉が問題視される理由は、肉を生産するための動物を育てるには、飼料となる農作物が大量に必要だからである。

Another reason why meat is seen as an area of concern is that it is often viewed as a sign of higher social status. Because eating meat is more expensive than eating staples, such as rice or grains, it becomes a status symbol. Therefore, as the global economy grows, together with the population, the global demand for meat is expected to increase even further.

There are some alternatives to meat produced from animals. These products are called different things, such as "meat alternatives," "meat substitutes" or "vegetarian meat." Most of these are made from plants, such as soybeans. They are produced to taste, smell and look the same as meat produced from animals. There are a wide range of different variants available, produced to imitate different types of meat. In the past, these products were mostly consumed by vegetarians or vegans who chose not to eat meat, or by people who did not eat meat from certain animals due to medical or religious reasons. However, due to the problems related to meat production from animals, these products are likely to become more widely consumed as we look for a more sustainable future.

(192 words)

肉が懸念されるもう一つの理由は、肉がより高い社会的地位の証と見なされることが多いからである。肉を食べることは、米や穀物などの**主食**[01]を食べることよりも高価であるため、ステータス**シンボル**[02]となる。したがって、人口**と共に**[03]世界経済が成長すれば、世界の食肉需要はさらに増加することが予想される。

動物から生産される肉に**代わるもの**[04]がある。これらの製品は「代替肉」、「ミート代替品」、「**ベジタリアン**[05]ミート」など、さまざまな呼び名で呼ばれている。そのほとんどは、大豆などの植物から作られている。それらは、味も香りも見た目も、動物から作られた肉と同じように作られている。さまざまな種類の肉に**似せ**[07]て作られた、さまざまな**バリエーション**[06]が手に入る。かつては、これらの製品は、肉を食べないことを選んだベジタリアンや**ビーガン**[09]、あるいは医学的・宗教的な理由で特定の動物の肉を食べない人たちが**主に**[08]食べていた。しかし、動物から肉を生産することに伴う問題から、より持続可能な未来を求めるにつれて、これらの製品はより広く消費されるようになりそうだ。

（獨協大学）

01 **staple** 🌐
/ stéɪpl /

名 基本的食料品、主食

02 **symbol**
/ símbəl /
語源 sym- (共に) + bol (投げる)

名 象徴
形 symbolic 象徴的な

03 **together with ~**

熟 ①~と共に ②~を含めて

04 **alternative**
/ ɔːltə́ːrnətɪv /
語源 alternat (代えられた) + -ive (形容詞)

名 代わり (となるもの)
形 別の、代わりとなる
副 alternatively 代わりに、代替手段として

05 **vegetarian**
/ vèʤətéəriən /
語源 veget (野菜) + -arian (主義者)

形 菜食主義の
名 菜食主義者

06 **variant** 👑
/ véəriənt /

名 異形、変異形
形 異形の
✎ 「異形」とは「標準形からずれたもの」のこと
動 vary 異なる、変化する

07 **imitate**
/ ímətèɪt /
語源 imit (模倣する) + -ate (~にする)

動 ~をまねる、模倣する (≒ copy)
名 imitation 模造品

08 **mostly**
/ móustli /

副 ①主に、大部分は ②たいてい

09 **vegan** 🌐
/ víːgən /

名 絶対菜食主義者
✎ 卵・チーズ・牛乳などもとらないベジタリアン

構文チェック

■ *ll.1-2*

Another reason 〔why meat is seen as an area of concern〕 is [that it is often viewed as a sign of higher social status] .

訳 肉が懸念されるもう一つの理由は、肉がより高い社会的地位の証と見なされることが多いからである。

■ *ll.13-16*

(In the past,) these products were mostly consumed (by vegetarians or vegans 〔who chose not to eat meat〕, or by people 〔who did not eat meat from certain animals (due to medical or religious reasons)〕).

訳 かつては、これらの製品は、肉を食べないことを選んだベジタリアンやビーガン、あるいは医学的・宗教的な理由で特定の動物の肉を食べない人たちが主に食べていた。

■ *ll.16-18*

(However,) (due to the problems related to meat production from animals,) these products are likely to become more widely consumed 〔as we look for a more sustainable future〕.

訳 しかし、動物から肉を生産することに伴う問題から、より持続可能な未来を求めるにつれて、これらの製品はより広く消費されるようになりそうだ。

▲接続詞の as には「…するのと同様に」「…するとき」「…なので」など多くの意味があるが、ここでは「…するにつれて」という意味。

59 Fair Trade / フェアトレード (1)

In many developed nations today, an abundance of food, clothing, and daily necessities can be obtained inexpensively and in large quantities. Despite such affluent societies, the producers and laborers in developing countries who manufacture these goods persistently work under conditions marked by unstable employment, low wages, and hazardous, substandard environments.

This structure has its origins in the 16th century, during the era when Western nations expanded their colonies across South America, Asia, and Africa. At the time, Western countries significantly profited by exploiting the local people as inexpensive labor, which enabled the mass production of tobacco, cotton, sugarcane, and other crops on plantations. Economic inequality continued even after these nations achieved independence following World War II. Today, workers in these countries still earn low wages and remain trapped in poverty. For instance, on cacao farms in West Africa, over 1.5 million children are compelled to work instead of attending school, constituting a serious child labor problem.

Moreover, this is not only an economic and social issue, but an environmental one as well. An emphasis on efficiency and productivity has led to practices such as deforestation and excessive use of agricultural chemicals, impacting the environment and the health of workers in developing countries. For example, it has been reported that 16% of the world's insecticides and 10% of pesticides are used in the cultivation of cotton, a crop grown in more than 70 developing countries. The comfortable and convenient life in developed countries is predicated upon various sacrifices made in developing nations.

Fair trade was established to eradicate such inequality between developed and developing countries. It is a system that supports producers and laborers in developing countries by engaging in continual trade with them at fair and equitable prices, rather than sourcing large volumes of products cheaply.

(296 words)

今日、多くの先進国では、豊富な食料、衣服、生活**必需品**[01]が**安価で**[02]大量に手に入る。そのような**豊かな**[03]社会をよそに、これらの商品を**製造する**[06]途上国の**生産者たち**[04]や**労働者たち**[05]は、**不安定な**[08]**雇用**[09]、低賃金、**危険**[10]で**標準以下の**[11]環境などによって特徴づけられる条件のもとで**根気強く**[07]働いている。

この構造の起源は16世紀、西欧諸国が南米、アジア、アフリカに植民地を拡大した時代にある。当時、西欧諸国は現地の人々を安価な労働力として**搾取し**[12]、タバコ、**綿花**[13]、サトウキビなどの作物を**大農場**[14]で大量生産できるようにすることで、大きな利益を得ていた。経済的不平等は、第二次世界大戦後にこれらの国々が**独立**[15]を果たした後も続いた。今日でも、これらの国々の労働者は低賃金で働き、貧困に**陥った**[16]ままである。例えば、西アフリカのカカオ農園では、150万人以上の子どもたちが学校に通う**代わりに**[18]働くことを**強いら**[17]れており、深刻な児童労働問題となっている。

さらに、これは経済的・社会的な問題だけでなく、環境問題で**も**[19]ある。効率と生産性を重視するあまり、**森林伐採**[20]や農薬の過剰使用などが行われ、発展途上国の環境や労働者の健康に影響を与えている。例えば、世界の**殺虫剤**[21]の16%、**農薬**[22]の10%が綿花の**栽培**[23]、つまり70か国以上の発展途上国で栽培されている作物の栽培に使われていると報告されている。先進国の快適で**便利な**[24]生活は、途上国でのさまざまな**犠牲**[26]**の上に成り立っている。**[25]

フェア**トレード**[27]は、先進国と途上国の間のこのような不平等を**根絶する**[28]ために創設された。大量の製品を安く仕入れるのではなく、公正かつ**公平な**[29]価格で継続的に取引を行うことによって、途上国の生産者や労働者を支援するシステムである。

Notes

l.11 sugarcane　サトウキビ

01 **necessity**
/ nəsésəti /
語源 ne-(否定) + cess(譲る) + -ity(名詞)

名 ①必需品 ②必要(性)
形 necessary 必要な
副 necessarily 必然的に

02 **inexpensively**
/ ìnɪkspénsɪvli /
語源 in- (否定) + expensive (高価な) + -ly (副詞)

副 安価に、安い費用で

03 **affluent**
/ ǽfluənt /
語源 af-(〜に) + flu(流れる) + -ent(形容詞)

形 裕福な、(経済的に) 豊かな (≒wealthy)

04 **producer**
/ prəd(j)ú:sər /
語源 produc(e) (生産する) + -er (人)

名 生産者、製造者;産出国 (⇔consumer 消費者)
動 produce 〜を生産する
名 production 生産
名 product 製品

05 **laborer**
/ léɪbərər /

名 労働者
名 labor 労働

06 **manufacture**
/ mæ̀njəfǽktʃər /
語源 manu(手) + fact(作る) + -ure(動詞)

動 〜を製造する (≒produce)
名 製造
名 manufacturing 製造業
名 manufacturer 製造業者、メーカー

07 **persistently**
/ pərsístəntli /
語源 per- (通して) + sist (耐える) + -ent (形容詞) + -ly (副詞)

副 持続的に、絶えず
形 persistent しつこい、粘り強い
動 persist 固執する
名 persistence 粘り強さ

08 **unstable**
/ ʌnstéɪbl /
語源 un-(否定) + st(立つ) + -able(できる)

形 不安定な (≒volatile, unsteady) (⇔steady 安定した)

09 **employment**
/ ɪmplɔ́ɪmənt /
語源 em- (中に) + ploy (抱え込む) + -ment (名詞)

名 雇用
動 employ 〜を雇用する
名 employer 雇用主
名 employee 従業員

10 **hazardous** ♛
/ hǽzərdəs /
語源 hazard (危険) + -ous (満ちた)

形 有害な、危険な
名 hazard 危険

11 **substandard** ♛
/ sʌ̀bstǽndərd /

形 標準以下の

12 **exploit**
/ ɪksplɔ́ɪt /
語源 ex- (外に) + ploit (折り曲げる)

動 ①〜を搾取する ②(利益を得るために) 〜を利用する ③〈資源など〉を開発する
✎ 同じつづりで「偉業」という意味の名詞もある
名 exploitation (利己的) 利用;(資源の) 開発

13 **cotton**
/ kɑ́:tn /
名 綿、綿花

14 **plantation**
/ plæntéɪʃən /
語 plant（植える）+ -ation（名詞）
名 ①（熱帯地方の）大農園、大農場 ②植林地、造林地
名動 plant 植物；~を植える

15 **independence**
/ ìndɪpéndəns /
語 in-（否定）+ dependence（依存）
名 独立、自立
形 independent 独立した、自立した
副 independently 独立して、自力で

16 **trap**
/ trǽp /
動 ~を閉じ込める、わなにかける
名 わな

17 **compel**
/ kəmpél /
語 com-（強意）+ pel（追いやる）
動 ~を強制する、強いる（≒force）
compel *A* to *do* で「*A* に（無理に）~させる」という意味
形 compelling 強制的な、やむを得ない；人の心をつかむ

18 **instead of ~**
熟 ~の代わりに、~ではなく（≒in place of ~）

19 **~ as well**
熟 ~もまた、同様に

20 **deforestation**
/ di:fɔ̀:rəstéɪʃən /
語 de-（否定）+ forest（森林）+ -ation（名詞）
名 森林伐採、森林破壊

21 **insecticide**
/ ɪnséktəsàɪd /
語 insecti（虫）+ cide（殺す）
名 殺虫剤

22 **pesticide**
/ péstəsàɪd /
語 pesti（害虫）+ cide（殺す）
名（害虫駆除の）農薬、殺虫剤

23 **cultivation**
/ kʌ̀ltɪvéɪʃən /
語 cultiv（耕す）+ -ation（名詞）
名 ①栽培 ②耕作
動 cultivate ~を栽培する；~を耕す

24 **convenient**
/ kənví:njənt /
語 con-（共に）+ veni（来る）+ -ent（形容詞）
形 ①便利な（⇔inconvenient 不便） ②都合のよい
名 convenience 便利さ

25 □□□ **be predicated upon ~** ♕	熟 ~に基礎を置いている ✎ upon の代わりに on でも同じ意味
26 □□□ **sacrifice** / sǽkrəfàɪs / sacri (聖なる) + -fice (~にする)	名 犠牲 動 ~を犠牲にする
27 □□□ **trade** / tréɪd /	名 取引、貿易 動 ~を取引する
28 □□□ **eradicate** / ɪrǽdəkèɪt / e- (外に) + radic (根) + -ate (~にする)	動〈病気・社会問題・害虫など〉を根絶する、撲滅する (≒ wipe out) 名 eradication 根絶
29 □□□ **equitable** ♕ / ékwətəbl / equit (等しい) + -able (できる)	形〈決定・分配などが〉公平な、公正な (≒ fair) (⇔unfair, inequitable 不公平な) 副 equitably 公平に 名 equity 公平

構文チェック

■ *ll.9-12*

(At the time,) Western countries significantly profited (by exploiting the local people as inexpensive labor, 〔which enabled the mass production of tobacco, cotton, sugarcane, and other crops on plantations〕).

(S: Western countries / V: profited)

訳 当時、西欧諸国は現地の人々を安価な労働力として搾取し、タバコ、綿花、サトウキビなどの作物を大農場で大量生産できるようにすることで、大きな利益を得ていた。

▲ which の非制限的用法。具体的には前節の exploiting ~ labor を受けている。

語源コラム　名詞の語根④

■ loc ➡ 場所

カタカナ語の「ロケ」は location（ロケーション、スタジオ外の撮影地）の略で、「場所を決めること」が原義。

□ **local**（形 地元の）　**loc**（場所）+-al（形容詞）
□ **locate**（動〈建物など〉を置く、設置する）　**loc**（場所）+-ate（動詞）
□ **locomotive**（名 機関車）　**loco**（場所）+motive（動く）
□ **allocate**（動 ～を割り当てる、配分する）　al-（～に）+**loc**（場所）+-ate（動詞）
□ **relocate**（動 移転する、引っ越す）　re-（再び）+**loc**（場所）+-ate（動詞）

■ log ➡ 言葉、学問

ヨハネによる福音書は「はじめに言葉（logos）があった」から始まります。-logyの形で学問名にもよく使われます。

□ **logic**（名 論理、理屈）　**log**（言葉）+-ic（形容詞）
□ **analogy**（名 類推）　ana-（～に応じて）+**log**（言葉）+-y（名詞）
□ **apologize**（動 謝る）　apo-（離れて）+**log**（言葉）+-ize（動詞）
□ **psychology**（名 心理学）　psycho（心）+**logy**（学問）

■ man / main ➡ 手

manual（説明書、マニュアル）は日本語でも「手引書」とも言いますが、「手の」が原義です。

□ **manage**（動 ～をうまく処理する、扱う）　**man**（手）+-age（行為）
□ **manufacture**（動 ～を製造する）　**manu**（手）+fact（作る）+-ure（動詞）
□ **manipulate**（動〈人・世論・価格など〉を操作する）　**mani**（手）+pul（満たす）+-ate（動詞）
□ **manuscript**（名（手書きの）原稿）　**manu**（手）+script（書く）

■ mid / medi ➡ 中間、媒介

media（マスコミ、メディア）は medium の複数形で、「媒介するもの、媒体」が原義です。

□ **medieval**（形 中世の；中世風の）　**medi**（中間）+ev（時代）+-al（形容詞）
□ **immediate**（形 差し迫った、緊急の）　im-（否定）+**medi**（中間）+-ate（形容詞）
□ **intermediate**（形〈程度が〉中級の）　inter-（～の間）+**medi**（中間）+-ate（形容詞）
□ **middle**（形 中間の）　**mid(d)**（中間）+-le（傾向の）

60 Fair Trade / フェアトレード (2)

Fair trade reportedly originated in the late 1940s when an American NGO sold **handicrafts**[01] made by women in Puerto Rico. **Initially**[02], it was mostly designed to be a **charitable**[03] system, but it gradually spread, primarily in Europe, and by the 1970s, it had evolved into the current fair trade system. In the 1980s, the International Fair Trade Federation (now the World Fair Trade Organization) was established, and their activities have been expanding, including the introduction of a **certification**[04] label for products that **meet**[05] fair trade standards.

To be recognized as fair trade products, items must **satisfy**[06] economic, social, and environmental standards, such as guaranteed minimum prices, safe and **democratic**[07] labor conditions, and **appropriate**[08] use of pesticides. These standards are associated with almost all 17 of the Sustainable Development Goals (SDGs) adopted by all United Nations Member States in 2015. Thus, promoting fair trade can also **contribute**[09] to achieving the SDGs.

As of 2022, there are 2,208 "Fairtrade Towns," or **municipalities**[10] around the world that practice fair trade, including major cities like London, Paris, and Rome. Notably, in the United Kingdom, **administrations**[11], corporations, and organizations are **collaborating**[12] to actively promote fair trade, with three major supermarket chains exclusively selling Fairtrade-**certified**[13] bananas. Additionally, 286 universities worldwide have been recognized as "fair trade universities," which sell certified products in their **cooperative**[14] stores and develop products **in collaboration with**[15] local companies. An increase in participating organizations and a rise in their activities are anticipated in the future, adding further **momentum**[16] to this cause.

(249 words)

フェアトレードは、1940 年代後半にプエルトリコの女性たちが作った**手工芸品**[01]を、アメリカの NGO が販売したのが始まりだと言われている。**当初は**[02]主に**慈善的な**[03]仕組みとして作られたものであったが、ヨーロッパを中心に徐々に広がり、1970 年代には現在のフェアトレードの仕組みに発展した。1980 年代には国際フェアトレード連盟（現在の世界フェアトレード機構）が設立され、フェアトレード基準を**満たした**[05]製品に**認証**[04]ラベルを導入するなど、その活動は広がりを見せている。

フェアトレード製品として認められるためには、最低価格の保証、安全で**民主的な**[07]労働条件、農薬の**適切な**[08]使用など、経済面、社会面、環境面での基準を**満たさ**[06]なければならない。これらの基準は、2015 年に全国連加盟国によって採択された持続可能な開発目標（SDGs）のうち、ほぼすべてと言える 17 項目と関連している。従って、フェアトレードの推進は SDGs の達成にも**貢献**[09]できる。

2022 年現在、フェアトレードを実践する**自治体**[10]「フェアトレードタウン」は、ロンドン、パリ、ローマなどの大都市を含め、世界中に 2,208 か所ある。特にイギリスでは、大手スーパーマーケットチェーン 3 社がフェアトレード**認証の**[13]バナナを独占販売するなど、**行政**[11]、企業、団体が**連携し**[12]てフェアトレードを積極的に推進している。また、世界 286 の大学が「フェアトレード大学」に認定されており、認証商品を**協同組合**[14]店で販売したり、地元企業**と協力して**[15]商品開発を行ったりしている。今後も参加団体の増加や活動の活発化が見込まれ、この運動にさらに**弾み**[16]がつくだろう。

（オリジナル）

01 **handicraft**
/ hǽndikræ̀ft /

名 手工芸、手工芸品（≒artwork）

02 **initially**
/ ɪníʃəli /
in-(中に) + iti(行く) + -al(形容詞) + -ly（副詞）

副 初めに、初めのうちは（≒originally, at the beginning）（⇔finally, at the end 最後に）
形 initial 最初の、当初の 動 initiate ～を始める
名 initiation 加入；開始

03 **charitable**
/ tʃérətəbl /

形 ①慈善の ②慈悲深い
名 charity 慈善事業；慈善事業団体

04 **certification**
/ sə̀ːrtəfɪkéɪʃən /

名 保証［証明］すること
動 certify ～を証明する

05 **meet**
/ míːt /

動 ①〈条件など〉を満たす ②～を出迎える

06 **satisfy**
/ sǽtəsfàɪ /
satis（十分な）+ -fy（～にする）

動 ～を満足させる、満たす（⇔dissatisfy ～に不満を抱かせる）
名 satisfaction 満足
形 satisfactory 満足な

07 **democratic**
/ dèməkrǽtɪk /

形 ①民主的な ②民主主義の
名 democracy 民主主義

08 **appropriate**
/ əpróupriət /
ap-（～に）+ propri（自分自身の）+ -ate（～にする）

形 適切な、ふさわしい（≒suitable）（⇔inappropriate 不適切な）
appropriate to ～ で「～にふさわしい」という意味

09 **contribute**
/ kəntríbjuːt /
アクセント注意
con-（共に）+ tribute（与える）

動 ①寄与する、貢献する ②〈金・援助など〉を与える、寄付する（≒donate）
名 contribution 寄付（金）；寄与、貢献

10 **municipality** ♕
/ mju(ː)nɪ̀səpǽləti /
muni（役目）+ cip（取る）+ -al（形容詞）+ -ity（名詞）

名 地方自治体
形 municipal 地方自治の

11 **administration**
/ ədmɪ̀nəstréɪʃən /

名 ①政権、行政機関 ②管理、経営（≒management）
動 administer ～を管理する
形 administrative 管理の

12 **collaborate**
/ kəlǽbərèɪt /
col-（共に）+ labor（働く）+ -ate（～にする）

動 協力する、共同で行う
名 collaboration 協力

13 **certified** / sə́ːrtəfàɪd /	形 資格のある、認定を受けた 動 certify ～を証明する 名 certificate 証明書
14 **cooperative** / kouɑ́ːpərətɪv / 語 co-（共に）+ operat（遂行する）+ -ive（形容詞）	形 ①協同組合の ②協力的な、協同の 動 cooperate 協力する、協同する 名 cooperation 協力、協同
15 **in collaboration with ～**	熟 ～と協力して
16 **momentum** / mouméntəm /	名 勢い、やる気（≒ energy, force）

構文チェック

■ *ll.19-22*

(Notably, in the United Kingdom,) administrations, corporations, and organizations [S] are collaborating [V] (to actively promote fair trade) (, ▲with three major supermarket chains exclusively selling Fairtrade-certified bananas).

訳 特にイギリスでは、大手スーパーマーケットチェーン 3 社がフェアトレード認証のバナナを独占販売するなど、行政、企業、団体が連携してフェアトレードを積極的に推進している。

▲付帯状況を表す with の後ろに、意味上の主語の three major supermarket chains を伴った独立分詞構文が続いている。

プラス α ボキャブラリー

□ **scenery** /síːnəri/ — 名 景色、風景（≒ landscape）

□ **cosmetic** /kɑːzmétɪk/ — 名 化粧品 形 美容の
✎ 名詞としてはふつう複数形で使う

□ **chore** /tʃɔ́ːr/ — 名（日常的な）家事、雑用

□ **perfume** /pə́ːrfjuːm/ — 名 香水

□ **bargain** /bɑ́ːrgən/ — 名 格安品、掘り出し物；[形容詞的に] 格安の
動 交渉する、商談する

□ **ornament** /ɔ́ːrnəmənt/ — 名 装飾品、装身具
形 ornamental 装飾の

□ **celebration** /sèləbréɪʃən/ — 名 祝賀会、祝典
動 celebrate ～を祝う

□ **diet** /dáɪət/ — 名 ①（日常の）食事 ② ダイエット、食事制限
動 食事制限する

□ **jewelry** /dʒúːəlri/ — 名 宝石類、装身具
✎ 個々の「宝石」は jewel

□ **nap** /nǽp/ — 名 昼寝、うたた寝

□ **sightseeing** /sáɪtsìːɪŋ/ — 名 観光

□ **departure** /dɪpɑ́ːrtʃər/ — 名 出発
動 depart 出発する

□ **jet lag** /dʒét læ̀g/ — 名 時差ぼけ

□ **luxury hotel** /lʌ́gʒəri houtèl/ — 名 高級ホテル

□ **aisle** /áɪl/ 発音注意 — 名（乗り物・スーパーなどの）通路

□ **ingredient** /ɪngríːdiənt/ — 名 材料、食材

□ **flavor** /fléɪvər/ — 名 味、風味

□ **protein** /próʊtiːn/ 発音注意 — 名 タンパク質

□ **toll** /tóʊl/ — 名（道路・橋などの）通行料金

□ **souvenir** /sùːvəníər/ アクセント注意 — 名（旅などの）記念品
✎ 他の人のために買う「お土産」は present や gift などともいう

Chapter 9

教育

Education

教育

子どもの権利 (children's rights)

子どもの権利とは、国連子どもの権利条約 (UNCRC) などの**国際条約** (international conventions) で認められている、18 歳未満のすべての個人に適用される**基本的人権** (fundamental human rights) です。これらの権利には、生命、発達に対する権利、教育を受ける権利、**虐待** (abuse)、**搾取** (exploitation)、差別からの保護、生活に影響を及ぼす決定に参加する権利などが含まれます。子どもの権利は、子どもたちが**尊厳** (dignity) と**敬意** (respect) をもって平等に扱われ、子どもたちに関するすべての行動や決定において、子どもたちの利益が優先されることを保障しています。

オンライン教育 (online education)

オンライン教育とは、デジタル技術やインターネットを介して教育内容や指導を提供することを指します。インターネットの普及と共に 20 世紀末から行われるようになり、新型コロナウイルスのパンデミックで大きな注目を浴びました。ライブあるいは録画の授業、**双方向による** (interactive) 指導、ディスカッションフォーラム、オンライン評価など、さまざまな形式があります。さまざまな理由により登校できない生徒や社会人の**生涯学習** (lifelong learning) など、今後も需要が高まっていく可能性があります。

STEM 教育 (STEM education)

STEM 教育とは、**科学、技術、工学、数学** (science, technology, engineering, and mathematics) を統合した**学際的なアプローチ** (interdisciplinary approach) に基づく教育を指します。米国発祥で、インド、シンガポールなどでも盛んに行われています。急速な技術革新に対処できる人材を育てる目的で、**批判的思考力** (critical thinking) や**科学的リテラシー** (scientific literacy) を養い、実践的で探究的な学習を目指します。これに**芸術** (art) を加えた STEAM 教育は、科学的能力に独創性が加わることを重視しています。

オルタナティブスクール (alternative schools)

オルタナティブスクール (代替学校) とは、伝統的な学校とは異なるアプローチで教育や学習を行う教育機関を指します。従来の学校環境に合わない、従来とは異なる教育環境で成長したい、といった生徒を対象とし、独自の哲学、**方法論** (methodologies)、**カ**

リキュラム（curricula）で教育を提供します。多くの場合、**個別指導**（individualized instruction）を重視し、創造性、批判的思考力、自己成長を育む学習環境を提供することを目指しています。

デジタル教科書（digital textbooks）

デジタル教科書は、従来の印刷された教科書をデジタル化したもので、コンピュータ、タブレット端末、電子書籍リーダーなどの電子機器からアクセスして読むことができます。多くの場合、**検索機能**（search functionality）、ブックマーク、ハイライト表示、マルチメディアコンテンツ、双方向的な問題、**補助教材**（supplementary materials）へのリンクなどの機能を備えています。デジタル教科書は、障がいのある生徒にもメリットがあります。

ネットいじめ（cyberbullying）

ネットいじめとは、ＳＮＳ、テキストメッセージ、オンラインフォーラムなどのデジタルコミュニケーション技術を利用して、他者に**嫌がらせをし**（harass）たり、**脅迫し**（intimidate）たりすることを指します。被害者に**精神的苦痛**（emotional distress）や**屈辱**（humiliation）、社会的孤立を与えることを目的とし、うわさの流布、人を傷つけるコメントや画像の投稿、ネット上での**なりすまし**（impersonating）、ネット上のグループからの排除など、さまざまな形態があります。顕在化しにくいことから、親、教育者、当局の必要な介入が困難であることもあります。

■ **学問名**

物理学	physics
化学	chemistry
力学	mechanics
生物学	biology
生理学	physiology
運動学	athletics
生態学	ecology
社会学	sociology
統計学	statistics
人類学	anthropology
考古学	archaeology
言語学	linguistics
文学	literature

Media Literacy / メディアリテラシー (1)

Literacy — the ability to read and write — is an important concept in education, and its meaning has changed over the last few centuries. The base of the word literacy is "literate," and until the late nineteenth century it meant "familiar with literature." To say someone was literate meant the person was well educated. However, from the late nineteenth century being literate came to mean having the ability to read and write. Schools adopted this new definition of literacy and gradually changed their primary focus from teaching literature to teaching these skills. Later on, the literacy rate — the percentage of adults in a country who can read and write — was adopted by organizations like the United Nations to determine how developed a country is because it indicates how many people can be trained for further economic development. This is important because from the late nineteenth century literacy has been used to categorize a country's stage of development as either underdeveloped, developing, or developed.

Now, new information technology in the form of the Internet with its wide variety of media has changed education, especially in regard to literacy. In the twentieth century, access to knowledge was pretty much limited to printed material like books, magazines, and newspapers, so classrooms relied on material in textbooks. However, in the twenty-first century the information we are all exposed to has moved from printed material to multimedia messages.

(236 words)

リテラシー[01]、すなわち読み書きの能力は教育において重要な概念であるが、その**意味**[02]はここ数世紀で変化している。リテラシーという言葉の**基本**[03]は “literate” であり、19 世紀後半までは「文学に精通している」という意味だった。ある人が literate であるということは、その人は教養があるという意味だった。しかし、19 世紀後半から、literate であるということは読み書きの能力を持つことを意味するようになった。学校はこの新しいリテラシーの定義を採用し、次第に文学を教えることから、これらのスキルを教えることに重点を置くようになった。**その後**[04]、識字**率**[05]、すなわちある国の読み書きができる成人の割合は、ある国がどのくらい発達しているかを判断するために国連などの機関によって採用された。それがさらなる経済発展のためにどれだけの人を訓練することができるかを**示す**[06]からである。これが重要なのは、19 世紀後半から、識字率によって、その国の発展段階を低開発国、発展途上国、先進国と分類してきたからである。

現在、多様なメディアを持つインターネットという形の新しい情報技術が、教育を、特にリテラシー**に関して**[07]変化させている。20 世紀には、知識へのアクセスが本や雑誌、新聞などの**印刷**[08]物にほぼ限られていたため、教室では教科書に書かれた素材に頼っていた。しかし、21 世紀になると、私たちみんなが**接する**[09]情報は、印刷物から**マルチメディア**[10]の**メッセージ**[11]に移行している。

Notes

l.15 underdeveloped 発展の遅れた、低開発の

01 **literacy** 🌐
/ lítərəsi /
[語源] liter (文字) + -acy (名詞)

[名] 読み書きの能力 (⇔illiteracy 読み書きできないこと)
✎ media [computer] literacy (メディア [コンピュータ] の活用能力) のような使い方もある
[形] literate 読み書きができる

02 **meaning**
/ míːnɪŋ /

[名] 意味
[動] mean ～を意味する

03 **base**
/ béɪs /

[名] 基礎、土台 (≒foundation)

04 **later on**

[熟] 後で、後になって

05 **rate**
/ réɪt /

[名] 割合、率
[動] ～を評価する
✎「相場、レート」という意味もある

06 **indicate**
/ índəkèɪt /
[語源] in- (中に) + dicate (指し示す)

[動] ～を示す (≒show)
✎ indicate (that) ...で「…ということを示す」という意味
[名] indication 指示、指標
[形] indicative 示して、暗示して

07 **in regard to ～**

[熟] ～については、～に関しては

08 **printed**
/ príntɪd /

[形] 印刷された
[動] print ～を印刷する

09 **expose**
/ ɪkspóʊz /
[語源] ex- (外に) + pose (置く)

[動] ～をさらす
[名] exposure さらすこと、暴露

10 **multimedia** 🌐
/ mʌ̀ltɪmíːdiə /
[語源] multi(多くの) + media(メディア)

[名] マルチメディア

11 **message**
/ mésɪʤ /
[語源] mess (送られた) + -age (結果)

[名] 伝言、メッセージ

構文チェック

■ *ll.9-13*

(Later on,) the literacy rate (— the percentage of adults in a country 〔who can read and write〕 —) was adopted by organizations like the United Nations (to determine [how developed a country is]) 〔because it indicates [how many people can be trained for further economic development]〕.

訳 その後、識字率、すなわちある国の読み書きができる成人の割合は、ある国がどのくらい発達しているかを判断するために国連などの機関によって採用された。それがさらなる経済発展のためにどれだけの人を訓練することができるかを示すからである。

▲ how old he is などと同じタイプの間接疑問の形。

■ *ll.21-23*

(However,) (in the twenty-first century) the information 〔 we are all exposed to〕 has moved (from printed material to multimedia messages).

訳 しかし、21 世紀になると、私たちみんなが接する情報は、印刷物からマルチメディアのメッセージに移行している。

▲ be exposed to the information（情報にさらされる）という表現の to。

62 Media Literacy / メディアリテラシー (2)

These changes have led to the introduction of the concept of "media literacy." One aspect of media literacy is that students need to be able to search for and find information through websites like Yahoo! and Google. Another is that they must also be able to analyze a message to understand its content[01]. Thirdly, students need to learn how to evaluate[02] the accuracy[03] of messages and be able to separate[04] fact from opinion. Finally, students also need the skills to be able to create and send their own messages using a variety of media, such as digital photographs, video, and text.

According to the Center for Media Literacy, there are five core concepts of media literacy that students need to learn to become media literate. The first core concept is that it is important to identify who creates the message and what their particular point of view[05] is. The second core concept is that the language used to create multimedia messages is different from the language used to create printed messages, and the media-literate person has to learn how to "read" this kind of message critically[06]. The third core concept is to understand that the same message may be interpreted[07] differently by different people. For example, adults and children do not react[08] to a toy advertisement[09] in the same way. The fourth core concept is it is important to recognize[10] that messages may contain hidden[11] values that the creators[12] want to promote. For example, advertisers may try to convince[13] people that their product or service is cool, fashionable[14], or essential to a good life. The fifth and final core concept is to be aware[15] that the purpose of some messages, particularly in advertising, is to benefit the creators with power, prestige[16], or profit.

(293 words)

このような変化から、「メディアリテラシー」という概念が登場した。メディアリテラシーの一つの側面は、生徒がヤフーやグーグルなどのウェブサイトで情報を検索し、見つけることができるようになる必要があるということである。もう一つは、彼らはその**内容**[01]を理解するためにメッセージを分析することもできなければならないということである。三つ目は、生徒たちはメッセージの**正確さ**[03]を**評価する**[02]方法を学び、事実と意見を**分ける**[04]ことができるようになる必要があるということである。最後に、生徒たちはデジタル写真、ビデオ、テキストなど、さまざまなメディアを使って自分自身のメッセージを作成し、送信できるスキルも必要とする。

メディアリテラシーセンターによると、学生がメディアリテラシーを身につけるために学ぶ必要がある五つの核心的な概念があるという。第１の核心的な概念は、誰がメッセージを作り、その独自の**視点**[05]が何であるかを特定することが重要であるということである。第２の核心的な概念は、マルチメディアのメッセージを作るために使われる言語は、印刷されたメッセージを作るために使われる言語とは異なり、メディアリテラシーのある人は、この種のメッセージを**批判的に**[06]「読む」方法を学ばなければならないということである。第３の核心的な概念は、同じメッセージでも人によって**解釈**[07]が異なる場合があることを理解することである。例えば、大人と子どもはあるおもちゃの**広告**[09]に対して同じようには**反応し**[08]ない。第４の核心的な概念は、メッセージには**作り手**[12]が広めたい**隠された**[11]価値が含まれているかもしれないということを**認識する**[10]ことが重要だということである。例えば、広告主は、自社の製品やサービスがクールである、**おしゃれ**[14]である、あるいはよい生活を送るために不可欠であると人々に**納得させ**[13]ようとするかもしれない。最後の第５の核心的な概念は、一部のメッセージが、特に広告においては、権力、**名声**[16]、利益などで作り手に恩恵をもたらすことが目的であることを**意識する**[15]ことである。

01 **content**
/ 名 kɑ́ːntent 形 kəntént /
con-(共に) + tent(含まれたもの)

名 中身；コンテンツ
形 満足して
品詞によってアクセントの位置が変わる

02 **evaluate**
/ ɪvǽljuèɪt /
e- (外に) + valu (価値がある) + -ate (〜にする)

動 〜を評価する (≒ assess)
名 evaluation 評価

03 **accuracy**
/ ǽkjərəsi /
ac- (〜に) + cur (注意する) + -acy (名詞)

名 正確さ、精度
形 accurate 正確な

04 **separate**
/ 動 sépərèɪt 形 sépərət /
se- (離れて) + par (準備する) + -ate (形・動)

動 〜を分ける、分離する
形 ①離れた、隔てられた ②別々の
副 separately 別々に
名 separation 分離

05 **point of view**
/ pɔ́ɪnt əv vjúː /

名 視点、観点

06 **critically**
/ krítɪkəli /
critical (批判的な) + -ly (副詞)

副 ①批判的に ②危機的に

07 **interpret**
/ ɪntə́ːrprət /
アクセント注意
inter- (間に) + pret (仲介者)

動 ①〜を解釈する ②通訳する
名 interpretation 解釈
名 interpreter 通訳者

08 **react**
/ riǽkt /
re- (再び) + act (行動する)

動 反応する (≒ respond)
名 reaction 反応

09 **advertisement**
/ æ̀dvərtáɪzmənt /

名 広告
動 advertise 〜を広告する、宣伝する
名 advertising 広告 (すること)
名 advertiser 広告主

10 **recognize**
/ rékəgnàɪz /
re- (再び) + cognize (知る)

動 ①〜を認識する、認める ②〜を見分ける、識別する
名 recognition 認識

11 **hidden**
/ hídn /

形 隠された、秘密の
hide (〜を隠す) の過去分詞からできた語

12 **creator**
/ kriéɪtər /

名 創作者、創造者
動 create 〜を創造する
名 creation 創造
形 creative 創造的な

13 □□□	**convince** / kənvíns / 語 con-(完全に) + vince(征服する)	動 ①〈人〉を納得させる、確信させる ②〈人〉を説得する (≒ persuade) ✎ convince *A* that ... で「*A* に…ということを納得させる」という意味 名 conviction 確信
14 □□□	**fashionable** / fǽʃənəbl /	形 流行の、はやりの 名 fashion 流行、はやり
15 □□□	**aware** / əwéər / 語 a- (〜に) + ware (用心して)	形 知っている、気づいている、認識している (⇔unaware 知らない) 名 awareness 意識、認知
16 □□□	**prestige** / prestíːʒ /	名 名声、威信 (≒ reputation) 形 prestigious 有名な、名誉ある

構文チェック

■ *ll. 24-26*

The fifth and final core concept (S) is (V) ▲to be aware (C) [that the purpose of some messages (S) (, particularly in advertising,) is (V) ▲to benefit the creators with power, prestige, or profit (C)].

訳 最後の第5の核心的な概念は、一部のメッセージが、特に広告においては、権力、名声、利益などで作り手に恩恵をもたらすことが目的であることを意識することである。

▲不定詞の名詞的用法が、主節と従属節の中で、補語として使われている。

63 Media Literacy / メディアリテラシー (3)

To deal with the volume and complexity[01] of the information we face on a daily basis, people need to be more critical[02] of the information they are exposed to. In the past, most of the information in newspapers and magazines was trusted[03] since the articles were carefully edited[04] by professionals. However, today we receive a lot of information from the Internet, from personal web[05] pages, such as blogs, or social media sites like Facebook and Twitter. This information is more personal and less reliable, so we have to 'edit' the information for ourselves. Ultimately, we now recognize that an understanding of media literacy is crucial to help us deal with the demands of being 'literate' in today's society.

(118 words)

私たちが日常的に直面する情報の量と**複雑さ**[01]に対処するためには、人々は自分が接する情報に対してより**批判的**[02]である必要がある。かつては、新聞や雑誌の情報の多くは、記事が専門家によって注意深く**編集さ**[04]れていたため、**信頼さ**[03]れていた。しかし、今日では、インターネットから、ブログや、フェイスブックやツイッターなどのソーシャルメディアサイトのような個人の**ウェブ**[05]ページから、多くの情報を受け取る。このような情報は、より個人的で信頼性が低いため、自分自身で情報を「編集する」必要がある。結局のところ、メディアリテラシーを理解することは、現代社会で「リテラシーがある」必要性に対処するために極めて重要であると私たちは今認識している。

（南山大学）

01 **complexity** / kəmpléksəti / 語 com- (共に) + plex (編み込まれた) + -ity (名詞)	名 複雑さ 形 complex 複雑な
02 **critical** / krítɪkəl / 語 critic (判断する) + -al (形容詞)	形 ①批判的な ②重大な、決定的な 名 critic 批評家 動 criticize ～を非難する
03 **trust** / trʌ́st /	動 ～を信頼する 名 信用
04 **edit** / édət /	動 ～を編集する 名 editor 編集者 名 edition (書籍などの) 版 形 editorial 編集の
05 **web** / wéb /	名 (インターネット上の) 情報通信網、ウェブ

構文チェック

■ *ll.9-11*

(Ultimately,) we now recognize [that an understanding of media literacy is crucial (to help us deal with the demands of being 'literate' in today's society)].

(we = S, recognize = V, [that …] = O, an understanding of media literacy = S, is = V, crucial = C)

訳 結局のところ、メディアリテラシーを理解することは、現代社会で「リテラシーがある」必要性に対処するために極めて重要であると私たちは今認識している。

語源コラム　名詞の語根⑤

■ ordin / order ➡ 命令、秩序

orderには「命令」「秩序」両方の意味があります。命令されて秩序が生まれる、という流れですね。

- □ **ordinary**（形 普通の）　**ordin**（秩序）+-ary（形容詞）
- □ **ordinance**（名 条例）　**ordin**（命令）+-ance（名詞）
- □ **coordinate**（動 ～を調整する、まとめる）　co-（共に）+**ordin**（命令）+-ate（動詞）
- □ **subordinate**（名 下位の人、部下）　sub-（下に）+**ordin**（命令）+-ate（動詞）
- □ **disorder**（名（心身の）障害）　dis-（否定）+**order**（秩序）

■ pas / path / pati ➡ 感情、苦しみ

英語では、感情は苦しみを受けて生まれるもののようです。

- □ **passion**（名 受難；情熱）　**pass**（苦しむ）+-ion（名詞）
- □ **passive**（形 受動的な、消極的な）　**pass**（苦しむ）+-ive（形容詞）
- □ **patient**（名 患者）　**pati**（苦しむ）+-ent（人）
- □ **compassion**（名 同情、思いやり）　com-（共に）+**passion**（感情）
- □ **sympathy**（名 共感）　sym-（共に）+**pathy**（感情）
- □ **empathy**（名 感情移入）　em-（中に）+**pathy**（感情）

■ popul / publ ➡ 人々

popular（人気のある）は〈popul（人々）+-ar（形容詞）〉に由来する語です。

- □ **population**（名 人口、（動物の）個体数）　**popul**（人々）+-ation（名詞）
- □ **populate**（動〈場所〉に居住する、生息する）　**popul**（人々）+-ate（動詞）
- □ **public**（形 公の、公共の）　**publ**（人々）+-ic（形容詞）
- □ **publish**（動 ～を出版する、発行する）　**publ**（公の）+-ish（～にする）
- □ **publicity**（名 評判；広告）　**public**（公の）+-ity（名詞）
- □ **republic**（名 共和国）　re（もの）+**public**（人民の）

■ voc / vok ➡ 声、呼ぶ

ご存じvoice（声）も同語源語です。

- □ **vocation**（名 適職、天職）　**voc**（呼ぶ）+-ation（名詞）
- □ **advocate**（名 提唱者、主張者）　ad-（～に）+**voc**（声）+-ate（～にする）
- □ **evoke**（動〈感情・記憶など〉を喚起する）　e-（外に）+**voke**（呼ぶ）
- □ **provoke**（動 ～を引き起こす、誘発する）　pro-（前方に）+**voke**（呼ぶ）

64 Online Education / オンライン教育 (1)

The recent COVID-19 pandemic significantly affected the domain of school education. According to a UNESCO[01] survey, up to 188 countries and regions were compelled to close their schools, rendering[02] approximately 90% of the world's children, or 1.57 billion individuals, unable to attend. Consequently, online education has been proliferating[03] at a swift[04] pace in many countries. Online education is the process of delivering education remotely via the Internet. Teachers conduct classes from their homes or classrooms using PCs or tablets[05], and students participate in these classes remotely from their homes.

The specific methodology of online education can vary greatly depending on the country or region. For example, an elementary school[06] in Germany used an online education system to conduct real-time[07] interactive[08] online classes. Conversely[09], in an American junior high school, students watched recorded lessons and submitted assignments[10] at their[11] own convenience, which allowed students to progress at their own pace. In elementary schools in Shanghai, China, students watched recorded lessons prepared by the Shanghai Board of Education, rather than by individual schools. Another unique[12] feature of this program is that the classes were broadcast[13] on TV to accommodate[14] families without an Internet connection.

Although online education was forced to expand due to the pandemic, it had been attracting attention as an educational method with great potential well before that. One major advantage of online education is that it bridges regional disparities[15]. Even in depopulated[16] areas, students can receive equal access to the same quality of education as those in urban centers. Students who cannot attend school for some reason, such as truancy or illness, are also less likely to fall behind[17]. On top of[18] all of this, the quality of teaching can be improved quite easily with online education. For example, it is easy to invite outside experts to conduct special classes online.

(302 words)

最近の COVID-19 によるパンデミックは、学校教育の分野に深刻な影響を与えた。**ユネスコ**[01]の調査によると、最大 188 の国々と地域で休校が余儀なくされ、世界の子どもたちの約 90%、つまり 15 億 7,000 万人が学校に通えなく**なった**[02]。その結果として、多くの国でオンライン教育が**急速な**[04]ペースで**普及し**[03]てきている。オンライン教育とは、インターネットを通じて遠隔で教育を提供することである。教師は自宅や教室から PC や**タブレット**[04]を使って授業を行い、生徒は自宅からリモートでその授業に参加する。

オンライン教育の具体的な方法論は、国や地域によって大きく異なる。例えば、ドイツの**小学校**[06]では、オンライン教育システムを使って、**リアルタイムの**[07] **双方向**[08]オンライン授業を行った。**一方**[09]、アメリカの中学校では、生徒たちは録画した授業を視聴し、**自分の都合に合わせて**[11] **課題**[10]を提出することで、自分のペースで学習を進めることができた。中国・上海の小学校では、個々の学校ではなく、上海市教育委員会が用意した録画授業を視聴した。このプログラムのもう一つの**独特な**[12]特徴は、インターネットに接続できない家庭に**配慮し**[14]、テレビでその授業を**放送した**[13]ことである。

オンライン教育は、パンデミックによって否応なく広がったが、それよりずっと前から大きな可能性を秘めた教育方法として注目されていた。オンライン教育の大きなメリットは、地域**格差**[15]を埋められることだ。**過疎**[16]地に住んでいても、生徒たちは都会の生徒と同質の教育を同じように受けることができる。不登校や病気など、何らかの理由で学校に通えない生徒も、**遅れをとり**[17]にくくなる。こうしたこと**に加え**[18]、オンライン教育を使えば、授業の質を非常に簡単に向上させることができる。例えば、外部の専門家を招いてオンラインで特別授業を行うのは簡単なことだ。

Notes

l.28 truancy 不登校

01 **UNESCO**
/ junéskoʊ /
名 国際連合教育科学文化機関、ユネスコ
✎ United Nations Educational, Scientific and Cultural Organization の略語

02 **render**
/ réndər /
語 ren-（元に）+ der（与える）
動 ～を（ある状態に）する
✎〈render *A B*〉で「*A* を *B* にする」という意味

03 **proliferate** ♛
/ prəlífərèɪt /
語 proli（子孫）+ fer（運ぶ）+ -ate（～にする）
動 急増する、拡散する；～を急増させる（≒ multiply）
名 proliferation 急増

04 **swift**
/ swíft /
形 迅速な、素早い
副 swiftly 迅速に

05 **tablet**
/ tǽblət /
語 tabl(e)（平たい板）+ -et（指小辞）
名 ① タブレット ② 錠剤

06 **elementary school** 🌐
/ eləméntəri skùːl /
名 小学校

07 **real-time**
/ rìːjəltáɪm /
形 リアルタイムの、同時の

08 **interactive**
/ ìntərǽktɪv /
語 inter-（間に）+ act（行う）+ -ive（形容詞）
形 双方向的な、対話式の

09 **conversely**
/ kənvə́ːrsli /
語 con-（共に）+ verse（回る）+ -ly（副詞）
副 逆に、反対に
形 converse 逆の、反対の

10 **assignment** 🌐
/ əsáɪnmənt /
語 as-（～に）+ sign（印をつける）+ -ment（名詞）
名 課題、宿題
動 assign〈仕事・宿題など〉を課す

11 **at *one's* convenience**
熟 ～の都合に合わせて

12 **unique**
/ ju(ː)níːk /
語 uni（一つ）+ -que（形容詞）
形 独特の、特有の

13	**broadcast** / brɔ́:dkæ̀st / broad(広く) + cast(投げられた)	動 ～を放送する broadcast-broadcast-broadcast と活用
14	**accommodate** / əkɑ́:mədèɪt / ac- (～に) + com- (共に) + modate (測定する)	動 ① ～に配慮する、～のために便宜を図る ② ～を収容できる 名 accommodation 宿泊設備、収容能力
15	**disparity** / dɪspǽrəti / dis- (否定) + par (平等な) + -ity (名詞)	名 格差、不均衡 (≒ discrepancy, imbalance) (⇔ equality 平等) 形 disparate まったく異なる
16	**depopulated** / di:pɑ́:pjəlèɪtɪd / de- (下に) + popul (人々) + -ated (形容詞)	形 人口が減少した、過疎の
17	**fall behind**	熟 ①(進度・仕事・支払いなどで) 遅れる ②(歩いて) 置いていかれる、遅れる
18	**on top of ～**	熟 ① ～に加えて (≒ in addition to ～) ② ～の上に

構文チェック

■ *ll.25-27*

(Even in depopulated areas,) students (S) can receive (V) equal access to the ▲same quality of education (O) (as ▲those in urban centers).

訳 過疎地に住んでいても、生徒たちは都会の生徒と同質の教育を同じように受けることができる。

▲ some *A* as *B* で「*B* と同じ *A*」という意味。

▲ those はここでは前出の students を受けている。

65 Online Education / オンライン教育 (2)

Styles of online education are constantly evolving. To give one example, various universities have started offering classes that use the Metaverse. At Stanford University in the U.S., a class was held in which students experienced the life of a racially[01] discriminated man in VR. This was a realistic[02] simulation[03] of an experience that until now had only been imagined from textbooks and other two-dimensional[04] information. Another university that has gained attention due to its focus on online education is Minerva University, where all courses are taught online. Without a specific campus[05], students of this university travel to seven cities around the world during their four years of study. In each city, students stay in dormitories[06], take online classes, and partner with companies to engage in hands-on[07] programs.

American entrepreneur[08] and education reformer[09] Roger Shank predicts that online universities will eventually[10] become mainstream[11], as they bring into question[12] the value of traditional styles of education in which students simply sit in a classroom. By connecting the world online, students can learn what they really want to learn, regardless of[13] location or time disparity. It is often inexpensive because actual[14] facilities such as campuses are not required, and there is less disparity in economic environments. Furthermore, it enables high-quality learning that is experienced in a realistic, real-world[15] environment. Even in the years following the pandemic, the potential of online education will continue to expand.

(232 words)

オンライン教育のスタイルは絶えず進化している。一例を挙げれば、さまざまな大学でメタバースを活用した授業の提供が始まっている。アメリカのスタンフォード大学では、**人種**[01]差別を受けた男性の人生をVRで体験する授業が行われた。これまでは教科書や他の**二次元の**[04]情報から想像するだけだった体験を、**リアルに**[02]**シミュレーション**[03]したものだ。また、オンライン教育に力を入れていることで注目されているのが、すべての講義をオンラインで行うミネルバ大学だ。決まった**キャンパス**[05]がないこの大学の学生は、4年間の在学中に世界7都市を周遊する。各都市で学生は**寮**[06]に滞在し、オンライン授業を受け、企業と提携して**実践的な**[07]プログラムに取り組む。

米国の**起業家**[08]であり教育**改革者**[09]でもあるロジャー・シャンクは、オンライン大学によって学生が教室に座っているだけの従来の教育スタイルの価値**が疑問視され**[12]、オンライン大学が**いずれ**[10]**主流**[11]になると予測している。世界をオンラインでつなぐことによって、場所や時間が異なっ**ていても**[13]、学生たちは本当に学びたいことを学ぶことができる。キャンパスなどの**実際の**[14]設備が不要なためオンライン大学の学費は安いことが多く、経済環境の格差も少ない。さらに、リアルな**実社会の**[15]環境で経験する質の高い学びが可能になる。パンデミックが終わっても、オンライン教育の可能性は広がり続けるだろう。

（オリジナル）

01 **racially**
/ réɪʃəli /

副 人種［民族］的に見て
名 race 人種
形 racial 人種の

02 **realistic**
/ rìːəlístɪk /
real（現実）+ -ist（名詞）+ -ic（形容詞）

形 現実的な、実際的な

03 **simulation**
/ sìmjəléɪʃən /
simul（似た）+ -ation（名詞）

名 シミュレーション、模擬実験
動 simulate ～のシミュレーションをする

04 **two-dimensional**
/ túːdɪménʃənl /

形 二次元の

05 **campus**
/ kǽmpəs /

名 キャンパス、構内

06 **dormitory**
/ dɔ́ːrmətɔ̀ːri /
dormi（眠る）+ -tory（場所）

名（大学などの）寮

07 **hands-on**
/ hǽndzάn /

形 実践的な、現場の（≒ firsthand）

08 **entrepreneur**
/ ὰːntrəprənə́ːr /
アクセント注意

名 起業家
enterprise（事業）と同語源語

09 **reformer**
/ rɪfɔ́ːrmər /
reform（改革する）+ -er（人）

名 改革者
動 reform ～を改革する、改正する

10 **eventually**
/ ɪvéntʃuəli /

副 最終的に（は）（≒ in the end）

11 **mainstream**
/ méɪnstrìːm /
main（主な）+ stream（流れ）

形 主流の、普通の
名 主流、本流

12 **bring *A* into question**

熟 *A* を疑問視する、*A* に疑問を呈する（≒ call *A* into question）
A が長いときは bring into question *A* の語順

13	**regardless of ~**	熟 ～にかかわらず、～に関係なく（≒ despite）
14	**actual** / ǽktʃuəl /	形 現実の、実在の 副 actually 実際に
15	**real-world** / ríːjəlwə́ːrld /	形 現実世界の

構文チェック

■ *ll.13-16*

American entrepreneur and education reformer Roger Shank (S) predicts (V) [that (O) online universities (S) will eventually become (V) mainstream (C) 〔, as they (S) bring (V) into question the value of traditional styles of education (O) 〔in which students (S) simply sit (V) in a classroom〕〕].

訳 米国の起業家であり教育改革者でもあるロジャー・シャンクは、オンライン大学によって学生が教室に座っているだけの従来の教育スタイルの価値が疑問視され、オンライン大学がいずれ主流になると予測している。

66 Smartphone Addiction / スマホ依存 (1)

Nearly 2.4 billion people around the world used a smartphone in 2017. By the end of 2018, more than a third of the global population will be using a smartphone. Those numbers — from Mobile Marketing Magazine — sound great, don't they? More people will have more information at their fingertips. However, smartphone technology can be a double-edged sword. On the one hand, it sends us unlimited amounts of information. We don't have to wait. Our devices ring, ping, vibrate and light up with the latest news from family, friends and around the world. On the other hand, this immediate access to information may become an addiction. And it may make some people feel lonely, anxious and depressed.

These findings are from a 2018 study from San Francisco State University and have been published in *NeuroRegulation*. Erik Peper and Richard Harvey are both health education professors at the university. They led the study. In a statement to the press, the two professors claim that "overuse of smart phones is just like any other type of substance abuse." Peper explains that smartphone addiction forms connections in the brain that are similar to drug addiction. And these connections form slowly over time. Also, addiction to social media may affect our emotional state. The two professors asked 135 university students about their smartphone use and their feelings. They found that "students who used their phones the most reported higher levels of feeling... lonely, depressed and anxious."

(242 words)

2017年にスマートフォンを使用しているのは世界で24億人近くだった。2018年末までには世界人口の3分の1以上がスマートフォンを利用していることだろう。モバイル・マーケティング・マガジンが発表したこの数字、すごくないだろうか。より多くの人々がより多くの情報を**指先**[01]で得ることができるのだ。しかし、スマートフォンのテクノロジーは諸刃の**剣**[02]ともなり得る。スマートフォンは一方で**無際限な**[03]量の情報を送ってくる。待つ必要はない。デバイスは、家族や友人、そして世界中からの最新ニュースが届くたびに、ベル音を出したり、ピーンと音を立てたり、**振動し**[04]たり、**光っ**[05]たりしてくれる。しかし他方では、このような情報への即時アクセスが依存症になる可能性もある。そして、人によっては、**孤独感**[06]や**不安感**[07]、**抑うつ感**[08]を感じるかもしれない。

これらの**知見**[09]はサンフランシスコ州立大学の2018年の研究によるもので、『NeuroRegulation』に**掲載さ**[10]れている。エリック・ペパーとリチャード・ハーヴェイは、ともに同大学の健康教育学教授である。研究を主導したのは彼らである。**報道機関**[12]向けの**発表**[11]の中で、二人の教授は、「スマートフォンの**使い過ぎ**[13]は、他のタイプの薬物乱用とまったく同じようなものだ」と主張している。ペパーは、スマートフォン依存症は脳内で薬物依存症に似たつながりを形成すると説明する。そして、これらのつながりは**時と共に**[14]ゆっくりと形成される。また、ソーシャルメディアへの依存は、私たちの**感情の**[15]状態に影響を与える可能性がある。二人の教授は、135人の大学生にスマートフォンの使用と感情について尋ねた。その結果「最もスマホを使っている学生たちは、孤独感、抑うつ感、不安感といった感情をより強く訴えた」とわかった。

Notes

l.6 double-edged 諸刃の
l.8 ping ピーンという音がする

01 **fingertip** / fíŋgərtìp / finger（指）+ tip（先）	名 指先
02 **sword** / sɔ́ːrd / 発音注意	名 剣、刀
03 **unlimited** / ʌnlímətɪd / un-（否定）+ limit（限る）+ -ed（形容詞）	形 限りのない、無制限の（⇔limited 限りある）
04 **vibrate** / váɪbreɪt / vibr（揺れる）+ -ate（～にする）	動 振動する 名 vibration 振動
05 **light up**	熟 点灯する、光を発する
06 **lonely** / lóʊnli / lone（一人の）+ -ly（形容詞）	形 寂しい -ly で終わるが形容詞 名 loneliness 寂しさ、孤独
07 **anxious** / ǽŋkʃəs /	形 心配して、気にして（≒distressed, uneasy） 名 anxiety 心配、不安
08 **depressed** / dɪprést / de-（下に）+ press（押す）+ -ed（形容詞）	形 ①〈人が〉気落ちした、落胆した（≒disappointed, discouraged） ②不景気な 名 depression 憂鬱；不景気
09 **finding** / fáɪndɪŋ /	名 発見したこと、研究の成果 ふつう複数形で使う
10 **publish** / pʌ́blɪʃ / publ（公）+ -ish（～にする）	動 ①～を発表する　②～を出版する、発行する 名 publishing 出版 名 publisher 出版社
11 **statement** / stéɪtmənt / state（述べる）+ -ment（名詞）	名 発言、述べられたこと 動 state ～を明確に述べる
12 **press** / prés /	名 新聞、出版物 動 ～を押す 名詞の意味は printing press（印刷機）から派生した 名 pressure 押すこと、圧力　形 pressing 緊急の

13	**overuse** / 名 óuvərjùːs 動 òuvərjúːz / over- (過度に) + use (使う)	名 過度の使用、酷使 動 ～を過度に使用する 品詞によってアクセントの位置が変わる
14	**over time**	熟 時と共に、徐々に
15	**emotional** / ɪmóuʃənl / e- (外に) + motion (動くこと) + -al (形容詞)	形 感情の、感情的な 名 emotion 感情 副 emotionally 感情的に

構文チェック

■ *ll.17-18*

Peper (S) explains (V) [that (O) smartphone addiction (S) forms (V) connections (O) (in the brain) ([that] are (V) similar (C) to drug addiction)].

訳 ペパーは、スマートフォン依存症は脳内で薬物依存症に似たつながりを形成すると説明する。

67 Smartphone Addiction / スマホ依存 (2)

Peper and Harvey do not **blame**[01] users for their technology addiction. They blame the "tech industry's desire to increase **corporate**[02] profits." As Peper writes, "More eyeballs, more **clicks**[03], more money." The researchers warn that workers in the technology industry know how to **manipulate**[04] our brains and **turn**[05] us **into** **addicts**[06]. But the researchers also suggest ways to **fight back**[07]. They say that we can train our brains to be less addicted to our phones and computers. Erik Peper suggests **turning off**[08] push **notifications**[09] and other such **alerts**[10] on our phones. These **instant**[11] **announcements**[12] **excite**[13] the same **pathways**[14] in our brains that once warned us of dangers in our environment. But instead of warning us of a large **predator**[15] looking for dinner, we are alerted to a sale on shoes or the fact that a friend from high school is eating a hamburger in Las Vegas. **More often than not**[16], our devices share **unimportant**[17] information **as if**[18] our lives depended on it. Our brains see the **notices**[19] the same way. And that is a problem. So, just turn them off. The researchers also suggest **taking control of**[20] when and where you answer a text or email. You do not need to answer them all. And you certainly don't need to answer them as soon as you get them. They also suggest setting limits on the time you spend on social media. If you want to **catch up with**[21] friends on Facebook, **set aside**[22] a small amount of time to it. **Schedule**[23] periods of the day to focus on important tasks and do not allow technology to **interfere**[24].

(266 words)

ペパーとハーヴェイは、テクノロジー依存症をユーザーの**責任だとは言わ**[01]ない。彼らが非難しているのは、「**企業**[02]利益を増やそうとするハイテク業界の欲望」だ。ペパーが書いているように、「もっと多くの訪問者数、もっと多くの**クリック**[03]、もっと多くのお金」なのだ。研究者たちは、テクノロジー産業で働く人々が、私たちの脳を**操作して**[04]**依存症**[06]**にする**[05]方法を知っていると警告する。しかしまた、研究者たちは**反撃**[07]方法も提案してくれている。携帯電話やコンピュータに依存しないように脳を鍛えることができるというのだ。エリック・ペパーは、携帯電話のプッシュ**通知**[09]やその他の**アラート**[10]を**切る**[08]よう提案している。これらの**即時**[11]**通知**[12]は、かつて身の周りの危険を警告してくれたのと同じ脳の**経路**[14]を**刺激する**[13]。ただし、食事を求める大型**肉食動物**[15]について警告してくれる代わりに、靴のセールや、高校時代の友人がラスベガスでハンバーガーを食べていることについて注意を喚起するのだ。**たいていの場合**[16]、私たちのデバイスは、**まるで**[18]命でもかかっている**かのように**、**取るに足らない**[17]情報を共有する。私たちの脳はその**通知**[19]を、同じように命がかかっているかのように見る。それが問題なのだ。だから、通知を切ればいい。研究者たちはまた、メッセージやメールに返信する時間と場所を自分で**管理する**[20]ことも勧めている。それらすべてに答える必要はないし、受信したらすぐに返信する必要ももちろんない。また、ソーシャルメディアに費やす時間に制限を設けることも勧めている。フェイスブックで友人**の近況を知り**[21]たいのなら、そのためにわずかな時間を**とって**[22]おけばよい。重要な作業に集中できるように一日の**スケジュールを立て**[23]、テクノロジーに**邪魔され**[24]ないようにするのだ。

Notes

l.3 eyeball（ウェブの）訪問者数

01 **blame**
/ bléɪm /

動 ～を非難する、～のせいにする
名 責任、責め
✎ blame *A* for *B* で「*B* を *A* のせいにする」という意味

02 **corporate**
/ kɔ́ːrpərət /
語 corpor（体）+ -ate（形容詞）

形 企業の、会社の、法人の
名 corporation 株式会社；法人

03 **click**
/ klík /

名 クリック
動 クリックする

04 **manipulate**
/ mənípjəlèɪt /
語 mani（手）+ pul（満たす）+ -ate（～にする）

動〈人・世論・価格など〉を操作する、巧みに仕向ける
名 manipulation（情報などの）改ざん
形 manipulative（人を）巧みに操る

05 **turn *A* into *B***

熟 *A* を *B* にする、変える

06 **addict**
/ ǽdɪkt /

名 中毒者、依存症の人
名 addiction 中毒
形 addictive 中毒性の
形 addicted 中毒になって

07 **fight back**

熟 反撃する、抵抗する

08 **turn off**

熟 ～（の電源）を消す；〈ガス・水道など〉を止める
（⇔turn on ～をつける）

09 **notification**
/ nòʊtəfɪkéɪʃən /
語 noti（知られた）+ -fic（動詞）+ -ation（名詞）

名 通知
動 notify ～に知らせる、通知する

10 **alert**
/ əlɔ́ːrt /

名 警報、警告
動〈人〉に警報を出す、警告する（≒warn）
名 alertness 用心深さ、注意力

11 **instant**
/ ínstənt /
語 in-（～に）+ stant（立つ）

形 即座の（≒immediate）
名 瞬間（≒moment）
副 instantly 即座に

12 **announcement**
/ ənáʊnsmənt /
語 an-（～に）+ nounce（伝える）+ -ment（名詞）

名 アナウンス、お知らせ、発表
動 announce ～を発表する

13 **excite**
/ ɪksáɪt /
ex-（外に）+ cite（呼び出す）

動 ～を興奮させる、わくわくさせる
形 exciting わくわくさせる
形 excited 興奮した
名 excitement 興奮

14 **pathway**
/ pǽθwèɪ /

名 通路（≒ path）

15 **predator**
/ prédətər /
predat（略奪する）+ -or（もの）

名 捕食動物、捕食者（⇔prey 獲物）
形 predatory 捕食性の

16 **more often than not**

熟 たいてい

17 **unimportant**
/ ʌ̀nɪmpɔ́ːrtnt /
un-（否定）+ important（重要な）

形 重要でない、ささいな（⇔important 重要な）

18 **as if ...**

熟 まるで…かのように（≒ as though ...）

19 **notice**
/ nóʊtəs /

名 通知
動 ～に気づく
形 noticeable 目立つ、顕著な
副 noticeably 目立って

20 **take control of ～**

熟 ～を制御［管理］する

21 **catch up with ～**

熟 ①（仕事などの）遅れを取り戻す、（睡眠・情報などの）不足を取り戻す
②〈人〉に追いつく

22 **set aside**

熟 ①（ある目的のために）～をとっておく、蓄えておく（≒ save）
②（他のことをするために）～を脇に置く

23 **schedule**
/ skédʒuːl /
アクセント注意

動 ～を予定する
名 スケジュール、予定

24 **interfere**
/ ìntərfíər /
inter-（間に）+ fere（打つ）

動 ① 妨げる、邪魔をする ② 干渉する
interfere with ～ で「～を妨げる」という意味
名 interference 妨害、障害；干渉

構文チェック

■ *ll.11-14*

But (instead of warning us of a large predator looking for dinner,) we are alerted to a sale on shoes or the fact [that a friend from high school is eating a hamburger in Las Vegas].

S: we / V: are alerted / S: a friend from high school / V: is eating / O: a hamburger

訳 ただし、食事を求める大型肉食動物について警告してくれる代わりに、靴のセールや、高校時代の友人がラスベガスでハンバーガーを食べていることについて注意を喚起するのだ。

▲同格の that。that 節が直前の the fact の内容を表している。

■ *ll.16-18*

The researchers also suggest taking control (of [when and where you answer a text or email]).

S: The researchers / V: suggest / O: taking control / S: you / V: answer / O: a text or email

訳 研究者たちはまた、メッセージやメールに返信する時間と場所を自分で管理することも勧めている。

▲間接疑問節が前置詞 of の目的語になっている。

語源コラム　形容詞の語根①

■ ali / alter / altr ➡ 他の

形は少し違いますが、else（他の）も同語源語です。

□ **alternative**（名 代わり（となるもの）　形 それに代わる）
alternat（代えられた）+-ive（形容詞）

□ **alteration**（名（小さな）変更、修正（点））　**alter**（他の）+-ation（名詞）

□ **alien**（形 外国の、外来の）　**ali**（他の）+-en（属する）

□ **alienate**（動 ～を遠ざける、疎外する）　**ali**（他の）+-en（属する）+-ate（～にする）

□ **altruistic**（形 利他（主義）的な）　**altru**（他人）+-ist（名詞）+-ic（形容詞）

■ equ ➡ 等しい

equal（等しい）は「イコール」というカタカナ語にもなっているので、皆さんおなじみでしょう。

□ **equivalent**（形〈数量などが〉同等の、相当する）
equi（等しい）+val（価値）+-ent（形容詞）

□ **equality**（名 平等）　**equ**（等しい）+-ality（名詞）

□ **equator**（名 赤道）　**equ**（等しい）+-ator（～にするもの）

□ **adequate**（形 十分な、満足な）　ad-（～に）+**equ**（等しい）+-ate（形容詞）

■ nov ➡ 新しい

novel（小説）は元々「新しいもの」という意味の語でした。「新しい」を意味する形容詞も存在します。

□ **novelty**（名 目新しいもの、目新しさ）　**nov**（新しい）+-el（指小辞）+-ty（名詞）

□ **innovation**（名 革新、（新しい事物の）導入）　in-（中に）+**nov**（新しい）+-ation（名詞）

□ **renovate**（動 ～を改修する）　re-（再び）+**nov**（新しい）+-ate（～にする）

■ pri / prim ➡ 第一の

prince（王子）は「第一の地位を占めるもの」が原義です。prime minister（首相）の prime も「第一の」の意。

□ **primary**（形 主要な、最も重要な）　**prim**（第一の）+-ary（形容詞）

□ **principal**（名 校長）　**prin**（第一の）+cip（取る）+-al（形容詞）

□ **primitive**（形 原始の、未開の）　**prim**（第一の）+-itive（形容詞）

■ sacr / sanc ➡ 聖なる

「聖～」というときに付ける saint も同語源語です。saint には「聖人」という意味もあります。

□ **sacred**（形 神聖な）　**sacr**（聖なる）+-ed（形容詞）

□ **sacrifice**（動 ～を犠牲にする）　**sacri**（聖なる）+-fice（～にする）

□ **sanction**（名 認可；制裁（措置））　**sanct**（聖なる）+-ion（名詞）

68 Smartphone Addiction / スマホ依存 (3)

Two of Erik Peper's students share ways they have changed their use of technology. One student, Khari McKendell, closed his social media accounts[01]. He says he still calls and texts[02] people. But he adds that he wants to spend most of his time with his friends in person, not online. Another student, Sierra Hinkle, says she has stopped wearing headphones while she is out. She says this makes her more aware of her surroundings[03]. And when she is with friends at a bar or restaurant, they all put their phones in the center of the table. The first one to touch a phone buys everyone a drink. Hinkle says that she and her friends aim to use technology in ways that are useful, but that don't "take away from[04] real-life[05] experiences."

(131 words)

エリック・ペパーの教え子二人は、自分たちがテクノロジーの使い方を変えた方法を教えてくれた。生徒の一人、カリ・マッケンデルはソーシャルメディアの**アカウント**[01]を閉じた。今も電話や**メールはする**[02]と言う。しかし、彼は友人と過ごす時間の大半を、オンラインではなく直接会って過ごしたいのだと付け加えた。もう一人の学生、シエラ・ヒンクルは、外出時にヘッドホンをするのをやめたそうだ。そうすることで、もっと**周りのこと**[03]に気づけるようになったと言う。また、友人とバーやレストランに行くときには、みんな自分の携帯電話をテーブルの真ん中に置く。最初に電話に触った人がみんなに飲み物を１杯おごるのだ。ヒンクルによれば、彼女や友人たちは、便利でありつつも「**実生活の**[05]経験**の価値を損なわ**[04]ない」テクノロジーの使い方を目指しているそうだ。

（大阪大谷大学）

01 **account** / əkáʊnt / 語 ac-（〜に）+ count（数える）	名 ①（コンピュータの）アカウント ②預金口座 名 accounting 会計
02 **text** / tékst /	動〈人〉に携帯電話でメールを送る 名 ①本文 ②書かれたもの
03 **surroundings** / səráʊndɪŋz / 語 sur(r)-（越えて）+ ound（あふれる）+ -ings（名詞）	名 周囲の状況、環境 動 surround 〜を取り巻く
04 **take away from 〜**	熟 〜の価値［効果］を減じる
05 **real-life** / ríːjəllàɪf /	形 現実の、実際の

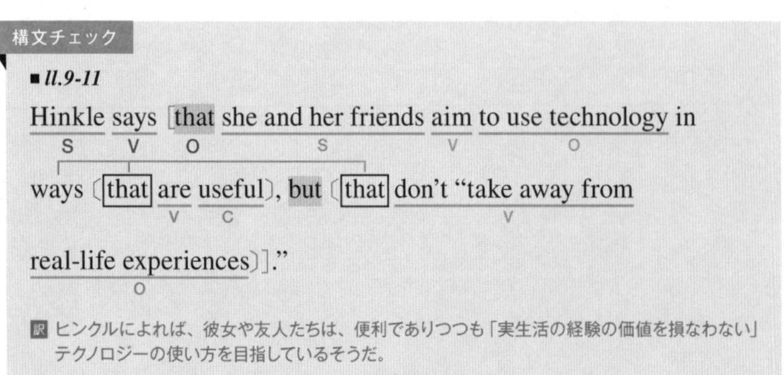

構文チェック

■ *ll.9-11*

Hinkle says [that she and her friends aim to use technology in ways (that are useful), but (that don't "take away from real-life experiences)]."

S V O S V O V C V O

訳 ヒンクルによれば、彼女や友人たちは、便利でありつつも「実生活の経験の価値を損なわない」テクノロジーの使い方を目指しているそうだ。

語源コラム　形容詞の語根②

■ sembl / simil / simul ➡ 似た、一緒に

「現実に似た状況を生み出すこと」を意味するsimulation（シミュレーション）も同語源語です。

□ **similar**（形 同様の、似た）　**simil**（似た）+-ar（形容詞）
□ **assimilate**（動 同化する、溶け込む）　as-（～に）+**simil**（似た）+-ate（～にする）
□ **resemble**（動 ～に似ている）　re-（元に）+**semble**（似た）
□ **assemble**（動 ～を組み立てる）　as-（～に）+**semble**（一緒に）

■ vail / val ➡ 強い、価値がある

ご存じvalue（価値）も同語源語です。

□ **valid**（形 有効な）　**val**（強い）+-id（形容詞）
□ **available**（形〈ものが〉利用できる、空いている）　a-（～に）+**vail**（価値がある）+-able（できる）
□ **evaluate**（動 ～を評価する）　e-（外に）+**valu**（価値がある）+-ate（～にする）
□ **prevail**（動（戦い・論争で）勝つ）　pre-（～より）+**vail**（強い）

■ vac / van ➡ からの

vacation（休暇）は「仕事がない（＝からの）日」のことです。

□ **vacant**（形 空いている、使われていない）　**vac**（からの）+-ant（形容詞）
□ **vacuum**（名 真空）　**vac(u)**（からの）+-um（状態）
□ **vanish**（動（突然）消える、姿を消す）　**van**（からの）+-ish（～にする）
□ **vanity**（名（容姿・能力などについての）うぬぼれ）　**van**（からの）+-ity（名詞）
□ **evacuate**（動 ～を避難させる）　e-（外に）+**vac(u)**（からの）+-ate（～にする）

■ vig / veg ➡ 活気のある

vegetable（野菜）は「活気づけることができるもの」が原義です。

□ **vigor**（名 活力、活気）　**vig**（活気のある）+-or（もの）
□ **vigorous**（形 活力にあふれた）　**vig**（活気のある）+-or（もの）+-ous（満ちた）
□ **vegetation**（名（ある地域に生育する）植物、植生）　**veget**（活気のある）+-ation（名詞）

プラス α ボキャブラリー

□ **hypothesis** /haɪpɑ́:θəsɪs/
名 仮説
✎ 複数形は hypotheses / haɪpɑ́:θəsì:z /

□ **specimen** /spésəmən/
名 標本、サンプル

□ **document** /dɑ́:kjəmənt/
名 書類

□ **rational** /rǽʃənəl/
形 ① 合理的な、筋の通った（⇔irrational）
② 理性的な、分別のある（⇔irrational）

□ **criterion** /kraɪtíəriən/
名 標準、基準
✎ 複数形は criteria

□ **manuscript** /mǽnjəskrɪ̀pt/
名（手書きの）原稿

□ **statistics** /stətístɪks/
名 統計
形 statistical 統計の、統計上の

□ **laboratory** /lǽbərətɔ̀:ri/
名 実験室

□ **scholarship** /skɑ́:lərʃɪ̀p/
名 奨学金

□ **tuition** /t(j)u(:)íʃən/
名 授業料

□ **thesis** /θí:sɪs/
名（学位）論文
✎ 複数形は theses / θí:si:z /

□ **bachelor's degree** /bǽtʃələrz dɪgrì:/
名 学士号

□ **cheat** /tʃí:t/
動 カンニングする

□ **enroll** /ɪnróʊl/
動 登録する、入学する
名 enrollment 登録、入学

□ **compulsory education** /kəmpʌ̀lsəri èdʒəkéɪʃən/
名 義務教育

□ **curriculum** /kəríkjələm/
名 カリキュラム
✎ 複数形は curricula または curriculums

□ **semester** /səméstər/
名（2 期制の）学期

□ **institute** /ínstət(j)ù:t/
名 学会、機関 動〈制度など〉を設ける
名 institution 社会制度、機関 形 institutional 組織の；制度の

□ **faculty** /fǽkəlti/
名（大学の）学部、教職員

□ **undergraduate** /ʌ̀ndərgrǽdʒuət/
名 大学生、学部生

索引

この索引には、本書で取り上げた3,200強の単語と熟語がアルファベット順に掲載されています。数字はページ番号を示しています。太字の数字は見出し語句、それ以外は類義語や反意語、派生関係の語、語源コラム、プラスαボキャブラリーなどで取り上げた語句です。

単語

A

ability 113, **137**, 187
able 137, 328
abortion 334
abound 354
about 019, 160
abroad **142**
abruptly 205
absolute 198, **212**, 312
absolutely **198**, 212
absorb **306**
absorption 306
abstract 289, 318
abundance **354**
abundant 354
abuse **254**
accelerate 024, **037**
acceleration **024**, 037
accept 024, **026**, 059, 302
acceptable 026
access **036**, 065, 098
accessible 036, **098**
accident 059, 079
accidental 079
accidentally **079**
accommodate 351, **393**
accommodation **351**, 393
accompany **149**
accomplish 037, 151
accord 315
accordingly **037**
account 245, **410**
accounting **245**, 410
accuracy 085, 219, **384**
accurate 085, **219**, 384
accurately **085**, 219
accuse 309
accustomed 315
achieve **037**, 181, 309
achievement 037
acid rain 066
acknowledge 101
acquire 052, **181**, 205, 269
acquired 181
acquisition 181
acrobat 148
acrobatic **148**
acrobatics 148
act 133, 225
action 032
active **133**, 225
actively 133, **225**
activity 133, 225
actual 098, **397**
actually **098**, 397
adaptable 280
add **114**
addict 259, **404**
addicted 259, 404
addiction **259**, 404
addictive 259, 404
addition 085, 114
additional 085, 114, 274
additionally **085**, 114
address **046**
adequate **073**, 407
adequately 073
adhesion 269
adhesive 269
adjust 032
administer 203, 372
administration **372**
administrative 372
admit 117
adopt **245**, 280
adoption 245, **280**
adult 120
advance 024, **104**, 149
advanced 024, 104, **149**
advancement **024**, 104, 149
advantage **051**, 122
advantageous 051
advent **138**, 289
adversary 196
adverse 115
advertise 138, **268**, 299, 384
advertisement 138, 268, **384**
advertiser 138, 268, 384
advertising **138**, 268, 384
advise 299
advocacy 334
advocate 334, 389
affect **036**, 095
affluent 095, 099, **366**
afford 224
affordable **224**
age 016
agency **079**
agent 079
aggressive 101
agree **198**
agreement 270
agricultural **039**, 158
agriculture 039, **158**
aid 122, **127**, 334
aim 074, 137, 220
air force 248
airspace 248
aisle 374
alarm bell **225**
alert 254, **404**
alertness 404
algorithm 168
alien 106, 407
alienate 407
alive **202**
allegedly 280
allergic 206
allergy 206
alliance 225
allied 225
allocate 369
allow 074
ally **225**
almost 220
alter **032**
alteration 032, 407
alternative **362**, 407
alternatively 362
altruistic 225, 407
amateur 245, **306**
amaze 219
amazing 218, **219**
ambassador 248
ambition 155
ambitious **155**
ambulance **180**
ameliorate 186
amount 022, **037**, 136
anachronism 309
analogy 369
analysis 113, **174**
analyst 113
analytical 113
analyze **113**, 174
ancestor 065
ancient **092**, 355
anecdote 089
anniversary 299
announce 404
announcement **404**
annual 046, **212**
annually **046**, 212
antibiotic 206
anticipate **158**
anticipation 158
anxiety 400
anxious **400**
apologize 369
appear 104, **142**
appearance 142
appendix 151
appliance **358**
applicant 290
application **154**, 290
apply 151, 154, 290
appoint 175

appointment **175**
appreciate 344
appreciation **344**
apprehend 137
approach **158**
appropriate 056, 197, **372**
approval 198, 258
approximate 019
approximately **019**
archaic 154
architect **244**
architecture 244
area 138
argue 044, **121**, 255
argument 121, **255**
arid **038**
aridity 038
arise **275**
armed forces 220
army 248
around 019
arrange 148, 280, **350**
arrangement **280**, 350
arrival 138, **350**
arrive 350
article **132**, 312
artifact **023**
artificial 062, 095, **130**
artificially 130
artwork 372
aspect 227, **268**
aspire 227
assemble 411
assess **085**, 227, 384
assessment 085
asset **213**
assign 392
assignment **392**
assimilate 411
assist 127, 130, 240, 261
assistance **240**
assistant **130**, 240
associate 149
asteroid 106
asthma 206
astounding 098
astronaut **079**
astronomer 092
astronomical **092**
astronomy 092
asylum 248
ATM **297**
atmosphere 017, **073**
atmospheric **017**, 073
atom **051**
atomic 051
atop **166**
attach **176**
attachment 176
attain 052, 283
attempt **180**
attend **175**, 283
attendance 175
attention **051**
attitude **230**
attract **051**, 289, 344
attraction 051, **344**
attractive 051, 344
attribute 289
auction **275**
audible 059
audience 059, **318**
audition 059
auditorium 059
augment **281**
augmentation 281
authentic **345**
authenticity 345
authority **121**
authorization 121
authorize 121
autobiography 321
autocracy 248
automate 254
automatic 176
automatically **176**
automation **254**
automobile **057**
avail 036
availability 036
available **036**, 411
avatar **142**
average **193**
aviation 168
award **239**
aware 030, 149, **385**
awareness **030**, 385
awful 218
axis 106

B

bachelor's degree 412
bacteria 302
baggage 332
ban **312**
banknote **296**
bankrupt 205, 290
bankruptcy 290
bargain 374
barrier 073, **238**
barrier-free **324**
base **380**
basic 137, 241
basically **137**
basics 137
bear 344
beat 199
because 309
behave 148
behavior **148**
behavioral 148
belief **230**
believe 230
belong **234**
belongings 234
beneficial 115, 122, **286**, 344
beneficiary 286
benefit 051, **122**, 286
besides 099, 158
bias 313
bilateral relation 248
bill **198**
billion **036**
bind **218**
binder 218
biography 321
biomass **050**
blame **404**
bold **031**
bomb **245**
bombing 245
bond **051**
bone **099**
book 340
booking 098, **340**
boom **130**
boost **281**
border **045**, 154
boundary **154**
braille **329**
brain **186**
branch **303**
branch office 290
brave 031
breach 334
breath 202
breathe **202**
breed 066
brevity 093, 344
bridge **175**
brief 093, **344**
briefly **093**
broad **037**
broadcast **393**
broaden 037
budget **264**
bullet **079**
buy 126

C

calorie **358**
campaign 290
campus **396**
canal 039
cancel **085**
cancellation 085
capability **113**, 328
capable 113, 187, **328**
capacity 059, **187**
capital 290, 309
capture 059, **137**
car 057
carbon dioxide **025**
career 290
cash **264**
cashless **296**
catalyst **241**

categorization 022, 148, **318**
categorize **022**, 148, 318
category 022, **148**, 318
cater **287**
cause **037**
cave **075**
celebrate 374
celebration 374
celestial 106
census 334
center 023
central **023**, 309
CEO **213**
certificate 373
certification **372**
certified **373**
certify 372, 373
challenge **098**
challenging 098
chance 224
change 032, 051
chapter 309
character **312**
characteristic 187, 312
characterize **024**
charge 196, **274**
charged **196**
charitable 225, **372**
charity **225**, 372
chase 031
cheap 052, 297
cheat 412
checkpoint **126**
checkup **176**
chemical **052**
chemically 052
chemist **017**
chemistry 017, 052
chiefly 158
childhood **230**
choice 287
chore 374
Christian **188**
chronic 309
chronicle 309
cinema **192**
circuit 101, 309
circulation 309
circumstance 045, 261, 309
citation 269
cite **269**
citizen **093**
citizenship 093
civil **121**
civil war **238**
civilian **093**, 121
claim **213**
classification 019
classified 019
classify **019**
clear 126
clearly **126**
click **404**
client 290
climate **037**
climatic 037
close 302, 303, 341
closure **303**
cloth 063
clothes **062**
clothing **062**
coal **053**
code **133**
coexist **143**
cognition 186
cognitive 101, **186**
coin **296**
coincidence 059
collaborate 120, **372**
collaboration **120**, 372
collapse **202**
collect 018, 041, 046, 117, 158, 181
collection 018, **181**
collectively **018**
collide 079
collision **079**
colonial 072
colonize 072
colony **072**
combat **120**
combative 120
combination 056, **230**
combine **056**, 230
comet 106
comfort **154**, 197, 315, 329
comfortable 154, **197**, 329
comfortably 154, 197, **329**
commerce 057, 098, **268**
commercial 057, **098**, 117, 268
commercialize **057**, 098, 268
commercially 098
commit **121**
commitment 121
commodity 290
common 016, 104, **296**
commonly 296
communicate **244**
communication 244
community 334
commute 290
commuter 290
company 202
comparative 114
comparison 114
compassion 389
compatible 180
compel 145, **367**
compelling 367
compete 270
competence 290
competent 290
competition **270**
competitive 270
competitor 270
complain **192**, 340
complaint 192, 213, **340**
complete 151, 161, **269**
completely **161**, 269
completion 161, 269
complex 114, **138**, 388
complexity 138, **388**
complicate 114
complicated **114**, 138
compliment 151
comply 151
component 163, **176**
compose **052**, 163
composition 052
compound 163, 168
comprehend 163, 181
comprehensive **181**
comprise 163
compromise 290
compulsory 145
compulsory education 412
conceal 142
conceive 032, 059
concentrate **080**, 212, 309
concentration 080, **212**
concept **032**, 059, 318
concern **030**
concerned 030
concerning 030, 047
concise 065, 137, 344
concisely **137**
conclusion 065
concrete **318**
condemn **239**
condemnation 239
condition 089
conduct **022**, 089
conference **017**
confine 160, 315
confined **160**
confirm **115**
confirmation 115
conflict **044**, 079
confront 072
confuse 234
confusion **234**
congested 080
congestion **080**, 101
congress 101
Congress 198, 312
connect **149**, 274, 318
connection 149, **274**
conquer 073
conquest 205
conscience **212**
conscientious 212
conscious **149**
consciously 149
consciousness 149
consensus 215
consent **198**, 215
consequence 084, 215, **254**
consequent 084
consequential 254
consequently **084**, 254

conservation 159
conservative 159, 254
conserve **159**
consider 024, **079**, 137, 188
considerable **024**, 079, 182
considerably 024
considerate 188
consideration 079, **188**
consist 261
conspiracy 227
constant 192, 261
constantly **192**
constellation 106
constitute **113**, 213
constitution 113
constraint 040
construct **073**, 080, 244, 261
construction 073, **244**, 359
consume 166, 358
consumer **166**, 358, 366
consumption 166, **358**
contactless **302**
contagion 206
contagious 206
contain **062**, 073, 160, 283
container 062, **160**
contaminant 044
contaminate 036
contamination **036**
contemporary 092, **313**
contend 283
content 062, **384**
contest 044
context **137**
continent 066
continental 066
continual 148, **313**
continue 148, 283, 313
continuous **148**, 313
continuously 148
contract 269, 289
contractor **269**
contradict 089, 354
contradiction **354**
contradictory 354
contrast 261
contribute 289, **372**
contribution 372
controversial **269**
controversy 269
convenience **114**, 367
convenient 114, 297, **367**
convention 017, **246**
conventional **325**
conventionally 325
converse 392
conversely **392**
conversion 051
convert **051**, 299
convict **122**
conviction 122, 385
convince **385**
cooperate 041, 373
cooperation 373
cooperative **373**
coordinate 389
copy 362
coral reef **340**
core **239**
corporate 213, **404**
corporation **213**, 404
correct 205, 345
correlation 041
correspondingly 037
corrupt 205
cosmetic 374
cosmic **074**
cosmopolitan **187**
cosmos 074
cost **052**, 166
costly 052, **166**
cotton **367**
counterfeit **276**, 345
countermeasure **050**
counterpart 248
countless 041, **138**
courage 315
courtyard **187**
cowardly 031
coworking **287**
crash 079
create 031, **113**, 155, 384
creation **031**, 113, 155, 384
creative 031, 113, **155**, 384
creator **384**
credit **114**
crime **120**, 198
criminal 120, **198**
crisis **036**
criterion 412
critic **121**, 388
critical 036, 086, 121, **388**
critically **384**
criticize 121, 388
crop **159**
cross **238**
crucial **121**
cruise **340**
cultivate 367
cultivation **367**
cultural **238**
culture 238
cultured 187
cure 206
curiosity 142
curious **142**, 281
currency 089
current 018, **044**
currently **018**, 044
curriculum 412
customary 315
customer 290, 315
customizable **328**
customize 328
cyberspace 168

D

damage 062
damaging 115
daring 031
database **114**
dead 202
debate **024**
debris **078**
debt **219**
decade **220**
decarbonization **031**
decarbonize 031
decay 059
deceive 059
decide 065, 114
decision 306
decline **302**
decommission **080**
decrease 025, **038**, 039, 302
dedicated 089
defeat **199**
defective 095
defend **085**
defense 085
defensive 085
deficiency 290
deficient 290
deficit 290
define 219, 315
definite 219
definition **219**
definitive 212
deforestation **367**
degradation **158**
degree 101, **143**
delay 238
deliberate 024
deliberately 024
deliberation **024**
deliver **245**
delivery 245
demand 039, **161**, 224
dementia **186**
democracy 315, 372
democratic **372**
demography 315
demonstrate **024**, 270
demonstration 024, **270**
demote 307
demotion 313
denounce 239
dense 168
density 168
depart 374
departure 374
depend 151
dependable 276
dependent 239
deplete 066
depopulated **393**
deposit 163
depot 160

depressed 197, **400**
depression **197**, 400
describe 215, **280**
description 280
desert **161**
desirable 197
desire **197**
despite **017**, 259, 397
destination 261, **345**
destroy 073, **080**, 261, 359
destruction 080, 244, **359**
destructive 115
detail 328
detailed 319, **328**
detect 041, **112**, 176
detectable 112, 176
detection 112, **176**
detective 112, 176
detention 283
deter **126**
deteriorate **186**
deterioration 186
determination 114
determine **114**
determined 114
deterrence 126
deterrent 126
detriment 115
detrimental **115**, 286
detritus 078
develop 031
development **031**
device **174**
devise 174, 299
diagnose 175, **186**
diagnosis 101, **175**, 186
diameter **080**
dictate 089
Diet **198**, 312
diet 374
differ **017**
difference 017
different 017
differentiate 017
difficulty 244, 332
digest 101, 206
digestion 206
digestive 206
digit 174
digital **174**
dignified **197**
dignity 197
dinosaur **018**
diplomacy 248
diplomat 248
diplomatic 248
direct 202, 205
disability **324**
disabled 324
disadvantage 051, 122
disagree 198, 270
disagreement **270**
disappear 142, 302
disappearance **302**
disappointed 400
disapproval **258**
disapprove 258
disarmament 248
disaster **038**
disastrous 038
discard **078**
disclose 065, **098**, 142
disclosure 098
discomfort 154
disconnect 149
discourage 315
discouraged 400
discourse **032**
discover 092, 112
discovery **092**
discrepancy 393
discriminate 224, **319**
discrimination **224**, 319
discriminatory 319
discuss 016, **078**
discussion **016**, 032, 078
disease **177**, 192
disinfect **244**
dislike 122
dismiss 117, **225**, 354
dismissal 225
disorder **318**, 389
disorderly 318
disparate 393
disparity **393**
display **142**, 151
dispose 163
dispute **044**
disputed 044
disrupt **166**, 205, 286
disruption 166, **286**
disruptive 166, 286
dissatisfy 372
dissuade 126
distance **160**, 341
distant 063, 160, **341**
distinct 023, 187
distinction 023, 112, 187
distinctive 023, **187**
distinguish **023**, 041, 112, 187
distinguishable **112**, 187
distinguished 158
distort 283
distract 041, 289
distracted 030
distress 239
distressed **239**, 400
distribute **158**, 289
distribution 158
disturb 346
disturbance **346**
diverse 299, **318**
diversify 318
diversity 318
divert 299
divide 017, 041, **187**
division **017**, 187
divorce 334
document 412
domain **138**
domestic 052
domestically **052**
domesticate 052
donate 089, 372
dormitory **396**
double **023**
doubt **354**
doubtful 354
doubtfully 354
downstream 044
drain **062**
drainage 062
dramatic 159
dramatically **159**
drastic **025**
drastically 025
drought **039**
dry 038
duplicate 151
duty **149**
dwarf planet 106
dwell **075**, 167
dweller 075, **167**
dwelling 075, 167

E

eager 281
earn **213**, 350
earnest 045
earnings 213, **350**
ease 176, **332**
easily **235**, 306
easy 235, 332
eccentric 309
eclipse 106
ecliptic 106
economic **031**, 254
economical 031, 220, 254
economics 031, 220, 254
economist **220**
economy 031, 220, **254**
ecosystem 066
eco-tourism **354**
edit 089, **388**
edition 354, 388
editor 388
editorial 388
educate 131, 202, 224, 306
educated **306**
education 131, **224**, 306
educational **131**, 224, 306
effect **063**, 095, 254
effective 063, 137
effectively 063, **137**
efficiency **136**
efficient 095, 136
efficiently 136
effort 315

elastic 280
elderly **324**
elect 218
election 117, **218**
electric 039
electrical 039, **245**
electricity **039**, 245
electronic **180**
electronically **296**
electronics 180
elegant 117
element **318**
elementary 318
elementary school **392**
eliminate **220**
elimination 220
elite **218**
embassy 248
emerge **104**, 142
emergence 104
emission **044**, 050
emit 044, **050**, 117, 132
emotion **130**, 145, 196, 401
emotional 130, 196, **401**
emotionally 130, **196**, 401
empathy 389
emphasis **354**, 358
emphasize 354, 358
employ **354**, 366
employee 354, 366
employer 354, 366
employment 354, **366**
empower 334
empowerment 334
enable **074**
enclose 065
encourage 315
endow 089
endurance 344
endure **344**
enemy 225, **226**
energy 373
enforce 127, 315
enforcement **127**
engineer 154
engineering **154**
enhance **180**
enhancement 180
enormous 132, **358**
enormously 358
enroll 412
enrollment 412
ensue 215
ensure **182**
entangle 086
entanglement **086**
enter **092**
enterprise 163
entertain 166, 283
entertainment **166**
entire 132, **187**, 212
entirely **132**, 187
entrance 092
entrepreneur **396**
entry 092
envious 325
environment 016, **062**
environmental **016**, 062
environmentally 016, 062
environmentally-friendly **031**
envy 299, **325**
epidemic 166, 315
episode 120
epoch **016**
epoch-making 016
equal 213, **224**, 269
equality 218, 224, 393, 407
equally 224
equator 074, 407
equatorial **074**
equip 057, **328**
equipment **057**, 328
equitable **368**
equitably 368
equity 368
equivalence 213
equivalent **213**, 407
era 016, **018**
eradicate **368**
eradication 368
erect 205
erosion 066
erupt 205
eruption 066
escape **230**
essence 086
essential **086**, 121, 358
essentially 086
establish **072**, 238, 245
establishment 072
estimate **046**
estimation 046
ethical **182**
ethics 182
ethnic **238**, 332
ethnically 238, 332
ethnicity 238, **332**
euthanasia **196**
evacuate 411
evade 289
evaluate **384**, 411
evaluation 384
eventually 120, **396**
evidence **307**
evident 299, 307
evoke 389
evolution 074, **340**
evolutionary 074
evolve **074**, 299, 340
exact 154, 180
exactly **154**
exaggerate **345**
exaggeration 345
excavate **022**
excavation 022
exceed **023**, 065, 341, 350
exception 059
excess 023, **341**, 350
excessive 023, 341, **350**
exchange **258**
excite **405**
excited 405
excitement 405
exciting 405
exclaim 065
exclude 065, 073, 187, 220, **324**
excluding 324
exclusion 187, 324
exclusive 187, 324
exclusively **187**
excursion 089
excuse 309
execute 215
exhaustive 319
exile 248
exist **018**, 086
existence 018, 261
existing 018, **086**
exit 101
expand **093**, 174
expansion 093, **174**
expansive 093, 174
expansively 093, 174
expect **063**, 104, 227
expectation 063, **104**
expel 145
expend 166
expenditure 213
expense **166**, 297
expensive 052, 166, **297**
experience **039**
experienced 039
experiment **136**
expert **149**
expertise **244**
expire 227
explain 344
explanation **344**
explanatory 344
explicit **131**, 151
explode 079
exploit 151, **366**
exploitation 366
exploration 050
explore **050**
explorer 050
explosion **079**
exponential **080**
exponentially 080
export 163, 281, **350**
expose 099, 163, **380**
exposure **099**, 380
express 205
exquisite 205
extend 078, 182, 283
extensive 078, **182**
extensively **078**, 182
exterior 036
external **036**

extra **274**
extract 289
extraordinarily 218
extraordinary 104, **218**
extraterrestrial 106
extreme **221**, 254, 318
extremely 221, **318**

F

face **072**, 112
facial 072, **112**
facilitate **176**
facilitator 176
facility **064**
factor 095, **307**
faculty 412
fail 148
failure **148**
fair 270, 368
fairness 218
fake 276, **345**
fallout 254
false **345**
familiar 244
famine **045**, 238
fantastic 148, 218
fantasy **345**, 350
faraway 063
fare **269**
farm 158
farmer 158
farming **158**
farmland **359**
far-off **092**
fashion 132, 385
fashionable **385**
fast 350
fasten 218
fast-growing **112**
fatigue 206
favor **122**
favorable 122
favorite 122
fear **138**
fearful 138
feasible 167
feature 095, **112**
federal 248
federation 248
fee **274**
feed **358**
female **319**
feminine **332**
fertile 359
fertility 359
fertilize 359
fertilizer **359**
fiber **062**
fibrous 062
figure **212**
final 315
finally 120, 372
finance 264, 315
financial 264
financially **264**
finding **400**
fingertip **400**
finish 269
fire 225, 354
firm 130, **202**, 280
firmly **130**, 202
firsthand 396
firstly 121
fiscal **255**
fiscally 255
fit 161, 181
fitness **181**
fix 230
flavor 374
flexibility **137**, 280
flexible 041, 137, **280**
flexibly 137, 280
flood **025**
flourish **166**
fluent 095
fluid 095
focus **056**
footprint **287**
force **073**, 367, 373
forceful 073
forecast 038, **093**, 126, 158
foremost **166**
forgetful **186**
form 018, **104**
formal **187**
formally 187
format **132**
formation **018**, 104
formula **052**
fortune 212
forum 017
fossil **022**
fossil fuel **359**
found 093, 224, **238**
foundation 093, **224**, 238, 380
founder **093**
fraction 095, **358**
fragile 095, **340**
fragment **078**, 095
fragmentary 078
fragmentation 078
fraud **276**
fraudulent 276
free 137, 196, 230
freedom 121, **196**, 230
freely **230**
freight 290
frequency **025**, 039
frequent 025, **039**
frequently 025, 039
friction 168
friend 225
full 212, 234
full-scale **087**
fully **234**
function **186**, 324
functional 186, **324**
fund **354**
fundamental 032, **241**
fundamentally **032**, 241
further **018**
furthermore **099**, 158

G

gain **175**
galaxy 106
gap **175**
garbage 079
gather 039, **046**, 158
gear 168
gender **307**
gene 206
general 196, 313, 321
generalization 196, **313**
generalize 313
generally **196**
generate 051, **056**, 131, 321
generation **051**, 056, 131
generative 051, 056, **131**
generous 321
genetic 321
genuine 276, 345
geography 321
geological 016
geology **016**
germ 302
gift 374
glacial 066
glacier 066
global 024, **037**, 218, 280
global warming **050**
globalization **024**
globalize 024
globally 024, 037, 218, **280**
globe 037, **218**, 280
goal 074, 220
go-between 276
goods 290
govern **203**
government 203
governor 203
gradual 087, 101
gradually **087**
grain **358**
grant 334
grapple **143**
grave **121**
gravitational **073**, 099
gravity 073, **099**
great 056
greatly **056**
greenhouse **159**
gross 219
guarantee **099**, 182
guest 290
guidance **197**
guideline **084**

gulf **199**

H

habit **296**
habitat **359**
habitual 296
hacker 168
halt **032**
handicraft **372**
handle 036, **188**, 192
hands-on **396**
happen 080, 321
harass 334
harassment 334
hard 040, 202
hardly **259**
hardship **244**
hardware 113
harm **062**
harmful 041, 062, 115, 286
harmless 041
harsh 040
harvest **039**
hate **297**
hatred 297
hazard 366
hazardous **366**
head office 290
headline **212**
headquarters 290
healthcare **175**
height **160**
heighten 160
help 122
hemisphere 106
heritage **344**
hidden **384**
hierarchical 334
hierarchy 334
high 160
high-quality **113**
hike **040**
hire 354
historic 307
historical **307**
history 307
homogeneous 321
horizon 160
horizontal 159, **160**
hospitable 161
hostile 307
hostility **307**
hotspot **286**
house 244
housekeeping **345**
housing **244**
however **259**
huge 022, **132**, 136, 181, 358
human resources **245**
humane 017
humanitarian **238**
humanity **017**, 238
humankind 093
humanlike **143**
human-made **022**
humanoid **143**
humid 159
humidity **159**
hunger 238
hurdle **166**
hurry 240
hurt 062, 099
hydro **050**
hydrogen **050**
hydropower **040**
hygienic 244
hypothesis 412

I

ice age **026**
ID **180**
idea 318
ideal **143**
idealize 143
ideally 143
identical 114, 318
identifiable 112
identification 112
identify **112**
identity **114**
ignorance 213
ignorant 213
ignore 101, **213**
ill 192
illiteracy 380
illness 177, **192**
illusion **350**
illusory 350
illustrate 340
illustration **340**
imbalance 393
imitate **362**
imitation 362
immediate 018, **264**, 369, 404
immediately **018**, 264
immigrant 230, **346**
immigrate **230**, 346
immigration 230, 346
immune **344**
immunity 344
immunize 344
impact **017**
impair 328
impaired **328**
impairment 328
implement 151
implication **182**
implicit 131, 151, 182
imply 017, 151, **182**
import 163, **281**, 350
importance 030, 203
important 203, 405
importantly **203**
impossible 072
impractical 154
imprecise 180
impress 205
impressive 205
improve 180, 186, **212**
improvement 212
impulse 145
inaccessible 098
inaccurate 219
inactive 133
inadequate 073, 085
inappropriate 372
incapable 328
incense 239
incentive **286**
incidence 120
incident 059, **120**
incidental 120
include 025, 062, 065, **073**, 324
including **025**, 073
inclusion 025, 073, 324
inclusive **324**
inclusively 324
income **213**
incompatible **180**
inconvenient **297**, 367
increase **025**, 038, 302
increasingly **016**
incredible **148**
incredibly 148
incur 089
indeed **030**
independence 239, **367**
independent **239**, 367
independently 367
indicate 089, **380**
indication 380
indicative 380
indifferent 281
indigenous 066
indispensable 086
individual **112**
individually 112
indoor 062
indoors **161**
induce 089
industrial 086
industry **086**
inefficiency 136
inequality **218**
inequitable 368
inexpensive **052**, 224, 297
inexpensively **366**
infancy 220
infant **220**
infect 240
infection 240
infectious **240**
infer 095
infinite 315
influence 036, 095, 181
inform **240**, 306
informal 187

information 240, 306
informed **306**
infrared 168
infrastructure **159**
infuriate **045**, 239
ingenious 321
ingredient 101, 374
inhabit 075
inhabitant 167, 187
inhospitable **161**
initial 087, 101, 372
initially 087, **372**
initiate **087**, 372
initiation 372
initiative **031**
inject 117
injure **099**
injury 099
innate 145
inner 036
innocence **121**
innocent 121
innovate 046
innovation 046, 407
innovative **046**
innumerable 138
input **132**
inquiry 205
insecticide **367**
insecurity **218**
insight **176**
insightful 176
insignificant 023, 024
insist 080, 261
inspect 227
inspire 227
install **057**
installation 057
instance 261, **276**
instant 130, 264, **404**
instantly 018, **130**, 404
instead **114**
institute 261, 412
institution **131**, 412
institutional 131, 412
instruct **202**
instruction 202, 261
instructive 202
instructor 202
instrument 261
insufficient **085**
insulate 168
insulation 168
insurance **181**
insure 181
integrate 174
integrated 174
integration **174**
intellect 276
intellectual 186, **276**
intelligence **130**
intelligent 130, 308
intend 030, 137
intense 078, 283
intensify **078**
intensity 078
intensive 078
intent **030**
intention **137**, 283
interact 041, 268
interaction **268**
interactive **392**
interesting 030
interestingly **030**
interface 168
interfere 041, **405**
interference 405
interior 036
intermediary 276
intermediate 041, 369
intermittent 148
internal 036
interplanetary **075**
interpret **384**
interpretation 384
interpreter 384
interrupt 205
interstellar 106
intervene 041, 238, 289
intervention **238**
introduce 286
introduction **286**
invade 289
invent 092, **254**, 289
invention **092**, 254
inventor 254
invest 046, **057**
investment **046**, 057
investor 046, 057
involve **056**, 299
involvement 056
ironic 074
ironically 074
irony **074**
irrational 412
irresponsible 259
irresponsibly **259**
irrigate 066
irrigation 066
isolate 248
isolated 248
isolation 248
issue **016**
item **312**

J

jail 334
jealousy 325
jet lag 374
jewel 374
jewelry 374
joint 206
judge 306
judgment **306**
junior 302
just 313
justice **313**

K

keen **281**
keenly 281
knowledge **234**
knowledgeable 234

L

label **258**
labor **056**, 366
laboratory 412
laborer **366**
laborious 056
lace 307
lack **234**
landfill 066
landlord **275**
landscape 374
laptop **275**
largely **037**
last **072**
latent **328**
latest **142**
latitude 106
launch **078**
laundry **188**
lawmaker **198**
leading 166
lease **274**
leftover 078
legal 275, 321
legality **275**
legislate 203
legislation **203**, 321
legislative 203
legislator 203
legitimate 321
leisure **313**
lengthen 238
lengthy 099, 344
lessen 039
leverage **181**
liability 219
liberal 121
liberty **121**
license **270**
life-prolonging **198**
lifesaver **114**
lifestyle **187**
lift **219**
like 286
likelihood 022, **080**, 148
likely **022**, 080, 199
limb **143**
limit **038**
limitation 040
limited 038, 400
link **318**
liquefy **051**

liquid 051
literacy **380**
literal 196
literally **196**
literate 380
literature **132**
livelihood **270**
livestock **167**
loan **219**
local **244**, 369
locally 244
locate **120**, 180, 244, 369
location 120, **180**, 244
lock 112
lockdown **174**
locomotive 369
lodging **268**
logic 369
loneliness 400
lonely **400**
longitude 106
long-term **072**, 274
lose 138
loss **138**, 199
lost 120
loyal 321
luggage **332**
lung **202**
luxury hotel 374

M

magnet **345**
main 240, 350
main office 290
mainly 037, 131, **350**
mainstream **396**
maintain **192**, 283
maintenance 192
major 023, **025**, 045, 120
majority 025
male 319
malnutrition **240**
mammal 066
manage **036**, 143, 369
management 036, 372
manager 036
manipulate 369, **404**
manipulation 404
manipulative 404
mankind **093**
man-made 062
manned **072**
manner **132**
manufacture 053, 056, 095, 142, **366**, 369
manufacturer 056, **142**, 366
manufacturing **056**, 142, 366
manure 359
manuscript 215, 369, 412
marketplace **268**
marriage 334
Mars **072**
masculine **332**
mass 022, **099**
massive **022**, 099, 132
material **023**
mathematical 113
mathematically **113**
mathematics 113
maximize 084
maximum 224
mean 380
meaning 030, **380**
meaningful **344**
meaningless 344
means 085, **268**
meanwhile **166**
measles 206
measure **085**
measurement 085
mechanical 276
mechanism **276**
media **306**
mediator 276
medical **174**
medication **115**
medicine 174
medieval **280**, 369
meet **372**
mend 354
mental 154, 186, 245, **259**, 296
mentality 154, 259
mentally **154**, 259
mention **016**
merchandise 117
merchant 117
mere **126**, 176
merely 126, **176**
merge 290
merger 290
message **380**
metabolism 206
meteor 106
meteorite 106
methane **025**
method **159**
methodological 219
methodology **219**
microfiber **062**
microorganism 066
microplastic **063**
microscope **063**
middle 369
middleman **276**
migrant 066
migrate 066
migration 066
mild 040
military **220**
mineral 066
minimal 224
minimize **084**
minimum **224**
minor 023, 025, 045, **120**
minority 120
mischievous 309
mishap 321
mislead 219
misleading **219**
miss 120
missing **120**
mission 117
mistaken 345
mistakenly 079
mistreat 240
mistreatment **240**
misuse 254
mitigate 084
mitigation **084**
mobile 143, 145, **328**
mobility **143**, 328
moderate 350, 355
moderation **355**
modern 092, 313, **355**
modify 032
molecular 168
molecule 168
moment 404
momentum **373**
monopolize 290
monopoly 290
moreover 099, **158**, 199
mostly **362**
motive 145, 286
movement 145, 290
multicultural 187
multilateral 248
multimedia **380**
multiple **149**
multiply 149, 392
municipal 372
municipality **372**
murder **197**
murderer 197
muscle **202**
Muslim **312**
mutual 286
mutually **286**

N

nap 374
narrative **319**
narrow 037
nation **084**, 087, 319
national 084, **087**, 244, 319
nationalist **218**
nationality 084, 087, 145, **319**
native 066, 145, 341
natural 062, 130
nature 145
navigate 168
navigation 168
navigator 168
navy 248
near 341
nearly **220**
necessarily **354**, 366

necessary 354, 366
necessity 354, **366**
negative **219**
neglect 117, **319**
negligence 319
negligent 319
negotiate 045
negotiation **045**
neighbor 192
neighborhood **192**
neighboring 192
nerve 206
nervous 206
net **219**
neutral **239**, 332
neutrality 239, **332**
neutralize 239, 332
nevertheless **246**
nomad **280**
nonetheless 246
non-native **341**
non-profit organization **132**
normal 104, 136, **192**
normalize 136, 192
normally **136**, 192
notable 312
notably **312**
notice 056, **405**
noticeable 041, 405
noticeably 405
notification **404**
notify 404
notion **318**
nourish 145
novel **016**
novelty 407
nowadays **113**
nuclear **025**
nucleus 025
numeral 087
numerous **087**
nursery 145
nursing home **131**
nurture 145
nutrition 145

O

obedient 059
obey 059
object **079**, 117
objection 079
obligate 345
obligation 345
obligatory 345
obscure 158
observation **085**
observatory 106
observe 085
obsessed 227
obstacle **073**, 166, 261
obstruction 073
obtain 073, **269**, 283
obvious 158, **358**
obviously 358
occasion 059
occur **080**, 275
occurrence 080, 120
ocean **062**
offer 095, **098**
official 072, **126**
officially 126
offshore **224**
omit 117
ongoing **084**
online **046**
only 126
onshore 224
open 197
openly **197**
operate **057**, 203
operation 057, **203**
opinion 203, **306**
opponent 163, **196**
opportunity **224**
oppose 163, 196
oppress 205
opt 287
optical 168
option **287**
optional 287
orbit **078**
orbital 078
ordinance **275**, 389
ordinarily 104
ordinary **104**, 193, 218, 389
organ 206
organic 092
organism **092**
organization **084**
organize 084
organizer 084
orientation **319**
origin **017**, 063, 192
original 017, 063, 192
originally **192**, 372
originate 017, **063**
originator 063
ornament 374
ornamental 374
otherwise **161**
outbreak **240**
outcome 044
outdated **154**
outdoor **062**
outdoors 062, 161
outer 036
outer space **078**
outfit 328
outlet **306**
output 132, **137**
outrage **239**
outrageous 239
outright 136, **312**
outstanding 158
overcome **073**
overcrowding **341**
overseas 142
over-tourism **287**
overuse **401**
overwhelm **113**
overwhelming 113
own 143, **274**
owner 044, 274
ownership **044**
oxygen **052**

P

pact 248
pandemic **166**
paragraph 321
parasite 206
pardon 089
Parliament 198
parliament **312**
part 313
partially 132
participant 239
participate 059
participation 239
particle 168
particular 038, 132, **230**
particularly **038**, 230
partly **313**
partner **225**
passenger **269**
passion 389
passive 389
patent 168
path 405
pathway **405**
patience 174
patient **174**, 389
pay 259
payment **259**
peace 196
peaceful **196**
peculiar 187
peer **313**
penalty 334
peninsula 066
pension 334
perceive 059, **270**
percent 188
percentage **188**
perceptible 270
perception 270
perform **131**
performance 131
perfume 374
perhaps 321
period **018**
periodic 018
periodical 018
perish 101
permafrost 066
permanent 258
permanently **258**

permission 174, 286
permit **286**
persecute 319
persecution 215, **319**
persevere 080
persist **080**, 261, 366
persistence 080, 366
persistent 080, 366
persistently **366**
personal **181**
personally 181
personnel **175**
perspective 227, **318**
persuade 385
pervade 063
pervasive **063**, 289
pesticide 065, **367**
petroleum **052**
pharmaceutical 115
pharmacist 115
pharmacy **115**
phenomenon **268**
philosopher **149**
philosophical 149
philosophy 149
physical 154, 245, 259, **296**
physically **154**, 296
physics 154
piece 078
PIN **302**
plain 138
planet **072**
planetary 072
plant 367
plantation **367**
plastic **022**
platform **306**
playing field **269**
pleasant **264**
please 264
pleased 264
pleasure 264
pledge **050**
pliable 280
plunge 286
poem 138
poet 138
poetry **138**
point of view **384**
policy **057**, 199, 254, 303
political 057, **199**, 254, 303
politician 057, 199, 254, **303**
politics 057, 199, **254**, 303
poll 334
pollutant **044**, 062, 341
pollute 044, **062**, 341
pollution 044, 062, **341**
poor 220
popular 016
populate 389
population **024**, 389
populism 218
populist **218**
portrait 289, 308
portray **308**
portrayal 308
pose **074**
positive 219
possess **143**, 274
possessed 143
possession 143
possibility 072, **126**
possible **072**, 126
possibly 072, 126
post **149**
postpone 163
posture 163
potential **126**, 176, 328
potentially 126, **176**
poverty **220**
power 181
practical **154**, 196
practically 136
practice **196**
precaution 041
precipitation **038**
precise 065, **180**, 225
precisely 180, **225**
precision 180, 225
precursor 089
predator **405**
predatory 405
predict 023, 041, **126**, 158
predictable 023, 086, 126
prediction **023**, 126
predominance 158
predominant 016, 158
predominantly **158**
prefer 095, 122, **187**
preferable 187
preference 187
pregnancy 332
pregnant **332**
prejudice **313**
premature 041, 197
prematurely **197**
preparation 180
prepare **180**
prescribe 115, **180**, 215
prescription **115**, 180
presence **122**
present 044, 122, 374
press 167, **400**
pressing **167**, 400
pressure 167, 205, 400
prestige **385**
prestigious 385
pretend 283
prevail 016, 411
prevalent **016**, 063
prevent 074, 177, 289
prevention 044, **177**
previous **126**
previously 126
prey 405
pride 258
primarily **131**, 158, 240, 350
primary 131, **240**, 407
prime 240
primitive 407
principal 407
principle **031**
print 380
printed **380**
privacy 072, **182**
private **072**, 182, 350
privately 072, 182
privilege 321
probability 080, **148**
probable 148
problem 306
problematic **306**
procedure 065
proceed 053, 065
process **053**
proclaim 065
procure **052**
procurement 052
produce **053**, 056, 089, 218, 366
producer **366**
product 053, 366
production 053, 137, 358, 366
productive 218
productivity **218**
profession 245, **280**
professional **245**, 280, 306
professor **324**
profile **274**
profit 175, **350**
profitable 350
progress **046**, 101
progressive 046
prohibit 312
project **036**, 038
projection 036, **038**
proliferate 287, **392**
proliferation **287**, 392
prolong 099, **238**
prolonged **099**
prominence 158
prominent **158**
promise 117
promote 176, **307**, 313, 345
promoter **345**
promotion 145, 307, **313**, 345
promotional 313
prompt **132**
promptly 132
proof 121, **203**, 240, 307
proper **197**, 276
properly 197
property **276**
proposal 016, **254**
propose **016**, 017, 163, 254
prospect 227
prosper 159
protect **032**, 085, 246
protection 032, 085, **246**
protective 032, **085**, 246

protein 374
protocol **246**
protracted 099
prove **121**, 203
provide **136**, 299
provision 136
provoke 389
proximity **086**
pseudonym **202**
psychological **245**
psychology 245, 369
public 072, **350**, 389
publicity 350, 389
publicly 350
publish 389, **400**
publisher 400
publishing 400
pump **202**
purchase **126**
pure 136, 212
purpose **074**, 137, 163
purse **302**
pursue **031**, 215
pursuit 031

Q

qualification 286
qualified 286
qualify **286**
quality 022, **175**
quantity **022**, 175
questionnaire 290
queue **344**
quick 350

R

race **307**, 396
racial 307, 396
racially **396**
racism 334
radiate 050, 074
radiation **074**
radical **254**
radioactivity 074
rainfall **038**
rainforest **340**
raise **030**, 219
range **137**
rapid 086, **350**
rapidity 350
rapidly **086**, 350
rare 296
rate **380**
rather **030**
rating **276**
rational 412
raw material 023
react 132, **384**
reaction 384
readable **329**
real 056, 258, 268, 345
realistic **396**
reality **258**, 350
realization 056
realize **056**
real-life **410**
real-time **392**
real-world **397**
receive 059
recent **038**
recently 038
recession 065
reciprocally 286
reclaim 065
recognition **112**, 384
recognizable 112
recognize 101, 112, **384**
recommendation 290
reconcile 248
reconciliation 248
reconsider **265**
recover 130, **196**
recovery 196
rectangle 205
recur 089
redistribute **225**
redistribution 225
reduce 038, **039**, 089, 220
reduction 039, **220**
refer 095
reflect **328**
reflection 328
reform **032**, 396
reformer **396**
refuge 240
refugee **240**
refusal 302
refuse 026, **302**
regard 047
regarding **047**
region **038**
regional 038
register 101, **181**
registration 181
regular 205, 296
regularly **296**
regulate **159**, 269
regulation 159, **269**
reinforce **312**, 315
reinforcement 312
reject **024**, 117, 225
rejection 024
relation 037, 235
relationship 037, **235**
release **132**, 137
relevance **318**
relevant 318
reliable 041, **276**
reliance 276
relief 202
relieve 202, 332
relieved **202**
religion 188, **244**
religious **188**, 244
relocate 369
reluctance 302
reluctant **302**
reluctantly 302
rely 276
remain **026**
remains 078
remarkable 181, 218
remedy 206
remind 041, 234
reminder **234**
remnant **078**
remote **063**, 175, 341
remote-controlled **142**
remotely **175**
removal 086, 145
remove **086**, 145
render 089, **392**
renew 041
renewable **050**
renovate 407
renowned 158
rent 274, **286**
rental **274**, 286
repair **354**
repel 145
replace **258**
replacement 258
reply 132, 151
reportedly **280**
represent **052**, 312
representation 052, **312**
representative 052, 312
reptile 066
republic 389
reputation 385
request 205, **325**
require **046**, 205, 224
requirement 046
research **063**
researcher 063
resemble 411
resent 215
reservation **098**, 340
reserve 098
reside 075, 131, **158**, 187, 227
residence **131**, 158, 187
resident 131, 158, **187**
residential 131, 158, 187
resist 261, **302**
resistance 302
resistant 302
resolution **245**
resolve 245
resort **072**
resource **051**
respect **188**, 227, 259
respectable 188, **259**
respectful 188
respiratory 227
respond **132**, 384
response 132
responsibility **198**

responsible 198
restless 041
restrain **340**
restraint 340
restrict 040, 167
restricted **167**
restriction **040**, 167
result **044**
retail **275**
retailer 275
retain 283, **303**
retention 303
retire **142**, 258, 289
retirement 142, **258**
retrieval 130
retrieve **130**
retrospect 227
reveal 098, 120, **142**
revelation 142
revenue **213**, 289
reverse 299
revert **075**
review 299, **319**
revise **030**, 032, 299
revision 030
revive 041
revolt 299
revolution 044, **268**, 299
revolutionary 268
revolve **044**, 268, 299
rigid 280
rise 302
risk **038**
risky 038
robotics **142**
role **313**
rooftop **158**
rotate **086**
rotation 086
rough 160
roughly **160**
rubbish 079
rubble 078
rule 203
run 036, 057
rural 039, **176**
rush **240**

S

sacred 407
sacrifice **368**, 407
safe 036, 180
safely **036**
safety 036, **180**
salary **259**
sample **063**
sanction 407
sanitary **244**
sanitation 244
satellite **078**
satisfaction **259**, 372
satisfactory 259, 372
satisfied 259
satisfy 259, **372**
save 405
scale **161**
scan **114**
scanner 114
scarce 037
scarcity **037**
scenery 374
schedule **405**
scholarship 412
scope **136**
scrutinize **136**
scrutiny 136
search **136**
season 346
seasonal **346**
secondary 240
second-hand **268**
secret 072, 312
secretive **312**
section **302**
sector **174**
secure **073**, 112
secured 073
security 073, **112**
seem 142
segment **281**
seize 137
select 117
self-driving **254**
self-esteem **258**
selfish **225**
self-respect 258
semester 412
semiconductor 168
senior **302**
sensation 215, **239**
sensational 239
sense **193**
sensible 215
sensitive 215
sentimental 215
separate 187, **384**
separately 384
separation 384
sequence **148**, 215
sequential 148
series 148
serious **045**
seriously 045
serve **074**, 181
service 074, **181**
session 227
set 230
setting **130**
settle **230**
settlement 230
severe **040**, 045, 281
severely 040, **281**
severity 040, 281
sex 307
sexual 307
sexuality **307**
share **115**, 280
shared **280**
sharp 258
sharply **258**
sheer **136**
shelter **264**
ship 160
shipping **160**
shock 212
shocking **212**
short 036, 344
shortage **036**, 037, 234, 290
shorten 238
short-term 072, **274**
show 380
shrewd 281
shrink **212**
shrinkage 212
side 268
side effect **115**
sightseeing 374
significance 017, 023, **030**
significant 017, **023**, 024, 030
significantly **017**
signify 017, 023, 030
silence **239**
silent 239
silently 239
similar **084**, 411
similarity 084
similarly 084
simple 130, 138
simply **130**
simulate 104, 396
simulated **104**
simulation 104, **396**
simultaneous 148
simultaneously **148**
site **340**
situation **045**
skeleton 206
skill **142**, 281
skilled 142, **281**, 308
skillful 142, 281
skyscraper **160**
slow 350
slowdown **346**
smooth 112
smoothly **112**
soar **286**
sociable 218
social 056, **218**
social class **307**
social media **113**
society **056**, 218
socket 306
software **113**
soil 066
solar **050**
solar system 106
sole 057
solely **057**

solid 202
solution **046**, 206
solve 046
sophisticate 154
sophisticated **154**, 187
sophistication 154
source **050**
souvenir 289, 374
sovereign 248
sovereignty 248
soybean **358**
spacecraft **073**
spark **030**
special 192
species **074**
specific 018, **132**, 230
specifically **018**, 132
specify 018, 132
specimen 227, 412
spend 220
spending **220**
split 187
spouse 334
spread **087**
spur **287**
square **187**
stability 159, 261
stabilize 159
stable **159**
stage **328**
stagger 098
staggering **098**
standard **265**
standardize 265
staple **362**
starvation **238**
starve 238
state **030**, 400
statement 030, **400**
static 261
stationary 328
statistical 412
statistics 412
status **085**, 261
stay 026
steadily **130**
steady 130, 159, 366
stereotype **306**
stereotypical 306
stiff 280
stock 290
Stone Age **017**
stop 032
storage **051**, 056
store 051, **056**
storehouse 160
strain **341**
strategic 086
strategy **086**
stratum **022**
strengthen 312, 354
stress **358**
stressful 041, 358
strive **084**
stroke 206
structural 160
structure **160**, 261
struggle **234**
study 063
subject 117
submission 198
submit **198**
subordinate 389
subsequent **086**, 215
subsequently 086
subsidiary 227
subsidize 334
subsidy 334
substance **052**, 182, 261
substandard **366**
substantial 024, **182**
substantially 182
substitute **225**
substitution 225
subtropical **038**
succeed **018**, 065
success 018
successful 018, 041
successfully **092**
succession 018
suffer 095, **346**
suffering 346
sufficient 073, 085, 095
suggest **017**, 101, 182
suggestion 017
suicide 065, **254**
suit 056, **161**
suitable **056**, 161, 372
sum **264**
summarize **137**
summary 137
summit 248
superstition 261
supervise 299
supply **039**, 151, 161
support 122, 163
supporter 225
Supreme Court **197**
surge **025**
surgery **175**
surgical 175
surpass **023**
surplus 290
surprise 163
surround **016**, 410
surroundings 016, **410**
surveillance **084**
survey **281**, 334
suspect 120
suspected **120**
suspend 151
suspicious 227
sustain 031, **073**, 283, 354
sustainability 031, 073, **354**
sustainable **031**, 073, 354
sustenance 031, 073, 354
swift **392**
swiftly 392
sword **400**
symbol **362**
symbolic 362
sympathy 389
symptom 206
synchronize 309
syndrome 206
synthesize 062
synthetic **062**

T

tablet **392**
tactics 086
target **220**
task **131**
taste 193
tax 220, **255**
tax haven **224**
taxation **220**, 255
taxpayer **351**
tech **268**
technological **024**
technologically 024
technology 024
telegram 321
telescope **092**
temperature **159**
temporarily 258
tempt 264
temptation **264**
tempting 264
tenant **275**
tendency 213
tense 045
tension **045**, 283
term **016**
terminal **196**
terminally 196
terminate 196
terrible 218
territorial 248
territory 248
testimony **240**
text **410**
textile **063**
therapeutic 206
therapy 206
thereby **160**
therefore 084, **085**, 219
thesis 412
thorough 181, **319**
thoroughly 319
threat **079**, 120
threaten 079, **120**
thrive **159**, 166
thus 160, **219**
tie **234**
time-consuming **149**
timid 031
tiny 132, 136

tire 149
tired 149
tiring **149**
tissue 206
toll 374
top 166
torment 283
torture 283
total 269
totally 132
tough 340
tour 281
tourism **281**
tourist 281
trace **174**
traceability 174
traceable 174
trade **368**
tradition **230**
traditional 230, 325
traffic **080**
train 202
trait **312**
trajectory 117
transaction 290
transition 101, **296**
transitional 296
transmission 168
transmit 117
transparency **182**
transparent 182
transport 051, 163, **297**
transportation **051**, 297
trap **367**
trash **079**
treat 064, **313**
treatment **064**, 313
treaty 248
tremendous **181**
tremendously 181
trend **213**
trendy **287**
trigger **025**
trillion 036, **093**
triple 023
triumph 199
troubling **254**
true 268, 345
trust **388**
trustworthy 276
try 084, 180
tuition 412
two-dimensional **396**
twofold **239**
type 188
typical 176, **188**
typically **176**, 188

U

ultimate 120
ultimately **120**
ultraviolet 168
unabated **246**
unanimous 245
unanimously **245**
unaware 385
unbelievable 148
uncomfortable 197
unconscious 149
uncover **120**
undeniably **167**
undergraduate 412
underground **022**
undermine **219**
underwear **332**
unearth **022**
uneasy 400
unemployment **258**
unequal 224, **269**
UNESCO **392**
unethical 182
unexamined **255**
unfair **270**, 368
unfairness **218**
unfamiliar **244**
unfavorable 307
unfavorably **307**
unilateral 044
unilaterally **044**
unimportant **405**
unintelligent **308**
unique **392**
United Nations **036**
universal **255**
universe **092**
unlike **286**
unlikely 022, **199**
unlimited **400**
unlock **112**
unmanned 072
unnatural 062
unofficial 126
unpleasant 264
unprecedented 065
unpredictable **086**
unsafe 073
unselfish 225
unskilled **308**
unstable 159, **366**
unsteady 366
unsubstantial 024
unsurprisingly **346**
untie 218
untrustworthy **312**
unusual 218
unveil 142
unwilling 197
unwillingly 197
unwillingness **197**
update **276**
updated 276
upstream **044**
urban **039**, 176
urgent 167
usable **044**
useful 041
usual 104
usually 136
utilization 113
utilize **113**
utter 312

V

vacant 411
vaccinate 181
vaccination **181**
vaccine 181
vacuum 411
valid 411
valuable **158**, 193
value 158, **193**
vanish 411
vanity 411
variant **362**
variation **025**, 269
varied 269, 318
variety 031, 269
various **031**, 318
vary 025, 031, **269**, 362
vast **136**
vegan **362**
vegetarian **362**
vegetation 066, 411
vehicle **245**
velocity **079**
venture **087**
versatile 168
versatility 168
version 299, **354**
vertical **159**, 160
vertically 159
via **126**
viable **167**
vibrate **400**
vibration 400
victim 334
victory 199
view **203**
viewpoint 318
vigor 411
vigorous 411
violate 239, 334
violation 334
violence **239**, 308
violent 239, **308**
viral 302
virtual 136, **268**
virtually **136**, 268
virus **302**
visible 299
vision 114, 328
visual **114**, 299, 328
visually 114, **328**
vital 086, **358**
vitality 358
vocation 389
volatile 366

volcanic 074
volcano **074**
volume 037, **136**
voluntarily **084**
voluntary 084
vote 334
vulnerability 168
vulnerable 168

W

wage **224**
wander **280**
warehouse **160**
warfare 248
warn 030, **254**, 404
warning **030**, 254
warranty 099
waste **297**
wasteful 297
waterway **039**
wavelength **203**
way 159
weak 354
weaken **354**
wealth 099, **212**
wealthy **099**, 212, 366
weapon **127**
wearable **174**
weariness 206
web **388**
website 340
weigh 023
weight **023**
weightless 106
welfare 334
wet 038
wheel **144**
wheelchair **324**
whereas **296**
whole 187
wide 037
widespread 099, **175**
win 213
withdraw **297**
withdrawal 297
withstand 261
witness **122**
wonderful 218
workplace **136**
workshop **259**
workspace **280**
worldly 187
worsen 186, 212
worth **112**
worthless 344
worthwhile **344**
worthy 112
wound 246
wounded **246**
wrong 122
wrongly **122**

Y

yield 137
young 345
youth **345**

Z

zodiac 106
zone 038, **240**

熟語

A

a couple of ~ **230**
according to ~ **023**
add up **148**
adhere to ~ **269**
aim for ~ **144**
aim to *do* **324**
akin to ~ **080**
all too often **344**
allow *A* to *do* **104**
along with ~ **240**
among other things **180**
amount to ~ **220**
an array of ~ **318**
approve of ~ **224**
as a result 084
as a result of ~ **234**
as if … **405**
as is known **126**
as long as **098**
as mentioned above **098**
as needed **051**
as of ~ **050**
as though … 405
~ as well **367**
A as well as *B* **332**
as with ~ **276**
aside from ~ **244**
associated with ~ **078**
at all times 192
at *one's* convenience **392**
at play **037**
at present **148**
at the beginning 372
at the end 372

B

balance *A* with *B* **031**
based on ~ **023**
be aware of ~ **202**
be capable of ~ **075**
be comprised of ~ **275**
be convinced to *do* **259**
be engaged in ~ **225**
be familiar with ~ **186**
be forced to *do* **039**
be in danger **238**
be intended to *do* **225**
be likely to *do* **098**
be located **045**
be obliged to *do* **345**
be predicated upon ~ **368**
be prone to ~ **045**
be ready to *do* **235**
be referred to as ~ **079**
be related to ~ **037**
be responsible for ~ **313**
be rooted in ~ **197**
be subject to ~ **241**
be to *do* **074**
be unaware of ~ **328**
be up to ~ **154**
be willing to *do* **274**
break out **238**
bring about **340**
bring *A* into question 275, **396**
bring together **275**
bring up 030
buy up **351**
by accident 079
by comparison **230**
by contrast **258**
by means of ~ 126
by way of ~ 126

C

call for ~ **224**
call *A* into question **275**, 396
call on *A* to *do* **303**
cannot help but *do* **340**
carry out **143**
catch up with ~ **405**
close down **302**
close to ~ **350**
come out 104
come to *do* **092**
come up with ~ **324**
compare *A* with *B* **114**
compared to ~ **193**
cope with ~ **143**, 188
cut out **275**

D

deal with ~ 046, **192**, 313
delve into ~ **166**
depend on ~ **045**, 131
drag out 238
due to ~ **039**

E

encourage *A* to *do* **120**
end up in ~ **063**
end up *do*ing **264**
engage in ~ **176**
even worse **350**
except for ~ 244
excuse *A* from *B* **198**

F

fail to *do* **344**
fall behind **393**
fall down 202
fight back **404**
find out **265**
first of all 121
fit into ~ **234**
for instance **018**
for the time being **032**
from the ground up **319**

G

get lost **186**
get married 334
get *A* to *do* **130**
get over ~ 073
give in 198
give off 050
go back 075
go into ~ 092
go with ~ **212**

H

hand in 198
hand out 158
have difficulty *doing* **192**
hold *A* in check **276**

I

if anything **203**
in addition **073**, 099, 158, 199
in addition to ~ 244, 393
in case of need 154
in collaboration with ~ **373**
in combination with ~ **052**
in contrast 258
in general 196
in line with ~ **264**
in need **246**
in other words **328**
in particular **056**
in peace **186**
in person **046**
in place **122**
in place of ~ 367
in regard to ~ **380**
in response to ~ **046**
in spite of ~ 017, **259**
in support of ~ **196**
in the absence of ~ **122**
in the end 396
in the first place **121**
in time of need **154**
in total **098**
in violation of ~ **274**
in writing **198**
instead of ~ **367**

L

later on **380**
lead to ~ 138, **307**
light up **400**
line up 344
lose track of ~ **186**
lose *one's* way 186

M

make fun of ~ **234**
make up 052, **213**
make use of ~ 113, **160**
manage to *do* **258**
more and more 016
more often than not **405**

N

neither *A* nor *B* **355**
no better than ~ **345**
no longer **202**
no matter how ~ **072**
not necessarily **234**
not only *A* but (also) *B* **148**
not surprisingly **045**

O

on a daily basis **143**
on average **264**
on board **092**
on the other hand **131**
on top of ~ **393**
only to *do* **075**
out of date 154
out of favor **296**
over time **401**

P

participate in ~ **239**
pass away **203**
pay for itself **264**
permit *A* to *do* **174**
pick up 181
prevent *A* from *doing* **044**
put *A* at risk **246**, 297
put *A* in danger 246, **297**
put *A* into operation **045**
put *A* to use **358**

R

A rather than *B* **192**
recognize *A* as *B* **024**
refer to ~ **131**
regardless of ~ **397**
relate to ~ **307**
rely on ~ 045, **131**
rent out **274**
result in ~ **138**
roll out **286**

S

search for ~ **113**
set aside **405**
set free 132
set up 072, **245**
side with ~ 122
shut down 302
simply not **149**
so far **063**
specialize in ~ **181**
stand out **296**
stem from ~ **182**
suffer from ~ **186**
suspected of ~ **121**

T

take away from ~ **410**
take control of ~ **405**
take *A* into account **137**
take on ~ **192**
take part in ~ 239
take steps to *do* **085**
tend to *do* **324**
There is a long way to go. **212**
There is no doubt that … **032**
There is no *doing*. **182**
think of ~ 324
throw away 078
together with ~ **362**
trust in ~ **155**
turn *A* into *B* **404**
turn off **404**
turn on 404
turn out 121
turn to ~ **346**

U

under consideration **086**
up to ~ **104**
up to this point **324**
urge *A* to *do* **084**

W

what is more **199**
wipe out 368
with ease 235, **306**
within the reach of ~ **093**
worse still **346**
A worth of *B* **057**

■ 英文出典一覧

Chapter 1 環境

海洋プラスチック　関西外国語大学 2018 年（一部抜粋）

https://learningenglish.voanews.com/a/are-clothes-causing-pollution/3806162.html

Copyright © Voice of America

Chapter 2 宇宙

火星探査　東海大学 2022 年　大学オリジナル

Chapter 3 テクノロジー

生体認証技術　慶應義塾大学 2021 年（一部抜粋）

"Facial Recognition Technology: wrongly perceived?" by Ai Shiyu (2019)

ヒューマノイド　東京電機大学 2023 年　大学オリジナル

Chapter 4 医療

尊厳死　国際教養大学 2016 年（一部改・抜粋）

"Euthanasia: the dilemma of choice" by Jun Hongo (staff writer) <The Japan Times 2014/02/15> https://www.japantimes.co.jp/life/2014/02/15/general/euthanasia-the-dilemma-of-choice/ Copyright © The Japan Times

Chapter 5 国際

貧困格差　中央大学 2018 年

"Oxfam rings alarm bells" <The Japan Times 2017/06/18> https://www.japantimes.co.jp/opinion/2017/01/18/editorials/oxfam-rings-alarm-bells/ Copyright © The Japan Times

サードカルチャーキッズ　兵庫医療大学 2020 年

Timed Reading for Fluency 4, Seed Learning, 2017

Chapter 6 ビジネス

ベーシックインカム　福岡大学 2022 年　大学オリジナル

シェアリングエコノミー　東海大学 2017 年（一部抜粋）　大学オリジナル

Chapter 7 社会

キャッシュレス社会　日本大学 2021 年　大学オリジナル

メディアと社会の分断　北海道大学 2023 年　大学オリジナル

Chapter 8 生活

オーバーツーリズム　慶應義塾大学 2021 年

"Avoiding the Tourist Trap" by Binan Dunnit (2016)

培養肉　獨協大学 2022 年　大学オリジナル

Chapter 9 教育

メディアリテラシー　南山大学 2017 年　大学オリジナル

スマホ依存　大阪大谷大学 2020 年（一部抜粋）

https://learningenglish.voanews.com/a/smartphone-use-may-lead-to-addiction-loneliness-depression/4365973.html Copyright © Voice of America

＊その他、記載のないものは本書のための書き起こし

ロゴポート

語学書を中心に企画・制作を行っている編集者ネットワーク。編集者、翻訳者、ネイティブスピーカーなどから成る。おもな編著に『英語を英語で理解する 英英英単語® 初級編／中級編／上級編／超上級編』、『英語を英語で理解する 英英英単語® TOEIC® L&R テスト スコア 800 ／ 990』、『英語を英語で理解する 英英英熟語 初級編／中級編』、『出る順で最短合格！英検® 1 〜 3 級単熟語 EX 第 2 版』、『最短合格！ 英検® 1 級／準 1 級 英作文問題完全制覇』、『最短合格！ 英検® 2 級 英作文＆面接 完全制覇』、『出る順で最短合格！ 英検® 1 級／準 1 級 語彙問題完全制覇［改訂版］』（ジャパンタイムズ出版）、『TOEFL® テスト 英語の基本』（アスク出版）、『だれでも正しい音が出せる 英語発音記号「超」入門』（テイエス企画）、『分野別 IELTS 英単語』（オープンゲート）などがある。

ERA
大学入試頻出の最新トピックで覚える英単語

Production Staff

- デザイン　清水裕久（Pesco Paint）
- イラスト　ながのまみ
- 語源関連校閲　中田俊介（国際教養大学）
- ナレーション　ドミニク・アレン、戸田ダリオ、キャロリン・ミラー、ジュリア・ヤマコフ
- 編集協力　岡悦子、高木直子
- 音声収録　爽美録音株式会社
- データ作成　Pesco Paint
- 印刷所　株式会社リーブルテック

読者アンケートご協力のお願い

この度は弊社商品をお買い上げいただき，誠にありがとうございます。本書に関するアンケートにご協力ください。右の QR コードから，アンケートフォームにアクセスすることができます。ご協力いただいた方のなかから抽選でギフト券（500 円分）をプレゼントさせていただきます。

アンケート番号　305625

※アンケートは予告なく終了する場合がございます。